项目管理/工程管理"十三五"系列规划教材

项目融资/PPP

第 3 版

主　编　大连理工大学　戴大双

副主编　大连理工大学　石　磊

参　编　大连理工大学　王　范　高丽峰　贵佳琳

　　　　大连工业大学　杨卫华

　　　　河北工业大学　陈立文　陈敬武　尹志军

　　　　青岛理工大学　陈　艳

机 械 工 业 出 版 社

本书主要讲述了项目融资的基本概念、项目融资的组织与结构、不同融资模式和运行模式（特别对 PPP 项目运行模式做了详细阐述）、项目融资的程序、项目融资中存在的风险及其防范方法，讲解了项目融资担保、项目融资的资金来源，以及项目融资的政治、经济和法律环境等。本书的特点是纳入了项目融资最新的研究成果和实践经验总结、设置了专门的案例篇章、收集了多个典型的成功或失败的案例，每一章后面都附有案例分析和思考题，有利于教学使用。

　　本书既可作为高等院校项目管理、工程管理专业本科生及研究生的教材，也可作为政府项目管理部门和从事项目开发机构的培训教材，对致力于项目融资的实践工作者也有一定的参考价值。

图书在版编目（CIP）数据

项目融资/PPP/戴大双主编 . —3 版 . —北京：机械工业出版社，2018. 8
（2024. 7 重印）

项目管理/工程管理 "十三五" 系列规划教材

ISBN 978-7-111-60495-2

Ⅰ. ①项… Ⅱ. ①戴… Ⅲ. ①基础设施建设-融资-世界-教材
Ⅳ. ①F299. 1

中国版本图书馆 CIP 数据核字（2018）第 158812 号

机械工业出版社（北京市百万庄大街 22 号　邮政编码 100037）
策划编辑：廖　岩　责任编辑：廖　岩
责任校对：李　伟　责任印制：张　博
三河市国英印务有限公司印刷
2024 年 7 月第 3 版第 8 次印刷
169mm×239mm · 24 印张 · 422 千字
标准书号：ISBN 978-7-111-60495-2
定价：69. 00 元

项目管理/工程管理"十三五"系列规划教材
编　委　会

名誉主任：钱福培（西北工业大学教授，PMRC 创立者、名誉主任）

主　　任：白思俊（西北工业大学教授，PMRC 副主任委员）

委　　员：（按姓氏笔画排序）

丁荣贵（山东大学教授，PMRC 副主任委员）

王祖和（山东科技大学教授，PMRC 常委、副秘书长）

卢向南（浙江大学教授，PMRC 副主任委员）

孙　慧（天津大学教授）

吴守荣（山东科技大学教授，PMRC 委员）

沈建明（国防项目管理培训认证中心主任，PMRC 副秘书长）

骆　珣（北京理工大学教授）

薛四新（清华大学档案馆研究馆员）

戚安邦（南开大学教授，PMRC 副主任委员）

谭术魁（华中科技大学教授）

戴大双（大连理工大学教授，PMRC 副主任委员）

丛书序一

这是一套作为项目管理教材使用的系列丛书,是一套历经15年,经过三版修订的丛书。第一版是2003年出版的,时隔5年于2008年出版第二版修订本,现在时隔10年又出版第三版修订本。

一套教材出现被出版、使用、修订再版的情况至少说明两点,一是市场的需求,二是作者和出版者的执着。市场需求是一定条件下时代发展情况的反映;作者和出版者的执着是行业内专业人员和出版机构成熟度的反映。

我国项目管理的发展是有目共睹的,特别是自20世纪70年代的改革开放以及20世纪90年代引进国际现代项目管理理论和工具方法以来,在实践和理论层面上都有了极大的提高。在项目管理领域国内外信息日益频繁交流的同时,也向教育、培训、出版业提出了需求。2003年14本"21世纪项目管理系列规划教材"的出版正是我国项目管理发展状态的反映,系列教材的及时出版很好地满足了市场的需求。

2003年第一版系列丛书的出版虽然很好地满足了市场的需求,但由于国际现代项目管理的迅速发展,以及在第一版丛书中发现的问题,在征得作者同意后,出版社于2008年对原版丛书进行了修订。2003年和2008年出版的丛书获得了市场的认可,有三本书列选为国家"十一五""十二五"规划教材,在使用期间,诸多书籍还一再重印,有几本更是重印达10余次之多。根据国内外项目管理的最新发展情况,机械工业出版社再次决定于2018年修订出版第三版,这一决定得到了作者们的一致赞同,我想这是英明的决定。只有跟随时代的发展和学科专业的发展,在实践中不断努力,及时修订的教材,才能反映我们的水平,使之成为高质量的精品之作,也才能赢得业界的认同。据了解,我国引进并翻译出版的英国项目管理专家丹尼斯·洛克出版的《项目管理》,已经出版了第10版,被各国项目管理领域广泛选用就是一个很好的例子。

第三版的修订,除了在丛书的书目上有所变化外,鉴于项目管理和工程管理的专业设置现状,我们将丛书名修改为"项目管理/工程管理'十三五'系列规划教材",以便使本套教材更适合学科的发展。在章节内容上也做了一些横向的延伸,拓展到工程管理专业。在内容方面,增强了框架性知识结构的展示，强调并突出概念性的知识体系，具体知识点详略得当，适量减少了理论性知识的阐述，增加了案例的比重，以提高学生理论联系实际的能力。此外，为充分利用现代电子化条件，本套教材的配套课件比较完整、全面并且多样化，增加了教材使用的便利性。

为适应市场多元化的需求，继机械工业出版社出版的这套项目管理系列教材之后，适用于项目管理工程硕士的系列教材和适用于项目管理自考的系列教材也相继出版。这不仅是我国项目管理蓬勃发展的表现，也是我国出版界蓬勃发展的表现。这应该感谢中国项目管理专家们的努力，感谢出版界同仁们的努力！

随着 VUCA 时代的发展，丛书在实践应用中还会有新的变化，希望作者、读者、出版界同仁以及广大项目管理专业研究人员及专家们继续关注本套系列教材的使用，关注国内外项目学科的新发展、新变化。丛书集 15 年的使用经验以及后续的使用情况，在实践中将不断改进，不断完善。

祝愿这套丛书成为我国项目管理领域的一套精品教材！

钱福培

西北工业大学　教授

PMRC　名誉主任

中国优选法统筹法与经济数学研究会　终身会员

IPMA Honorary Fellow

IPMA　首席评估师

2017 年 12 月 15 日

丛书序二

"项目管理/工程管理'十三五'系列规划教材"是 2003 年陆续出版的 "21 世纪项目管理系列规划教材"整体上的第三次再版,这套系列丛书也是我国最早出版的一套项目管理系列规划教材。机械工业出版社作为开拓者,让这套教材得到了众多高等院校师生的认可,并有两本教材被列入"普通高等教育'十一五'国家级规划教材"、一本教材被列入"'十二五'普通高等教育本科国家级规划教材"。

作为一种教给人们系统做事的方法,项目管理使人们做事的目标更加明确、工作更有条理性、过程管理更为科学。项目管理在越来越多的行业、企业及各种组织中得到了极为广泛的认可和应用,"项目化管理"和"按项目进行管理"逐渐成为组织管理的一种变革模式,"工作项目化,执行团队化"已经成为人们工作的基本范式。"当今社会,一切都是项目,一切也都将成为项目",这种泛项目化的发展趋势正逐渐改变着组织的管理方式,使项目管理成为各行各业的热门话题,受到前所未有的关注。项目管理学科的发展,无论是在国内还是国外,都达到了一个超乎寻常的发展速度。

特别值得一提的是我国项目管理/工程管理学位教育的发展。目前,我国已经有 200 余所院校设立了工程管理本科专业,160 多所高校具有项目管理领域工程硕士培养权,100 多所高校具有工程管理专业硕士学位授予权。项目管理/工程管理教育的发展成了最为热门的人才培养专业之一,项目管理/工程管理的专业硕士招生成了招生与报名人数最多的领域。这一方面表明了社会和市场对项目管理人才的需求旺盛,另一方面也说明了项目管理学科的价值,同时也给相关培养单位和教育工作者提出了更高的要求,即如何在社会需求旺盛的情况下提高教学质量,以保持项目管理/工程管理学位教育的稳定和可持续发展。

提高教学质量,教材要先行。一套优秀的教材需要经历许多年的积累,国内项目管理领域的出版物增长极快,但真正适用于项目管理/工程管理学位教育的教材还不丰富。机械工业出版社策划和组织的本系列教材能够不断更新,目的就是打造一套项目管理/工程管理学位教育的精品教材。第三版系列教材在组织编写之前还广泛征求了各方面的意见，并得到了积极的响应。参加本系列教材编写的专家来自不同的院校和不同的学科领域，提高了教材在不同院校、不同领域和不同培养方向上的广泛适用性。在系列教材课程体系的设计上既有反映项目管理共性知识的专业主干课程，也有面向不同培养方向的专业应用课程。

本系列教材最突出的特点是与国际项目管理知识体系的融合性，体现了国际上两大项目管理组织——国际项目管理协会和美国项目管理协会的项目管理最新知识内容的发展。本系列教材的内容能体现 IPMP/PMP 培训与认证的思想和知识体系，也能够在与国际接轨的同时呈现有我国项目管理特色的内容。

编写一套优秀的项目管理学位教育系列教材是一项艰巨的任务，虽然编委会和机械工业出版社做出了很大的努力，但项目管理是一门快速发展的学科，其理论、方法、体系和实践应用还在不断发展和完善之中，加之专业局限性和受写作时间的限制，本系列教材肯定会有不尽如人意之处，衷心希望全国高等院校项目管理/工程管理专业师生在教学实践中积极提出意见和建议，以便对已经出版的教材不断修订、完善，让我们共同提高教材质量，完善教材体系，为社会奉献更好、更新、更切合我国项目管理/工程管理教育的高品质教材。

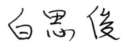

西北工业大学管理学院教授、博导

中国（双法）项目管理研究委员会副主任委员

陕西省项目管理协会会长

中国优选法统筹法与经济数学研究会理事

中国建筑业协会理事兼工程项目管理委员会理事、专家

中国宇航学会理事兼系统工程与项目管理专业委员会副主任委员

前　　言

本书从 2005 年发行第 1 版至今已有 13 年的时间，这期间国内外的项目融资实践出现了许多新情况和新问题，尤其是在基础设施特许经营领域。传统的 BOT 模式正在越来越多地被发达国家提出的 PPP 或 PFI 理念所取代，例如北京奥运场馆和地铁四号线都是采用 PPP 模式建设运营的，我国各个城市和地区也都在尝试运用 PPP 模式运作政府项目。理念的变化与实践的发展都揭示出传统的项目融资模式已经难以满足当今基础设施快速发展的需要，必须拓展原有的项目融资理论，不断创新、深入研究当前亟待解决的关键问题，才能使现有理论对融资实践真正发挥指导作用，进一步推动项目融资的快速发展。

目前，发达国家正在推动项目融资逐步走向规范化，并极大扩展了传统项目融资的应用领域。例如，在 PPP 项目融资方面，英国、澳大利亚、加拿大、美国等发达国家都发布了符合本国实际情况的项目融资指南文件，详细规定了 PPP 项目融资的各个关键内容，包括特许经营者的选择标准、风险识别及分担、特许期和特许价格等方面，为特许经营协议谈判提供参考，极大地降低了 PPP 项目融资的交易成本。PPP 项目也突破了公共交通、能源、水处理等 BOT 项目应用的传统行业领域，不断扩大到诸如卫生、教育、国防等领域。政府关注的焦点也从财政资金的节约转向考察 PPP 项目是否能够为社会公众提供有效的产品和服务，更加强调公私之间的合作。

在国际项目融资快速发展浪潮的推动下，中国也逐步加大项目融资的步伐，相继出台了一系列促进项目融资健康发展的法规和政策。中央和地方陆续发布水处理等公共事业特许经营协议示范文本，使得国内基础设施的项目融资呈现加速发展的势头。项目融资实践的快速发展直接推动相关学术研究的热情，短短几年内，学术界涌现出大量的学术论文，项目融资也成为国内硕博毕业论文研究的热点。

在这一期间，作者通过主持国家自然科学基金项目"基于风险分担的 BOT 项目特许定价模型研究"（戴大双 70572097）、"PPP 项目合作方利益侵占和协同控制研究"（石磊 71672017）、"不确定环境下 BOT 项目特许经营者选择研究"（杨卫华 71002076）等国家自然科学基金项目，以及受大连市发改委委托，设计了《大连市污水处理 BOT 项目示范文本》，对国内项目融资的实践情况，以及国际前沿的学术研究成果又有了新的理解。虽然本书第1版在2006年第20届项目管理全球大会上获得金牌作者奖，但是反观目前的新情况和新理论，有必要对本书之前的版本做出进一步的修订和完善。

本书第2版的修订工作主要由戴大双和杨卫华博士完成。第3版的修订工作主要由戴大双和石磊博士完成，且石磊博士根据他在日本参与PPP项目的研究和实践，添加了重要内容。修订工作在基本保留第2版内容结构体系的前提下，增加了PPP项目运行模式的专门叙述，同时力求使各知识点的逻辑更加严密，内容更加完善和合理，删除第2版中过时的内容，补充有关项目融资的成熟理论和具体数据；重新编排的附录包含国内最新的有关项目融资的法规和政策，方便读者查阅和参考。在本次修订工作过程中，作者参考了国外近十几年发表的相关论文，以及国内知名大学的博士、硕士毕业论文，在此对这些作者表示深深的谢意。

限于篇幅，本书不可能包括项目融资研究领域的所有重要成果，还存在疏漏和不尽如人意之处，敬请读者批评指正。

戴大双

2018 年 5 月

目　　录

丛书序一

丛书序二

前　言

第1章　项目融资概述 ································ 1

　1.1　项目融资的基本概念 ························ 2

　　1.1.1　项目融资的定义　 ···················· 2

　　1.1.2　项目融资的功能 ······················ 4

　1.2　项目融资与公司融资的区别 ··············· 5

　　1.2.1　融资主体不同 ························· 5

　　1.2.2　融资基础不同 ························· 5

　　1.2.3　追索程度不同 ························· 5

　　1.2.4　风险分担程度不同 ····················· 6

　　1.2.5　债务比例不同 ························· 6

　　1.2.6　会计处理不同 ························· 7

　　1.2.7　融资成本不同 ························· 7

　1.3　项目融资的适用范围 ······················ 8

　1.4　项目融资的产生及沿革 ··················· 9

　　1.4.1　项目融资产生的过程 ··················· 9

　　1.4.2　项目融资发展的原因　 ················ 10

　　1.4.3　项目融资在中国的发展　 ·············· 11

　1.5　项目融资成功的基本条件 ················· 13

　　1.5.1　科学评价项目和正确分析项目风险 ········ 14

　　1.5.2　确定严谨的项目融资法律结构 ·········· 14

　　1.5.3　明确项目的主要投资者 ················ 14

　复习思考题 ·································· 15

　1. 案例分析题 ······························· 15

　2. 思考题 ································· 16

第2章　项目融资的组织与结构 ·············· 17

　2.1　项目融资的参与者 ······················ 18

2.2　项目的投资结构 ………………………………… 21

2.2.1　股权式投资结构 ……………………………… 22

2.2.2　契约式投资结构 ……………………………… 23

2.2.3　有限合伙制投资结构 ………………………… 24

2.2.4　决定项目投资结构所需考虑的因素 ………… 26

2.3　项目的融资结构 …………………………………… 27

2.4　项目的资金结构 …………………………………… 28

2.5　项目的信用保证结构 ……………………………… 30

复习思考题 ……………………………………………… 31

1. 案例分析题 ………………………………………… 31

2. 思考题 ……………………………………………… 32

第3章　项目融资的PPP运作模式 …………………… 33

3.1　PPP项目融资模式 ………………………………… 34

3.1.1　PPP模式的特点 ……………………………… 35

3.1.2　PPP模式的具体形式 ………………………… 36

3.2　PPP模式的结构分析 ……………………………… 38

3.3　PPP模式的操作程序 ……………………………… 40

3.3.1　前期阶段 ……………………………………… 40

3.3.2　实施阶段 ……………………………………… 56

3.3.3　移交（收尾）阶段 …………………………… 57

3.4　PPP项目合同 ……………………………………… 57

3.4.1　PPP项目合同的主要内容 …………………… 57

3.4.2　PPP项目合同的核心条款 …………………… 58

3.5　PPP模式取得成功的关键因素 …………………… 59

复习思考题 ……………………………………………… 66

第4章　PPP项目的其他具体运作模式 ……………… 67

4.1　BOT项目融资模式 ………………………………… 68

4.1.1　BOT模式的特点 ……………………………… 68

4.1.2　BOT模式的具体形式 ………………………… 69

4.1.3　特许经营BOT模式的结构分析 ……………… 71

4.1.4　特许经营BOT模式的操作程序 ……………… 73

4.1.5　特许经营BOT模式的特许经营协议 ………… 74

4.1.6　BOT、PFI和PPP的联系与区别 …………… 78

4.2　ABS项目融资模式 ………………………………… 79

4.2.1 ABS 模式的基本要素 ··· 80

4.2.2 ABS 模式的合约主体 ··· 81

4.2.3 ABS 模式的运作程序 ··· 84

4.2.4 ABS 模式的特点 ··· 87

4.2.5 ABS 模式的风险分析 ··· 87

4.2.6 ABS 模式的信用增级方式 ··· 89

4.2.7 SPV 的组建与运作 ··· 92

4.2.8 ABS 与 BOT、PPP 项目融资模式的比较 ····························· 94

4.2.9 ABS 融资方式在我国的应用及其发展前景 ··························· 96

4.3 其他常用融资模式 ·· 98

4.3.1 直接融资模式 ··· 98

4.3.2 杠杆租赁融资模式 ··· 100

4.3.3 项目公司融资模式 ··· 105

4.3.4 产品支付和远期购买融资模式 ·· 106

4.3.5 设施使用协议融资模式 ··· 110

4.4 选择项目融资模式时应考虑的要素 ·· 111

4.4.1 要素之一——如何实现有限追索 ······································· 111

4.4.2 要素之二——如何实现风险分担 ······································· 112

4.4.3 要素之三——如何实现降低成本 ······································· 112

4.4.4 要素之四——如何实现完全融资 ······································· 113

4.4.5 要素之五——如何处理项目融资与市场安排之间的关系 ········· 113

4.4.6 要素之六——如何保证近期融资与远期融资相结合 ·············· 113

4.5 项目融资模式的共同特点 ·· 114

复习思考题 ·· 116

1. 案例分析题 ··· 116

2. 思考题 ··· 118

第5章 项目融资的程序 ·· 119

5.1 项目融资阶段的划分 ··· 120

5.2 项目的提出与构思阶段 ·· 122

5.2.1 需求的产生 ·· 122

5.2.2 需求的识别 ·· 123

5.2.3 需求建议书 ·· 123

5.2.4 项目的识别 ·· 124

5.2.5 项目的构思 ·· 124

5.2.6　项目方案的确定 …………………………………………………… 125

5.3　项目决策分析阶段 ………………………………………………………… 125

5.3.1　项目的可行性分析 …………………………………………………… 125

5.3.2　项目的可融资性分析 ………………………………………………… 126

5.3.3　项目投资结构的确定 ………………………………………………… 129

5.4　项目融资决策阶段 ………………………………………………………… 130

5.4.1　项目融资模式的选择 ………………………………………………… 130

5.4.2　项目融资顾问的任命 ………………………………………………… 130

5.4.3　项目融资资金的来源和结构的选择 ………………………………… 130

5.4.4　项目融资的信用保证 ………………………………………………… 131

5.4.5　项目融资风险的分析与评价 ………………………………………… 132

5.5　项目融资谈判与合同的签订阶段 ………………………………………… 132

5.5.1　选择银行及其他金融机构并发出项目融资建议书 ………………… 132

5.5.2　项目融资谈判 ………………………………………………………… 134

5.5.3　项目融资谈判涉及的协议 …………………………………………… 135

5.6　项目融资的实施阶段 ……………………………………………………… 142

5.6.1　执行项目融资计划 …………………………………………………… 142

5.6.2　贷款银团经理人监督并参与项目决策 ……………………………… 142

5.6.3　项目风险的控制与管理 ……………………………………………… 143

复习思考题 ………………………………………………………………………… 144

1. 案例分析题 …………………………………………………………………… 144

2. 思考题 ………………………………………………………………………… 145

第6章　项目融资的风险 ………………………………………………………… 146

6.1　项目融资的风险识别 ……………………………………………………… 147

6.1.1　按照项目风险的阶段性划分 ………………………………………… 147

6.1.2　按照项目风险的表现形式划分 ……………………………………… 148

6.1.3　按照项目的投入要素划分 …………………………………………… 157

6.1.4　按照项目风险的可控制性划分 ……………………………………… 158

6.2　项目融资的风险评估与量化 ……………………………………………… 159

6.2.1　确定项目风险收益率的CAPM模型 ………………………………… 160

6.2.2　项目融资的敏感性分析 ……………………………………………… 163

6.2.3　项目融资中的风险评价指标 ………………………………………… 164

6.3　项目融资风险的防范方法和措施 ………………………………………… 166

6.3.1　系统风险的防范 ……………………………………………………… 166

6.3.2 非系统风险的防范 ………………………………… 169

复习思考题 …………………………………………… 171

1. 案例分析题 ………………………………………… 171

2. 思考题 ……………………………………………… 173

第 7 章 项目融资担保 …………………………………… 174

7.1 项目融资担保概述 ………………………………… 175

7.2 项目融资担保人 …………………………………… 175

7.2.1 项目投资者 ………………………………… 175

7.2.2 与项目有利益关系的第三方 ……………… 176

7.2.3 商业担保人 ………………………………… 178

7.3 项目融资担保形式 ………………………………… 180

7.3.1 信用担保 …………………………………… 180

7.3.2 物权担保 …………………………………… 190

7.3.3 其他担保方式 ……………………………… 192

7.4 担保文件 …………………………………………… 193

复习思考题 …………………………………………… 195

1. 案例分析题 ………………………………………… 195

2. 思考题 ……………………………………………… 196

第 8 章 项目融资的资金来源 ………………………… 197

8.1 项目融资的资金构成 ……………………………… 198

8.1.1 股本资金 …………………………………… 198

8.1.2 准股本资金 ………………………………… 199

8.1.3 国内银行贷款 ……………………………… 199

8.1.4 国外贷款 …………………………………… 201

8.1.5 发行债券 …………………………………… 203

8.1.6 租赁筹资 …………………………………… 204

8.2 资本市场 …………………………………………… 205

8.2.1 股票市场融资 ……………………………… 205

8.2.2 债券市场融资 ……………………………… 209

8.3 投资银行及其他资金提供者 ……………………… 215

8.3.1 投资银行的起源与沿革 …………………… 215

8.3.2 投资银行的组织结构 ……………………… 216

8.3.3 投资银行服务 ……………………………… 217

8.3.4 投资银行的业务 …………………………… 217

8.4　资金结构分析 ……………………………………………… 221

　8.4.1　确定资金结构所需考虑的因素 ………………………… 221

　8.4.2　资金结构优化的方法 …………………………………… 222

8.5　资金成本分析 ……………………………………………… 225

　8.5.1　债务资本 ………………………………………………… 225

　8.5.2　权益资金成本 …………………………………………… 226

　8.5.3　加权平均资金成本 ……………………………………… 228

复习思考题 ……………………………………………………… 228

1.案例分析题 …………………………………………………… 228

2.思考题 ………………………………………………………… 229

第9章　项目融资的外部环境 ………………………………… 230

9.1　法律环境 …………………………………………………… 231

　9.1.1　项目融资的法律特征 …………………………………… 231

　9.1.2　项目融资的法律结构 …………………………………… 232

9.2　金融环境 …………………………………………………… 233

　9.2.1　金融市场体系 …………………………………………… 234

　9.2.2　金融体制 ………………………………………………… 236

9.3　政治与经济运行环境 ……………………………………… 236

　9.3.1　政治环境 ………………………………………………… 236

　9.3.2　经济运行环境 …………………………………………… 239

复习思考题 ……………………………………………………… 242

1.案例分析题 …………………………………………………… 242

2.思考题 ………………………………………………………… 244

第10章　国内外项目融资案例 ……………………………… 245

10.1　国内外项目融资的背景分析 ……………………………… 246

　10.1.1　项目融资的发展历程与现状 ………………………… 246

　10.1.2　发达国家项目融资概况分析 ………………………… 248

　10.1.3　发展中国家项目融资概况分析 ……………………… 252

10.2　项目融资的典型案例分析 ………………………………… 264

　10.2.1　国外项目融资典型案例 ……………………………… 264

案例1　马来西亚南北高速公路项目融资 ……………………… 264

案例2　印度尼西亚帕塔米纳液化天然气管道项目融资 ……… 268

案例3　澳大利亚悉尼港海底隧道工程项目融资 ……………… 271

案例4　英、法海峡隧道工程项目融资案例 …………………… 273

10.2.2　国内项目融资典型案例 ·························· 276

　　案例 1　深圳沙角 B 火力发电厂项目融资 ·············· 276

　　案例 2　北京地铁四号线项目融资 ····················· 280

　　案例 3　池州市主城区污水处理及市政排水设施购买服务 PPP 项目 ··· 283

　　案例 4　北京兴延高速公路 PPP 项目 ················· 285

　　10.3　项目融资的经验与教训 ························· 288

　　　10.3.1　项目融资成功的关键要素 ···················· 288

　　　10.3.2　典型项目融资的经验与教训 ················· 291

　　复习思考题 ····································· 295

附录 ··· 296

　　附录 A　市政公用事业特许经营管理办法 ············· 296

　　附录 B　中国银监会关于印发《项目融资业务指引》的通知 ·········· 300

　　附录 C　国务院关于鼓励和引导民间投资健康发展的若干意见 ······· 302

　　附录 D　跨境担保外汇管理规定 ····················· 308

　　附录 E　国家发展改革委关于开展政府和社会资本合作的指导意见 ··· 312

　　附录 F　财政部关于推广运用政府和社会资本合作模式有关问题的
　　　　　　通知 ································ 317

　　附录 G　财政部关于印发政府和社会资本合作模式操作指南（试行）
　　　　　　的通知 ······························ 321

　　附录 H　国务院关于创新重点领域投融资机制鼓励社会投资的指导
　　　　　　意见 ································ 331

　　附录 I　基础设施和公用事业特许经营管理办法 ··········· 337

　　附录 J　城市生活垃圾处理特许经营协议示范文本 ·········· 345

　　附录 K　项目融资术语中英对照表 ····················· 359

参考文献 ··· 365

项目融资（Project Finance）是20世纪70年代末至80年代初国际上兴起的一种新的融资方式。与传统的筹资方式相比，项目融资方式能更有效地解决大型基础设施建设项目的资金问题，因此，它被世界上越来越多的国家所采用。我国早在20世纪80年代就采用了项目融资的方式进行工程建设，深圳沙角B电厂就采用了BOT方式进行投资建设。当今，世界各国越来越多地采用这种融资方式。特别在我国，由于市场经济的建立和完善，项目融资运用日益广泛，因此，认真研究项目融资的理论与实践具有重要的现实意义。

第1章

项目融资概述

1.1 项目融资的基本概念

1.1.1 项目融资的定义

项目融资在世界上一些国家虽然已有 60 多年的实践，但作为学术用语，迄今为止还没有一个公认的定义。综观现已出版的中、外文书籍，对项目融资定义的表述有多种。尽管表述各异，但总体而言，可把多种定义分为广义和狭义两类。从广义上讲，凡是为了建设一个新项目，或者收购一个现有项目，或者对已有项目进行债务重组所进行的融资，均可称项目融资；而狭义的项目融资则专指具有无追索或有限追索形式的融资。

本书以后各章讨论的内容均指狭义的项目融资。因为根据中国现在的国情，研究后者更具现实意义。

P. K. 内维特所著的《项目融资》（1995 年第 6 版）中的定义是："项目融资就是在向一个经济实体提供贷款时，贷款方考察该经济实体的现金流和收益，将其视为偿还债务的资金来源，并将该经济实体的资产视为这笔贷款的担保物，若对这两点感到满意，则贷款方同意贷款。"

国际著名法律公司高伟绅律师事务所（Clifford Chance）编著的《项目融资》一书中的定义是："项目融资用于代表广泛的，但具有一个共同特征的融资方式，该共同特征是：融资主要不是依赖项目发起人的信贷或所涉及的有形资产。在项目融资中，提供优先债务的参与方的收益在相当大的程度上依赖于项目本身的效益，因此它们将其自身利益与项目的可行性，以及对项目具有不利影响的潜在性敏感因素紧密联系起来。"

美国财会标准手册中的定义是："项目融资是指对需要大规模资金的项目而采取的金融活动。借款人原则上将项目本身拥有的资金及其收益作为还款资金来源，而且将其项目资产作为抵押条件来处理。该项目事业主体的一般性信用能力通常不被作为重要因素来考虑。这是因为其项目主体要么是不具备其他资产的企业，要么对项目主体的所有者（母体企业）不能直接追究责任，两者必居其一。"

中国原国家计委与国家外汇管理局共同发布的《境外进行项目融资管理暂行办法》（计外资〔1997〕612 号）中的定义是："项目融资是指以境内建设项目的名义在境外筹措外汇资金，并仅以项目自身预期收入和资产对外承担债务偿还责任的融资方式。它应具有以下性质：①债权人对于建设项目以外的资产和收入没有追索权；②境内机构不以建设项目以外的资产、权益和收入进行抵押、质押或偿债；③境内机构不提供任何形式的融资担保。"

上述四种定义虽然表述不同，但并无实质性的差别。因为这四个定义中都包含了以下两个最基本的内容：其一，项目融资是以项目为主体安排的融资，项目的导向决定了项目融资最基本的方法；其二，项目融资中的贷款偿还仅限于融资项目本身。换言之，融资项目能否获得贷款完全取决于项目的经济强度。项目的经济强度可以从两个方面来测度：一是项目未来可用于偿还贷款的净现金流量；二是项目本身的资产价值。

为了进一步理解项目融资的定义，现举一个实例，说明项目融资与传统贷款或一般公司融资的区别。

某省电力有限责任公司（以下简称电力公司）现有 A、B 两个电厂，为满足日趋增长的供电需要，决定增建 C 厂。增建 C 厂的资金筹集方式有两种：第一种，借来的款项用于建设 C 厂，而归还贷款的款项来源于 A、B、C 三个电厂的收益。如果新厂 C 建设失败，该公司把原来的 A、B 两厂收益作为偿债的担保。这时，贷款方对该公司拥有完全追索权。所谓追索权，是指贷款人在借款人未按期偿还债务时，要求借款人用除抵押资产之外的资产偿还债务的权利。第二种，借来的资金用于建设新厂 C，用于偿还的资金仅限于 C 厂建成后收取的电费和其他收入，如果新建 C 厂失败，贷款方只能从清理新厂 C 的资产中收回一部分借款。除此之外，贷款方不能要求该公司用别的资金来源（包括 A、B 两厂的收入）来归还贷款，这时称贷款方对电力公司无追索权；或者在签订贷款协议时，只要求电力公司把其特定的一部分资产作为贷款担保，这时称贷款方对电力公司拥有有限追索权。

上述两种融资方式中，第二种方式称为项目融资。在相关的书刊和文献中，往往把项目融资称为无追索或有限追索贷款，可见，将归还贷款资金来源限定在特定项目的收益和资产范围之内，是项目融资的最主要特点。

无追索权项目融资是指贷款人对项目发起人无任何追索权，只能依靠项目所产生的收益作为还本付息的唯一来源。其主要特点是：①项目贷款人对项目发起人的其他项目资产没有任何要求权，只能依靠该项目的现金流量偿还；②项目融资的信用基础是该项目的现金流量水平；③通常贷款人会要求提供信用担保以避免还贷风险；④该项目融资需要一个稳定的政治和经济环境。

有限追索权项目融资是指项目发起人只承担有限的债务责任和义务。有限追索主要体现在追索对象、追索金额的有限性。例如通过单一目的的项目公司进行融资，若在项目经营阶段无法产生预期的现金流量，则贷款人只能追索到项目公司，而不能向发起人追索。

需要指出的是，项目融资中的资金来源尽管很大部分来源于贷款，但也不能把项目融资与项目贷款融资等同起来，因为项目的债务资金除贷款之外还有债券等其他形式。因此，项目贷款融资，无论是有限追索形式还是无追索形式，都只是项目融资的重要组成部分，而不是项目融资的全部。综上所述，可以把项目融资定义为：以项目未来收益和资产为融资基础，由项目的参与各方分担风险的具有无追索权或有限追索权的特定融资方式。

1.1.2　项目融资的功能

项目融资与传统融资方式相比较，突出了下述三大功能：

（1）筹资功能强，能更有效地解决大型工程项目的筹资问题。凡是大型工程项目，就投资而言，少则几亿元，多则上百亿元资金。一般投资者仅凭自己的筹资能力，几乎很难筹集到工程项目的全部资金。同时，由于大型工程项目需要巨额投资，随之而来的投资风险也很大，这两点原因就决定了采用传统的融资方式是行不通的，而采用项目融资方式则可有效地解决这个问题。因为项目融资通常是无追索或有限追索形式的贷款，项目融资的能力大大超过投资者自身筹资能力，并将投资风险分摊到与项目有关的各方，从而解决了大型工程项目的资金问题。

（2）融资方式灵活多样，能减轻政府的财政负担。无论是发达国家，还是发展中国家，政府能出资建设的项目是有限的，并且仅凭政府投资很难满足经济发展的需要。这主要是因为一国政府财政预算支出的规模和政府举债的数量要受综合国力的制约。在经济发展过程中，各相关产业的发展却要求基础设施、能源、交通等大型工程项目先行。而项目融资则是解决繁重的项目建设任务与项目资金供给之间矛盾的一个有效途径。例如，为建设一条高等级的高速公路，政府不以直接投资者或借款人的身份参与该项目，而是为该项目提供专营特许权、市场保障等融资优惠条件。由于项目融资方式是多种多样的，且融资方式灵活，因此可以解决许多由政府出资建设的项目资金问题，为政府财政支出减轻负担。

（3）实现项目风险分散和风险隔离，能够提高项目成功的可能性。项目融资的多方参与结构决定了可以在项目发起人、贷款人以及其他项目参与方之间分散项目风险，通过各方签订的项目融资协议，能够明确项目风险责任的分担。对于项目发起人来说，利用项目融资的债务屏蔽功能，实现资产负债表外融资，将贷款人的债务追索权限于项目公司，降低自身的财务风险。而贷款人也可以根据项目的预期收益和风险水平，要求发起人提供项目融资担保，在项目无法达到合理现金流量时，能够避免贷款风险。同时由于各方都承担风险，必然在融资过程中追求相应的回报，以促成项目的成功。

1.2 项目融资与公司融资的区别

项目融资是近年来出现的新型融资方式，它与传统公司融资有很大的区别。

公司融资是指依赖一家现有企业的资产负债及总体信用状况（通常企业涉及多种业务及资产），为企业（包括项目）筹措资金，属于完全追索权融资，主要包括发行公司股票、公司债券、获得银行贷款等形式。而与公司融资不同，项目融资通常是无追索或有限追索形式的筹资方式。其基本特征表现为：融资主体不同、融资基础不同、追索程度不同、风险分担程度不同、债务比例不同、会计处理不同以及融资成本不同等多个方面。

1.2.1 融资主体不同

一般的公司融资是以项目发起人作为融资的主体，银行或其他资金提供者是否向该公司贷款或投入资金，一方面取决于该公司是否有良好的经济效益，另一方面取决于该公司的总体信用状况，因为公司融资不仅以公司的未来收益偿还贷款，还以公司的其他资产作为抵押。而项目融资的融资主体即是项目公司本身，银行或其他资金提供者能否如期收回投入资金，完全取决于项目的未来收益，追索也仅限于项目的未来收益和项目建成后的资产。

1.2.2 融资基础不同

项目的经济强度是项目融资的基础。换言之，贷款人能否给予项目贷款，主要依据项目的经济强度，即贷款人在贷款决策时，主要考虑项目在贷款期内能产生多少现金流量用于还款，贷款的数量、利率和融资结构的安排完全取决于项目本身的经济效益。这完全有别于传统融资主要依赖于投资者或发起人的资信。项目融资的这些特征使得缺乏资金而又难以筹措资金的投资者，可以依靠项目的经济强度，通过项目融资方式实现融资。同时，由于贷款人关注的是项目经济实力，必然要密切关注项目的建设和运营状况，对项目的谈判、建设、运营进行全过程的监控。从这个意义上讲，采用项目融资有利于项目的成功。

1.2.3 追索程度不同

追索程度不同是指项目融资与传统融资的最主要区别。如前所述，项目融资属于有限追索或无追索。所谓有限追索或无追索，是指贷款人可以在某个特定阶段或者规定的范围内，对项目的借款人追索。除此之外，无论项目出现任何问题，贷款人均不能追索到借款人除该项目资产、现金流量以及所承担义务之外的任何财产。有限追索融资的特例是"无追索"融资，即融资百分之百地依赖于项目的经济实力。实际工作中，无追索的项目融资很少见。由于有限追索或无追索的实现使投资者的其他资产得到有效的保护，这就调动了大批具有资金实力的投资者参与开发和建设的积极性。

传统融资方式属于完全追索。所谓完全追索，是指借款人必须以本身的资产作抵押，如果项目失败，而该项目不足以还本付息，贷款方则有权把借款方的其他资产作为抵押品收走或拍卖，直到贷款本金及利息偿清为止。完全追索与有限追索是区别项目融资和传统融资的主要标准。

1.2.4　风险分担程度不同

任何项目的开发与建设都必然存在着各种风险。项目融资与传统融资方式相比较，在风险分担方面有三点显著不同：其一，采用项目融资方式的都是大型项目，它具有投资数额巨大，建设期长的特点，因而与传统融资方式相比，遇到的风险大。其二，项目融资涉及的时间较长，参与的利益相关者众多，并且会经常吸引外资，因此，其风险种类多于传统融资的风险，例如政治风险、法律风险等。其三，传统融资的项目风险往往集中于投资者、贷款者或担保者，风险相对集中，难以分担；而项目融资的参与方有项目发起人、项目公司、贷款银行、工程承包商、项目设备和原材料供应商、项目产品的购买者和使用者、保险公司、政府机构等多家，通过严格的法律合同可以依据各方的利益，把责任和风险合理分担，从而保证项目融资的顺利实施。由此可见，项目融资更加强调如何有效、合理地分担风险。

1.2.5　债务比例不同

在传统融资方式下，一般要求负债率在40%～60%，投资者自有资金的比例至少要达到40%以上才能融资；而项目融资可以允许项目发起人投入较少的股本，进行高比例的负债，对投资者的股权出资所占的比例要求不高。一般而言，股权出资占项目总投资的30%即可，而具体的债务比例根据项目的经济强度、融资规模等因素发生变化，结构严谨的项目融资可以实现90%以上的负债比例。因此可以说，项目融资是一种负债比率较高的融资。

1.2.6　会计处理不同

项目融资也称非公司负债型融资（Off-balance Finance），是资产负债表外的融资，这是与传统融资在会计处理上的不同之处。资产负债表外融资是指项目的债务不出现在项目投资者的资产负债表上的融资，这样的会计处理是通过对投资结构和融资结构的设计来实现的。

项目融资对于项目投资者的好处在于：可以使投资者以有限的财力从事更多的投资，同时将投资风险分散和限制在更多的项目之中，避免将融资表现为资产负债表上的债务。而在传统融资方式下，项目债务是投资者债务的一部分，出现在投资者的资产负债表上，这样一来，投资者的项目投资和其他投资之间会产生相互制约的现象。

在实际融资的过程中，投资者的深刻体会是这样的：大型工程项目的建设周期和投资回收期都很长，对于项目的投资者而言，如果把这样项目的贷款反映在投资者的资产负债表上，很有可能造成投资者（公司）的资产负债比例失衡，超过银行通常所能接受的安全警戒线，并且短期内无法根本改变，这样势必影响投资者筹措新的资金，以及投资于其他项目的能力。如果采取项目融资，则可避免上述问题。

1.2.7　融资成本不同

项目融资与传统融资相比，融资成本较高。这主要是由于项目融资的前期工作量非常大，又是有限追索性质所造成的。项目融资的成本包括融资的前期费用和利息成本两个部分。融资的前期费用包括融资顾问费、成本费、贷款的建立费、承诺费，以及法律费用等，一般占贷款总额的 0.5%~2%；项目融资的利息成本一般要高出等同条件企业贷款的 0.3%~1.5%，其增加幅度与贷款银行在融资结构中承担的风险以及对项目的投资者的追索程度密切相关。

从以上项目融资的基本特征可以看出，项目融资相对传统融资有很多的优点，正如世界上任何新生事物都不可能是十全十美的一样，项目融资也有不足。例如，组织实施项目融资时间较长，一个完整的融资计划通常需要半年甚至更长的时间，其成本费用必然很高。此外项目融资涉及的主体众多，这导致在这些主体之间实现合理的风险分担非常困难，一旦出现巨大的风险，经常会出现二次谈判和重新融资的情况。从整体而言，项目融资仍不失为一种金融创新，具有很强的发展潜力。

项目融资与公司融资的主要区别，如表 1-1 所示。

表 1-1　项目融资与公司融资的区别

内　　容	项 目 融 资	公 司 融 资
融资主体	项目公司	项目发起人
融资基础	项目未来收益和资产	发起人和担保人的信誉
追索程度	有限追索或无追索	全额追索或有限追索
风险承担	项目参与各方	项目发起人
会计处理	不进入项目发起人的资产负债表	进入项目发起人的资产负债表
贷款技术、周期、融资成本等	贷款技术相对复杂、周期长、融资成本较高	贷款技术相对简单、周期较短、融资成本较低
债务比例	一般负债比率很高	自有资金的比例为30%～40%

1.3　项目融资的适用范围

从项目融资产生到发展的进程看，无论是发达国家还是发展中国家，采用项目融资方式都比较谨慎，尽管这种方式具有筹资能力强、风险分散等优点，但毕竟风险较大，融资成本高。各国应用此种融资方式的项目种类主要有三大类：资源开发项目、基础设施建设项目和大型工业项目。

1. 资源开发项目

资源开发项目如石油、天然气、煤炭、铀等能源开采，铁、铜、铝、矾土等金属矿资源的开采等。就一般情况而言，资源开发项目具有两大特点：一是开发投资数额巨大；二是一旦项目运作成功，投资收益丰厚。典型地运用项目融资方式开发资源的项目有英国北海油田的开发，被誉为"开创了澳大利亚铁矿史上新时代"的澳大利亚恰那铁矿开采项目等。

2. 基础设施建设项目

从全世界范围看，无论是发达国家，还是发展中国家，项目融资应用最多的是基础设施建设项目。此类项目可分为三种：第一种是公共设施项目，如电力、电信、自来水、污水处理等；第二种是公共工程，包括铁路、公路、海底隧道、大坝等；第三种是其他交通工程，包括港口、机场、城市地铁等。

在上述三种项目中，国际上已经成功运作的项目又大多集中在电力、公路、海底隧道等项目。例如，电力项目有美国霍普威尔火力电站项目，巴基斯坦赫布河燃油发电厂项目，菲律宾大马尼拉汽轮机发电厂项目等；公路项目有马来西亚南北高速公路项目，泰国曼谷二期高速公路项目等；海底隧道项目有英法合作的英吉利海峡隧道项目，澳大利亚悉尼海底隧道项目和土耳其的博斯普鲁斯海底隧道项目等。

我国从 20 世纪 80 年代初开始尝试运用项目融资方式。按照我国政府目前的有关规定，项目融资主要适用于投资规模大、贷款偿还能力强、有长期稳定预期收入的部分基础设施和少数基础产业建设项目。它具体包括发电设施、高等级公路、桥梁、隧道、城市供水厂及污水处理厂等基础设施项目，以及其他投资规模大且具有长期稳定预期收入的建设项目。从已经运作的项目来看，项目融资多集中在电力、公路、地铁和污水处理厂等基础设施项目。如电力项目有深圳沙角 B 电厂、广西来宾电厂、山东日照电厂、合肥二电厂、福州电厂等；公路项目有广州至深圳高速公路、海南东线高速公路、北京京通快速路等；地铁项目有重庆地铁、深圳地铁等。近年来许多城市的自来水厂、污水处理厂等规模不大的基础设施建设项目也越来越多地运用项目融资的方式。

世界各国的项目融资也相对集中于基础设施建设领域，这一方面为政府解决了基础设施领域需要大量资金投入而造成的沉重负担；另一方面由于这类项目大都可以商业化经营，通过项目建成后的收益收回投资，因此可将规范的运作机制引入政府项目之中。正因为如此，许多发达国家采用项目融资建设的基础设施项目都获得了成功。

3. 大型工业项目

随着项目融资运用范围的扩大，近年来，项目融资也运用于工业领域。成功的典型如澳大利亚波特兰铝厂项目、加拿大塞尔加纸浆厂项目和中国四川水泥厂项目等。但与运用到资源开发项目、基础设施建设项目的数量相比，工业项目融资还很少。

以上所述是从世界范围看项目融资应用的领域，具体到每个国家如何确定项目融资的范围，要视本国的具体国情而定，如需要考虑国家的经济发展计划、政府的财力、利用外资的政策等。随着时间的推移，项目融资应用的范围也会不断调整、不断发展。例如，在发达国家，随着对基础设施需求的减少，项目融资的重点正转向工业等领域。

1.4 项目融资的产生及沿革

1.4.1 项目融资产生的过程

项目融资虽然是 20 世纪 50 年代出现的新型融资方式，但究其历史渊源迄今已有 300 余年。早在 17 世纪，英国的私人业主建造灯塔的投资方式与项目融资中的 BOT 形式就极为相似。当时，私人业主建造灯塔的过程是：私人业主首先向政府提出建造和经营灯塔的申请，在申请获得政府批准后，私人业主向政府租用土地建造灯塔，在特许期内管理灯塔并向过往船只收取过路费，特许期后由政府收回灯塔并移交给领港公会管理和继续收费。不过由于种种原因，这种投资建设方式没有引起人们的重视。

项目融资开始受到广泛重视，并成为国际金融的一个独立分支，是从20世纪60年代中期英国在北海油田开发中，利用有限追索权项目贷款作为标志的。20世纪70年代末至80年代初，随着世界各国经济的发展，无论是发达国家还是发展中国家，都先后出现了大规模基础设施建设与资金短缺的矛盾。为此，人们也在不断寻求一种新的融资方式，例如能否依靠项目本身的收益去获得建设所需贷款的设想。在这方面首开先河的是时任土耳其总理厄扎尔。1984年，在讨论土耳其公共项目的私营问题时，厄扎尔提出了BOT的概念，而BOT融资方式恰恰是用得最多的一种特定的融资方式。运用此种方式，土耳其建设了火力发电厂、机场和博斯普鲁斯第二大桥。此后，BOT融资方式作为基础设施项目建设的一种有效融资方式逐渐流行起来，并得到了广泛的发展。一些发展中国家，如土耳其、菲律宾、泰国、马来西亚及中国等也相继采用BOT融资方式进行基础设施建设。近年来，包括BOT模式在内的公私合作模式（PPP模式）发展迅速，被广泛地应用到了交通、能源、污水处理等基础设施项目的建设中。迄今为止，许多发达国家和地区越来越多地采用PPP融资方式进行大型基础设施建设。

1.4.2 项目融资发展的原因

如同任何新生事物一样，项目融资的产生和发展都有其具体的原因。从项目融资产生和发展的过程看，项目融资的出现是经济发展、经济建设的客观需要，也是其发展的必然结果。但是世界各国经济发展的不均衡性决定了项目融资在不同国家和地区发展的原因是不同的。

1. 发达国家和地区采用项目融资的原因

从经济发展的历史看，许多发达国家和地区以往的基础设施项目主要由国家财政预算安排，由政府直接拨款建设。进入20世纪80年代，这些国家和地区经济发展的现实迫使其不得不改变传统的做法。其一，随着经济的快速发展、人口增长和城市化水平的提高，各国对交通、电力及供水等基础设施的需求日益增长，但同时各国也都面临财政赤字、债务负担过重、政府投资能力下降的困境，无力承担耗资巨大的基础设施建设项目。其二，一些发达国家和地区企业私有化程度较高，而政府又允许私人企业和投资进入基础设施建设领域，这既调动了私人投资的积极性，又缓解了国家财政困难，这些都为项目融资的发展和应用提供了较好的客观条件。因此,减轻政府财政负担,吸引私人资本参与基础设施建设,是这些国家和地区采用项目融资的根本原因。

2. 发展中国家采用项目融资的原因

长期以来,许多发展中国家都存在严重的资金短缺问题,但为了尽快改变本国长期落后的经济状况,就必须大力加强基础设施建设,以消除制约经济发展的瓶颈。因此,资金严重短缺成为经济发展中的主要矛盾。与此同时,发展中国家大多存在国有部门效率低下,基础设施管理不善的问题。为解决这些矛盾和问题,许多国家制定了引进民间资本和国外资金搞基础设施建设的政策,以此缓解财政上的紧张局面并促进国有部门提高效率。正是在这样的经济背景下,项目融资不但被广泛采用,而且还成为引进外资的一种新形式。

1.4.3 项目融资在中国的发展

如前所述,20 世纪 80 年代初深圳沙角 B 电厂采用了类似 BOT 的建设方式,它标志着中国利用项目融资方式进行建设的开始。为尽快解决能源、交通、通信等基础设施严重不足的问题,加快基础设施的建设步伐,改变过去基础设施建设单纯依靠国家财政投资的传统做法,大胆尝试项目融资新方式,中央政府在制定"八五"计划时,国家计委首次提出了运用 BOT 方式加快基础工业发展和基础设施建设方面的新思路。但在具体实践中,由于多方面的原因,我国项目融资方式发展十分缓慢。

进入 20 世纪 90 年代,我国陆续出现了一些以 BOT 方式进行建设的项目,如上海黄浦江延安东路隧道复线工程、广州至深圳高速公路、上海大场水处理厂、海南东线高速公路、三亚凤凰机场、重庆地铁、深圳地铁、北京京通快速路、广西来宾 B 电厂等。这些项目虽然相继采用 BOT 模式进行建设,但只有重庆地铁、深圳地铁、北京京通快速路等项目被国家正式认定为采用 BOT 模式的基础设施项目。广西来宾 B 电厂 BOT 项目是经国家批准的第一个试点项目,经过各方多年的努力,该项目已取得了全面成功,被国际上很有影响的金融杂志评为最佳项目融资案例,在国内被誉为"来宾模式"。

为使我国项目融资尽快走上正轨,并按国际惯例进行运作,国家对外贸易经济合作部于 1994 年发布了《关于以 BOT 方式吸引外商投资有关问题的通知》(〔1994〕外经贸法函字第 89 号),原国家发展计划委员会与国家外汇管理局也于 1997 年 4 月发布了《境外进行项目融资管理暂行办法》(计外资〔1997〕612 号),连同以前公布的《指导外商投资方向暂行规定》(国务院令第346号）和《外商投资产业指导目录》一起，基本构成了中国BOT项目融资的法律框架。

随着越来越多的基础设施项目采用BOT方式进行融资，2004年建设部颁布了《市政公用事业特许经营管理办法》（建设部令第126号），初步规定了特许经营的适用范围，参与特许经营权竞标者应当具备的条件、竞标程序，以及特许经营协议的主要内容等。随后北京、深圳、天津、济南等城市相继发布了基础设施特许经营办法，也都对特许经营的相关事项做出规定。自2013年我国开始应用PPP模式发展基础设施建设。2014年以《财政部关于推广运用政府和社会资本合作模式有关问题的通知》（财金〔2014〕76号）《财政部关于印发政府和社会资本合作模式操作指南（试行）的通知》（财金〔2014〕113号），《国家发展改革委关于开展政府和社会资本合作的指导意见》（发改投资〔2014〕2724号）等政策文件为标志，我国PPP模式作为项目融资的一种重要载体，在市政、交通、能源、水利等基础设施领域得到全面推动，掀起一轮新的PPP热潮。

但是目前项目融资在中国的发展还处于挑战与机遇并存的新局面。

项目融资面临的挑战主要来自两个方面：其一，过去曾长期制约中国经济发展的基础产业瓶颈，制约局面已有很大的改变。随着市场结构的变化，一些领域或地区的某些产品出现了相对过剩或供求不平衡现象。其二，某些垄断行业的改革正朝着市场化的方向迈进。例如电力工业体制正在进行以"厂网分离，竞价上网"为目标的市场化改革，并在许多省份开始试点，然后全面推行。按照这一改革的思路，电力项目融资中的长期购电协议的签署就已不具备以往的条件。上述两点都将影响到项目融资的实施。

特别是特许经营BOT项目和PPP项目，毕竟属于新生事物，在中国的发展也仅有短短三十几年的历史，多数项目缺乏成功的建设、运营、移交的经验，仅仅依据目前的一些有关特许经营的原则性规定，还远远不能满足实践的需要。而在英、美、日等发达国家，目前在特许经营方面已经形成完善的法律法规体系，制定出一套操作性非常强的特许经营指南，详细规定了项目融资各个环节的具体事项，使得BOT项目运作非常规范。这正是中国目前尚需完善的一个重要方面。

在正视项目融资面临挑战的同时，还必须看到，随着中国经济的进一步发展，新的投资领域和投资机会的出现，为项目融资的进一步发展提供了有利时机。例如，我国在"十五"期间开始加速了城市化的进程，加大了对城市基础设施投资；正在进行的"十三五"规划更是提出加快新型城镇化步伐。政府的公共财政将无法满足巨大的资金投入，必须采用项目融资等多方融资渠道。

项目融资的发展方向可重点考虑城市轨道交通、城市供水及污水处理等项目。国家和地方也在不断出台相应的鼓励措施。例如 2015 年，国务院办公厅转发财政部、发展改革委、人民银行《关于在公共服务领域推广政府和社会资本合作模式指导意见的通知》（国办发〔2015〕42 号）中提出"在公共服务领域推广政府和社会资本合作模式，是转变政府职能、激发市场活力、打造经济新增长点的重要改革举措"。2016 年，国家发展改革委发布的《关于切实做好传统基础设施领域政府和社会资本合作有关工作的通知》（发改投资〔2016〕1744 号）中提出"经济新常态下，继续做好基础设施领域 PPP 有关工作，有利于推进结构性改革尤其是供给侧结构性改革，增加有效供给，实施创新驱动发展战略，促进稳增长、补短板、扩就业、惠民生；有利于打破基础设施领域准入限制，鼓励引导民间投资，提高基础设施项目建设、运营和管理效率，激发经济活力，增强发展动力；有利于创新投融资机制，推动各类资本相互融合、优势互补，积极发展混合所有制经济；有利于理顺政府与市场关系，加快政府职能转变，充分发挥市场配置资源的决定性作用和更好发挥政府作用"。2016 年，财政部发布的《关于在公共服务领域深入推进政府和社会资本合作工作的通知》（财金〔2016〕90 号）中提出"各级财政部门要联合有关部门，继续坚持推广 PPP 模式'促改革、惠民生、稳增长'的定位，切实践行供给侧结构性改革的最新要求，进一步推动公共服务从政府供给向合作供给、从单一投入向多元投入、从短期平衡向中长期平衡转变。要以改革实现公共服务供给结构调整，扩大有效供给，提高公共服务的供给质量和效率。要以改革激发社会资本活力和创造力，形成经济增长的内生动力，推动经济社会持续健康发展"。可以说，未来中国的 PPP 项目具有非常广阔的发展空间，也迫切地需要相关理论的指导，将 PPP 项目融资模式在基础设施项目建设领域的优势最大限度地发挥出来。

1.5　项目融资成功的基本条件

从项目融资的基本特征、适用范围及融资的阶段与步骤可以看出，组织项目融资要比一般的融资方式难度大。一个项目融资最终是否成功，在很大程度上取决于它所具备的主、客观条件。就客观条件而言，主要指项目融资所面对的投资环境的质量。投资环境一般有微观环境和宏观环境之分。由于项目融资经常会利用外资，相对而言，东道国的宏观投资环境更为重要。通常，宏观的投资环境包括政治环境、法律环境、经济环境、科技环境和文化

环境，其中前三个环境对项目融资影响最大，特别是投资的法律环境。

除具备良好的客观条件外，就项目投资者而言，要想获得项目融资的成功，首先要熟悉项目融资的基本原理及运作程序；其次要掌握相应的法律和金融知识；再次，需具备灵活的谈判技巧。除此之外，在融资的全过程中，还必须具备下述条件，即能够科学评价项目和正确分析项目风险、确定严谨的项目融资法律结构，并明确项目的主要投资者。

1.5.1 科学评价项目和正确分析项目风险

在组织项目融资的全过程中，科学评价项目和正确分析项目风险是项目融资的最基础工作。因为只有科学地评价一个项目，并依此做出投资决策，才能最终确定一个好项目，而有了好的项目，各家金融机构才愿为其提供贷款；同样，只有对项目风险做出正确的分析，才能找出规避项目风险的方法和途径，设计出风险分担的融资结构。

项目评价和项目风险分析，既相互联系又相互区别。项目评价中的可行性研究会涉及项目的风险分析，而项目风险分析更侧重于与项目融资密切相关的风险要素分析，以及这些风险要素对融资结构的影响。项目风险存在于项目的各个阶段，有完工风险、信用风险、金融风险、政治风险、市场风险和环保风险等。能否将这些风险合理分担和严格管理是项目融资最终成功的关键所在。因此，对项目风险不仅需要进行准确的定性分析，更重要的是对其做出准确的定量分析，即将各种风险因素对项目现金流量的影响数量化，在此基础上确定项目的最大融资能力，设计出为项目融资各参与方所接受的共同承担风险的融资结构。

1.5.2 确定严谨的项目融资法律结构

项目融资要求有健全的法律体系作为保证。因为无论是项目的融资结构，还是项目融资的参与者在融资结构中的地位、权利、责任及义务，都是通过一系列法律文件确定的。这些文件少则几十个，多则上百个。显然，法律文件是否能准确无误地反映项目各参与者在融资结构中的地位和要求，以及各个法律文件之间的结构关系是否严谨，是保证项目融资成功的必要条件。项目的投资者和贷款银行对法律文件的关注是有区别的：前者会更多地注意有关知识产权、贸易公平和生态环境保护等方面的法律保证；后者则要考虑担保履行以及实施接管权利等有关的法律保护结构的有效性问题。

1.5.3 明确项目的主要投资者

项目融资通常是建立在由若干个投资者组成的合资结构或由若干参与者

组成的信用保证集合体的基础上。这种做法有利于充分发挥合资方或参与方的长处，但如果不明确主要投资者，将会给项目管理带来一系列问题。例如，由于缺乏主要的投资者，在出现重大问题时无法做出决策；对项目的经营战略缺乏系统的考虑，以致连续性较差；或者由于缺乏主要投资者，难以形成富有管理经验的项目管理队伍等。因此，在项目融资中，必须尽早明确主要投资者，并使其有充分的利益需求而投入足够的资源承担起管理责任，建立起有经验的尽职尽责的管理队伍。

除上述条件外，尽早地确定项目的资金来源和充分调动项目各参与方的积极性也是必不可少的条件。

复习思考题

1. 案例分析题

（1）广深高速公路项目的背景与成功经验。

案例背景：广深高速公路是我国大陆第一条成功引进外资修建的高速公路，1987年4月部分项目开工建设，1994年1月部分路段试通车，1997年7月全线正式通车。项目总投资折合人民币约122亿元，贷款总额折合人民币约115亿元。广深高速公路项目资金的筹措采用了类似BOT的融资模式，但又存在较大的差别。以项目公司——广深珠高速公路有限公司（以下简称公司）为主体负责项目的建设、运营。项目经营期为30年，期满时整个项目无偿收归国有。在项目的建设过程中，建设资金全部由外方股东解决，政府未投入资金。但是，政府在公司中派出了产权代表，并通过协商占有公司50%的权益，这是与BOT融资模式不同的地方。

广深高速公路项目之所以采用这样的融资模式，是由于国内经济发展要求加快交通基础设施建设，但财政资金相对紧张；同时，20世纪80年代中期国内资本市场尚处于起步阶段，金融市场上资金紧缺，很难满足项目需求的巨额资金，并且资金成本也相当高。因此，该项目大胆引进外资。这样的融资模式，在当时的确算是一个很大胆的创新，结果取得了较大的成功：既解决了当时国内资金缺乏的问题，又保证了能够快速、高质量地完成项目建设，同时大大节省了借款利息，降低了项目建设成本。

经验分析：①项目融资必须得到决策者的重视与支持。上级单位的决策者对于公司债务结构的调整给予了高度的重视与支持，为此还专门成立了"项目融资协调小组"负责债务结构调整工作，从而为调整工作的顺利进行开辟了一条"绿色通道"。②该项目深入分析了债务结构调整的成本与效益。公司及相关部门就贷款金额、贷款期限、利率优惠等问题经过精心预测、反复计算及多次论证分析，权衡利弊，并与国内商业银行进行多次谈判，使银企间达成共识，得出的结论是：公司债务结构调整的效益将远远大于调整的成本。③论证法律上的可行性和经济上的可操作性。公司及相关部门进行了反复的探讨和论证。原有的债权人同意提前还款；新债权人同意融资；相关银行具备外汇融资贷款的实力，从而确认该项调整具备法律上的可行性和经济上的可操作性。

广深高速公路融资工作的成功，为交通基础设施项目建设的融资积累了以下经验：①在大胆利用外资的同时，融资的模式和策略要与时俱进，勇于在观念上创新，敢于走前人未走过的路子。②建设期间融资工作的重点是选好融资模式，即结合自身的特点和当时的市场环境选择适当的融资模式。③建成后，应结合变化的市场环境采取适当的融资策略。经验表明，合理调整债务结构，可以降低营运成本和财务风险，经济效益明显。

（2）拟讨论的问题：

1）结合本案例分析项目融资的作用。

2）你认为该项目成功实施项目融资的主要原因有哪些？

3）本案例中的融资结构是否适用于中国目前的高速公路项目融资情况？

2. 思考题

（1）何谓项目融资？项目融资与一般公司融资的主要区别是什么？

（2）在中国的市政公用事业发展中采用项目融资会有什么好处？

（3）既然融资成本较高，究竟是什么原因使得项目融资获得广泛应用？如何弥补该不足？

（4）请分析项目融资是否适用于所有的基础设施项目？

（5）结合实际情况分析在中国成功进行项目融资迫切需要解决的问题是什么？

（6）试分析在中国成功实施项目融资的条件有哪些。

项目融资由四个基本模块组成：项目的投资结构、项目的融资结构、项目的资金结构以及项目的信用保证结构。项目融资需要合理设计发起人之间的投资关系，为项目安排合适的融资模式，选择合理的资金来源，提供各种切实可行的担保，这是一项复杂的系统工程。整个项目融资过程涉及众多的参与者，如何协调他们之间的关系，也是项目融资中的一个重要问题。

第 2 章

项目融资的组织与结构

2.1 项目融资的参与者

项目的参与者一般包括项目发起人、项目业主、项目经理和项目承包商等。以项目融资方式筹集资金的项目，通常是工程量较大、资金需求多、涉及面广的项目。同时，这类项目有完善的合同体系和担保体系来分担项目的风险，因此，项目融资的参与者众多，常见的项目融资参与者主要有以下14 类。

1. 项目发起人

项目发起人也称为项目主办方，是指项目的倡导者和投资者。项目发起人可以是政府部门，也可以是一家公司，也可以是由多方组成的集团，例如由承包商、供应商、项目产品的购买方或项目产品的使用方等多方以及政府部门等多方构成的联合体。项目发起人也可能是项目的利益相关者，包括项目的直接受益者和间接受益者。例如在石油开发项目中，项目所在地的运输集团也可以成为项目发起人之一。项目发起人是项目的股东，他们期望通过项目运营收回资金并获得盈利。项目发起人通常仅限于发起项目，但不负责项目的建设和运营。

2. 项目公司

项目公司是指为了项目建设和运营的需要，而由项目发起人组建的独立经营的法律实体。项目发起人是项目公司的股东，仅以投入项目公司中的股份为限对项目进行控制，并承担有限的偿债责任。项目公司为建设和运营项目需要进行大量的融资，并以项目本身的资产和未来的现金流作为偿还债务的保证。有些项目公司仅是为项目的融资而成立，并不参与项目的建设和运营，仅起一个资产运营公司的作用。例如，菲律宾 Pagbilao 电力项目中的 Pagbilao 发电有限公司是项目公司，但电厂的营运和售电等均由电厂经营者负责。项目公司架起了项目发起人和项目其他参与者之间的桥梁，使无追索权或有限追索权的项目融资得以实现，其主要的法律形式为有限责任公司和股份有限公司。

3. 借款人

借款人是指为项目直接筹集资金者。在一般情况下，项目公司扮演借款人的角色；但借款人也可以不是项目公司。借款人与项目公司的关系受项目实施和融资结构等诸多因素（如税收制度、外汇制度、担保制度和法律诉讼等）的影响。

有些项目的借款人不是一个，而是由各自独立的借款人分别筹集资金，参与项目的实施中来，如建筑公司、运输公司、原料供应商、设备制造商或产品购买方等，它们分别将筹集的资金投入项目中。

国际上一些银行和金融机构，对国有企业融资设置一定的障碍，如不向国有企业贷款和提供担保等，为此，可设立专门的机构，如"受托借款机构"——TBV（Trustee Borrowing Vehicle），通过受托借款机构向银行借款，实现间接为国有企业提供融资的目的。其融资结构如图 2-1 所示。

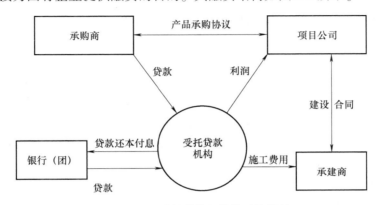

图 2-1　项目受托借款机构的融资结构

银行向受托借款机构提供贷款，受托借款机构向承建商支付工程费用，承建商按建设合同规定向国有项目公司提供产品及服务。承购商将产品货款支付给受托借款机构，该机构用此款还本付息。

4. 贷款银行

项目融资的参与者中必不可少的是提供贷款的银行。由于项目融资需求的资金量很大，一家银行很难独立承担贷款业务，另外，基于对风险的考虑，任何一家银行都不愿意为一个大项目承担全部的贷款，在通常情况下是由几个银行组成一个银团共同为项目提供贷款的。银团贷款除了能够分散贷款风险、扩大资金的供应量外，另外还有一个优点，就是可以分散东道国的政治风险，避免东道国政府对项目的征用和干涉，因为东道国政府可能不愿意因此破坏与这些国家的经济关系。根据经验，如果项目贷款的总额达到 3 000万美元以上，就可以考虑采用银团贷款的形式。

贷款银行通常分为安排行、管理行、代理行、工程银行等。这些银行都提供贷款，但它们又各自承担不同的责任。安排行通常在贷款条件和担保文件的谈判中起主导作用；管理行负责贷款项目的文件管理；代理行的责任是协调用款，帮助各方交流融资文件，送达通知和传递信息；工程银行的责任是监控技术进程和项目的业绩，并负责项目工程师和独立的专家间的联络。

工程银行可能是代理行或安排行的分支机构。

5. 财务顾问

项目公司在金融市场上筹集资金，往往聘请金融公司、投资银行等为其策划和操作，这些金融机构就是项目公司的财务顾问。财务顾问必须熟知国际、国内金融市场的操作规则，并且了解项目所在地的情况，依据当地的政治、法律和市场环境等对项目融资结构提出参考意见。通过财务顾问的工作，项目公司可以减少风险和降低成本。财务顾问还可为项目公司向外界推荐项目。

6. 专家

采用项目融资方式筹集资金的项目通常工程量大并且技术复杂，因而在项目的设计和施工中有大量的技术问题，需要各方面的专家提供咨询意见。项目主办人、贷款银行和财务顾问等都要聘请一些专家，帮助他们进行可行性研究，对项目进行管理、监督和验收。特别是在项目参与者发生意见分歧时，专家可作为仲裁人。

7. 律师

项目融资涉及的参与者众多，融资关系复杂，通常在项目一开始，就需要相应的律师介入。其职责主要包括对项目合同有效性等法律问题，以及税务问题提供建议，并起草各类合同文件，检查项目融资的结构与措施是否符合东道国的有关规定，以规避法律风险。

8. 保险公司

项目融资的巨大资金数额以及未来难以预料的许多风险，使得保险公司成为项目融资中必不可少的参与者。保险公司收取保费，并为项目分担风险。

9. 国际金融机构

国际金融机构和区域性金融机构经常参与发展中国家的项目融资。国际金融机构的参与对项目融资有很多好处：首先，可降低融资成本，世界银行通常为发展中国家的项目提供长期低息的优惠贷款；其次，由于国际金融机构的参与，使得其他项目参与各方减轻对项目所在国政治风险的担心；最后，世界银行的贷款通常不要求担保。但是在国际金融机构提供优惠贷款的同时，也有很多其他附加条件，有些条件非常苛刻，不容忽视。

10. 所在国政府

项目所在国政府有时在项目融资中可以起到关键的作用。政府可以作为担保方为融资提供帮助，政府还可以作为公共产品的购买者为项目提供特许权。另外，政府可通过制定相关的税收政策、外汇政策等为项目融资提供优惠待遇。

11. 项目承建商

项目承建商负责项目的设计和建设,其技术水平、财务能力和经营业绩在很大程度上影响贷款银行对项目建设风险的判断。承建商可以通过项目公司签订固定价格的"一揽子承包合同",从而成为项目融资的重要信用保证者。

12. 项目使用方

项目使用方就是项目产品的购买者或者项目提供服务的使用者。如果使用方通过签订项目产品长期购买或者服务使用合同,就可以保证项目的市场和现金流量,为项目融资提供重要的信用支持,成为项目融资的重要参与者之一。在一般情况下,项目使用方可以由项目发起人本身、对项目产品有需求的第三方或者政府有关机构承担。

13. 项目供应商

项目供应商主要包括项目所需设备供应商和原材料供应商。项目设备供应商通常通过延期付款或者低息优惠出口信贷安排,构成项目资金的一个重要来源,为项目融资提供信用保证。项目所需原材料供应商以长期的优惠价格为项目提供原材料,以减少项目建设和运营期间的原材料供应风险,为项目融资提供便利条件,因而也构成项目融资的重要参与者之一。

14. 项目担保方

为了保证项目公司按照合同约定来偿还债务,项目担保方以自己的信用或资产向贷款银行做出项目公司按约还款的保证。在有效担保期内,债权无法实现时,贷款银行就可以要求担保方履行担保义务。项目融资的担保方可以是项目发起人、项目所在国政府,也可以是资信等级较高的商业担保公司。与一般商业贷款中的担保方不同的是,项目融资的担保方主要是为了保证项目按时完工、正常经营,能够产生足够的现金流来偿还贷款。如果项目经营失败,贷款人可以在担保条件下直接占有或经营项目资产,也可以通过出售项目资产或权益来使自己的债务得到清偿。

2.2 项目的投资结构

项目的投资结构,即项目的资产所有权结构,主要是指项目发起人对项目资产权益的法律拥有形式和发起人之间的法律合作关系。项目的投资结构对项目融资的组织和运行方式有着重要的影响,项目发起人在项目融资之前必须明确采用何种投资结构,尤其是存在多个发起人的情况下,必须选择合理的项目投资结构。对于基础设施建设项目和资源开发项目,由于需要投入巨额的资金，项目周期也很长，单一的投资者难以承担项目的风险，因此有必要由多个主体共同投资建设，共同承担风险，形成互补性效益，利用不同投资者的信用等级和所在国的优惠政策吸引项目贷款。此时，各个发起人需要考虑投资结构的影响因素，确定是采用股权式投资结构、契约式投资结构还是合伙制投资结构。

2.2.1 股权式投资结构

股权式投资结构是按照《公司法》建立的，具有一个与投资者完全分离的独立法人实体，股东以其所持股份为限对公司承担责任，公司以其全部资产对公司的债务承担责任的一种投资结构。采用该投资结构需要成立一家项目公司，作为一个独立法人，该公司拥有一切项目资产和处置资产的权利，股东则按照股权份额行使自身的权利。项目公司的法律形式为股份有限公司和有限责任公司。采用该投资结构的项目，可以项目公司为主体进行融资。

股权式投资结构的优点如下：

（1）项目公司股东承担有限责任。投资者的责任仅限于投入项目公司的股本金额，在偿还债务时，项目公司承担直接的还贷责任，项目公司股东不承担任何连带追索的风险。这就是所谓的"风险隔离"，它使投资者的风险大大降低，实现了对项目投资者债务的有限追索。

（2）资产负债表外融资。根据一些国家的会计制度，成立项目公司进行融资可以不将有限追索的融资债务列入项目发起人自身的资产负债表上，实现非公司负债型融资，从而降低项目发起人的债务比率。

（3）项目资产所有权的集中性。项目公司作为一个独立法人，可以拥有项目所需的生产技术、管理资源和人力资源，项目资产所有权集中于项目公司，而不是分散于各个投资者，便于项目的经营和管理。这也是项目融资可以建立在项目资产之上的一个法律基础。

（4）投资转让的灵活性。项目公司的股票代表着每一个投资者所拥有的权益。投资者只要转让其手中的股票，就达到转让公司投资的目的，这比转让项目资产要容易得多，同时也不影响项目公司的存续。

股权式投资结构的缺点如下：

（1）投资者对项目的现金流量缺乏直接的控制。

（2）不能利用项目公司的亏损去冲抵投资者其他项目的利润。因为任何一个投资者都不能完全控制该项目公司，项目开发前期的亏损只能保留在项目公司中，这就可能出现项目公司如果在几年内不盈利，亏损不能用来抵消投资者税款的情况。

（3）存在"双重征税"的问题。项目公司获得盈利时要缴纳企业所得税，项目投资者取得股东红利后还要缴纳企业所得税或个人所得税，存在对同一笔盈利征收两次所得税的情况。

股权式投资结构，由合作各方共同组成股份有限公司或有限责任公司，共同经营、共负盈亏、共担风险，并按股额分配利润。在以项目融资方式筹措项目资金时，项目公司作为借款人，将合资企业的资产作为贷款的物权担保，以企业的收益作为偿还贷款的主要资金来源。项目发起人除了向贷款人做出有限担保外，不承担为项目公司偿还债务的责任。

我国基础设施、能源和矿产项目所需资金数额大，但开发前景好，因此吸引了不少外国资本。合资经营是当前我国利用外国直接投资的主要形式，在我国已批准的项目融资项目中，中外合资经营的项目公司占绝大多数。对一些重要的基础设施和具有战略价值的项目，外商往往愿意通过合资控股掌握项目的经营调度权，进而谋得更多的利益。所以，在中外股权式合资经营的项目公司中，我国对中外股权的比例和控股问题要加以重视。

2.2.2 契约式投资结构

契约式投资结构是一种项目发起人为实现共同的目的，通过合作经营协议结合在一起的、具有契约合作关系的投资结构。在项目融资过程中，该投资结构主要用于石油天然气开发、采矿、初级矿产加工、钢铁及有色金属等领域。

契约式投资结构也被称作合作式投资结构，是指在合作企业合同中约定投资或者合作条件、收益或者产品的分配、风险和亏损的分担、经营管理的方式和合作企业终止时财产的归属等事项。契约式投资结构不一定成立一个法人实体。每一个投资者可以直接拥有项目部分资产，有权独立处理与其投资比例相当的项目最终产品。可以说合作不是单纯以获取利润为目的，而是根据合作协议使每一个投资者从项目中可以获得相应份额的产品，即合作生产产品，或者为取得产品而合作。采用该投资结构时，一般由项目发起人根据自身资金实力和税务结构独立地安排项目融资，筹集其所需投入的资金，因为法律不允许以合作结构或者项目公司的名义举债。

契约式投资结构的优点如下：

（1）可以充分利用税收优惠。如果契约式投资结构不成立法人实体，则项目本身不必缴纳所得税，其经营业绩可以完全合并到各个投资者自身的财务报表中。投资者可以将项目建设期和试生产期的亏损以及各种投资优惠，用于冲抵自己企业的所得税。

（2）为投资者提供一个相对独立的融资空间。由于投资者在该结构中直接拥有项目资产和产品，能直接控制项目现金流量，可以独立设计项目的税务结构，所以每一个投资者都能按照自身发展战略和财务状况安排项目融资。

（3）投资结构设计灵活。世界上大多数国家目前还没有专门的法律来规范契约式投资结构的组成和行为，因此完全可以根据投资者的财务、产品、利润目标等要求来设计投资结构和协议。

契约式投资结构的缺点如下：

（1）投资转让程序复杂，交易成本高。契约式投资结构中，投资转让的是投资者在项目中直接拥有的资产和合约权益，因此与股权式投资结构相比，其转让涉及契约各方的利益，需要通过谈判得到合作方的同意，这样导致转让的过程比较艰难。

（2）合作协议内容构成复杂。参与契约式投资的各方，其权益主要依靠合作协议全面得到保护，必须在该协议中对所有的决策和管理问题进行详细的规定，这使得协议的内容尽可能的全面，从而增加了协议的复杂性。

契约式投资结构可分为法人式和非法人式两种类型。

法人式合作经营是指合作各方组成具有法人资格的合营实体，这个实体有独立的财产权，法律上具有起诉权和被起诉的可能，设有董事会作为最高权力机构，并以该法人的全部财产为限承担债务责任。

非法人式合作经营是指合作双方不组成具有法人资格的合营实体，双方都是独立的法人，各自以自身的法人资格按合同规定的比例在法律上承担责任。合作双方可以组成一个管理机构来处理日常事务，也可以委托一方或聘请第三方进行管理。一般的做法是：项目发起人根据合资协议组成非公司型合资结构，成立项目管理委员会，该委员会由每一个投资者的代表组成，并按照投资比例合资组建一个项目公司负责项目的建设和生产经营，项目公司同时也作为项目发起人的代理人负责项目的产品销售。

契约式投资结构在项目融资中获得相当广泛的应用。我国曾经建设的几个重要的海外投资项目，如中国国际信托投资公司在澳大利亚投资的波特兰电解铝厂、在加拿大投资的塞尔加纸浆厂，中国冶金进出口公司在澳大利亚投资的恰那铁矿，都是采用这种形式的投资结构。

2.2.3 有限合伙制投资结构

有限合伙制投资结构中，至少包括一个一般合伙人和一个有限合伙人。其中一般合伙人负责项目的组织、经营和管理，对合伙制项目的债务承担无限责任。有限合伙人不参与项目的经营管理，以其投入合伙制项目中的资本承担有限债务责任，主要责任就是提供一定的资金，常被称为"被动项目投资者"。

有限合伙制投资结构中，一般合伙人与有限合伙人相互合作、扬长避短。一般合伙人大多是在该项目领域具有技术管理特长，准备利用这些特长从事项目开发的企业。但由于受到资金、风险、投资成本等多种因素的制约，一般合伙人愿意组织一个有限合伙制的投资结构吸引更广泛的有限合伙人参与到项目中来，以共同分担项目的投资风险和分享项目的投资收益。有限合伙人通常是拥有雄厚资金实力的投资公司和金融机构等，为项目的前期开发提供资金支持。

有限合伙制投资结构的优点如下：

（1）税务安排灵活。有限合伙制本身不是一个纳税主体，其在一个财政年度内的净收入或亏损可以全部按投资比例直接转移给合伙人，合伙人单独申报自己在合伙制结构中的收入，并与其他收入合并后确定最终的纳税义务。

（2）每个一般合伙人都有权直接参加项目的管理，有利于发挥各合伙人的专长和管理能力，做到资源的充分利用。

有限合伙制投资结构的缺点如下：

（1）当一个一般合伙人以合伙制名义对外签约时，其他合伙人都要受到这一合约的约束，容易造成权责不分。

（2）有限合伙制结构在法律上不拥有项目的资产，在安排融资时需要每个一般合伙人同意将项目中属于自己的一部分资产权益作为抵押或担保，各个合伙人分别与贷款银行之间存在借贷法律关系。贷款人需要分别与每一个合伙人谈判。针对不同的贷款人，确定不同的合同条件，导致项目融资的成本增加，使得融资安排比较复杂。

（3）不同国家对有限合伙制的规定不同，如果结构安排不好，有限合伙制可能被作为公司制结构处理，失去了采用合伙制的意义。此外有限合伙人有可能由于被认为"参与管理"而变成承担无限连带责任的一般合伙人，从而增加其在项目中的投资风险。

欧洲迪士尼乐园项目就是运用有限合伙制投资结构的典型案例。为了达到对项目的控制，欧洲迪士尼财务公司选择了有限合伙制的投资结构。美国迪士尼公司作为唯一的一般合伙人对项目承担无限责任，但拥有项目的经营管理权，其他投资者作为有限合伙人承担有限责任，不参与项目的经营管理。最终美国迪士尼公司虽然股权很少，但却达到了控制项目的目的。

有限合伙制的一般合伙人可以是自然人或法人，有限合伙人则要求必须是独立的法人。有限合伙制经营结构通过合伙人之间的法律合约建立起来，没有法定的形式。所有合伙人按照协议共同经营、管理项目资产，约定资本投入、项目管理权利、风险的承担方式、利润分配及亏损的承担。有限合伙避免了普通合伙的连带责任问题，规避了连带责任的风险问题。目前《中华人民共和国合伙企业法》对有限合伙没有做出明确规定，这样在吸引国外资金方面就会出现立法空白，特别是在我国加入世界贸易组织之后，可以根据项目融资的具体需要，积极做出相应规定，使有限合伙制在项目融资中得到应用。

2.2.4　决定项目投资结构所需考虑的因素

项目投资结构设计是一个非常复杂的过程，涉及诸多因素和关系。一个具体的项目应该考虑几个主要影响因素。

1. 项目债务的隔离程度

对于投资者来说，项目债务的隔离程度越高，其承担的融资风险就越小，但是同时获得的投资回报也相对较少。因此，投资者应当权衡利弊，考虑项目风险和债务责任的承担形式，以决定合理的项目投资结构。

如果项目投资者不愿意承担直接的风险和责任，希望将债务屏蔽于自身之外，则可以通过股权式投资结构成立法人实体，即项目公司。采用该投资结构，投资者的风险仅限于投入项目公司中的股本资金和承诺的担保责任，项目融资是以项目公司的预期收益和资产为基础实现的，债权人只能进行有限追索。

如果项目投资者的资信水平高、资金实力强，并且愿意承担较大风险和债务责任，以期获得较高收益，对项目债务的隔离程度要求不高，则可以采用契约式或合伙制投资结构。在该结构中，投资者按照投资协议和投资比例承担直接的债务责任，直接拥有并有权独立处理按其投资比例获得的项目最终产品。

2. 投资项目的类型

在基础设施项目中，项目没有直接的有形产品，投资者更注重项目所带来的收益。投资该类型的项目通常是为了开拓企业的业务活动领域，增加企业利润。此时，投资者会采用股权式的投资结构。

在资源开发项目中，项目产品是下游产业的原材料，也是特定用户和特定市场必需的关键性资源，因此多数投资者愿意直接获得项目产品，从而获得丰厚的利润。对于该类型的项目，投资者倾向于选择契约式或合伙制投资结构。

3. 潜在投资者的数量

股权式投资结构因为成立有项目公司，因此投资者只需要依据对项目经济强度的判断和自身的经济实力，决定投入项目公司的资金数量，而不得随意干预项目公司的正常经营活动，也不能随意撤回投资。在这种投资结构下，投资者之间的关系容易确定，特别适合于存在较多的潜在投资者的情况。而契约式或合伙制投资结构必须要通过协议明确各方的权利和义务，所以比较适用于只有少数几个大的投资者共同参与项目投资的情况。如果存在大量投资者，采用该投资结构会使合作谈判过程变得异常艰难和复杂。

4. 项目融资的便利性

在股权式投资结构中，项目公司作为独立的法人实体，可以将项目资产抵押给贷款银行来安排融资，同时也可以控制项目的现金流量，因此以项目公司为主体安排的融资比较容易。而在契约式投资结构中，投资者分别直接拥有项目的部分资产，项目资产不能作为一个整体向银行申请贷款，并且各个投资者分别享有税收优惠和其他投资优惠条件，分别控制项目现金流量。这时，项目融资就比较复杂。

5. 项目的经济强度

如果项目的经济强度不高，出现经营困难时，可能会要求投资者注入一定的资本金。当经常出现这种情况时，一般倾向于选择股权式投资结构，这样便于增资扩股。而如果项目的经济强度较高，出现财务困境的可能性很小，则可以考虑采用契约式或合伙制的投资结构。

按照中国的外资立法，目前利用外资的三种形式是中外合资经营企业、中外合作经营企业和外商独资企业。项目融资如果吸引外资，则可以考虑采用中外合资或合作经营企业的形式；而在基础设施项目融资中，采用外商独资的形式要慎重，因为能源、公路、机场、桥梁等基础设施项目关系国计民生，如果全部由外商投资并控制，可能会影响我国的经济安全和国防安全。

2.3 项目的融资结构

项目的融资结构是项目融资的核心部分，是指组成项目融资的各部分的搭配和安排。每个项目都有其独特性，项目融资在具体实施过程中有很多模式，不同模式的融资结构和实施过程差异很大。因此，要依据项目自身的特点选取适合的项目融资结构。项目的融资结构主要包括以下几种类型：

（1）特许经营 BOT 项目融资。它是指政府特许私人部门建设项目，并以特许经营期的收益偿还贷款，特许经营期结束后将项目移交给政府的形式。

（2）PPP 项目融资。它是指政府与社会资本方通过 PPP 项目合同建立伙伴关系，组建项目公司负责 PPP 项目的融资、建设、运营维护等工作，合作期满将项目移交给政府的形式。

（3）ABS 项目融资。它是指以项目所拥有的资产为基础，以该项目资产可以带来的预期收益为保证，通过在资本市场上发行债券筹集资金的形式。

（4）产品支付和远期购买的融资。它是指借款人直接以项目产品偿还贷款，通过"产品支付"和"远期购买"的方式出让项目产品的部分所有权给贷款人，最终转化为销售收入偿还贷款的形式。

（5）融资租赁。它是指借款人以偿还租金的形式支付资产使用款的形式。

（6）设施使用协议融资。它是指以一个工业设施或者服务性设施的使用协议为主体安排的形式。

（7）直接融资。它是指由项目投资者直接安排项目的融资，并直接承担起融资安排中相应的责任和义务的形式。

（8）单一目的项目公司融资。它是指投资者通过建立一个单一目的项目公司来融资的形式。

项目投资结构和融资结构是关系极为密切的两大模块，彼此互相制约、互相影响。总的来说，投资结构决定融资结构，而融资结构又反过来影响投资结构。所以，对项目投资模式和融资模式的设计应同时考虑，交叉进行，科学协调两者的关系。

2.4　项目的资金结构

项目的资金结构是项目融资结构设计中的一个重要问题，是指在项目中股本资金、准股本资金和债务资金相互之间的比例关系。要确定项目的资金结构，首先就要选择项目融资的资金来源。项目融资的资金来源主要有：股本和准股本、商业银行贷款和国际银行贷款、国际债券、租赁融资、发展中国家的债务资产转换等。由于各种资金来源在成本和风险等方面存在差异，因此这一问题往往会影响到项目融资的成败及效果。

项目融资重点解决的一个问题就是项目的债务资金来源，在整个结构中也需要以适当形式的股本资金和准股本资金作为结构的信用支持。项目的资金结构很大限度上受制于项目的投资结构、融资模式和信用保证结构。通过恰当地安排项目的资金构成比例、选择适当的资金形式，可以达到减少项目投资者自身资金的直接投入和提高项目综合经济效益的双重目的，获得项目融资资金成本和风险的有效平衡。

确定项目的资金结构实质上就是要确定股本和债务的比例。从国内外的典型项目融资案例中可以直观地了解目前实践中形成的股本和债务的比例，具体数据如表 2-1 所示。

表 2-1 国内外的典型项目融资的资金结构情况

项目名称	投资额/美元	股本金/美元	债务资金/美元	股本和债务的比例
澳大利亚悉尼港隧道	5.5 亿	2 900 万	6% 利率债券 2.79 亿 + 政府 30 年无息贷款 1.25 亿	5 : 95
英国丹佛大桥	3.42 亿	3 600 万	1.21 亿从属性贷款债券 + 1.85 亿贷款	10 : 90
中国沙角 B 电厂	5.5 亿	1 700 万	股东从属贷款 5 520 万，中方从属贷款 9 240 万 + 日方出口信贷 2.614 亿 + 商业贷款 1.316 亿	3 : 97
中国来宾电厂	6.16 亿	1.54 亿	COFACE 贷款 3.06 亿 + 商业贷款 1.56 亿	25 : 75
巴基斯坦水电站	1.733 亿	4 000 万	国外贷款 0.948 亿 + 本地贷款 0.385 亿	23 : 77
泰国曼谷公路	10.6 亿	2.16 亿	贷款 8.44 亿	20 : 80

通过分析股本和债务的比例可以发现，在项目融资中债务占到总资金的比例通常在 70% 以上，说明在项目融资中，债务资金通常是最重要的资金构成，这也正是项目融资区别于传统融资的一个重要特点。

同时，根据对相关数据的统计研究，项目融资在不同的行业中，也延续了这样的一种特点，即项目的贷款占总资金的比率从 30% ~80% 不等，并且在大部分行业中，项目的贷款占到了很大的比重，一般都在 50% 以上。表 2-2 给出了不同行业中具体的比例范围。

表 2-2 不同行业项目融资的贷款所占比例

项目类型	贷款占总资金的比例	项目类型	贷款占总资金的比例
通信	30% ~40%	高速公路	60% ~70%
煤矿	40% ~60%	电力和煤气输送	70% ~75%
电厂	60% ~70%		

注：表 2-1、表 2-2 的数据来自参考文献 [29]。

总的来说，由于项目融资往往采用了合理的融资机制和担保结构，因此目前国际上大型项目的资金结构为股本：贷款 = 30：70。根据《国务院关于调整和完善固定资产投资项目资本金制度的通知》（国发〔2015〕51 号）相关规定，城市轨道交通项目、铁路、公路、保障性住房和普通商品住房项目、电力等其他项目资本金比例不得低于 20%；港口、沿海及内河航运、机场项目、其他房地产项目不低于 25%；煤炭不低于 30%；水泥项目不低于 35%；钢铁项目不低于 40%。

2.5 项目的信用保证结构

项目的信用保证结构是指项目融资中所采用的一切担保形式的组合。对于银行和其他债权人而言，项目融资的安全性来自两个方面：一方面来自项目本身的经济强度；另一方面来自项目之外的各种直接或间接的担保。项目本身的经济强度与项目的信用保证结构是相辅相成的。项目的经济强度高，融资所要求的信用保证结构就相对简单，保证条件相对宽松；反之，要求的信用保证相对复杂和严格。

项目融资的信用结构是以各种担保关系为主体结构的，这些担保关系，有的属于法律意义上的担保范畴，如项目资产抵押，有的则是非法律意义上的担保，如长期供货协议、政府安慰函等意向性担保等。项目融资的信用保证种类繁多，体系庞杂。这些担保可以是直接的财务保证，如完工担保、成本超支担保、不可预见费用担保；也可以是间接的或非财务性的担保，如长期购买项目产品协议、技术服务协议、以某种定价公式为基础的长期供货协议等。所有这一切担保形式的组合，就构成了项目的信用保证结构。值得注意的是，在以我国为代表的发展中国家进行的项目融资的保证结构中，有时政府对项目某些事项的支持函起着非常重要的作用。

在项目融资理论中，项目的投资结构、融资结构、资金结构和信用保证结构通常称为项目融资的整体结构。项目融资的四种结构不是孤立的，而是相互联系、相互影响的，在进行项目融资结构整体设计时，必须把这四大结构综合在一起考虑。

项目的投资结构确定了项目投资者对项目资产及其之间的法律关系，合理的投资结构设计能够比较好地满足不同投资者的要求，为项目平稳运作提供组织保证。在确定投资结构的基础上，就可以选择适当的融资结构。融资结构主要是指项目融资模式的选择，是项目融资结构设计中的核心，项目的其他结构都将围绕此结构展开。

一旦确定了项目的投资结构和融资模式，就可以确定项目的资金结构和信用保证结构。项目融资的资金结构是指权益资本与债务资金的比例关系及其来源渠道。项目融资中通常发起人的投入只占总投资的一小部分，其余需要通过各种融资渠道筹集。不同渠道的资金成本、风险及期限都是不一样的，因此，需要对融资渠道有一个很好的认识，而资本结构的确定可能会对融资及项目未来的运作产生影响。由于项目融资的有限追索特性，除了项目本身的经济强度之外，项目的信用保证结构有助于降低相关投资者的风险，进而增强项目的吸引力。

有关融资结构、资金结构和信用保证结构的具体内容，在后续的章节中会详细介绍，本章只要重点把握这些结构的基本含义和相互关系即可。

复习思考题

1. 案例分析题

（1）大场水处理厂项目融资。

在大场水处理厂项目融资案例中，英国的 Bovis Thames 水处理公司将在中国成立一个特许公司，发展大场水处理厂并对其提供融资服务。Bovis Thames（上海）公司获得了有 20 年经营期的特许权。

1995 年 11 月，为该项目提供融资的银团开始筹集 5 400 万美元银团贷款，这是中国第一笔以有限追索权融资为基础的贷款，即银行向特殊目的公司（项目公司）提供一笔没有母公司担保的贷款。这项融资包含了两笔贷款。贷款 A 为本金 5 110 万美元，10 年分期偿还；贷款 B 是 250 万美元左右的备用贷款。贷款 A 运用了利率调期，使特许公司固定利率。这项融资占该项目资金需求的 70%。贷款 B 将被用于弥补贷款 A 的不足，为由于第一阶段建设严重拖期而产生的资金成本提供融资。贷款 A 将在金融市场上被以银团的方式提供，贷款 B 是由安排行提供的、以伦敦同业拆借利率为基础的浮动利率贷款。

这笔交易由亚洲巴克利银行投资公司（BZW Asia），里昂信贷银行（Credit Lyonnais），渣打银行投资公司（Standard Chartered Capital Markets）和住友银行（The Sunitome）按同样份额承购。贷款利率将为 LIBOR 加 190BP，贷款银行按 10 年直线基础计算的收益预计为 200BP，如按 7 年平均寿命期则略高于 200BP。

在一项与中国人民银行达成的最大限度合作协议（Best-endeavors Cooperative Agreement）下，特许公司可进入上海外汇调配中心以及相当于银行间外汇市场的中国外汇买卖系统。特许公司从中国人民建设银行获得不超过等值 300 万美元的人民币运营资金。在项目产品购买方，即上海城市水工程公司（the Shanghai Municipal Waterwork Company，SMWC）开始支付使用费前，该资金将用于支付工厂每月运营费用和其他成本。

工程的全部成本是 7 300 万美元，其中 30% 为股本，其余为负债。部分股本将以设备的形式投入。上海城市水工程公司将向特许公司支付使用费，用于支付 A 项融资成本和运营费用，并使发起人获得一个固定的回报。

上海城市水工程公司将承担外汇贬值的风险。上海城市水工程公司的责任由上海市政府独资拥有的上海城建投资发展总公司（Shanghai Urban Construction Investment and Development General Corportaion）提供担保。更重要的是市政府已经以"大场管理方法"的方式对项目提供了支持，这项规则确定了项目接收者和担保人的职责。此外，上海市政府还出具了支持信（Letter of Supporting）。特许合同允许在发生争议的情况下，在瑞典斯德哥尔摩进行仲裁。该合同规定了由于中国法律变化可能带来的经济调整和使合同终止的突发事件的处理。在所述突发事件发生时，上海城市水工程公司必须支付终止费，该终止费数额需足以支付根据合同条款应支付给贷款人的到期应还款项。由 Bovis Asia – Pacific 公司作为这一固定价格、固定日期、金额巨大的交钥匙合同的承包商，该项目的竣工风险将有所减轻。根据另一项管理协议，泰晤士国际水服务公司（Thames Water International Services）将承担向特许公司提供一定的资金、技术和运营支持的责任。

（2）拟讨论的问题：

1）请说明本案例中项目融资的主要参与者。

2）分析本案例中项目融资的整体结构。

2. 思考题

（1）项目融资的主要参与者有哪些？这些主要参与者各自的权责是什么？试举例说明。

（2）项目的三种主要投资结构的优缺点是什么？

（3）什么是项目融资的整体结构，各个结构之间的关系是什么？

（4）对于某一行业的项目融资而言，是否存在一个最优的资金结构比例？

项目融资在具体实施过程中有很多模式。随着政府逐步放开社会资本投资基础设施项目的准入条件，项目融资 PPP 运作模式在近 30 年得到快速发展。本章拟从 PPP 运作模式的特点入手，具体阐述融资模式、结构、操作程序、合同和关键成功因素等几个主要方面。

第3章

项目融资的 PPP 运作模式

3.1 PPP 项目融资模式

近年来，世界各国逐渐开始采用 PPP 项目融资模式提供公共产品和服务。PPP 是 Public（政府）、Private（私人资本）、Partnership（合伙）三个英文单词第一个字母的缩写，在国内经常被翻译为"公私合作（或公私合伙）"，代表了政府和市场中的私人资本共同合作提供基础设施或公共服务的过程。在我国，由于政府方和市场的界限并不十分清晰，众多的国有企业和融资平台公司也参与 PPP 项目中，因此我国的 PPP 模式中，Private 被称为社会资本，即 PPP 是指政府和社会资本的合作过程。在 PPP 模式中，国家或地方政府部门委托通过招标选定的社会资本方进行项目的融资、建造、运营和维护。与 BOT 模式不同，在 PPP 模式中，政府通常和社会资本方共同出资成立项目公司，在项目进行过程中根据出资股份拥有相应的决策权。

有些学者认为 PPP 是从 BOT 和 PFI 模式发展而来的，可以应用的范围更为广泛，且特别适合于大型基础设施项目。目前，PPP 模式无论在发达国家还是发展中国家都得到非常广泛的应用，被认为可以提高基础设施项目建设的效率，促进利益相关者之间风险的合理分担。欧盟、联合国、经济合作和发展组织以及世界银行等国际组织正在将 PPP 的理念和经验在全球范围内大力推广，近年来我国也开始从 BOT 转向使用 PPP 概念和模式，例如香港和内地从 2004 年在基础设施项目融资领域开始使用 PPP 的概念。香港迪士尼主题公园和北京地铁四号线就采用了 PPP 模式。

随着 PPP 的不断发展，其定义和内涵也逐渐产生变化。不同的国家、组织和学者对 PPP 的定义也不尽相同，目前还尚未形成一个统一的定义。表 3-1 归纳了国内外相关组织机构对 PPP 的定义。这些 PPP 定义包含如下三个通用核心要素：公共部门与私人部门（社会资本方）之间的合作；长期契约关系；提供满足需求的公共产品和公共服务。根据上述核心要素，我们可以将 PPP 定义为政府和社会资本为提供基础设施与公共服务通过契约实现的长期合作关系。这种长期合作关系意味着 PPP 模式更加注重运营阶段，因此通过对项目全寿命周期的优化实现节省项目成本、提高项目效率的目的。

表 3-1 PPP 的定义

定 义 来 源	定 义 描 述
联合国培训研究院	（1）为满足公共产品需要而建立的公共和私人倡导者之间的各种合作关系； （2）为满足公共产品需要，公共部门和私人部门建立伙伴关系进行的大型公共项目的实施

（续）

定 义 来 源		定 义 描 述
世界银行	PPP 指南第 1 版（2012）	私人部门和政府机构之间为提供公共基础设施和服务的长期契约关系，在契约中私人部门需要承担较大的风险和管理责任
世界银行	PPP 指南第 2 版（2014）	私人部门和政府机构之间为提供公共基础设施和服务的长期契约关系，在契约中私人部门需要承担较大的风险和管理责任，并根据项目绩效获得回报
欧盟委员会		公共部门和私人部门之间的一种合作关系，其目的是为了提供传统上由公共部门提供的公共项目或服务
亚洲开发银行		公共机构（国家、州、省、市或地方机构）与私营实体间的契约关系，该契约关系以互补的方式分配公私机构的技能、资产和（或）财务资源，实现风险共担和利益共享，为公民提供最优服务和产品价值
加拿大公私合作协会		公共部门和私人部门之间的一种合作经营关系，它建立在双方各自经验的基础上，通过适当的资源分配、风险分担和利益共享机制，更好地满足事先清晰界定的公共需求
美国 PPP 国家委员会		介于外包和私有化之间并结合了两者特点的一种公共产品的提供方式，它充分利用私人资源对公共基础设施进行设计、建设、投资、经营和维护，并提供相关服务以满足公共需求
中国财政部		在基础设施及公共服务领域建立的一种长期合作关系。通常模式是由社会资本承担设计、建设、运营、维护基础设施的大部分工作，并通过"使用者付费"及必要的"政府付费"获得合理投资回报；政府部门负责基础设施及公共服务价格和质量监管，以保证公共利益最大化
中国国家发展和改革委员会		政府为增强公共产品和服务供给能力、提高供给效率，通过特许经营、购买服务、股权合作等方式，与社会资本建立的利益共享、风险分担及长期合作关系

3.1.1 PPP 模式的特点

在 PPP 项目中，政府和社会资本方通过共同出资（或社会资本方单独出资）成立项目公司，通过签订 PPP 合同委托项目公司负责对项目的设计、建造、运营和维护基础设施的管理工作，在项目运营阶段政府根据项目运营绩效向项目公司支付政府补贴。PPP 模式的特点主要体现在以下方面：

（1）PPP 的内涵是一种公私合作伙伴关系，在我国被称为政府和社会资本合作伙伴关系，这里的社会资本不仅包括私人企业，也包括国有企业。在 PPP 中，政府和社会资本基于 PPP 合同建立伙伴关系，以期履行承诺的义务、致力于共同的目标、信任对方、团队建设、共同承担风险以及开诚布公地解

决冲突和问题。

（2）PPP模式被广泛地应用到能源、交通运输、水利、环境保护、农业、林业、科技、保障性安居工程、医疗、卫生、养老、教育、文化等基础设施项目。这些项目与社会稳定、经济发展和民众需求密切相关，通常投资规模巨大，同时由于基础设施项目生命周期较长，PPP模式的项目周期也较长。

（3）PPP是政府和社会资本合作的总称，其中包含了BOT、BOOT、DBFO、TOT、ROT等多种形式。此外PPP存在多种项目出资模式和付费机制。例如，PPP既允许社会资本单独出资也可以政府和社会资本共同出资成立项目公司。从项目付费机制而言，可分为政府付费、可行性缺口补助和使用者付费。此外，不同项目形式、出资模式和付费机制存在多种不同的组合关系，可适用于不同的经济社会环境、行业和项目需求。

（4）PPP能减少政府的直接财政负担，减轻政府的借款负债义务。在PPP中，项目融资负债责任被转移给社会资本方或项目公司，政府无须保证或承诺支付项目的借款，不仅可以帮助政府避免债务风险，而且有助于政府有限的财政支出用于其他公共项目的投资与开发。

（5）PPP通常可以提高基础设施项目效率。由于社会资本方在运营期的收益取决于项目运营绩效，因此PPP可以激励社会资本方进行全寿命周期优化，通过提高项目设计、建设和运营的效率从而获得更多的回报。

（6）合理的风险分担是PPP政府和社会资本伙伴关系健康持续的基础。政府和社会资本方在充分识别、评估风险的前提下，根据自身的风险控制能力承担相应的风险。

PPP中政府通过引入社会资本谋求社会利益，社会资本方通过参与项目谋求商业利益。PPP中在保证社会利益的前提下也要保证社会资本方取得合理、稳定的投资回报，在社会资本方取得超额利益时，政府要采取措施对其回报进行调整，实现政府和社会资本方的利益共享。

3.1.2　PPP模式的具体形式

1. 新建项目的PPP运作形式

PPP模式新建项目适合采用BOT、PFI及其他变化形式。

（1）BOT形式。建设—运营—移交（Build-Operate-Transfer，BOT）是指由社会资本或项目公司承担新建项目融资、设计、建造、运营、维护和用户服务职责，合同期满后项目资产及相关权利等移交给政府的形式。合同期限一般为20～30年。在一般情况下，采用BOT形式开展的PPP项目由项目公司以其名义进行有限追索项目融资，同时项目公司负责招标设计、建造、运营维护等承包商，并负责向用户提供产品和服务，其在运营项目过程中行使管理职能和权力，但一般不具备项目资产的所有权。

（2）PFI 形式。私人主动融资（Private Finance Initiative，PFI）是指政府部门根据社会对基础设施的需求，提出需要建设的项目，通过招投标，由获得特许权的私营部门负责筹措项目资金，进行公共基础设施项目的建设与运营，并在特许期结束时将所经营的项目完好、无债务地归还政府，而私营部门则从政府部门或接受服务方收取费用以回收成本的项目融资方式。

英国在发展 PFI 时，引入物有所值评价（Value for Money，VFM）来判断项目采用 PFI 形式是否比采用传统政府模式更加经济和富有效率，而其他如 BOT、BOOT 等形式起初不需要进行物有所值评价，这也是两者之间的一大区别。现阶段，我国相关政策要求，不论是 BOT、BOOT 还是其他形式，PPP 项目在识别或准备阶段也要开展物有所值评价，通过计算并比较项目全寿命周期内政府方净成本的现值（PPP 值）和公共部门比较值（PSC 值）的大小并结合以全寿命周期整合程度、风险识别与分配、绩效导向与鼓励创新、潜在竞争程度、政府机构能力、可融资性等定性等为指标的定性评价，判断是否采用 PPP 模式代替政府传统投资运营方式提供公共服务项目的一种评价方法。

（3）其他形式。采用 PPP 模式进行融资的项目按照社会资本方或项目公司具体承担的工作还可以应用如下形式：

DBFO（Design-Build-Finance-Operate），即设计—建设—融资—经营。这种方式是从项目的设计开始就特许给某一私营机构进行，直到项目经营期收回投资，取得投资效益，但项目公司只有经营权，没有所有权。

FBOOT（Finance-Build-Own-Operate-Transfer），即融资—建设—所有—经营—移交。它类似于 BOOT，只是多了一个融资环节；也就是说，只有先融通到资金，政府才予以考虑是否授予特许经营权。

DBOM（Design-Build-Operate-Maintain），即设计—建设—经营—维护。这种方式强调项目公司对项目按规定进行维护。

DBOT（Design-Build-Operate-Transfer），即设计—建设—经营—移交。这是指特许结束时，项目要完好地移交给政府。

2. 存量项目的 PPP 运作形式

PPP 模式存量项目适合采用 O&M、MC、TOT、ROT、TBOT、ROO、TOO 等形式。

（1）O&M 形式。委托运营（Operations & Maintenance，O&M）是指政府

将存量公共资产的运营维护职责委托给社会资本或项目公司，社会资本或项目公司不负责用户服务的政府和社会资本合作的项目运作方式。政府保留资产所有权，只向社会资本或项目公司支付委托运营费。合同期限一般不超过 8 年。

（2）MC 形式。管理合同（Management Contract，MC）是指政府将存量公共资产的运营、维护及用户服务职责授权给社会资本或项目公司的项目运作方式。政府保留资产所有权，只向社会资本或项目公司支付管理费。管理合同通常作为转让—运营—移交的过渡方式，合同期限一般不超过 3 年。

（3）TOT 形式。转让—运营—移交（Transfer-Operate-Transfer，TOT）是指政府将存量资产所有权有偿转让给社会资本或项目公司，由其追加投资并负责运营、维护和用户服务，合同期满后资产及其所有权等移交给政府的项目运作方式。合同期限一般为 20~30 年。

（4）ROT 形式。改建—运营—移交（Rehabilitate-Operate-Transfer，ROT）是指政府在 TOT 模式的基础上，增加改扩建内容的项目运作方式。合同期限一般为 20~30 年。

此外，还可采用移交—建造—运营—移交（Transfer-Build-Operate-Transfer，TBOT）、修复—运营—拥有（Rehabilitate-Operate-Own，ROO）、转让—拥有—运营（Transfer-Own-Operate，TOO）等形式。

3.2　PPP 模式的结构分析

PPP 项目的参与人主要包括政府、社会资本方、项目公司、融资方、承包商、产品或服务购买方、保险公司以及专业机构等。各参与人之间的权利义务关系依托各种合同和协议。其中，政府与社会资本方或项目公司签订的 PPP 项目合同为核心合同。

PPP 项目的全过程涉及项目立项、准备、招标采购、合同谈判及签订、项目执行和移交收尾诸多方面和环节。PPP 项目结构搭建的总体原则为使众多参与方责权利平衡，实现"风险分担、利益共享、激励相容、建运一体"。

1. 政府

政府在不同形式的 PPP 项目中承担的具体职责也不同，总体而言，主要角色为 PPP 项目合作者和监管者。

其中项目所在地县级（含）以上地方人民政府或委托实施机构负责项目准备、采购、监管和移交等工作。发改部门、财政部门等政府职能部门负责项目有关审查审批、物有所值评价、财政承受能力论证等工作。

2. 社会资本方

社会资本方是指依法设立且有效存续的具有法人资格的企业，包括民营企业、国有企业、外国企业和外商投资企业，但不包括项目所在地本级人民政府下属的政府融资平台公司及其控股的其他国有企业（上市公司除外）。社会资本方是 PPP 项目的实际投资人，但实践中社会资本方通常专门成立针对项目的项目公司，作为 PPP 项目合同及其他相关合同的签约主体，负责项目融资、建设和运营维护的具体实施。

3. 项目公司

项目公司是依法设立的自主运营、自负盈亏的具有独立法人资格的经营实体，是社会资本方专门为特定 PPP 项目设立的特殊目的企业，由社会资本方（一家企业或者多家企业组成的联合体）出资设立，也可由政府和社会资本方共同出资设立，以实现项目融资的无追索或有限追索。

4. 融资方

PPP 项目的融资方是指为项目提供资金的机构，通常为商业银行、出口信贷机构、多边金融机构、信托公司以及相关基金等。根据 PPP 项目的融资规模，融资方可以是一两家，也可以是多家组成的财团，融资方式具体可以采用贷款、债券、资产证券化等多种形式。

5. 承包商

PPP 项目中的设计、物资设备采购、施工等均可委托承包商具体实施。根据项目需求和规模，常见的承包商有 EPC 总承包商、DB 总承包商、施工总承包商、原料供应商、采购承包商、设计承包商以及专业分包商等，项目公司有时也会将部分运营维护事务委托专业运营商负责。

6. 产品或服务购买方

在一些 PPP 项目运营阶段，如发电、污水处理等项目中，项目公司通常通过运营收入回收成本并获得合理利润，为了降低市场需求风险，项目公司会在谈判阶段确定产品或服务购买方，通过购买协议保证项目未来稳定收益。在一般情况下，我国 PPP 项目的购买方为政府事业单位等。

7. 保险公司

由于 PPP 项目投资巨大、周期较长、参与者多等特点，各参与方均面临较大的风险，因此需要向保险公司投保实现风险分散和转移。另外，PPP 项目风险发生后可能造成严重的经济损失，需要保险公司具有较高的资信。

8. 专业机构

PPP 项目复杂性强，任何一方都不可能仅凭借自身力量有效完成全部工作，因此还需要借助投资、法律、财会税务、审计、技术、招标代理、保险代理等专业机构的力量。

PPP 项目具体形式众多，其组织结构根据具体项目特征也有所差异，本书总结出 PPP 项目组织结构，如图 3-1 所示。

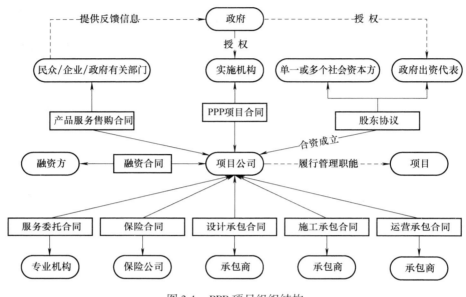

图 3-1　PPP 项目组织结构

3.3　PPP 模式的操作程序

PPP 模式追求"风险分担、利益共享、激励相容、建运一体"，其形式较多，但不论新建项目还是存量项目，一个项目不论采用何种形式，都要经历项目立项、准备、招标采购、合同谈判及签订、项目执行和移交收尾各个阶段。参考实际案例及国家发展和改革委员会和财政部相关规定，本书主要介绍新建 PPP 项目的操作程序，大致分为前期、实施和移交（收尾）三个阶段。

3.3.1　前期阶段

这一阶段主要任务是选定 PPP 项目，通过资格预审与招标采购，选定社会资本方。首先，项目发起后，政府相关部门开展立项审批（项目建议书或申请报告、工程可行性研究等）、物有所值评价、财政承受能力论证、实施方案审批和其他审查审批等事项，经法定程序确定社会资本方后，股东签署股权合作协议或股东协议，成立项目公司。政府批准项目公司成立后，通过 PPP 项目合同，授予项目公司相应权利，项目公司与财团签订融资合同后，另与项目建设、运营等各参与方签订合同，提出项目开工报告。

我国在 2013 年开启了新一轮 PPP 政策指引，与以往利用外资的特许经营 BOT 项目相比，PPP 项目在前期阶段重点开展"两评一案"的论证工作，即物有所值评价、财政承受能力论证和实施方案。

1. 物有所值评价

物有所值评价是 PPP 项目实施的前置条件。2014 年《财政部关于推广运用政府和社会资本合作模式有关问题的通知》（财金〔2014〕76 号）中要求地方各级财政部门要会同行业主管部门，扎实做好项目前期论证工作。除传统的项目评估论证外，还要积极借鉴物有所值评价理念和方法，对拟采用政府和社会资本合作模式的项目进行筛选。评估论证时要与传统政府采购模式进行比较分析，确保采用政府和社会资本合作模式后能够提高全寿命周期的服务质量和运营效率，或者降低项目成本。项目评估时要综合考虑公共服务需要、责任风险分担、产出标准、关键绩效指标、支付方式、融资方案和所需要的财政补贴等要素，平衡好项目财务效益和社会效益，确保实现激励相容。2015 年财政部印发《PPP 物有所值评价指引（试行）》（财金〔2015〕167 号），为我国 PPP 项目采用物有所值评价的前期决策分析提供了政策指引。

物有所值评价本质上是一个比较的论证评价过程，即通过比较项目全寿命周期内政府方净成本的现值（PPP 值）和公共部门比较值（PSC 值）的大小并结合定性评价，判断是否采用 PPP 模式代替政府传统投资运营方式提供公共服务项目的一种评价方法。定量分析中，当 PPP 值大于 PSC 值，采用 PPP 模式是较优决策。现阶段，实践中物有所值评价体系的建立和评价指标的确定还需不断发展和完善。

（1）物有所值的概念。物有所值是指一个组织运用其可利用资源所能获得的长期最大利益。物有所值评价是国际上普遍采用的一种评价传统上由政府提供的公共产品和服务是否可运用政府和社会资本合作模式的评估体系，旨在实现公共资源配置利用效率最优化。

物有所值的最初含义是获得货物与服务的总价，20 世纪六七十年代，主要被公共审计部门用于衡量公共政策执行中的费用是否超支。20 世纪 80 年代，西方国家为改进政府工作效率，提高社会福利，弱化政府的行政管理影响，发起了新公共管理运动，社会资本开始介入原先的公共管理领域，物有所值的概念也不局限于提供的货物与服务了，甚至包括项目运营期的更新、环保、生产效率等，同时物有所值也被应用到更多的公共管理领域，如教育、国防、医疗等。

物有所值可以用"3E"来描述，即经济性（Economy）、效率（Efficiency）、效能（Effectiveness），是一个包含费用、投入产出、时间、生产效率等丰富而全面的定义。其中经济性包含数量、时间、地点、种类等因素，效率是指投入产出及组织内部的管理效率，效能是指对最终目标实现能力的衡量。

物有所值是一个比较的概念，值不值是与事先预设的某些主观或客观标准对比衡量后得出的明确结论，旨在实现以更少的投入达到同样的目的或同样的投入获得更多的产出。物有所值不仅关注于最低成本，而且对每次采购成本和收益进行评估分析，即关注产品、服务、工程等的整个生命周期。

英国最早将物有所值引入公共基础设施项目采购模式的必选中，并不断完善其评估过程，形成一套规范的物有所值评估指南，实践证明采用该理论进行项目前期决策分析，可为政府节省较大的开支。英国财政部的一份报告显示，2008年英国政府在交通、健康、能源环境、教育等领域通过物有所值评价实现了300万欧元的价值增值。韩国、日本等国家和中国香港等地区也加强了对物有所值的重视程度，物有所值评价越来越多地受到了肯定并在一定范围内得以较为广泛的应用。

（2）基于物有所值的PPP项目决策评价。PPP模式自创始之初就以物有所值作为其标志特征，物有所值的有效实施成为PPP模式不同于其他公共工程模式的最大特点。而物有所值在PPP项目的内涵也被大大扩充，总体而言，物有所值在PPP项目中体现为四点，即经济性、效率、效能和合作。

1）PPP项目的经济性。经济性是PPP模式赖以生存的重要特点，也是物有所值的核心内容。PPP项目融资金额巨大，运行周期漫长，财务资本的管理异常重要，同时政府希望全寿命周期的成本能够相较于传统采购模式降低，并能在运行阶段获得稳定的现金流。因而，融资能力和财务运行能力是PPP项目特许权获得者挑选中的重要考察指标。

2）PPP项目的效率。物有所值中的效率源于对公共行政管理提高效率的需求，效率是与有效利用有限的财务资源、最小化的行政成本和达到既定目标的努力程度相关的。尽管存在财政瓶颈，但在全球范围内社会公众对于公共设施的需求依然在不断增长。对于追求效率的政府而言，伙伴关系正是促进基础设施建设和提高公共服务效率的重要途径。

在PPP项目中不同的组织和部门结成了稳固的伙伴关系，这些伙伴关系使得不同部门之间为了达到共同的目标而利用有限的资源。这种基于项目而达成的同盟关系使得PPP模式可以充分利用各个利益相关者的优势，进而在项目中努力提高效率。因而，社会资本可以在理论上代替政府部门提供更低的价格、更高的效率和不断改进的顾客服务；政府部门通过持续而稳定的政策、规范的 PPP 合约、合理的政府机构设置等为社会资本和公众构建公平合理而又有效率的采购程序和环境。另外，其他一些因素如人文环境、市场变化及预测、风险分担及管理，也会对 PPP 项目的效率产生影响。

3）PPP 项目的效能。PPP 项目中，效能主要是指利益相关方指定的任务和目标，包括在合作过程中制定的规则和标准以及为合作创造的构架和机制，包含了产出、结果、影响和目标达成度四个维度。

4）PPP 项目中的合作。物有所值最后一个重要的内涵是合作机制的建立，PPP 项目的利益相关方在其全寿命周期中拥有重要的影响，利益相关方在 PPP 项目中的合作是贯穿全过程的，低效的合作机制会导致 PPP 项目的诸多问题，因此 PPP 项目中利益相关方的合作至关重要。

（3）物有所值评价的作用。近年来，PPP 模式越来越广泛地运用到公共基础设施的建设中，与传统的政府采购模式相比，PPP 模式在减轻政府财政压力的同时，能够增加基础设施及公共服务的供给和质量。然而，PPP 模式本身所具有的高风险性在政府决策时往往未被考虑，从而形成了盲目的 PPP 模式热潮。事实上，由于 PPP 项目的长期性，因而在合同履行的过程中，PPP 项目的风险具有相当大的不确定性，所以需要在项目决策阶段评判 PPP 模式是否比传统采购模式更具价值，并以此决定是否采用 PPP 模式。

物有所值是价值理论中的重要概念，也是项目采用 PPP 模式后的全寿命周期成本与传统模式下公共部门建设、经营总成本相比较后可以得到的价值增值。物有所值理论是用来评价政府组织等机构能否通过项目全寿命周期的管理和运营，从项目的产品或服务中获得最大收益的一种评价方法，它针对项目的价格以及其他所有形式的成果进行定量和定性的分析。除价格外，质量、资源利用、目标实现程度、时效性以及长期运营效果等因素都要纳入评价指标。

物有所值评价有利于促进资源利用最大化，更好地实现基础设施项目建设运营的经济性、效率性及效果性，即用最小的投资来实现项目或产品的功能。政府采购是为实现政府职能和社会公共利益而进行的，是一种宏观经济调控手段，因而在选择项目采购模式时，不仅要考虑项目采购的效率问题，还应当考虑采购的社会效益问题。因此，与资金价值相比，物有所值中的"值"具有更广泛的含义，它不仅包括提高资金的使用效率，还应包括为经济所做的贡献、为社会公众带来的价值等。

（4）物有所值评价的内容。我国物有所值评价包括定性评价和定量评价。

现阶段开展的物有所值评价以定性评价为主,我国鼓励开展定量评价。

定性评价是指通过对某些影响"物有所值"的定性因素进行具体分析,判断项目自身能力,侧重于考察项目的可行性、合理性和可完成性。定性评价分析考虑的因素主要包括全寿命周期整合程度、风险识别与分配、绩效导向与鼓励创新、潜在竞争程度、政府机构能力、可融资性六项基本评价指标,由专家主观验证项目能否"物有所值"。根据定性评价结果判断项目采用 PPP 模式能否产生更好的价值,如果不能则项目不适合采用 PPP 模式;如果能,可以直接判定项目适合采用 PPP 模式,也可进行项目的定量评价分析。

定量评价是指在假定采用 PPP 模式与政府传统投资方式产出绩效相同的前提下,通过对 PPP 项目全寿命周期内的政府净成本的现值(PPP 值)与公共部门比较值(PSC 值)进行比较,判断 PPP 模式能否降低项目全寿命周期成本。定量评价可作为项目全生命周期内风险分配、成本测算和数据收集的重要手段以及项目前期决策分析的参考依据。

(5)物有所值评价的操作。物有所值评价工作由项目本级财政部门(政府和社会资本合作中心)会同行业主管部门组织开展。物有所值评价包括评价准备、定性评价、定量评价(可选)、编制评价报告和信息披露等步骤。

1)评价准备。

物有所值评价准备阶段所需资料为:(初步)实施方案、项目产出说明、风险识别和分配情况、存量公共资产的历史资料、新建或改扩建项目的(预)可行性研究报告、设计文件等。

在开展物有所值评价前,项目本级财政部门(如政府和社会资本合作中心)应会同行业主管部门确定定性评价的开展程序、定性评价的评价指标及其权重、评分标准等要求。

同时,项目本级财政部门(政府和社会资本合作中心)应会同行业主管部门确定是否要开展定量评价。如果确定需要开展定量评价,则应明确定量评价的内容、测算指标、测算方法以及定量评价结论能否作为采用 PPP 模式的决策依据。

2)定性评价。

物有所值定性评价采用专家评分法,主要包括确定定性分析指标、组成专家小组、召开专家小组会议和做出定性分析结论等步骤。

① 定性评价的评价指标。

定性评价的基本评价指标主要包括六项:全寿命周期整合程度指标、风险识别与分配指标、绩效导向与鼓励创新指标、潜在竞争程度指标、政府机构能力指标,可融资性指标。

（a）全寿命周期整合程度指标主要考核在项目全生命周期内，项目设计、投融资，建造、运营和维护等环节能否实现长期、充分的整合。它主要通过查看项目计划整合全寿命周期各环节的情况来评分。

（b）风险识别与分配指标主要考核在项目全寿命周期内，各风险因素是否得到了充分识别并在政府和社会资本之间进行了合理分配。它主要通过查看在项目识别阶段对项目风险的认知情况来评分，清晰识别和优化分配风险是物有所评价的主要驱动因素。

（c）绩效导向与鼓励创新指标主要考核是否建立了以基础设施及公共服务供给数量、质量和效率为导向的绩效标准及监管机制，是否落实了节能环保支持本国产业等政府采购政策，以及能否鼓励社会资本创新。绩效导向指标主要通过查看在项目识别阶段对于项目绩效指标的设置情况来评分。PPP项目的绩效指标，主要是确定对 PPP 项目运营维护和产出进行检测的要求及标准，如针对公共产品和服务的数量、质量、可用性等。绩效指标越符合项目的具体情况，越全面合理、清晰明确，则绩效导向程度越高。鼓励创新指标通过查看项目产出说明来评分，产出说明应主要规定社会资本合作方应付产出的规格要求，尽可能不对项目的投入和社会资本合作方的具体实施等问题提出要求，从而为社会资本合作方提供创新机会。

（d）潜在竞争程度指标主要考核项目内容对社会资本参与竞争的吸引力。它主要通过查看项目将引起社会资本之间竞争的潜力，以及通过预计在随后的项目准备、采购等阶段是否能够采取促进竞争的措施等来评分。

（e）政府机构能力指标主要考核政府转变职能、优化服务、依法履约、行政监管和项目执行管理等能力。它主要通过查看政府的依法依合同平等合作、风险分担和全寿命周期管理等的 PPP 理念以及结合项目情况查看相关政府部门与机构知识学习、技能培养和经验积累等的 PPP 能力来评分。

（f）可融资性指标主要考核 PPP 项目的市场融资能力。它主要通过预计PPP 项目对金融机构的吸引力来评分。吸引力越大，PPP 项目越具有融资可行性，越能顺利完成融资交割和较快进入建设、运营阶段，进而较快增加基础设施及公共服务供给的可能性就越大。

除此之外，项目本级财政部门（或政府和社会资本合作中心）会同行业主管部门，可根据具体情况设置补充评价指标。补充评价指标主要是六项基本评价指标未涵盖的其他影响因素，包括项目规模大小、预期使用寿命长短、主要固定资产种类、全寿命周期成本测算准确性、运营收入增长潜力和行业示范性等。

在各项评价指标中，六项基本评价指标的权重为 80%，其中任一指标的权重一般不超过20%；补充评价指标的权重为20%，其中任一指标的权重般不超过10%。

② 组成专家小组。

项目本级财政部门（或政府和社会资本合作中心）会同行业主管部门根据项目的具体情况组成专家小组。专家小组包括财政、资产评估、会计、金融等经济方面的专家以及行业、工程技术、项目管理和法律方面的专家等。

③ 召开专家小组会议。

项目本级财政部门（或政府和社会资本合作中心）会同行业主管部门组织召开专家小组会议。

④ 做出定性分析结论。

项目本级财政部门（或政府和社会资本合作中心）会同行业主管部门根据专家组意见，做出定性评价结论。原则上，评分结果在60分（含）以上的，通过定性评价；否则未通过定性评价。

3）定量评价。

定量评价是在假定采用PPP模式与政府传统投资方式产出绩效相同的前提下，通过对PPP项目全寿命周期内政府方净成本的现值（PPP值）与公共部门比较值（PSC值）进行比较，判断PPP模式能否降低项目全寿命周期成本。

① PSC值。

公共部门比较值（Public Sector Comparator，PSC）是指在全寿命周期内，政府采用传统采购模式提供公共产品和服务的全部成本的现值。PSC值是基于比较社会资本和政府部门提供的服务水平而产生的，是政府判断项目是否物有所值并进行PPP模式前期决策的重要工具。

PSC值的计算需要假定项目与拟采取PPP模式的项目相同，参照项目可根据具体情况确定为以下两种项目：

（a）假设政府采用现实可行的、最有效的传统投资方式实施的、与PPP项目产出相同的虚拟项目。

（b）最近五年内，相同或相似地区采用政府传统投资方式实施的、与PPP项目产出相同或非常相似的项目。

PSC值主要包括参照项目的建设和运营维护净成本、竞争性中立调整值、项目全部风险成本三项成本的全寿命周期现值之和。PSC值的计算公式如下：

PSC值 = 建设和运营维护成本 + 竞争性中立调整值 + 项目全部风险成本

（a）建设净成本主要包括参照项目设计、建造、升级、改造、大修等方面投入的现金以及固定资产、土地使用权等实物和无形资产的价值，并扣除参照项目全寿命周期内产生的转让、租赁或处置资产所获的收益。

（b）运营维护净成本主要包括参照项目在全寿命周期内进行运营维护所需的原材料、设备和人工等成本，以及管理费用、销售费用和运营期财务费用等，并扣除假设参照项目与 PPP 项目付费机制相同情况下能够获得的使用者付费收入等。

（c）竞争性中立调整是指将公共部门主体凭借其公有体制获得的净竞争优势移除，以实现 PSC 值与私人部门投标方案之间公平、公正的评价比较。竞争性中立调整值主要是采用政府传统投资方式比采用 PPP 模式实施项目少支出的费用。

竞争性中立调整主要包含两部分：一部分是由于公有制造成的国家税收义务上的区别；另一部分是公有制带来的国家监管成本的差异。

国家税收对投资者来说是成本增加项，因为政府运作参考项目可能不需要纳税，等价成本应计入 PSC 体系中，与 PPP 项目相关的税收主要包含土地税、个人所得税、印花税和地方政府税金等。

国家法律法规对 PPP 项目的要求与政府采购项目的要求不同也是竞争性中立调整的重要一项，政府传统采购审查力度会加大，公开报告的要求也会提高，在考虑该项时往往是从 PSC 中扣减。

（d）项目全部风险成本包括可转移给社会资本的风险承担成本和政府自留风险的承担成本。风险控制的最优原则是将风险分配给能够以最小成本管理它的一方，因此公众部门投资建设项目的风险成本应该反映在 PSC 值中。政府自留风险的承担成本等同于 PPP 值中的全寿命周期风险承担支出责任，两者在 PSC 值与 PPP 值比较时可对等扣除。

对于政府是否把风险转移给社会资本的决策，评价标准应该以社会资本是否是最有能力管理风险的一方，社会资本是否是管理风险成本最低、最有效率的一方来确定风险的转移。当风险转移给社会资本时，其必然会采取最有效、最合理的方式来控制风险带来的成本，从而实现高效管理，实现 PPP 项目的物有所值最大化。

自留风险一般是不适合转移给社会资本的风险，需要由政府自行承担，自留风险应与转移风险一样列入 PSC 体系中。其原因在于，首先计算自留风险的过程也是政府分析自身面临风险的过程，可以更好地帮助政府识别和管理风险。其次，在分析是否采用 PPP 模式时，以往的政府传统采购模式都会面临这部分风险，把自留风险包括进去使 PSC 体系更加完整。

② PPP 值。

PPP 值为 PPP 项目全寿命周期内政府净成本的现值，包括股权投资、运营补贴、风险承担和配套投入等各项财政支出责任的测算现值。PPP 值的计算公式如下：

PPP 值＝股权投资支出责任测算值＋运营补贴支出责任测算值＋风险承担支出责任测算值＋配套投入支出责任测算值

③ 做出定量评价结论。

将计算出政府采购模式下所有费用的支出（PSC 值）与 PPP 模式下建设运营相同项目的总费用（PPP 值）相比较，PSC 值与 PPP 值之差即为 VFM，如图 3-2 所示。PPP 值小于或等于 PSC 值的，认为通过物有所值定量评价，政府选择采用 PPP 模式；PPP 值大于 PSC 值的，认为未通过物有所值定量评价；在有些情况下 PPP 值略大于 PSC 值，考虑到政府可以将部分风险转移给社会资本，政府会倾向于选择采用 PPP 模式。

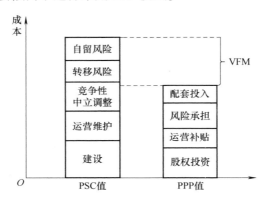

图 3-2　VFM 计算示意图

4）物有所值评价报告和信息管理。

① 物有所值评价报告的编制。

在物有所值评价结论形成后，项目本级财政部门（或政府和社会资本合作中心）会同行业主管部门完成物有所值评价报告的编制工作，报省级财政部门备案，并将报告电子版上传 PPP 综合信息平台。

② 物有所值评价报告的内容。

物有所值评价报告的内容主要包括项目基础信息、评价方法、评价结论及附件。项目基础信息主要包括项目概况、项目产出说明和绩效标准、PPP 运作方式、风险分配框架和付费机制等。评价方法主要包括定性评价程序，指标及权重，评分标准，评分结果，专家小组意见以及定量评价的 PSC 值和 PPP 值的测算依据、测算过程及结果等。评价结论分为"通过"和"未通过"。附件通常包括（初步）实施方案、项目产出说明、可行性研究报告、设计文件、存量公共资产的历史资料、PPP 项目合同、绩效监测报告和中期评估报告等。

③ 物有所值评价的信息管理。

（a）物有所值评价的信息披露。项目本级财政部门（或政府和社会资本合作中心）在物有所值评价报告编制完成之日起 5 个工作日内，将报告的主要信息通过 PPP 综合信息平台等渠道向社会公开披露，涉及国家秘密和商业秘密的信息除外。

（b）物有所值评价的信息管理。在 PPP 项目合作期内和期满后，项目本级财政部门（或政府和社会资本合作中心）会同行业主管部门将物有所值评价报告作为项目绩效评价的重要组成部分，对照进行统计和分析。

（c）物有所值评价的信息监管。各级财政部门（或政府和社会资本合作中心）会同行业主管部门开展对物有所值评价第三方专业机构和专家的监督管理，通过 PPP 综合信息平台进行信用记录、跟踪、报告和信息公布。省级财政部门负责全省（市、区）物有所值评价工作的监督管理。各级财政部门（或政府和社会资本合作中心）负责物有所值评价数据库的建设及数据的收集、统计、分析和报送等工作。

2. 财政承受能力论证

由于 PPP 项目提供的产品和服务的特殊性，政府为了保障其供给价格、数量和质量符合民众的需求，同时维护社会资本方的合理收益，就需要政府以股本金、补助补贴等形式投入一定财政资金。但是，为了保证政府债务在合理控制范围内，需要综合考虑项目需要的政府财政支出是否在该政府本级财政的承受范围内，即每一年度全部 PPP 项目需要从预算中安排的支出责任，占一般公共预算支出比例应当不超过 10%；通过论证的项目，各级财政部门应当在编制年度预算和中期财政规划时，将项目财政支出责任纳入预算统筹安排。开展财政承受能力论证的目的在于避免将 PPP 项目债务转化为政府债务，将政府债务控制在合理范围内，同时又明确政府支出责任，以保证政府按照预算计划支出财政资金维系项目的运行。

PPP 项目具有公益性，与政府职能和责任有关，与政府公共财政有关。实践中，依靠政府购买服务或财政补助的 PPP 项目比例较大，政府财政是推动 PPP 项目的重要基础。2015 年财政部印发《政府和社会资本合作项目财政承受能力论证指引》（财金〔2016〕21 号），为我国 PPP 项目财政承受能力论证提供了政策指引。通过财政承受能力论证的 PPP 项目的财政支出将纳入财政预算，以保证政府支出的可靠性，防止 PPP 项目在实施过程中增加政府债务。

（1）财政承受能力论证的概念。财政承受能力论证是指识别、测算 PPP 项目中政府和社会资本各项财政支出责任，科学评估项目实施对当前及今后年度财政支出的影响，为 PPP 项目财政管理提供依据。

财政承受能力论证采用定量和定性分析方法，坚持合理预测、公开透明、从严把关，统筹处理好当期与长远关系，严格控制 PPP 项目财政支出规模。

财政承受能力论证的结论分为"通过论证"和"未通过论证"。"通过论证"的项目，各级财政部门应当在编制年度预算和中期财政规划时，将项目财政支出责任纳入预算统筹安排。"未通过论证"的项目，则不宜采用 PPP 模式。

（2）财政承受能力论证的作用。财政承受能力论证是我国采用 PPP 模式时独有的前置条件。英国、加拿大等对 PPP 模式运用比较成熟的国家在采用 PPP 模式时，考虑的首要因素是物有所值。而我国依据国情，将财政承受能力也作为 PPP 项目的前提条件。我国推广 PPP 模式时，既要加快公共基础设施项目的建设，也要权衡政府财政收支。因此，我国将财政承受能力论证作为 PPP 项目开展的前期考虑因素之一具有特殊意义。

开展财政承受能力论证有利于规范财政管理，限制财政支出责任，防范增加地方政府隐性债务，健全债务风险管理机制。尽管 PPP 模式被认为是解决当前政府债务问题、减少政府财政支出且增加基础设施和公共服务的有效途径，但 PPP 模式在引入社会资本的同时，也在增加政府的直接财政支出和长期债务负担，而且实践中存在政府或政府融资平台公司利用 PPP 模式变相发债等增加政府债务的可能性。因此，我国在 PPP 模式的开展中，应重视财政管理，健全债务风险管理机制。开展财政承受能力论证可以减少财政不必要的支出，统筹评估和控制项目的财政支出责任，将每年因 PPP 项目而引起的财政支出从总量上给予限制，防止 PPP 模式成为地方政府隐性债务的来源，促进中长期财政的可持续发展。

开展财政承受能力论证是将财政支出责任纳入财政预算，有利于带动社会资本的积极性，吸引社会资本投资于 PPP 项目，有序推进项目实施。将 PPP 项目的财政支出责任纳入财政预算，可以确保 PPP 项目中政府支出责任的履行，使社会资本打消后顾之忧，尤其是在政府付费的 PPP 项目中，能够有效保证政府财政的相应拨付。将 PPP 项目的财政支出纳入年度预算，也意味着 PPP 项目的财政支出需要接受各级人大的监督，从而提升项目运营过程中的透明度，建立起政府的良好信誉体系，带动社会资本的积极性，吸引更多的社会资本加入。

（3）财政承受能力论证的操作。财政承受能力论证由各级财政部门（或政府和社会资本合作中心）会同行业主管部门共同开展，必要时可通过政府采购方式聘请专业中介机构协助。PPP 项目的财政承受能力论证包括责任识别、支出测算、能力评估和信息披露等步骤。

1）责任识别。

责任识别是充分识别出 PPP 项目全寿命周期过程中的财政支出责任。PPP 项目全寿命周期过程的财政支出责任，主要包括股权投资支出责任、运营补贴支出责任、风险承担支出责任、配套投入支出责任等。

① 股权投资支出责任是指在政府与社会资本共同组建项目公司的情况下，政府承担的股权投资支出责任。如果社会资本单独组建项目公司，政府不承担股权投资支出责任。

② 运营补贴支出责任是指在项目运营期间，政府承担的直接付费责任。在不同付费模式下，政府承担的运营补贴支出责任不同：在政府付费模式下，政府承担全部运营补贴支出责任；在可行性缺口补助模式下，政府承担部分运营补贴支出责任；在使用者付费模式下，政府不承担运营补贴支出责任。

③ 风险承担支出责任是指项目实施方案中政府承担风险带来的财政或有支出责任。通常由政府承担的法律风险、政策风险、最低需求风险以及因政府方原因导致项目合同终止等突发情况，会产生财政或有支出责任。

④ 配套投入支出责任是指政府提供的项目配套工程等其他投入责任。它通常包括土地征收和整理、建设部分项目配套措施、完成项目与现有相关基础设施和公用事业的对接、投资补助、贷款贴息等。配套投入支出应依据项目实施方案合理确定。

2）支出测算。

财政部门（或政府和社会资本合作中心）应当综合考虑各类支出责任的特点、情景和发生概率等因素，对项目全寿命周期内财政支出责任分别进行测算，即计算出 PPP 项目全寿命周期内政府方净成本的现值（PPP 值）。具体测算过程如下：

① 股权投资支出责任的测算。

股权投资支出应当依据项目资本金要求以及项目公司股权结构合理确定。股权投资支出责任中的土地等实物投入或无形资产投入，应依法进行评估，合理确定价值。其计算公式如下：

股权投资支出数额 = 项目资本金 × 政府占项目公司的股权比例

② 运营补贴支出责任的测算。

运营补贴支出应当根据项目建设成本、运营成本及利润水平合理确定，并按照不同付费模式分别测算。

对政府付费模式的项目，在项目运营补贴期间，政府承担全部直接付费责任。政府每年直接付费数额包括：社会资本方承担的年均建设成本（折算成各年度现值）、年度运营成本和合理利润。其计算公式如下：

$$当年运营补贴支出数额 = \frac{项目全部建设成本 \times (1-合理利润率) \times (1-年度折现率)^n}{财政运营补贴周期(年)} +$$

$$年度运营成本 \times (1+合理利润率)$$

对可行性缺口补助模式的项目，在项目运营补贴期间，政府承担部分直接付费责任。政府每年直接付费数额包括：社会资本方承担的年均建设成本（折算成各年度现值）、年度运营成本和合理利润，再减去每年使用者付费的数额。计算公式如下：

$$当年运营补贴支出数额 = \frac{项目全部建设成本 \times (1-合理利润率) \times (1-年度折现率)^n}{财政运营补贴周期(年)} +$$

$$年度运营成本 \times (1+合理利润率) - 当年使用者付费数额$$

在上述计算公式中，n 代表折现年数；财政运营补贴周期是指财政提供运营补贴的年数；年度折现率应考虑财政补贴支出发生的年份，并参照同期地方政府债券收益率合理确定；合理利润率以商业银行中长期贷款利率水平为基准，充分考虑可用性付费、使用量付费、绩效付费的不同情景，再结合风险等因素确定。在计算运营补贴支出时，应当充分考虑合理利润率变化对运营补贴支出的影响。

PPP 项目实施方案中的定价和调价机制通常与消费物价指数、劳动力市场指数等因素挂钩，会影响运营补贴支出责任。在可行性缺口补助模式下，运营补贴支出责任受到使用者付费数额的影响，而使用者付费的多少因定价和调价机制而变化。在计算运营补贴支出数额时，应当充分考虑定价和调价机制的影响。

③ 风险承担支出责任的测算。

风险承担支出应充分考虑各类风险出现的概率和带来的支出责任，可采用比例法、情景分析法及概率法进行测算。如果 PPP 合同约定保险赔款的第一受益人为政府，则风险承担支出应为扣除该等风险赔款金额的净额。

比例法。在各类风险支出数额和概率难以进行准确测算的情况下，可以按照项目的全部建设成本和一定时期内运营成本的一定比例确定风险承担支出。

情景分析法。在各类风险支出数额可以进行测算，但出现概率难以确定的情况下，可针对影响风险的各类事件和变量进行"基本"、"不利"及"最坏"等情景假设，测算各类风险发生带来的风险承担支出。其计算公式如下：

风险承担支出数额 = 基本情景下财政支出数额 × 基本情景出现的概率 +
不利情景下财政支出数额 × 不利情景出现的概率 +
最坏情景下财政支出数额 × 最坏情景出现的概率

概率法。在各类风险支出数额和发生概率均可进行测算的情况下，可将所有可变风险参数作为变量，根据概率分布函数，计算各种风险发生带来的风险承担支出。

④ 配套投入支出责任的测算。

配套投入支出责任应综合考虑政府将提供的其他配套投入总成本和社会资本方为此支付的费用。配套投入支出责任中的土地等实物投入或无形资产投入，应依法进行评估，合理确定价值。计算公式如下：

配套投入支出数额 = 政府拟提供的其他投入总成本 − 社会资本支付的费用

3）能力评估。

财政部门（或政府和社会资本合作中心）识别和测算单个项目的财政支出责任后，汇总年度全部已实施和拟实施的 PPP 项目，进行财政承受能力评估。财政承受能力评估包括财政支出能力评估以及行业和领域均衡性评估。

① 财政支出能力评估。

财政支出能力评估是指根据 PPP 项目预算支出责任，评估 PPP 项目实施对当前及今后年度财政支出的影响。《政府和社会资本合作项目财政承受能力论证指引》（财金〔2015〕21 号）中明确规定：每一年度全部 PPP 项目需要从预算中安排的支出责任，占一般公共预算支出比例应当不超过 10%。单个项目能否采用 PPP 模式，要看财政承受能力评估的结论；众多采用 PPP 模式的项目综合起来要通过财政承受能力论证，则必须满足此条件：每一年度全部 PPP 项目需要从预算中安排的支出责任，占一般公共预算支出的比例应当不超过 10%。

这个 10% 的比例包含了每年新、旧 PPP 项目的财政支出责任。它既包括投资规模大、经营期限长而需要几十年财政资金的连续投入和补贴的 PPP 项目，也包括每年新加入的 PPP 项目，每年所有 PPP 项目的财政支出责任占比应不超过一般公共预算支出比例的 10%。省级财政部门可根据本地实际情况，因地制宜确定具体比例，并报财政部备案，同时对外公布。

在进行财政支出能力评估时，未来年度一般公共预算支出数额可参照前五年相关数额的平均值及平均增长率计算，并根据实际情况进行适当调整。

② 行业和领域均衡性评估。

行业和领域均衡性评估是根据 PPP 模式适用的行业和领域范围、经济社会发展需要和公众对公共服务的需求，平衡不同行业和领域的 PPP 项目，以防止某一行业和领域的 PPP 项目过于集中。

社会资本愿意参与收益较高、风险较小的 PPP 项目，主要集中在有较好收益来源的经营性项目中，而这些项目往往集中在某一个或某几个领域。但非经营性项目、无稳定收益来源的项目很多，并且公众对基础设施和公共服务的需求是多领域、多方位的。如果社会资本只参与某些领域中的项目上，将会造成供需不平衡、资源浪费。通过行业和领域均衡性评估，PPP 项目在总体上能更全面、公平、公正地满足社会公众多领域和多方位的服务需求。

4）信息披露。

省级财政部门应当汇总区域内的项目目录，及时向财政部报告，财政部通过统一信息平台（或政府和社会资本合作中心）网站发布。各级财政部门（或政府和社会资本合作中心）应当通过官方网站及报刊媒体，每年定期披露当地的 PPP 项目名录、项目信息及财政支出责任情况。各级财政部门（或政府和社会资本合作中心）应披露的财政支出责任信息包括 PPP 项目的财政支出责任数额及年度预算安排情况、财政承受能力论证考虑的主要因素和指标等。项目实施后，各级财政部门（或政府和社会资本合作中心）应跟踪了解项目运营情况，包括项目使用量、成本费用、考核指标等信息，并定期对外发布。

3. 实施方案

实施方案是 PPP 项目核心边界条件和操作执行模式的描述性文件，一般包括项目概况、风险分配基本框架、项目运作方式、交易结构、合同体系、监管架构采购方式选择等，按照编制阶段和作用可分为初步实施方案和实施方案（批准版）。初步实施方案是物有所值评价和财政承受能力论证的参考资料，而实施方案（批准方案）是根据在项目前期论证阶段的建议和分析不断修改和完善的，作为 PPP 项目招标的重要文件，是 PPP 材料体系中的核心文件之一。

在一般情况下，一个 PPP 项目首先经历立项和可行性研究的审批（核准、备案）过程，若通过则表明项目具备基本建设条件；根据可行性研究报告和初步实施方案等开展物有所值评价，若通过则表明项目采用 PPP 模式运行优于传统模式；财政承受能力论证一般与物有所值评价同时进行，若通过则表明项目所在地政府具备为项目提供财政支出的能力，项目能够得到财政资金的有效支持；根据以上两个评价的结果，优化实施方案使得物有所值更加充分，财政承受能力更加可靠，以上工作完成后即可根据实际情况编制社会资本方招标文件开展招标工作。

（1）PPP 项目实施方案的概念。PPP 项目实施方案是对 PPP 项目内容、方法、步骤等做出全面、具体、明确安排的计划文书，用以指导 PPP 项目的实施开展，一般由项目实施机构编写或由项目实施机构委托第三方机构辅助编写。

（2）PPP 项目实施方案的内容。《政府和社会资本合作模式操作指南（试行）》（财金〔2014〕113 号）、《基础设施和公用事业特许经营管理办法》等文件均对 PPP 项目实施方案的内容做出了详细的规定。总的来说，PPP 项目实施方案应包括的内容有项目概况、风险分配框架、项目运作方式、交易结构、合同体系、监管架构、采购方式等。

1）项目概况。

项目概况主要包括基本情况、经济技术指标和项目公司股权情况等。

① 基本情况主要说明项目提供的公共产品和服务内容，项目采用政府和社会资本合作模式运作的必要性及可行性以及项目运作的目标和意义。

② 经济技术指标主要说明项目区位、占地面积、建设内容或资产范围投资规模或资产价值、主要产出说明和资金来源等。

③ 项目公司股权情况主要说明是否要设立项目公司以及项目公司的股权结构。

2）风险分配框架。

按照风险分配优化、风险收益对等和风险可控等原则，综合考虑政府风险管理能力、项目回报机制和市场风险管理能力等要素，充分识别 PPP 项目所存在的风险，并在政府和社会资本间合理分配。

3）项目运作方式。

项目运作方式主要包括委托运营、管理合同、建设—运营—移交、建设—拥有—运营、转让—运营—移交和改建—运营—移交等。项目实施方案中必须明确项目运作方式并加以阐述。具体运作方式的选择主要由收费定价机制、项目投资收益水平、风险分配基本框架、融资需求、改扩建需求和期满处置等因素决定。

4）交易结构。

交易结构主要包括项目投融资结构、项目回报机制和相关配套安排。

① 项目投融资结构主要说明项目资本性支出的资金来源、性质和用途，项目资产的形成和转移等。

② 项目回报机制主要说明社会资本取得投资回报的资金来源，包括使用者付费、可行性缺口补助和政府付费等支付方式。

③ 相关配套安排主要说明由项目以外相关机构提供的土地、水、电、气和道路等配套设施及项目所需的上下游服务。

5）合同体系。

合同体系主要包括项目合同、股东合同、融资合同、工程承包合同、运营服务合同、原料供应合同、产品采购合同和保险合同等。其中，项目合同是最核心的法律文件。

项目边界条件是项目合同的核心内容，主要包括权利与义务、交易条件、履约保障和调整衔接等边界。

权利与义务边界主要明确项目资产权属、社会资本承担的公共责任、政府支付方式和风险分配结果等。

交易条件边界主要明确项目合同期限、项目回报机制、收费定价调整机制和产出说明等。

履约保障边界主要明确强制保险方案以及由投资竞争保函、建设履约保函、运营维护保函和移交维修保函组成的履约保函体系。

调整衔接边界主要明确应急处置、临时接管、提前终止、合同变更、合同展期、项目新增及改扩建需求等应对措施。

6）监管架构。

监管架构主要包括授权关系和监管方式。授权关系主要是政府对项目实施机构的授权，以及政府直接或通过项目实施机构对社会资本的授权；监管方式主要包括履约管理、行政监管和公众监督等。

7）采购方式。

项目采购应根据《中华人民共和国政府采购法》及相关规章制度执行，采购方式包括公开招标、竞争性谈判、邀请招标、竞争性磋商和单一来源采购。项目实施机构应根据项目采购的需求特点，说明社会资本需要具备的条件，并依法选择适当的采购方式。

除上述内容外，项目实施方案还应根据情况对项目的产品及服务质量和标准、财务测算与风险分析、技术及经济可行性论证等内容进行说明。

3.3.2 实施阶段

实施阶段主要包括PPP项目的建设和运营维护阶段。

在建设阶段，主要工作为设计、物资设备采购和施工等，项目公司可委托设计单位、物资设备承包商、施工单位开展相关工作，安排进度计划和资金营运，控制项目的质量与成本，监督各承包商，并保证财团按计划投入资金，确保项目按照预算、按照计划进度、按照相关标准完工投入运营。具备相应工程资质的社会资本方也可通过法定程序自主完成项目的建设工作。

在运营维护阶段，项目公司的主要任务是提供符合质量要求的基础设施和公共服务，争取早投入、早收益，特别要注意提高运营效率、保障公共利益、规避运营维护风险、合理安排项目现金流入和支出，以保证按时还本付息，并取得合理利润。运营过程中，应按照计划并根据实际情况对项目工程、设施等进行维修和保养，以期项目以最大效率运营并确保最终达到移交条件。

政府在 PPP 项目实施阶段应注重对项目的质量、绩效进行监测、评价和考核，根据合同和实际情况调整价格和补贴，对项目公司的收益进行审计，保障公共利益，同时实现项目公司的合理利润。

3.3.3 移交（收尾）阶段

移交（收尾）是指 PPP 合作期满时，项目公司把项目移交给项目所在地政府，BOT、BOOT、DBFOT、TOT、ROT 等形式都涉及移交阶段，而 BOO、BTO 等形式的此阶段则可称为收尾阶段。

项目移交包括资产评估、性能测试、资产交割、绩效考核支付等，由专门的项目移交工作组负责。到目前为止，已完成 PPP 项目全过程的项目还较少，因此，此阶段的经验尚待总结。

3.4 PPP 项目合同

PPP 项目合同是指政府方（政府或政府授权机构）与社会资本方（社会资本或项目公司）依法就 PPP 项目合作所订立的合同。

在 PPP 项目中，除项目合同外，项目公司的股东之间，项目公司与项目的融资方、承包商、专业运营商、原料供应商、产品或服务购买方、保险公司等其他参与方之间，还会围绕 PPP 项目合作订立一系列合同来确立和调整彼此之间的权利义务关系，共同构成 PPP 项目的合同体系。

PPP 项目合同是整个合同体系的基础和核心，政府方与社会资本方的权利义务关系以及 PPP 项目的交易结构、风险分配机制等均通过 PPP 项目合同确定，并以此作为各方主张权利、履行义务的依据和项目全寿命周期顺利实施的保障。

PPP 项目兼具长期性、复杂性与多样性，项目所处地域、行业、市场环境等情况的不同，各参与方合作意愿、风险偏好、谈判能力等方面的差异，最终表现为合同内容上的千差万别。

3.4.1 PPP 项目合同的主要内容

不论何种行业和运作形式，常见的 PPP 项目合同一般包含以下内容：

（1）总则；

（2）项目范围和期限；

（3）合同主体和项目主要参与方；

（4）合作关系框架和合同体系；

（5）项目前期工作；

（6）付费机制；

（7）风险分担、担保和保险；

（8）法律变更、合同解除；

（9）违约和争议解决。

不同形式的 PPP 项目合同可能还会增加一些与其形式的特点和要求相关的内容，如 BOT 形式还可能具体包含投资计划及融资、工程建设、运营和服务、社会资本主体移交项目等约定。

PPP 项目合同的内容反映了政府对 PPP 项目实施内容的基本原则与立场，项目其他合同诸如勘察设计合同、工程承包合同、运营维护合同及原材料供应合同等，都是在遵循 PPP 项目合同确定原则的基础上派生的，是对 PPP 项目合同具体条款的细化。一份完备的 PPP 项目合同必须原则和立场明确，能够规范整个 PPP 项目的融资、建设、运营维护与移交过程。

3.4.2 PPP 项目合同的核心条款

PPP 项目合同的核心条款涉及项目范围和期限、主体结构和合同体系、资本结构、建设和运营维护方案、付费机制、履约担保和政府承诺、权利和义务、风险分担、移交条件、奖惩等内容。

其中核心的条款包括以下几项内容：

（1）项目范围和期限的规定。项目的范围条款主要明确项目合作期限内政府与项目公司的合作范围和主要合作内容，是 PPP 项目合同的核心条款。项目的期限条款是根据项目的风险分配方案、运作方式、付费机制和具体情况来确定的项目合作期限。

（2）主体结构和合同体系的规定。PPP 项目的参与方通常包括政府、社会资本方、融资方、承包商和分包商、原料供应商、专业运营商、保险公司以及专业机构等。在 PPP 项目中，项目参与方通过签订一系列合同来确立和调整彼此之间的权利义务关系，构成 PPP 项目的合同体系。PPP 项目合同体系通常包括 PPP 项目合同、项目公司股东协议、履约合同（包括工程承包合同、运营服务合同、原料供应合同、产品或服务购买合同等）、融资合同和保险合同等。其中，PPP 项目合同是整个 PPP 项目合同体系的基础和核心。本条款规定了项目主体组织结构框架关系和合同体系框架关系。

（3）资本结构的规定。对于包含新建、改扩建工程的合作项目，应在合同中明确工程建设总投资及构成，包括建筑工程费、设备及工器具购置费、安装工程费、工程建设其他费用、基本预备费、价差预备费、建设期利息、流动资金等。合同应明确总投资的认定依据，如投资估算、投资概算或竣工决算等。对于包含政府向社会资本主体转让资产（或股权）的合作项目，应在合同中明确受让价款及其构成。还需要明确项目总投资的资金来源和到位计划，包括项目资本金比例及出资方式，债务资金的规模、来源及融资条件。如有必要，可约定政府为债务融资提供的支持条件，各类资金的到位计划等。

（4）建设和运营维护方案的规定。建设方案的条款主要约定合作项目工程建设条件，进度、质量、安全要求，变更管理，实际投资认定，工程验收，工程保险及违约责任等事项。运营维护方案的条款主要约定合作项目运营的外部条件、运营服务标准和要求、更新改造及追加投资、服务计量、运营期保险、政府监管、运营支出及违约责任等事项。

（5）付费机制的规定。付费机制关系 PPP 项目的风险分配和收益回报，是 PPP 项目合同中的核心条款。实践中，需要根据各方的合作预期和承受能力，结合项目所涉的行业、运作方式等实际情况，因地制宜地设置合理的付费机制。

（6）履约担保和政府承诺的规定。履约担保的条款约定了为了保证项目公司按照合同约定履行合同并实施项目所设置的各种机制。同时，为了确保 PPP 项目的顺利实施，在 PPP 项目合同中通常会包括政府承诺的内容，用以明确约定政府在 PPP 项目实施过程中的主要义务。

（7）权利和义务的规定。本条款主要约定 PPP 项目主要参与方在 PPP 项目中应承担的义务和享有的权利，以责权利对等为原则，规定管理、监管、执行等工作。

（8）风险分担的规定。本着"利益共享、风险分担"的原则，在责权利合理配置的基础上，本条款主要约定对项目实施过程中风险治理的规定，风险发生后损失的承担。

（9）移交条件的规定。本条款重点约定社会资本主体向政府移交项目的过渡期、移交范围和标准、移交程序、质量保证及违约责任等。

（10）奖惩的规定。本条款主要约定奖励和违约行为的认定标准、违约责任的承担方式、违约行为处理和奖励标准及方式等。

3.5　PPP 模式取得成功的关键因素

1. 构建稳定的外部环境

PPP 模式的推行必须建立在稳定的政治和社会制度基础上，通过构建良好的法律法规框架、营造稳定的宏观经济条件和创造良好的融资市场环境来实现。

2. 选择合适的社会资本方

在 PPP 项目中，政府要找到能够长期合作的项目承办人，以尽可能低的成本提供预定质量水平的公共产品和服务。为了选择合适的社会资本方，政府必须采用竞争投标的方法，从企业实力、融资方案、建设方案、运营维护方案等几个方面全面考察社会资本方。

首先政府选择具有竞争性的招标方式。其次政府要编制清晰透明的招标文件，规定中标人需要具备的条件，用以判断投标人给出的融资方案、政府和社会可获得的利益、项目的技术方案、承办人在类似项目上的相关经验和专有技术、对环境影响的程度、合作期限和投资报价、建设成本、运营维护标准和成本、风险分担等方面是否达到政府的规定，综合考察社会资本方的资质和能力。最后在 PPP 项目合作合同中设定合理的合同条款。

模式一：政府在公开招标时首先确定项目的合作期，包括决定合作期的结构和长度。然后投标人以资本金投资收益率、建设投资、运营费用等作为报价，政府选择报价合理、最低的竞标者中标。

采用"模式一"时，基础报价通过两个阶段得以最终确定，是竞标定价的结果。首先，投标人依据政府设定的合作期结构和长度，分析项目的风险，制定出使自身利润目标最大化的资本金投资收益率、建设投资、运营费用等，并以该价格进行投标报价。其次政府从众多投标人中选择报价合理最低者为中标人，评标标准可以考虑投资和风险等报价参数，中标价格就是 PPP 项目合同中规定的基础报价。由此可见在"模式一"中基础报价是一种竞争性的市场价格，只要政府采用合理的评标标准，就可以选择出最有效率的投标报价。投标人掌握报价制定的主动权，投资参与的积极性较强；但是容易形成垄断价格，降低社会公众的利益。

模式二：政府在公开招标时首先确定项目的报价，确定时主要参考同类项目的现有价格或者从保护社会公众利益的角度制定基础报价。投标人以项目的合作期为报价参数，政府选择合作期最短的竞标者中标。

显然采用该模式时政府希望严格控制报价水平，适用于公众对特许价格较为敏感的项目。这种定价模式在实践中运用的不多，例如四川绵遂高速公路、泸州纳溪至川黔界高速公路、乐宜高速公路 BOT 招标中就实行最低收费年限中标的方式，给出收费年限最短的投标人获得高速公路建设、经营的特许权，收费年限最长不超过 30 年，其中在乐宜高速公路招标中，山东高速以"27 年 9 个月零 16 天"的最短收费期限报价中标。

如果规定项目的合作期可以发生变化，则政府可以选择弹性合作期的评标方法。弹性合作期是项目招投标和 PPP 项目合同谈判中并未规定出明确的建设、运营期限，而只是给出合作期届满的条件；合作期的实际长度由项目的现实收益情况决定，存在各种长短变化的可能。

在弹性合作期下，政府在招标之前预先确定基础报价，投标人给出项目运营期间的总收入报价，政府将 PPP 项目相关经营权授予报价最低的投标人。项目公司确定的报价不得超过政府规定的最高价格水平，当项目收入的累积现值等于投标总收入报价水平时，合作期届满，项目立即移交给政府。该方法也被称为最小收入现值法，简称 LPVR（Least Present Value of Revenue）。LPVR 最早由耶鲁大学的恩格尔（Engel）正式提出，并首次在智利的圣地亚哥到瓦尔帕莱索高速公路 BOT 项目中得到应用。

3. 搭建合理的风险分担框架

公共基础设施项目具有各种风险，减少了社会资本方的融资、建设、运营的积极性。如果政府不承担一定的风险，则无法吸引社会资本方的投资。政府承担风险的基本原因，是 PPP 项目所带来的社会利益超过了社会资本方所获得的收益，社会公众因项目而得到福利的增加。作为社会公众的代表，政府理应为此承担风险，确保社会资本方的投资积极性和收益，促成项目的成功实施。为了确保社会资本方参与和运作，政府和社会资本方应该在风险分担方面达成一致意见，决定各自承担风险的程度。根据英国 PFI 项目风险分担的实践做法，总结出 PPP 项目风险分担的一般流程，具体如图 3-3 所示（引自参考文献 [48]）。

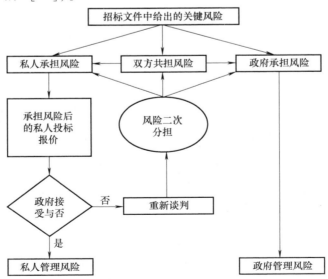

图 3-3　PPP 项目风险分担流程

上述风险分担流程中，社会资本方将完全由自身承担的风险和与政府共担的风险量化在投标报价中，当风险分担处于合理状态时，社会资本方提出的报价也较易为政府所接受。如果双方对报价存在异议，就可以通过风险分担的重新划分，一直调整到使双方利益达到均衡的风险分担格局。

风险分担（Risk Allocation）包括一方主体完全承担某一风险（Risk Bearing）以及各方共同承担某一风险（Risk Sharing）两种形式。如果对于一个主体来说，某一风险的可控性强，或者该主体为导致风险发生的主要过错人，就应该完全承担该风险；如果某一风险对各方来说都不可控，且单一主体完全承担的成本过高，或者各方对风险都具有一定的控制力，就可以采用风险共担的形式来分散风险。明确区分风险分担的两种形式充分体现了控制能力原则、风险成本最低原则和过错原则，便于详细划分具体的风险承担责任。

由于各国法律制度和实践做法的差异导致对同一风险分担的主体和程度存在差别，所以本书给出澳大利亚维多利亚州政府发布的 PPP 项目风险分担指南（Risk Allocation Preferences）（见表 3-2），以供读者参考。

表 3-2　澳大利亚维多利亚州政府发布 PPP 项目风险分担指南

具 体 风 险	承 担 主 体	补 充 说 明
不可预见的地质条件	私人部门	
完工前必要的审批没有通过	政府	
建设场地的污染	私人部门	调查费用过高时，可以共担
建设场地发现文物	政府	
设计不能按预定成本提供服务和产品	私人部门	若由政府导致的设计变更，政府承担
建设成本超支和完工延迟	私人部门	不可抗力和政府导致的，政府承担
试运行没有通过	私人部门	除非政府没有履行测试协助
完工后发现私人部门不符合要求	政府	
完工后私人部门破产	政府	
私人部门不能有效管理项目	政府	
完工前利率发生变化，使投标价格变化	政府	可以共担
不能获得贷款或股本资金	私人部门	
税收发生变化	私人部门	
原材料涨价、低质、不可获得	私人部门	除非政府提供原材料
设计和建设不合理导致维护成本偏高	私人部门	
产品和服务标准发生变化	政府	
分包商违约	私人部门	
技术过时	私人部门	若可预见，政府可以共担
经济低迷或竞争导致需求下降	私人部门	可以共担

（续）

具 体 风 险	承 担 主 体	补 充 说 明
人口或社会变化导致需求下降	私人部门	可以共担
通货膨胀降低实际收益水平	私人部门	采用调价公式，可以共担
基础设施网络（如供水管网）变化	政府	
未按预定标准提供核心服务和产品	政府	除非由私人部门违约导致
罢工、市民骚乱导致拖延和超支	私人部门	
完工后必要审批没有通过	私人部门	除非由政府导致
不可预见的法律、政策变化	政府	可以共担
不可抗力	私人部门	可以共担
私人违约导致政府终止项目	私人部门	
移交时资产未达到预定的价值水平	政府	

注：引自参考文献 [54]。

4. 确定合理的合作期限

PPP 项目合作期限是政府与社会资本方或项目公司合作的期限，包括建设期和运营期的 PPP 项目执行期限。项目的合作期限通常应在项目前期论证阶段进行评估。评估时，需要综合考虑以下因素：

（1）政府所需要的公共产品或服务的供给期间。

（2）项目资产的经济生命周期以及重要的整修时点。

（3）项目资产的技术生命周期。

（4）项目的投资回收期。

（5）项目设计和建设期间的长短。

（6）财政承受能力。

（7）现行法律法规关于项目合作期限的规定等。

根据项目运作方式和付费机制的不同，项目合作期限的规定方式也不同，常见的项目合作期限规定方式包括以下两种：

（1）自合同生效之日起一个固定的期限（例如 25 年）。

（2）分别设置独立的设计建设期间和运营期间，并规定运营期间为自项目开始运营之日起的一个固定期限。

上述两种合作期限规定方式的最主要区别在于：在分别设置设计建设期间和运营期间的情况下，如建设期出现任何延误，不论是否属于可延长建设期的情形，均不会影响项目运营期限，项目公司仍然可以按照合同约定的运营期运营项目并获得收益；而在规定单一固定期限的情况下，如项目公司未按照约定的时间开始运营且不属于可以延长期限的情形，则会直接导致项目运营期缩短，从而影响项目公司的收益情况。

在考虑完工风险的条件下，这两种合作期限定模式结合激励方案，形成四种合作期设计方案，如图 3-4 至图 3-7 所示。图中的激励方案是指提前完工按一定比例分享收入，完工延迟按一定比例承担损失。四种方案（引自参考文献［51］）分别如下：

结构方案一：单限定、无激励机制。

这种方案的特点是：运营期实质上受到建设期长短的影响，如果项目提前完工，则运营期相对延长，图中用 T'_o 表示；如果延期完工，则运营期相对缩短，图中用 T''_o 表示。这样对于社会资本方来说存在一个内在激励，鼓励其提前完工，获得更长的收费运营期限；但需要完全承担完工风险。具体如图 3-4 所示。

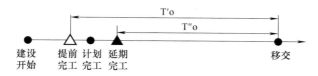

图 3-4 单限定、无激励机制

结构方案二：单限定、有激励机制。

这种方案具有结构方案一的特点，但由于引入外在的激励机制，使得激励的效果增加，更加能够促进社会资本方早日完工。具体如图 3-5 所示。

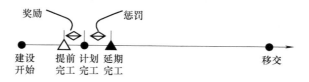

图 3-5 单限定、有激励机制

结构方案三：双限定、无激励机制。

这种方案的特点是：如果项目提前完工，则运营期相应也要提前，但是计划好的运营期长度不发生变化，最后项目可以提前移交；如果项目延期完工，运营期要相应拖延，但长度不变，最后项目延期移交。采用这种方案，政府承担完工风险，但可以实现项目提前移交。具体如图 3-6 所示。

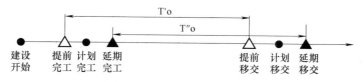

图 3-6 双限定、无激励机制

结构方案四：双限定、有激励机制。

这种方案的特点是：如果项目提前完工，项目还是按照预定的开始运营时间进入商业运营，根据提前完工的时间长度，对社会资本方进行奖励，这等于变相延长了项目运营期；如果项目延期完工，项目则延期进入商业运营期，但运营期长度不变，导致项目延期移交，根据工期拖延的长度，对社会资本方进行惩罚，这等于变相缩短了项目运营期。这种方案由政府和社会资本方共同承担完工风险。具体如图 3-7 所示。

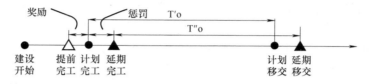

图 3-7　双限定、有激励机制

根据项目收入的来源和建设风险的水平，来选择具体的特许期结构方案。具体选择标准见表 3-3。

表 3-3　特许期方案的选择

收 入 来 源	延期完工风险		收 入 来 源	延期完工风险	
	小	大		小	大
政府	四种方案皆可	方案四	市场	方案一	方案三

如果项目收入来自政府，并且完工风险小，特许期的四种结构方案都可以采用；但如果完工风险大，需要政府和社会资本方共担风险，则选择方案四；如果项目收入来自市场，但完工风险小，可以使用结构方案一，以激励社会资本方提前完工，并承担完工风险；如果完工风险大，可以采用结构方案三，由政府承担完工风险。

至于如何精确确定 PPP 项目合作期的长度，目前还没有一个成熟统一的方法，是一个亟待解决的学术问题。

此外，实践中应当根据项目的运作方式、付费机制和具体情况选择合理的项目合作期限规定方式。基本的原则是，项目合作期限可以实现物有所值的目标并且形成对项目公司的有效激励。需要特别注意的是，项目的实际期限还会受制于提前终止的规定。

5. 确定合理的项目报价

确定 PPP 项目报价需要解决两个问题：第一是如何确定基础报价；第二是如何确定价格调整机制。以 BOT 形式为例，采用 BOT 形式的 PPP 项目，其项目报价为特许价格报价，其中基础特许价格（Base Tariff or Base Toll

Rate) 是在分析项目运营初期定价要素和相应风险之后确定出来的, 能够同时满足政府社会福利目标和私人利润目标的, 为提供项目产品或者服务所执行的初始价格。

在 BOT 项目研究领域, 不少学者对特许定价也表现出极大的兴趣, 使得该研究处于百家争鸣的状态。总体上来说, 特许定价可以分为以下两种研究趋势:

第一种趋势是研究者通过建立一般的定价模型, 力图指导所有行业内 BOT 项目的特许定价。例如从投资回报率入手来确定特许价格, 那么, 特许定价必须满足社会福利丧失最少, 并且产生足够大的直接经济收益等条件。

另一种趋势就是考虑每个行业的特点, 分别研究电力、水处理以及公共交通等 BOT 项目的特许定价, 强调每种定价方法的针对性和实用性。例如从政府和项目公司的角度确定电力 BOT 项目的特许价格, 双方通过协商达成一致的价格; 或者电力特许价格在贷款偿还完毕之前设计成递减函数, 还款之后设计为常数。

特许价格调整主要从调整因素、调整幅度和调整频率展开。1998 年由 Kerf 出具的一份世界银行报告详细分析了这三个方面, 同时 Kerf 给出了特许价格调整的三个规则, 包括指数规则、定期调整规则和风险发生后调整规则, 成为后继相关研究的基础。

指数规则主要是针对调整因素和调整幅度而言, 是研究中必须首先解决的问题。目前普遍考虑的调整因素包括: 通货膨胀、汇率、需求变化和原材料价格变化等。例如特许价格 P_j 调整公式如下:

$$P_j = P_m \prod_{k=m}^{j} (1 + gk)$$

式中 gk——通货膨胀率相关的年调整率。

定期调整规则要求确定特许价格调整的时间和频率, 例如将价格调整时间 Y_m 表达为 $Y_m = Y_{m-1} + \lambda + D_m$, 即第 m 次调整时间为从第 $m-1$ 次调整的年份 Y_{m-1} 开始, 加上特许经营协议中商定的调整周期 λ 和执行调整的延迟时间 D_m。

目前如何确定合理的特许价格还是一个尚未完全解决的问题, 本书只进行简单的介绍。

复习思考题

(1) 试说明 PPP 模式中各参与方之间的关系。

(2) PPP 成功的关键因素有哪些?

(3) PPP 模式项目融资主要经历哪几个阶段?

项目融资在具体实施过程中有很多模式。不同的项目融资模式，其融资结构和实施过程差异很大，因此，必须根据不同项目的特点选择不同的融资模式。本章拟从选择项目融资模式应考虑的要素入手，针对不同的模式，具体阐述其形式、特点、利益相关者、项目公司结构和操作程序等几个主要方面。

第 4 章

PPP 项目的其他具体运作模式

4.1 BOT 项目融资模式

BOT 是国际上近几十年来逐渐兴起的一种基础设施建设的融资模式,是一种利用外资和民营资本兴建基础设施的新兴融资模式。BOT 是 Build（建设）、Operate（经营）和 Transfer（移交）三个英文单词第一个字母的缩写,代表着一个完整的项目融资过程。BOT 融资方式在我国称为"特许经营方式",其含义是指国家或者地方政府部门通过特许经营协议,授予签约方的外商投资企业（包括中外合资、中外合作、外商独资）或本国其他的经济实体组建项目公司,由该项目公司承担公共基础设施（基础产业）项目的融资、建造、经营和维护。在协议规定的特许期限内,项目公司拥有投资建造基础设施的建设权和运营权,允许向设施使用者收取适当的费用,由此回收项目投资、经营和维护成本并获得合理的回报。特许期满后,项目公司将设施无偿地移交给签约方的政府部门。

20 世纪 80 年代初期到中期,是项目融资发展的一个低潮时期。在这一阶段,虽然有大量的资本密集型项目,特别是发展中国家的基础设施项目在寻找资金,但是,由于世界性的经济衰退和第三世界债务危机所造成的恶劣影响还远没有从人们心目中消除,所以如何增强项目抵御政治风险、金融风险和债务风险的能力,以及如何提高项目的投资收益和经营管理水平,成为银行及其他金融机构、项目投资者、项目所在国政府在安排融资时所必须面对和解决的问题。BOT 模式就是在这样的背景下发展起来的一种主要用于公共基础设施建设的项目融资模式。这种模式的基本思路是,由一国财团或投资人作为项目的发起人,从一个国家的政府或所属机构获得某些基础设施的经营特许权,然后由其独立或联合其他方组建的项目公司,负责项目的融资、设计、建设和运营,整个特许期内项目公司通过项目的运营来获得利润,并用此利润来偿还债务。在特许期期满之时,整个项目由项目公司无偿或以极少的名义价格转交给东道国政府。BOT 模式一出现,就引起了国际金融界的广泛重视,被认为是代表国际项目融资发展趋势的一种新形式。

4.1.1 BOT 模式的特点

BOT 模式实质上是一种债权与股权相混合的产权组合形式,整个项目公司对项目的设计、咨询、供货和施工实行一揽子总承包。与传统的承包模式相比,BOT 融资模式的特点主要体现在以下方面:

（1）通常采用 BOT 模式的项目主要是基础设施建设项目,包括公路、桥梁、轻轨、隧道、铁路、地铁、水利、发电厂和水厂等。特许期内项目生产的产品或提供的服务可能销售给国有单位（如自来水厂、电厂等），或直接向最终使用者收取费用（如缴纳通行费、服务费等）。

（2）能减少政府的直接财政负担，减轻政府的借款负债义务。所有的项目融资负债责任都被转移给项目发起人，政府无须保证或承诺支付项目的借款，从而也不会影响东道国和发起人为其他项目融资的信用，避免政府的债务风险，政府可将原来这些方面的资金转用于其他项目的投资与开发。

（3）有利于转移和降低风险。国有部门可以把项目风险转移给项目发起人，BOT 模式通过将发起人的投资收益与其履行合同的情况相联系，从而降低项目的建设风险和运营风险。

（4）有利于提高项目的运作效率。BOT 多被视为提高基础设施运营效率的一种方式。一方面，因为 BOT 项目一般有巨额资本投入、项目周期长等因素带来的风险，同时由于私营企业的参与，贷款机构对项目的要求会比政府更加严格；另一方面，私营企业为了减少风险，获得较多的收益，客观上促使其加强管理、控制造价。因此，尽管项目前期工作量较大，但是进入实施阶段，项目的设计、建设和运营效率会比较高，用户也可以得到较高质量的服务。

（5）BOT 融资方式可以提前满足社会和公众的需求。采用此方式可使一些本来急需建设而政府目前又无力投资建设的基础设施项目得以实施。由于其他资金的介入，可以在政府有能力建设前建成基础设施项目并发挥作用，从而加速社会生产力的提高，促进经济的进一步发展。

（6）BOT 项目中如果有外国的专业企业参与融资和经营，则会给项目所在国带来先进的技术和管理经验，既给本国的承包商带来较多的发展机会，也促进了国际经济的融合。

4.1.2 BOT 模式的具体形式

世界银行在《1994 年世界发展报告》中指出，BOT 至少有三种具体形式，即 BOT、BOOT 及 BOO，除此之外，它还有一些变通形式。

1. BOT 形式

一国政府在授予项目公司建设新项目的特许经营权时，通常采取此种方式，其具体运作程序将在后面专门分析。

2. BOOT 形式

BOOT 是英文单词 Build（建设）、Own（拥有）、Operate（经营）、Transfer（移交）第一个字母的缩写，具体是指由私营部门融资建设基础设施项目，项目建成后在规定的期限内拥有项目的所有权并进行经营，经营期满后，将项目移交给政府部门的一种融资方式。BOOT 与 BOT 的区别主要有两个：一是所有权的区别。BOT 方式的项目建成后，私人只拥有所建成项目的经营权，但 BOOT 方式在项目建成后，在规定的期限内既有经营权，又有所有权。二是时间上的差别。采取 BOT 方式，从项目建成到移交给政府的时间一般比采取 BOOT 方式短。

3. BOO 形式

BOO 是英文单词 Build（建设）、Own（拥有）、Operate（经营）第一个字母的缩写，具体是指私营部门根据政府所赋予的特许权，建设并经营某项基础设施，但是，并不在一定时期后将该项目移交给政府部门。

4. 其他变通形式

BLT（Build-Lease-Transfer），即建设—租赁—移交。它是指工程完工后在一定期限内出租给第三方，以租赁分期付款方式收回工程投资和运营收益。在特定期限之后，再将所有权移交给政府机构。

BTO（Build-Transfer-Operate），即建设—移交—经营。由于某些项目的公共性很强（如发电厂、机场和铁路等），不宜让私营机构在运营期间享有所有权，因而须采取 BTO 形式，项目完工后移交所有权，其后再由项目公司进行经营维护。

BT（Build-Transfer），即项目建成后就移交给政府，政府按协议向项目发起人支付项目总投资加合理的回报率。此形式适合任何基础设施或开发项目，特别是适合出于安全和战略的需要必须由政府直接运营的关键设施。

BOL（Build-Operate-Lease），即建设—经营—租赁。也就是说项目公司以租赁形式继续经营项目。

IOT（Investment-Operate-Transfer），即投资—经营—移交。这种方式由私人收购现有的基础设施，然后再根据特许经营协议经营，最后移交给公共机构。

TOT（Transfer-Operate-Transfer），即移交—经营—移交。它是指东道国与私营机构签订特许经营协议后，把已经投产运营的基础设施项目移交给私营机构经营，凭借该设施项目在未来若干年的收益，一次性地从私营机构手中融得一笔资金，用于建设新的基础设施项目。特许期满后，私营机构再把该设施无偿移交给东道国政府。

BOOST（Build-Own-Operate-Subsidize-Transfer），即建设—拥有—经营—补贴—移交。

BOOS（Build-Own-Operate-Sale），即建设—拥有—经营—出售。

BOD（Build-Operate-Deliver），即建设—经营—转让。

ROO（Rehabilitate-Operate-Own），即修复—经营—拥有。

BRT（Build-Rent-Transfer），即建设—出租—移交。

在以上各形式中，依世界银行《1994 年世界发展报告》对 BOT 的定义的理解，BOT 的通常形式至少包括前三种，即 BOT、BOOT、BOO。而在所有的形式中，虽然提法不同，具体操作上也存在一些差异，但它们在运作中与典型的 BOT 在基本原则和思路上并无实质差异，所以习惯上将上述所有形式都看作 BOT 的具体形式。

4.1.3　特许经营 BOT 模式的结构分析

BOT 项目的参与人主要包括政府、项目承办人（即被授予特许权的私营部门）、投资者、贷款人、保险和担保人、总承包商（承担项目设计、建造）及运营开发商（承担项目建成后的运营和管理）等。此外，项目的用户也因投资、贷款或保证而成为 BOT 项目的参与者。各参与人之间的权利义务关系依各种合同、协议而确立。例如，政府与项目承办人之间订立特许经营协议，各债权人与项目公司之间签订贷款协议等。

BOT 项目的全过程涉及项目发起与确立、项目资金的筹措、项目设计、建造、运营管理等诸多方面和环节。BOT 结构总的原则是使项目众多参与方的分工责任与风险分担明确合理，把风险分配给与该风险最为接近的一方。

BOT 模式主要由以下三方组成。

1. 项目的最终所有者（项目发起人）

项目发起人是项目所在国政府、政府机构或政府指定的企业。从项目所在国政府的角度考虑，采用 BOT 融资模式的主要吸引力在于：第一，可以减少项目建设的初始投入。大型基础设施项目，如发电站、高速公路、铁路等公共设施的建设，资金用量大，投资回收期长，而资金紧缺和投资不足是发展中国家政府所面临的一个普遍性的问题。利用 BOT 模式，政府部门可以将有限的资金投入更多的领域。第二，可以吸引外资，引进先进技术，改善和提高项目的管理水平。

在 BOT 模式中，项目发起人与其他几种项目融资模式中投资者的作用有一定程度的区别。在 BOT 融资期间，项目发起人在法律上既不拥有项目，也不经营项目，而是通过给予项目某些特许经营权和一定数额的从属性贷款或贷款担保作为项目建设开发和融资安排的支持；在融资期满结束后，项目发起人通常无偿地获得项目的所有权和经营权。由于特许经营协议在 BOT 模式中处于核心地位，所以有时 BOT 模式也被称为特许权融资。

2. 项目的直接投资者和经营者（项目特许经营者）

项目经营者是 BOT 融资模式的主体。项目经营者从项目所在国政府获得建设和经营项目的特许权，负责组织项目的建设和生产经营，提供项目开发所必需的股本资金和技术，安排融资，承担项目风险，并从项目经营中获得利润。项目经营者的角色可由一个专门组织起来的项目公司承担。项目公司的组成以在这一领域具有技术能力的经营企业和工程承包企业作为主体，有时也吸收项目产品或服务的购买者和一些金融性投资者参与。因为在特许经营协议结束时，项目最终要交还给项目发起人，所以从项目所在国政府的角度，选择项目经营者的标准和要求如下：

（1）项目经营者要有一定的资金、管理和技术能力，保证能够在特许经营协议期间提供符合要求的服务。

（2）经营的项目要符合环境保护标准和安全标准。

（3）项目产品或服务的收费要合理。

（4）项目经营要保证做好设备的维修和保养工作，保证在特许经营协议终止时，项目发起人接收的是一个运行正常、保养良好的项目，而不是一个过度运用的超期服役的项目。

3. 项目的贷款银行

BOT 模式中的贷款银行组成较为复杂，除了商业银行组成的贷款银团之外，政府的出口信贷机构和世界银行或地区性开发银行的政策性贷款在 BOT 模式中通常也扮演很重要的角色。BOT 项目贷款的条件取决于项目本身的经济强度、项目经营者的经营管理能力和资金状况，但是在很大程度上主要依赖于项目发起人和所在国政府为项目提供的支持和特许经营协议的具体内容。

在具体操作过程中，BOT 融资结构由以下部分组成：

（1）由项目经营公司、工程公司、设备供应公司以及其他投资者共同组建一个项目公司，从项目所在国政府获得特许经营协议作为项目建设开发和安排融资的基础。特许经营协议通常包括三个方面的内容：①批准项目公司建设开发和经营项目，并给予使用土地、获得原材料等方面的便利条件；②政府按照固定价格购买项目产品，或者政府担保项目可以获得最低收入；③在特许经营协议终止时，政府可以根据协议商定的价格购买或无偿收回整个项目，项目公司保证政府所获得的是一个正常运转并保养良好的项目。为了保证项目公司获得特许经营协议后有能力按计划开发项目，政府有时会要求项目公司或投资财团提供一定的担保。

（2）项目公司以特许经营协议作为基础安排融资。外国政府机构的出口信贷是发展中国家 BOT 模式中贷款部分的重要组成部分，例如有些出口信贷机构会直接为本国的成套设备出口安排融资。为了减少贷款的风险，融资安排中一般要求项目公司将特许经营协议的权益转让给贷款银行作为抵押，并且设计专门的机构控制项目的现金流量。在有些情况下，贷款银行也会要求项目所在国政府提供一定的从属性贷款和贷款担保作为融资的附加条件。

（3）在项目的建设阶段，工程承包集团以承包合同形式建造项目。采用这种类型的工程承包合同，可以起到类似完工担保的作用，有利于安排融资。

（4）项目进入经营阶段之后，经营公司根据经营协议负责项目公司投资建造的公用设施的运行、保养和维修，支付项目贷款本息并使投资财团获得投资利润，并保证在特许经营 BOT 模式结束时将一个运转良好的项目移交给项目所在国政府或其他所属机构。

以 BOT 方式组织项目实施的结构类型根据具体项目的特征、项目所在国的情况以及项目的承包商情况等存在诸多的差别，但是也可以总结出一个典型的 BOT 融资结构，具体如图 4-1 所示。

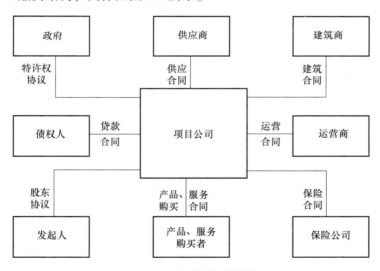

图 4-1 BOT 项目融资结构

4.1.4 特许经营 BOT 模式的操作程序

BOT 项目虽然不尽相同，但一般说来，每个项目都经过项目确定、准备、招标、各种协议和合同的谈判与签订，以及建设、运营和移交等过程。

在此将其大致分为准备、实施和移交三个阶段。

1. 准备阶段

这一阶段主要是选定 BOT 项目，通过资格预审与招标，选定项目承办人。项目承办人选择合作伙伴并取得其合作意向，提交项目融资与项目实施方案文件，项目参与各方草签合作合同，申请成立项目公司。政府依据项目发起人的申请，批准成立项目公司，并通过特许经营协议，授予项目公司特许权。项目公司股东之间签订股东协议，项目公司与财团签订融资等主合同以后，项目公司另与 BOT 项目建设、运营等各参与方签订子合同，提出开工报告。

2. 实施阶段

实施阶段包括 BOT 项目建设与运营阶段。在建设阶段，项目公司通过顾问咨询机构，对项目组织设计与施工，安排进度计划与资金营运，控制工程质量与成本，监督工程承包商，并保证财团按计划投入资金，确保工程按预算、按时完工。在项目运营阶段，项目公司的主要任务是要求运营公司尽可能边建设、边运营，争取早投入、早收益，特别要注意外汇资产的风险管理及现金流量的安排，以保证按时还本付息，并最终使股东获得一定的利润。同时在运营过程中要注意项目的维修与保养，以期项目以运营效益最大化以及最后顺利地移交。

3. 移交阶段

这是指在特许期期满时，项目公司把项目移交给东道国政府。项目移交包括资产评估、利润分红、债务清偿、纠纷仲裁等。这个过程比较复杂，到目前为止，已完成 BOT 项目全过程的项目还很少，因此，此阶段的经验尚待总结。

4.1.5 特许经营 BOT 模式的特许经营协议

BOT 项目融资的参与方众多，既有核心参与方，如项目发起人、项目公司、贷款银行和政府，又有承包商、设备和原材料供应商、项目运营维护商、项目产品服务的购买者，还有工程的咨询、财务、法律、技术以及经济顾问等。为了明确其各自所处的地位，拥有的权利，应承担的责任、义务以及应分担的风险，就必须通过签署一系列合同或协议把它们联系在一起。其中最能代表 BOT 项目的协议，就是特许经营协议。

所谓特许权，是指政府机构授予个人从事某种事务的权力，如耕耘土地、经营工业、提炼矿物等。由于基础设施的建设和经营直接关系到东道国的国民经济和全民利益，私营机构要从事基础设施项目的融资、建设和经营，一个重要的前提条件就是得到东道国政府的许可，以及在政治风险和法律风险等方面的支持，为此必须签订特许经营协议。特许经营协议既是 BOT 项目的最高法律文件，又是整个项目得以融资、建设和经营的基础和核心；同时还是 BOT 项目框架的中心,它决定了 BOT 项目的基本结构。从合同法的意义上讲,特许经营协议是 BOT 项目融资中的主合同,其他合同均为子合同。

1. BOT 特许经营协议的主要内容

BOT 特许经营协议的内容分为一般条款和权利义务条款两部分。其中一般条款主要包括以下六方面内容:

(1)特许经营协议的双方当事人。

(2)授权目的。

(3)授权方式。

(4)特许权范围。特许权范围即政府授予项目公司对 BOT 项目的设计、资金筹措、建设、运营、维护和转让的权利,或其中的部分权利,有时还授予该主办者从事和经营其他事务的权利作为补偿或优惠措施。

(5)特许期限。特许期限即东道国政府许可项目主办者在项目建成后,运营该项目设施的期限。在实践中特许权期限的确定还缺乏科学的依据,这也是项目融资理论领域中尚待解决的问题之一。

(6)特许经营协议生效的条件。

以上内容与东道国政府及其项目公司等方面的利益有着密切的关系,因而特许权的一般条款是核心条款。

关于权利义务条款,特许经营协议规定了项目公司和政府在 BOT 项目建设、运营以及最后移交过程中的权利与责任。政府授予项目公司在特许期内建设和运营基础设施的权利,而项目公司则同意为项目进行融资、建设、运营和维护。特许经营协议确定了在协议中各方分担风险的方式和范围,以及一旦项目遇到政治风险或法律障碍时,东道国政府须提供的支持和各方应采取的行动。当然,BOT 项目特许经营协议条款会因融资结构、项目所在地的投资环境及其法律体系等因素而有所不同。

常见的特许经营协议可分为以下三种方式:

(1)政府通过立法性文件确立授权关系。

(2)以合同或协议的形式确定,即政府或政府授权部门与项目主办人或项目公司签订特许权合同或协议。

(3)同时并用上述两种方式,即先由政府单方面公布立法性文件,然后由政府或政府授权部门与项目主办人或项目公司签订特许权合同或协议。

我国部分地区主要采取政府就某特定项目制定公开立法性文件来确立授权关系,如上海市关于两桥—隧道、延安东路隧道、徐浦大桥、沪宁高速公路等项目专营办法;有时还通过有政府背景的某一领域主管部门的国有企业出面与项目公司或项目主办人签订专营合同,其实质是该国有企业代表政府直接向项目主办人授予专营权，如大场水厂、闸北电厂项目的专营合同。相比之下，较为简便的做法是在具有 BOT 项目立法的前提下，政府或政府授权部门与项目主办人或项目公司直接签订特许权合同或协议，使政府与项目主办人在项目利益上的权利和义务关系直接化、明确化。

特许经营协议的内容反映了东道国政府对特许项目授权内容的基本原则与立场，项目其他合同诸如设计建筑合同、运营维护或委托管理合同及供应合同等，都是在遵循特许经营协议确定原则的基础上派生的，是对特许经营协议具体条款的细化。一份完备的特许经营协议必须授权明确，能够规范整个 BOT 项目的建设、运营与移交过程。

2. BOT 特许经营协议的基本条款

特许经营协议涉及 BOT 项目的产品性能和质量、建设期、特许期、项目公司结构、资本结构、备用资金、原料和燃料供应、项目收费和价格调整方式、最低收入担保、外汇安排、贷款人的权利、不可抗力、项目建设规定、维修计划、移交条件、奖惩以及仲裁等内容。

其中基本的条款包括以下几项内容：

（1）项目建设的规定。此条款主要是规定项目的主办者或其承包商从事 BOT 项目建设的方式，包括项目用地如何解决、项目的设计要求、承包商的具体义务、工程如何施工及采用的施工技术、工程建设质量的保证、工程的进度及工期延误处理等方面的规定。

（2）土地征收和使用的规定。此条款规定土地征收是由项目公司还是由政府部门承担。如由政府部门承担，将土地修整到什么程度，项目公司才介入。在一般情况下，土地征收、居民搬迁等事项由政府或政府部门委托的公共机构来承担，外国企业是不直接介入的。在明确了征地事项后，还应明确项目公司对土地的使用方式、使用年限、征地费用的承担及偿还事项等。

（3）项目的融资及其方式。此条款主要规定一个 BOT 项目将如何进行融资，融资的利率水平，资金来源，双方同意将采用什么样的方式融资等；此外，还包括收益的分配、支付方式、外汇兑换、经济担保及税收等内容。

（4）项目的经营及维护。此条款主要规定项目公司运营和维护合同设施的方式与措施，项目公司、政府等各方的权利和义务，服务标准、收费标准、收费记录的检验，运营维护商的选择和责任等。

（5）能源物资供应。例如在燃煤电站 BOT 项目的特许经营协议中，规定东道国政府应保证按时、按质地向项目公司供应燃煤或其他能源物资，以及规定所供能源的价格等。

（6）项目的成本计划、收费标准的计算方式。此条款的确定直接关系到整个 BOT 项目成功与否，主要包括双方在分析确定项目成本计划的基础上，如何确定项目公司对项目设施的收费标准及其计算方式，项目公司将如何向项目设施的用户收取服务费、计价货币币种等内容以及遇到特殊情况需对收费标准做出调整的可能性及其程序等。

（7）项目的移交。此条款主要规定项目移交的范围、运营者对设施进行最后检修的方式、项目设施风险转移的时间、项目设施移交的方式及其费用的负担、移交的程序如何商定等。BOT 项目向政府移交，是政府方面最终的，也是最为重要的权益。尽管移交的条件在特许经营协议中往往因为授权结束时间很长而难以准确说明，但必须确定原则性条款，以便日后详细制订移交规则时有章可循。

（8）协议双方的一般义务。东道国政府的一般义务是指保证纳税优惠、进出口、入境、就业许可等其他优惠政策，确保第三方不予干涉等。项目公司的一般义务是指遵守法律法规、安全和环境标准的义务，保护考古地质和历史文物的义务，以及保险、纳税、利用东道国劳动力的义务等。

（9）违约责任。此条款规定出现违约情况后的处理和补救措施，包括协议终止及各种类型的赔偿责任。

（10）协议的转让。此条款规定协议的权利和义务能否转让，在何种情况下可以由哪一方进行转让及转让或处置，包括抵押、征收的限制条件，如对设置财产抵押权的限制等。

（11）争议解决和法律适用条款。争议解决方式一般选择协商或仲裁，如选择仲裁则必须明确仲裁机构、地点、仲裁规则、适用法律、语言和费用的承担等。

（12）不可抗力。它是指不可抗力情况的范围，发生不可抗力情况后的通知程序，风险与费用的分配与承担，终止协议后双方的义务，如文件的归属、保密等。

总的说来，BOT 模式迄今为止仍然是一种出现时间较短的项目融资模式，还没有任何一个项目足以证明它是一种十分完善、成功的模式。国际金融界较为一致的看法是，BOT 模式在项目融资中表现出无限的发展潜力，但是还需要做大量的工作才能将它真正移植到不同的项目中去。BOT 模式涉及的方面多，结构复杂，项目融资前期成本高，且对于不同国家的不同项目没有固定的模式可循。BOT 模式近两三年来已经在我国引起了广泛地重视，并且在若干大型基础设施项目融资中获得了应用。然而，BOT 模式能否在我国的基础设施项目建设中大规模地加以利用以及如何进行结构创新，还是一个有待探讨的问题。一方面，在当前市场化的形势下，BOT 模式是加快我国的

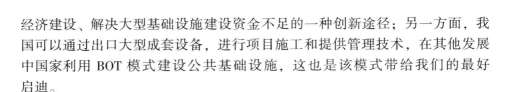

经济建设、解决大型基础设施建设资金不足的一种创新途径；另一方面，我国可以通过出口大型成套设备，进行项目施工和提供管理技术，在其他发展中国家利用 BOT 模式建设公共基础设施，这也是该模式带给我们的最好启迪。

4.1.6　BOT、PFI 和 PPP 的联系与区别

1. 概念产生的时间

从概念产生的先后顺序来说，BOT 的概念提出得最早。它在 1984 年由时任土耳其总理厄扎尔提出，起源于发展中国家基础设施建设的实践。目前在中国、印度、泰国等发展中国家使用的就是 BOT 的概念，主要用于交通、能源、水处理等基础设施。

PFI（Private Finance Initiative）是在 1992 年由英国政府首先提出的，其中文含义是"私人主动的项目融资"，具体是指政府部门根据社会对基础设施的需求，提出需要建设的项目，由通过招投标获得特许权的私营部门负责筹措项目资金，进行公共基础设施项目的建设与运营，从政府部门或接受服务方收取费用以回收成本，并在特许期结束时将所经营的项目完好地、无债务地归还政府的项目模式。截至 2013 年英国已经有 725 个 PFI/PFII 项目，总投资额 54.2 万亿英镑。在英国，PFI 涉及的公共服务领域非常广泛，包括公共交通、水处理、教育、卫生、信息产业、监狱、国防、政府办公大楼和科研设施等方面。在 20 世纪 90 年代后期，日本模仿英国的方法，基础设施项目融资也开始使用 PFI 的模式，例如在城市固废处理项目中就大量采用 PFI。目前日本 10% 的 PFI 项目都集中在该领域。

经过历史的发展，PFI 并没有达到预期的效果，英国就成立了私人融资研究小组（Private Finance Panel）来鼓励公私部门共同参与项目融资中，所以现在英国也开始倾向于 PPP。

2. 概念内涵的区别

PFI 是一种将政府采购公共服务与外包相结合的形式，通过这种形式，私人部门按照公共部门详细规定的内容，设计、建设、融资和运营公共设施项目，公共部门在一定期限内按照协议向私人部门购买公共服务；一旦协议到期，根据预先的约定，私人部门就可以拥有该项目资产，或者将该项目资产移交给公共部门。

PFI 强调项目的物有所值（Value for Money）和私人部门要真正承担风险。因为 PFI 复杂的项目谈判会带来较高的交易成本，同时与政府投资的项目相比而言，其融资的成本要高，那么只有私人部门充分发挥自身技术专长，

通过创新和竞争，并且承担风险，才能抵消上述的两个不利因素。

不同的组织和国家对 PPP 下的定义也不同，目前还尚未形成一个统一的定义，详见表 3-1。PPP 同样强调物有所值的实现及政府与私人部门（社会资本）之间的长期合作关系，政府可以选择入股项目公司来共同提供公共产品和服务。它通过鼓励私人部门（社会资本）完成项目的设计和建设，使得承包商和设计者在项目早期就可以通力协作，从项目的长远利益出发，选择提供公共产品和服务的最佳方式。在 BOT 中，政府一般不入股项目公司，也不特意要求合作伙伴关系。与传统的特许经营模式通常注重降低建设成本相比，PPP 可以将项目的寿命周期成本降到最低，并且减少项目建设阶段的设计变更。

PPP 项目中政府也参与投资，例如英国"国家空中交通服务"项目（the National Air Traffic Services）中，政府就持股 49%，但并不进行项目的日常管理。

3. 概念范围的关系

有的学者认为 PPP 仅仅是一个总括性的概念，包括 BOT 和 PFI 等各种融资模式，并不是具体的项目融资模式。但有的学者则认为 PPP 是一种新型的融资模式，具有与传统 BOT 模式不相同的特点，例如 PPP 强调公私之间的长期合作，主要采用 DBFO 的形式，政府是公共产品和服务的主要购买者。实际上 BOT 项目的成功也要求公私合作，但从 BOT 名称字面上理解会让人看不到政府和私人合作的要求，所以有人喜欢用 PPP 的概念。PFI 在英国主要有三种形式，分别是 DBFO、合资和独立融资（Financially Freestanding），它的概念范围要小于 PPP。

4. 操作程序的区别

与 BOT 不同，PPP 和 PFI 强调实现项目的物有所值，在项目的前期操作中都加入了项目物有所值评价。而我国在此基础上还依照国情增加了政府财政承受能力论证和 PPP 项目实施方案论证，其具体运作程序已在 3.3.1 中专门分析。

4.2 ABS 项目融资模式

ABS（Asset Backed Securitization）是指以项目所属的资产为支撑的证券化融资方式。具体来说，它是以项目所拥有的资产为基础，以该项目资产可以带来的预期收益为保证，经过信用增级，在资本市场上发行债券筹集资金的一种项目融资方式。采用 ABS 方式的目的在于，通过其特有的提高信用等级方式，使原本信用等级较低的项目照样可以进入高信用等级证券市场，利用该市场信用等级高、债券安全性和流动性高、债券利率低的特点大幅度降低发行债券筹集资金的成本。

从本质来说，资产证券化属于一种以项目的收益为基础融资的项目融资方式。这种新型的融资方式是在 20 世纪 70 年代全球创新的浪潮中涌现出来的，其内涵就是将原始权益人（卖方）不流通的存量资产，或可预见的未来收入，构造和转变成为资本市场可销售与流通的金融产品的过程。具体来说就是将缺乏流动性，但能够产生可预见的稳定现金流的资产，通过一定的结构安排，对资产中风险与收益要素进行分离与重组，进而转换为在金融市场上可以出售和流通的证券的过程。其实质是融资者将被证券化的资产的未来现金流收益权转让给投资者。

美国是资产证券化的发源地，也是资产证券化最发达的国家。美国的资产证券化以住宅抵押贷款证券化起步，而现在的证券化资产已遍及租金、版权专利费、消费品分期付款、高速公路收费等广泛领域，资产证券化市场的规模也迅速扩大。继美国之后，20 世纪 80 年代，资产证券化进入欧洲并在欧洲资本市场上迅速发展。这些年来欧洲的趋势是资产证券化的广泛使用和发行以及交易数额的稳定增长。ABS 在 1985—1987 年合计为 17 亿美元，1999 年达到 830 亿美元。

目前，包括欧洲的法国、德国以及西班牙、瑞士、意大利等在内的发达国家，是资产证券化发展的中心。它们的资产证券化多以住房抵押贷款证券化为发展先导，在法律、监管条件较为完备的市场环境下进行，实施阻力小，市场信用环境好。法律条款的修改对资产证券化发展有明显的促进作用。20世纪 90 年代初，资产证券化开始进入亚洲市场，虽然由于种种因素（1994—1995 年曾经出现过一阵热潮，但由于打包工作落后，所以信用评级较低，发行不太理想）发展较慢，但美国标准普尔公司认为一旦条件合适，亚洲的资产证券化将有极大的发展。

4.2.1　ABS 模式的基本要素

资产支持证券化融资的基本构成要素主要由以下几方面组成：

（1）标准化的合约。制定标准化合约必须审慎，因为该合约使所有的参与方确信：为满足契约规定的义务，该担保品的存在形式应能够提供界定明确而且在法律上可行的行为。

（2）资产价值的正确评估。在信贷资产证券化业务中，通过银行家的尽职调查，向感兴趣的各方提供关于该项目风险性质的描述和恰当的价值评估。

（3）具有历史统计资料的数据库。对于拟证券化的资产在过去不同情况下的表现，必须提供一份具有历史统计资料的数据，以使各参与方据此确定这些资产支持证券的风险程度。

（4）适用法律的标准化。证券化融资需要以标准的法律为前提。美国第一银行曾发行过 AAA 级抵押支持传递证券，最后以失败告终。其原因就是它未能满足美国所有州要求的法定投资标准。这一点也是决定 ABS 项目能否成功的重要一环。

（5）确定中介机构。这一点对于证券化融资也是非常关键的。不应因金融中介机构的破产或服务权的转让而造成投资者的损失。

（6）可靠的信用增级措施。证券化融资的重要特点是可以通过信用增级措施发行高档债券，以降低项目融资的成本。因此，如果没有可靠的资信较高的信用增级措施，资产支持证券化融资是很难操作的。

（7）用以跟踪现金流量和交易数据的计算机模型，也是促进证券化交易增长的重要基础。

4.2.2 ABS 模式的合约主体

1. 发起人或原始权益人

发起人或原始权益人是被证券化的项目相关资产的原始所有者，也是资金的最终使用者。对于项目收益资产证券化来说，发起人是指项目公司，它负责项目收益资产的出售、项目的开发建设和管理。而对于项目贷款资产证券化来说，发起人一般包括：①商业银行，其主要功能是吸收存款、管理贷款；②抵押银行，其主要功能是发放抵押贷款并在二级市场销售；③政府机构，尽管政府机构提供的贷款少，但发挥的作用很大。

在一般情况下，发起人的主要作用是：①收取贷款申请；②评审借款人申请抵押贷款的资格；③组织贷款；④从借款人手中收取还款；⑤将借款还款转交给抵押支持证券的投资者等。

发起人的收入来源主要是：①发起费，以贷款金额的一定比例表示；②申请费和处理费；③二级销售利润，即发起人售出抵押贷款时其售价和成本之间的差额。

发起人也可以是证券的出售人和承销商，因为对发起人来说，保留证券的承销业务可获得一定的费用收入。

发起人一般通过真实出售或所有权转让的形式把其资产转移到资产组合中。尽管发起人破产并不直接影响资产支持证券的信用，但发起人的信誉仍然是需要考虑的一个重要因素。因为如果发起人的信誉恶化，那么就会影响包括发起人的资产在内的担保品的服务质量。

2. 服务人

服务人通常由发起人自身或指定的银行来承担。服务人的主要作用体现在两个方面：①负责归结权益资产到期的现金流，并催讨过期应收款；②代替发行人向投资者或投资者的代表——受托人支付证券的本息。服务的内容包括收集原借款人的还款，以及其他一些为担保履行还款义务和保护投资者的权利所必需的步骤。因此，资产支持证券的大多数交易与服务人的信用风险存在着直接的关系，因为服务人持有要向投资者分配的资金。信用风险的高低是由服务人把从资产组合中得到的权益转交给投资者时的支付频率决定的。

3. 特设机构

资产证券化的特设机构即发行人，通常也称为特殊目的公司（Special Purpose Vehicle，SPV）。资产组合并不是由原始权益人直接转让给投资者的，而是首先转让给一家独立中介机构，或者一个被称为"破产隔离"的金融子公司。这些特殊目的公司是专门为发行 ABS 而组建的，具有独立法律地位。SPV 必须具备以下两个特点：①为保持中立性，SPV 必须是独立的法人实体；②为了不至于因自身债务问题而扭曲证券化资产的风险隔离效果，SPV 应该成为"不破产实体"。因此，SPV 要满足以下条件：①目标与权利应受到限制；②债务应受到限制；③设有独立董事，维护投资者利益；④分立性；⑤不得进行重组兼并。SPV 是发起人与投资者之间的桥梁，是资产证券化结构设计中的关键。

4. 发行人

作为发行人来说，它可以是中介公司，也可以是发起人的附属企业、参股企业或者投资银行。有时，受托管理人也承担这一责任，即在证券化资产没有卖给上述企业或投资银行时，它常常被直接卖给受托管理人。该受托管理人是一个信托实体，其创立的唯一目的就是购买拟证券化的资产和发行资产支持证券。该信托实体控制着作为担保品的资产，并负责管理现金流的收集和支付。信托实体通常就是发起人的一家子公司，或承销本次证券发行的投资银行的一家子公司。在某些情况下，由于单个发起人的资产不足以创造一个合格的资产组合，这时就要由几个发起人的资产共同组成一个资产的组合。

当发行人从原始权益人手中购得权益资产，在未来收取一定现金流的权利后，就要对其进行包装，然后以发行证券的方式在二级市场上将之出售给投资者。ABS 的主要类型之一就是住房抵押贷款，而在资产证券化最早出现的美国，充当住房抵押贷款支持证券发行人的主要机构有两类。一类是政府性质的机构，如：联邦国民抵押协会，通过购买无政府保险的住房抵押贷款并使之证券化；政府国民抵押协会，使有担保的住房抵押贷款证券化；联邦住房抵押公司，通过购买未经政府保险但经私人保险的常规抵押贷款，并以之为担保在资本市场上发售债券。另一类是非政府性质的机构，如住房融资公司等，它们购买不符合联邦国民抵押协会等政府性质机构有关条件的住房抵押贷款，并使之证券化。

5. 证券商

ABS 由证券商承销。证券商或者向公众出售其包销的证券，或者私募债券。作为包销人，证券商从发行人处购买证券，再出售给公众。如果是私募债券，证券商并不购买证券，而只是作为发行人的代理人，为其成功发行提供服务。发行人和证券商必须共同合作，确保发行结构符合法律、财会、税务等方面的要求。

6. 信用增级机构

在资产证券化过程中，一个尤为关键的环节就是信用增级，而信用增级主要由信用增级机构完成。从某种意义上说，资产支持证券投资者的投资利益能否得到有效的保护和实现，主要取决于证券化产生的信用保证。所谓信用增级，即信用等级的提高，经信用保证而得以提高等级的证券，将不再按照原发行人的等级或原贷款抵押资产等级进行交易，而是按照担保机构的信用等级进行交易。

信用增级一般采取内部信用增级和外部信用增级两种方式：发行人提供的信用增级即内部信用增级；第三方提供的信用增级即外部信用增级。

7. 信用评级机构

信用评级机构是依据各种条件评定 ABS 等级的专门机构。ABS 的投资人依赖信用评级机构为其评估资产支持证券的信用风险和再融资风险。世界上主要的评级机构有穆迪、标准普尔等公司，这些评级机构的历史记录和表现一直很好，特别是在资产支持证券领域口碑更佳。信用评级机构须持续监督资产支持证券的信用评级，根据情况变化对其等级进行相应调整。证券的发行人要为评级机构支付服务费用，因为如果没有评级机构的参与，这些结构复杂的资产支持证券可能就卖不出去。当有评级机构参与时，投资者就可以把投资决策的重点转移到市场风险和证券持续期的考虑上。所以，信用评级机构是证券化融资的重要参与者之一。一般来说，信用评级机构都是在全球范围内享有较高声誉的机构，如美国的标准普尔（Standard & Pool'S）、穆迪（Moody'S）、惠誉（Fitch）和道衡（Duff & Phelps）等。

发行人需要评级机构的评级是因为，它们希望所发行证券的流通性更强，其支付的利息成本更低。当投资者通过评级系统的评级而相信了证券的信用质量时，它们对投资的收益要求通常就会降低。许多受到管制的投资者未被允许购买那些级别较低的证券，更不能购买那些未经评级的证券。证券评级机构的存在拓宽了投资者的投资范围，创造了对证券的额外需求，对发行人来说，节省的成本将非常可观。

8. 受托管理人

在资产证券化的操作中，受托管理人充当着服务人与投资者的中介，也充当着信用强化机构和投资者的中介。受托管理人的职责主要体现在三个方面：①作为发行人的代理人向投资者发行证券，并由此形成自己收益的主要来源；②将借款者归还的本息或权益资产的应收款转给投资者，并且在款项没有立即转给投资者时有责任对款项进行再投资；③对服务人提供的报告进行确认并转给投资者。当服务人不能履行其职责时，受托人应该并且能够起到取代服务人角色的作用。

4.2.3　ABS 模式的运作程序

ABS 是在资本市场通过发行债券筹集资金的。按照规范化的证券市场运作方式，在证券市场发行债券，必须对发债主体进行信用评级，以确定债券的投资风险和信用水平。债券的筹集成本和信用等级密切相关，信用等级越高，表明债券的安全性越高，债券的利率越低，从而使通过发行债券筹集资金的成本越低。因此利用证券市场筹集资金，一般都希望进入高档投资级证券市场。但是，不能获得权威性资信评估机构评定较高级别信用等级的企业或其他机构，将无法进入高档投资级证券市场。ABS 运作的独到之处就在于，通过信用增级计划，使得没有获得信用等级或信用等级较低的机构，照样可以进入高档投资机构市场，通过资产的证券化筹集资金。ABS 融资方式的具体运作过程主要包括以下几个方面：

（1）组建 SPV。即组建一个特殊目的机构 SPV。该机构可以是一个信托投资公司、信用担保公司、投资保险公司或其他独立法人。该机构应能够获得国际权威资信评估机构较高级别的信用等级（AAA 或 AA 级）。由于 SPV 是进行 ABS 融资的载体，所以成功组建 SPV 是 ABS 能够成功运作的基本条件和关键因素。

（2）SPV 与项目结合。即 SPV 寻找可以进行资产证券化融资的对象。一般来说，投资项目所依附的资产只要在未来一定时期内能带来现金收入，都可以进行 ABS 融资。它们可以是信用卡应收款、房地产的未来租金收入、飞机和汽车等未来运营的收入、项目产品出口贸易收入、港口及铁路的未来运费收入、收费公路及其他公用设施收费收入、税收及其他财政收入等。拥有这种未来现金流量所有权的企业（项目公司）成为原始权益人。总结多年来资产证券化融资的经验可以发现，具有下列特征的资产比较容易实现证券化：

1）资产可以产生稳定的、可预测的现金流收入；

2）原始权益人持有该资产已有一段时间，且信用表现记录良好；

3）资产应具有标准化的合约文件，即资产具有很高的同质性；

4）资产抵押物易于变现，且变现价值较高；

5）债务人的地域和人口统计分布广泛；

6）资产的历史记录良好，即违约率和损失率较低；

7）资产的相关数据容易获得。

这些未来现金流量所代表的资产，是 ABS 融资方式的物质基础。在进行 ABS 融资时，一般应选择未来现金流量稳定、可靠，风险较小的项目资产。在一般情况下，这些代表未来现金收入的资产，本身具有很高的投资价值，但由于各种投资条件的限制，它们自己无法获得权威资信评估机构授予的较高级别的资信等级，因此无法通过证券化的途径在资本市场筹集建设资金。而 SPV 与这些项目的结合，就是以合同、协议等方式将原始权益人所拥有的项目资产的未来现金收入的权利转让给 SPV，转让的目的在于将原始权益人本身的风险割断，这样 SPV 进行 ABS 方式融资时，其融资风险仅与项目资产未来现金收入有关，而与建设项目的原始权益人本身的风险无关。在实际操作中，为了确保与这种风险完全隔断，SPV 一般要求原始权益人或有关机构提供充分的担保。

（3）利用信用增级手段使该资产获得预期的信用等级。为此就要调整项目资产现有的财务结构，使项目融资债券达到投资级水平，达到 SPV 关于承保 ABS 债券的条件要求。SPV 通过提供专业化的信用担保进行信用升级。信用增级的渠道有：利用信用证，开设现金担保账户，直接进行金融担保。之后，委托资信评估机构，对即将发行的经过担保的 ABS 债券在还本付息能力、项目资产的财务结构、担保条件等方面进行信用评级，确定 ABS 债券的资信等级。

（4）SPV 发行债券阶段。SPV 直接在资本市场上发行债券募集资金，或者 SPV 通过信用担保，由其他机构组织债券发行，并将通过发行债券筹集的资金用于项目建设。由于 SPV 一般均获得国际权威性资信评估机构的 AAA 级或 AA 级信用等级，按照信用评级理论和惯例，由它发行的债券或通过它提供信用担保的债券，也自动具有相应的信用等级。这样 SPV 就可以借助于这一优势在国际高档投资级证券市场，以较低的资金成本发行债券，募集项目建设所需资金。

（5）向发起人支付资产购买价款。SPV 将证券发行所取得的现金收入，在支付该资产证券化交易过程中发生的相关中介咨询、服务费用之后，按与发行人签订的售卖合同所事先约定的价格和支付方式，向发行人支付购买基础资产的价款。

（6）资产管理服务与回收资产收益。资产证券化完成以后，SPV 就要涉足资产管理服务与回收资产收益的工作。SPV 可以委托专门的第三方服务机构或原发起人，负责对基础资产的监督、管理服务。服务商还会在债务人违约的情况下，采取垫付款项等补救措施。

（7）SPV 的偿债阶段。由于项目原始收益人已将项目资产的未来现金收入权利让渡给 SPV，因此 SPV 就能利用项目资产的现金收入量，清偿它在国际高档投资级证券市场上所发行债券的本息。SPV 一般委托某受托银行担任资金管理和本息偿付职能。受托人根据证券应用协议条款，从服务商、担保人和其他第三方处收集资金，并在规定的本息偿付日对投资者进行足额偿付。在证券全部被偿付完毕后，资产证券化交易的全部过程也随之结束。ABS 的运行程序如图 4-2 所示。

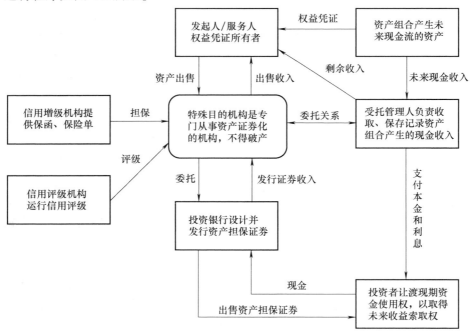

图 4-2   ABS 的运作程序

4.2.4 ABS 模式的特点

ABS 模式的特点主要表现在以下几方面：

（1）通过证券市场发行债券筹集资金，是 ABS 不同于其他项目融资方式的一个显著特点。无论是产品的支付、融资租赁，还是 BOT 融资，都不是通过证券化进行融资的，而证券化融资则代表着项目融资的未来发展方向。

（2）由于 ABS 方式隔断了项目原始权益人自身的风险和项目资产未来现金收入的风险，使其清偿债券本息的资金仅与项目资产的未来现金收入有关，加之在国际高档投资级证券市场发行的债券是由众多的投资者购买的，从而分散了投资风险。

（3）由于 ABS 是通过发行高档投资级债券募集资金的，这种负债不反映在原始权益人自身的资产负债表上，从而避免了原始权益人资产质量的限制。同时利用成熟的项目融资改组技巧，将项目资产的未来现金流量包装成高质量的证券投资对象，充分显示了金融创新的优势。

（4）作为证券化项目方式融资的 ABS，债券的信用风险得到了 SPV 的信用担保，是高档投资级证券，并且还能在二级市场进行转让，变现能力强，投资风险低，因而具有较强的吸引力，易于债券的发行和推销。同 BOT 方式相比，ABS 融资方式涉及的环节比较少，从而最大限度地减少佣金、手续费等中间费用，使融资费用降到较低水平。

（5）由于 ABS 方式是在国际高档投资证券市场筹资的，其接触的多为国际一流的证券机构，要求必须抓住国际金融市场的最新动态，按国际上规范的操作规程行事。

（6）由于 ABS 方式是在国际高档投资证券市场筹资的，所以利息率一般比较低，从而降低了筹资成本。而且国际高档投资证券市场容量大，资金来源渠道多样化，因此 ABS 方式特别适合大规模筹集资金。

4.2.5 ABS 模式的风险分析

资产证券化风险分为基础资产质量风险和证券化风险。这类风险分析对资产证券化的整个结构以及各个环节运作过程中可能出现的风险做一个系统分析，以便于对某项证券化以及资产支持证券做出评价。

在资产证券化过程中，投资者将面临结构风险，其中之一是金融资产组合的质量风险。毫无疑问，投资者往往都十分关心支持证券的金融资产能否产生稳定的现金流以保证证券稳定的收益；但事实上，投资者并非直接投资于这些金融资产的组合上，而是投资于以金融资产组合为基础的某种结构上，即使金融资产的组合能够保证稳定的现金流,但如果资产证券化的结构存在某种缺陷,则资产支持证券仍会失败从而给投资者造成损失。这类风险被称为证券化风险。资产证券化的历史也告诉我们,在许多情况下,证券化结构的缺陷会造成比金融资产组合质量缺陷大得多的危害。因为即使在极端的情况下,后者也仅仅造成现金流的缩水,而前者很可能造成整个支持的中断,甚至整个资产支持证券的失败。所以,不仅是证券评级机构,而且投资者自身也应当识别这些风险,分析它们的规模,审查减少风险的方法,以及正确估计方法的有效性。

资产证券化的风险主要有以下七类。

1. 欺诈风险

在资产支持融资活动的各个环节中,包括金融资产的价值评估,贷款或者其他债权的真实出售、金融担保及法律会计意见书等,都可能发生行为主体为牟取利益而进行的欺诈活动,从而使投资者遭受损失。事实上有研究表明这种广泛存在的欺诈风险是由于证券的发起方(代理人)与证券的投资人(委托方)所掌握的信息不对称所导致的,而且随着目前证券化结构的不断复杂化,欺诈风险也越来越难以控制。

2. 失效风险

资产证券化的失效风险是指关于融资的法律意见书或者其他担保书、陈述书、支付合同等证书不符合或者不完全符合现行法律条款而失效的一种法律风险。正如一份重要的法律文件被法院宣判无效,而使交易机制停止运作一样,如果资产证券化过程中,某些重要法律合同失去了法律效力,将会使投资者手中的资产支持证券完全或者部分失效,那么证券发行人不再对证券持有人有进行支付的义务。

3. 法律风险

本来法律方面的证书、意见书是为了保证各个交易环节合法、有效的运行,尽可能规避交易外部的风险因素,但是在某些情况下,法律以及法律条件本身的不明确性或者变动性会成为资产证券化过程中重要的风险因素。

首先,许多资产支持融资是凭借关键的法律函件发行证券的,但是这些法律函件在法规方面较法律意见书缺乏确定性。其次,法律是发展的,新旧立法可能会发生冲突,按照法规设计的正在进行的融资结构可能最终失效,但融资活动在投资者未充分了解法律函件局限性的情况下仍然继续进行着,这样就存在风险。最后,即使有法律意见书的情况下,资产支持融资也不是无风险的。历史上就发生过律师事务所由于某种原因,撤销了对某个证券化过程的法律意见书,而使证券投资者蒙受证券信用等级和市值下降的重大损失的例子。

4. 对专家依赖的风险

资产证券化过程中，投资者的判断相当程度上依赖于资产估价师、律师、会计师等专家出具的意见书或者证明书。而处于减少交易风险而聘请的专家们，本身就可能称为一种风险。例如，意见书被撤销，会计师证明未及时支付，或者专家为交易制定的运作标准在交易期内发生不可预见的变化等，都会使证券投资者面临风险。

5. 金融管理风险

资产证券化是金融发展的一个里程碑，它的结构汇集了许多金融创新，比如设立特别目的机构（SPV），金融资产的真实出售，证券的信用等级等。而正是因为其结构上的复杂性与技术上的高要求，使证券化过程面临许多金融风险。

第一，技术性风险。一方面是计算机系统面临的风险。由于当今国际金融市场发展迅速，一个灵活而适应性强的计算机系统对于证券化过程非常重要，因为整个过程将集中并处理大量的数据，所以一旦系统出现故障甚至崩溃，其恢复成本将十分昂贵。另一方面则是信息风险。由于证券化的参与者对信息掌握得不充分或信息本身的缺陷，会使参与者的分析发生偏差而最终影响其决策。

第二，交易管理风险。在资产证券化的整个交易过程中，投资者最为倚重的是代表投资者管理和控制交易的受托人，以及负责资产管理的服务人。

第三，定价不当而导致系统风险。在高度竞争的金融市场，金融产品的定价一方面应考虑其内在价值，另一方面应根据市场情况调整，这使合理的定价十分困难。例如，某份资产支持证券的利率若定得偏高，大量风险将被积累起来，损失虽然不会立刻显现，但会蔓延到整个结构，增加系统性风险。

6. 财产意外事故风险

这类风险主要是指当支持证券的金融资产为抵押贷款时，作为抵押的财产发生意外事故的风险。

7. 信用等级下降风险

证券信用等级的下降会十分显著地影响其在市场（无论是一级市场还是二级市场）上的价格。而资产证券化交易中因素的复杂多样性，也使它特别容易受到等级下降的损害；交易越复杂，促使该资产证券化中等级下降的诱因就越多。

4.2.6 ABS 模式的信用增级方式

信用增级的方法很多，包括银行开立信用证、保险公司提供保险、原始权益人提供超额抵押和建立差额账户等。信用增级通常由卖方进行，也可由第三方进行。

1. 卖方信用增级的方式

（1）直接追索。直接追索即SPV有对已购买金融资产的违约拒付进行直接追索的权利，一般采取偿付担保或卖方承担回购违约资产的方式。直接追索最显著的优点是手续简便，但评级机构对资产证券的评级不会高于发起人的资产信用评级。发起人的回购义务在一定条件下可以取消。

（2）资产储备。资产储备即发起人持有证券化资产数额之外的、足以偿付SPV购买金额的储备。在发生违约应收款时，可从储备资产带来的现金流量中进行偿付。在这种信用增级方式下，SPV在购买时不支付资产的全部价款，而是按一定的折扣收益和比例支付给发起人。

（3）购买或保留从属权利。保留从属权利是卖方以不可分割权利方式出售资产组合时，保留自己的一份不可分割权利，但卖方权利从属于买方权利。如果售出资产发生违约应收款，买方对从属证券的偿付要以证券化资产不违约为前提，因此，在购买从属证券方式下，实际上是由卖方向买方提供一笔保证金。

在实际中，可根据资产证券化的不同特点，采用不同的信用增级方法或将方法混合使用。通常采用两种方法划分信用增级：一是从信用增级者角度划分；二是按信用增级的特点划分。

2. 从信用增级者角度划分

信用增级的形式主要有：发行人提供的信用增级、第三方部分信用增级和第三方完全信用增级三种。

（1）发行人提供的信用增级。发行人提供的信用增级有直接追索权和超额担保两种方式。两种方式的目的是一致的，都是为了减少投资者承担与资产组合有关的信用风险。

直接追索权是发行人能够提供的最简单的信用增级方法。投资者最难估计的就是发行人的信用增级。投资人必须独自分析并时刻关注，证券化的组合资产和发行人提供追索权的信用质量之间的任何相互关联风险，因为这些资产类型的恶化可能会对发行人的所有业务产生负面影响。

超额担保是发行人提供的一种避免原始资产恶化的形式。一般在发行人处于无等级或投资等级较低时采用超额担保这种信用保证方式，可以合理地将发行人从操作风险中分离出来。但这种信用保证形式仍存在着相关风险，即如果证券化组合中的某种资产质量恶化，则划分的信用质量同样也会出现恶化。

（2）第三方部分信用增级。第三方部分信用增级一般是由等级较高的金融机构提供，采用两种形式：银行的第一损失信用证和保险公司的第一损失金融担保形式。通常根据信用增级的业务来决定具体采用何种形式。就发行人提供的信用增级来说，这种信用增级类型的目的是减少投资人承担的组合资产的信用风险。

（3）第三方完全信用增级。第三方完全信用增级有两种方式：采用100%信用证形式和采用100%金融担保保险。在保证及时偿付投资者的本息方面，完全信用增级的目的不仅是减少投资者承担的风险，而且是完全消除了这些风险。对投资者来说，在信用保证的不同形式中，第三方完全信用增级是最直接和最易于分析的。

3. 按信用增级的特点划分

（1）过度抵押。过度抵押是最简单的一种增级方式，发起人在发行时，用作抵押的是那些比其未来收入现金流大的资产。实际中很少采用这种方式，因为该种方式的成本高并且在资本利用上也缺乏效率，但作为其他方式的补充，则可以对某些类型的证券化资产和结构起重要作用。

（2）优先/次级参与结构。优先/次级参与结构的评判标准将证券分为两部分：A 证券和 B 证券。其中 A 证券是高级证券，对抵押品的现金流和本金有优先权；B 证券拥有次级权利。只有当 A 证券持有人在完全支付的情况下，B 证券才可能被支付。这种信用增级方式的优点是使信用增级的成本分布在整个交易期间，B 证券上较高的利息就是其信用增级的成本。对于具有较高资本成本，且用高资本成本折现决定 B 证券成本现值的企业，优先/次级参与结构具有很强的经济吸引力。

（3）银行担保或信用证银行担保。这类担保可以担保贷款的本金、利息和担保抵押品免受过大的损失。银行担保是依据资产组合能产生的现金流情况来决定担保程度，由于银行可以对抵押品作部分担保，因此银行可以根据风险资产的部分价值而不是全部价值进行收费；但银行担保存在许多缺点，首先是市场上缺少信用等级为 AAA 级的银行，其次返回给发起人的利润是有风险的。

（4）保险公司发出的担保。保险公司发出的免受损失的保险单，由保险人发出，保护作为结构融资或债券发行基础的抵押品价值，通常并不保证债权人能收回本息，实质上并不是一种担保。保险公司发出的担保优点主要有：用于单一风险时，如信用风险，这种方式价格更为低廉。

在保险市场上，AAA 级信用担保的数量比在其他信用增级市场上多，因此保险担保具有其他担保无法比拟的优点。如信用增级结构是以保险为基础的，在保险人信用级别下降的情况下，保险担保使证券化资产更易于保持其信用级别。通常是多个保险人设计同一资产证券化结构，如其中一个信用级别降低，结构内部可将其转移到另一位置，另一个符合要求的保险人可被转移过来填补空缺。但在信用证市场上，如果银行信用级别下降，其所担保的任何证券的信用级别也随之而降。其中一个优点是，由于投资者对任何一种证券或担保机构都有一定的投资限制，因此在多个保险人参与的结构下，这些限制将不易于引起流动性困难；而同样在只有单一担保机构的情况下，投资者的流动性将会有所降低。

（5）金融担保。当前，证券化市场普遍应用的信用增级技术就是金融担保。金融担保是由一些信用级别在 A 级以上的专业金融担保企业向投资者提供保证证券化交易、履行支付本金和利息等义务。在被担保人违约的情况下，由金融担保企业代为偿付到期本息。在这种条件下，证券化交易的信用级别便由金融担保企业的信用级别取代，较低的信用级别可以提升到金融担保企业的信用级别。

信用增级技术非常适用于中国的现状。根据国际标准，中国融资项目的信用级别都比较低，大部分处于非投资级或准投资级之间。利用国际专业金融担保企业提供金融担保，可以将项目的信用级别由非投资级或准投资级提升到投资级或高投资级。所以，信用增级技术是中国企业进入国际资本市场的非常有效的手段。

4.2.7　SPV 的组建与运作

1. SPV 的组织形式

SPV 的组织形式直接关系到 ABS 计划的性质及发行人所预期的财务目标。在通常情况下，SPV 的组织形式有以下两种。

第一种是由发起人专门为证券化交易而组建的子公司。由于母子公司关系的存在，使得发起人有机会从对 SPV 的管理服务及利润分成中取得特权，从而损害投资者利益，而由发起人对 SPV 的资产转让过程是否属于"真实出售"也会被怀疑。基于这种考虑，一般法律和行业监管条例都明文规定，建立在这种形式基础之上的证券化行为将被认定是一种担保融资，会计上只能进行表内处理。

SPV 的另一种组织形式是由独立第三方组建并拥有的，而不为发起人所控制，且其组建不以营利为目的。独立第三方通常以基金的形式出现，并由其委托的某受托管理机构代表该基金权益持有 SPV 的股份。如果 SPV 设立董事会，则应有至少一个独立董事。在实质性地改变 SPV 的目标和修改其组织文件时，需征得独立董事的同意，以保持其中立性。基于这种形式基础之上的资产转让，"真实销售"迹象明显，因而，一般法规允许对其进行表外处理。

在设计 ABS 方案时，SPV 组建地的选择很重要。SPV 既可以在发起人所在地注册组建，也可以在其他管辖区注册，关键是要看注册所在地是否有税收上的优惠或法律、监管上的障碍。在一般情况下，SPV 注册的国家或地区应具备一定条件：首先是《企业破产法》规定的几类机构不得破产；其次是对利润或资本利得免征所得税；再次是对利息支付免征预提税；最后是从经济和法律等因素考虑，没有改变上述优惠的风险。

例如，为了降低税费，SPV 可设立在开曼群岛、百慕大等税收豁免地区。根据开曼群岛的法律规定，在开曼群岛设立的公司，只要一次性地缴纳一笔很低的印花税，就可以在 50 年内免缴一切税收与政府收费。此外，还可以通过适当安排，使 SPV 被认为在发行地或资产所在地并没有开展业务，也可以达到降税的目的。再如，各国都对有限责任公司公开发行债券有一定的法定标准限制，但各地标准不同，这也为寻求 SPV 理想组建地提供了可能。

2. SPV 的经营运作规范

（1）SPV 的资产管理与权益信托。SPV 是发起人在实现其预期财务目标过程中，为了迎合法律的要求而特设的一个法律概念上的实体，但近乎一个"空壳公司"，只拥有名义上的资产和权益，实际管理和控制均委托他人进行，自身并不拥有员工和场地设施。同时 SPV 的资产委托给发起人进行管理，因为，作为原始权益人，发起人有管理原本属于自己的资产的能力和经验。

另一方面，SPV 的权益全部移交给一家独立的受托管理机构进行托管，然后凭此发行 ABS。受托管理机构作为投资者的代表持有证券的全部权益，收取证券本息，并分配给投资者。在 SPV 出现违约时，受托管理机构将代表投资者采取必要的法律行动。显然，这种实质上的信托结构能有效地牵制各参与方的行动，从而起到保护投资者利益的作用。

（2）SPV 的具体运作规范。通过对 ABS 结构的考察，可知 SPV 的运作一般要符合以下几点：

1）目标和权利限制。除交易规定所必须进行的活动外，SPV 应完全禁止进行任何其他经营和投融资活动。

2）债务限制。SPV 除为履行交易中确定的债务及担保义务外，不应再发行任何其他债务和提供其他担保，除非再发生的债务满足以下条件之一：新发生的债务完全从属于先期发行的评级债券；新债务的评级应同已证券化债务的级别一样。除满足支付评级债券后余下的现金外，对发行人拥有的资产无追索权，并且新债务因资金不足得不到履行时，新债权不得对发行人提出补偿请求。

3）分立性。SPV 应保证遵循有关保持 SPV 分立的契约，保证做到如下几点：保持簿记及记录同其他任何个人或机构分立；保持资产不同任何其他机构的资产混合；只以自己的名义从事业务；保持分立的财务报表；遵守所有规章制度；不同其他分支机构发生关联方关系；不对任何其他机构提供担保或为其承担债务，或用自己的资信为其他机构提供债务保证；不用自己的资产为其他机构提供抵押；保持完全是一个独立的实体及接受年度检查。

4）不得发生重组兼并。除在某种特定环境下，SPV 应保证不与他方合并或转让原始权益。在未事先通知有关当事人的情况下，不得对其经营合同及章程做修改。

5）财产抵押。在一般情况下，SPV 不得用原始权益人的资产设立抵押。

6）合同权益的保护。除在某种特定条件下，SPV 应保证不豁免或减轻任何当事人在合同中所规定的义务。

7）银行账户。除根据交易文件规定设立账户外，SPV 不应开设其他银行账户。

8）附属机构。SPV 不应设立除交易文件规定之外的任何附属机构。

9）SPV 不能自聘任何工作人员。

10）开支。SPV 开支应非常有限，仅用于维持其合法经营管理所必需的费用支出。

4.2.8 ABS 与 BOT、PPP 项目融资模式的比较

ABS 与 BOT、PPP 项目融资模式都适用于基础设施建设，但三者在运作过程中的特点及对经济的影响等方面存在很大差异。

1. 运作难度和融资成本方面

ABS 融资的方式运作相对简单，牵涉到原始受益人、特设信托机构 SPV、投资者、证券承销商等几个主体，无须政府的特许及外汇担保，是一种主要通过民间的非政府途径运作的融资方式。它既实现了操作的简单化，又可通过资产结构重组、超额担保、准备金账户和第三方担保等一系列信用证及方式提高信用等级，并通过信用评级制度，发行高档债券，使融资成本大大降低。

BOT、PPP 模式的操作则较为复杂、难度大，特别是前期准备阶段，必须经过确定项目、项目准备、招标、谈判、签署有关文件合同、维护和移交

等阶段，涉及政府的许可、审批，以及外汇担保等诸多环节，尤其是 PPP 模式，还要经过物有所值评价、财政承受能力论证及实施方案的制订，牵扯的范围广，不易实施，而其前期融资成本也因中间环节的增加而增加。

2. 投资风险方面

ABS 项目的投资者一般为国际资本市场上的债券购买者，其数量众多，这就极大地分散了投资的风险，使每一个投资者承担的风险相对较小；而且，这种债券还可以在二级市场上转让，具有较高的资信等级，这使得其在资本市场上风险较小，对投资者具有较大的吸引力。

BOT、PPP 项目投资人一般都为企业或金融机构，其投资是不能随便放弃和转让的，每一个投资者承担的风险相对较大；同时由于其投资大、周期长，在其建设运营过程中易受政府政策、市场环境等非金融因素的影响，有较大风险。

3. 项目所有权和运营权方面

ABS 模式中，项目资产的所有权根据双方签订的买卖合同由原始受益人即项目公司转至 SPV。在债券的发行期内，项目资产的所有权属于 SPV，而项目的运营、决策权属于原始权益人，原始权益人有义务把项目的现金收入支付给 SPV；待债券到期，由资产产生的收入还本付息，支付各项服务费之后，资产的所有权又复归原始权益人。

BOT 的所有权、运营权可以在特许期内属于项目公司；特许期届满，所有权移交给政府。因此，通过外资 BOT 进行基础设计项目融资可以带来国外先进的技术和管理，但会使外商掌握项目控制权。

4. 项目融资的对象方面

ABS 融资中项目资产虽然和 BOT 一样，也必须具有稳定的、长期的未来收益，但这些项目资产还可以是许多已建成的良性资产的组合，政府部门可以运用 ABS 方式以这些良性资产的未来收益作为担保，为其他基础设施项目融资。因此，用 ABS 方式融资不仅可以筹集大量资金，还有助于盘活许多具有良好收益的固定资产。

BOT 融资对象主要是一些具有未来收益能力的单个新建项目，如公路、桥梁等，而且该项目在融资时尚未建成，政府部门主要是通过 BOT 方式为该项目的建设筹集资金。

采用 PPP 项目融资模式的新建项目，投资人可以采用 ABS 模式建立 PPP 投资基金将投资资金投入项目，同时，在 PPP 项目执行阶段，项目公司也可以采用 ABS 模式进行再融资或者股权变更。

5. 适用范围方面

ABS 模式在债券的发行期内，项目的资产所有权虽然归 SPV 所有，但项目资产的运营和决策权依然归原始权益人所有。SPV 拥有项目资产的所有权，只是为了实现"资产隔离"，实质上 ABS 项目资产只是以出售为名，而行担保之实。因此，在运用 ABS 方式时，不必担心项目是关系国计民生的基础设施而被外商控制，凡有可预见的稳定的未来收益的基础设施资产，经过一定的结构重组都可以证券化。相比较而言，在基础设施领域，ABS 方式的适用范围要比 BOT 方式广泛。

BOT、PPP 方式一般适用于那些竞争性不强的行业，在基础设施领域内，只有那些通过对用户收费获得收益的设施或服务项目才适合 BOT 方式，其实质是特许期内的民营化，其他的则一般采用政府付费或者可行性缺口补助的 PPP 模式。因此，对那些关系国计民生的重要部门，是不宜采用这种方式的。

4.2.9 ABS 融资方式在我国的应用及其发展前景

ABS 融资由于能够以较低的资金成本筹集到期限较长、数额较大的项目建设资金，因此对于投资规模大、周期长、资金回报慢的城市基础设施项目来说，是一种理想的融资方式，在电信、电力、供水、环保等领域的基本建设、维护、更新改造以及扩建项目中，ABS 模式得到了广泛的应用。这种有效的新型融资方式，在我国同样具有广阔的发展前景。

1. 我国引入 ABS 融资方式的可行性

40 年的改革开放，使我国经济得到了巨大的发展，取得了令世人瞩目的成绩。进入 21 世纪后，为了实现我国经济发展的战略目标，需要投入大量资金以适应国内经济的迅速发展，而传统的招商引资方式和现有的融资渠道，都不能满足我国经济迅速发展对资金的大量需求。如何开拓新的融资渠道，提高引资质量日益成为我国经济发展中越来越重要的问题。近几年，我国有关方面开始注意到利用项目融资引进外资的方式。在这种情况下，ABS 融资方式将给我国的资本市场注入活力，成为我国项目融资的一种现实选择。

（1）我国经济建设巨大的资金需求和大量优质的投资项目为 ABS 融资提供了广阔的应用空间和物质基础。高速度的经济增长使我国经济具有比较强的投资价值。随着我国经济持续、快速、健康发展，大量的收入稳定、回报率高的投资项目不断涌现，这些优质的投资项目是 ABS 融资对象的最理想选择。当前，国外一些较大的金融中介机构纷纷看好我国的 ABS 项目融资市场，主要就是受此吸引。

（2）我国已经初步具备了 ABS 融资的法律环境。长期以来，由于我国有关金融方面的法律不健全，国际资本市场上成熟的融资工具和融资模式在我国无法运作，因而我国丧失了许多利用国际资本的机会。据统计，日本、西欧诸国和美国的巨额单位信托、互惠基金、退休福利、医疗保险等基金日益增长，已经达到了近万亿美元，但这些资金鉴于其低风险、无亏损的投资标准和规定，大都不愿意或不能进入我国市场。随着《担保法》、《票据法》、《保险法》、《信托法》、《证券法》等法律的相继出台，标志着我国的投资法律环境正不断得到改善，也为开展 ABS 融资构筑了必要的法律框架。

2001 年 4 月，全国人民代表大会通过了《中华人民共和国信托法》，其信托关系是目前资产证券化可利用的最佳模式。2005 年 4 月，中国人民银行和银监会联合发布了《信贷资产证券化试点管理办法》，确定了在我国开展信贷资产证券化试点的基本法律框架；2005 年 5 月，财政部发布《信贷资产证券化试点会计处理规定》；2005 年 11 月，中国银监会发布《金融机构信贷资产证券化试点监督管理办法》。还有其他相关办法正在陆续出台，这为资产证券化运作提供了可借鉴的政策框架。

（3） ABS 融资方式摆脱了信用评级限制，拓宽了现有的融资渠道。进入国际高档级证券投资市场，必须获得国际认可的几家评级机构的信用等级。而我国一直被西方国家认为存在较大的"国家政治风险"，再加上其他经济方面的原因，使得我国的国家主权信用评级一直不高，而企业的信用评级则更低，致使我国企业无法进入该市场进行融资。而 ABS 融资方式通过信用担保和信用增级计划，使我国的企业和项目进入该市场成为可能。同时，ABS 融资方式又是一种通过民间的、非政府的途径，按照市场经济的规则运作的融资方式，随着我国金融市场的不断成熟，ABS 方式会得到广泛认可，从而拓宽现有的融资渠道。

（4）利用 ABS 进行融资，有利于我国尽快进入高档次的项目融资领域。由于 ABS 融资方式是在国际高档融资市场上通过证券化进行的融资，从而使我国有机会直接参与国际高档融资市场，学习国外证券市场的运作及监管的经验，了解国际金融市场的最新动态。同时，通过资产证券化进行融资，也是项目融资的未来发展方向。开展 ABS 融资，将极大拓展我国项目融资的活动空间，加快我国的项目融资与国外资本市场融合的步伐，并促进我国外向型经济的发展。

2. 我国利用 ABS 融资方式要解决的问题

ABS 作为一种新型的项目融资方式，虽然开展的时间不长，但已被实践证明是有效的，它在美国、西欧诸国和日本等国家都获得了比较好的发展。从我国目前的实际看，开展 ABS 融资方式还存在一些限制因素。为了促进 ABS 融资活动的开展，应对以下问题加以重视并解决。

（1） SPV 的组建问题。成功组建 SPV 是 ABS 模式能够成功运作的基本条件和关键因素。但组建的 SPV 只有在国家主权信用级别较高的国家，如在美国、日本和西欧诸国等经济发达国家注册，并具有雄厚的经济实力和良好的资产质量，才能获得国际权威资信评估机构授予的较高资信等级。因此，我国应该选择一些有实力的金融机构、投资咨询机构，通过合资、合作等方式进入国外专门为开展 ABS 融资而设立的信用担保机构、投资保险公司、信托投资公司中，成为 SPV 的股东或发起人，为我国在国际市场上大规模开展 ABS 融资奠定良好的基础。

（2）法律、政策限制的问题。虽然我国形成了 ABS 融资的基本法律框架，但由于 ABS 属于高档投资级的证券融资，原始权益人、投资者和项目的其他参与者的权益和责任是通过法律合同详细规定的，因此现有法律法规远远不能适应 ABS 融资的要求。为此要根据我国的国情和国际惯例，加快相关立法，制定一套适合 ABS 融资的法律法规。同时，目前我国对资本项目还实行管制，国家对 ABS 债券融资方式不可能一下子放开，只能逐步试点，取得经验，再一点点普及，为我国经济发展提供较低成本的资金。

（3）税收问题。ABS 融资方式是以项目资产的未来收益偿还发行债券的本息，而我国的增值税、印花税、所得税等税目、税率都与国际惯例有区别，从而影响到 ABS 融资在我国的发展，为此要按照国际惯例进行税制改革。

（4）人民币汇兑问题。把采用 ABS 方式所筹集的资金用于项目建设，但项目本身的产品却可能很少出口创汇，其所得收益主要表现为本国货币，而 SPV 为清偿债券的本息，必然要把本币兑换为外币汇出境外。但目前我国还没有实现人民币在资本项目下的自由兑换，这在一定程度上制约了 ABS 融资方式的开展。因此，要利用当前我国外汇储备充足的有利时机，保证 ABS 项目的外汇兑换，以增强外商对我国进行 ABS 融资方式投资的信心。

（5）人才培养问题。目前我国缺少负责 ABS 研究、管理的专门人员，也缺少这方面的法律人才。因此，必须加快有关 ABS 方面的人才培养，深入研究 ABS 融资方式的方法和经验，以便更好地利用这一方式，促进我国经济更快地发展。

4.3 其他常用融资模式

4.3.1 直接融资模式

直接融资模式是指由项目投资者直接安排项目的融资，并直接承担起融资安排中相应的责任和义务的一种方式。从理论上讲它是结构最简单的一种项目融资模式。当投资者本身的企业财务结构良好并且合理时，这种模式比较适合。对于资信状况良好的投资者，采用直接融资方式可以获得成本相对较低的贷款，因为资信良好的企业名称对贷款银行来说就是一种担保。但在投资者使用直接融资模式的过程中，需要注意的是如何限制贷款银行对投资者的追索权利问题。由投资者申请贷款并直接承担其中的债务责任，在法律结构上会使实现有限追索变得相对复杂，并使项目贷款很难安排成为非公司负债型的融资。投资者直接安排项目融资的模式，在投资者直接拥有项目资产并直接控制项目现金流量的非公司型合资结构中比较常用，并且，这种融资模式有时也是为一个项目筹集追加资本金时所能够使用的唯一方法。因为大多数的非公司型合资结构不允许以合资结构或项目管理公司的名义举债。直接融资模式的优点主要体现在以下几方面：

（1）采用直接融资模式，投资者可根据其投资战略的需要，灵活地安排融资结构。如选择合理的融资结构及融资方式，确定合适的债务比例，灵活运用投资者信誉等，这就给了投资者更为充分的余地。

（2）运用直接融资模式能在一定程度上降低融资成本。由于采用直接融资模式时投资者可以直接拥有资产并控制项目现金流量，这就使投资者在直接安排项目融资时，可以比较充分地利用项目的税收减免等条件而降低融资成本。

1. 直接融资方式在结构安排上的主要操作思路

（1）由投资者面对同一贷款银行和市场直接安排融资。首先，投资者根据合资协议组成非公司型合资结构，并按照投资比例合资组建一个项目管理公司负责项目的建设和生产经营，项目管理公司同时也作为项目发起人的代理人负责项目的产品销售。项目管理公司的这两部分职能分别通过项目的管理协议和销售代理协议加以规定和实现。其次，根据合资协议规定，发起人分别在项目中投入相应比例的自有资金，并统一筹集项目的建设资金和流动资金，但是由每个发起人单独与贷款银行签署协议。在建设期间，项目管理公司代表发起人与工程公司签订工程建设合同，监督项目的建设，支付项目的建设费用。在生产经营期间，项目管理公司负责项目的生产管理，并作为发起人的代理人销售项目产品。最后，项目的销售收入将首先进入一个贷款银行监控的账户，用于支付项目的生产费用和资本再投入，偿还贷款银行的到期债务，最终，按照融资协议的规定将盈余资金返还给项目发起人。

（2）由投资者各自独立地安排融资和承担市场销售责任。在融资过程中，两个投资者组成非公司型合资结构，投资于某一项目，并由投资者而不是项目管理公司组织产品销售和债务偿还。首先，项目发起人根据合资协议投资合资项目，任命项目管理公司负责项目的建设生产管理。然后，发起人按照投资比例，直接支付项目的建设费用和生产费用，根据自己的财务状况自行安排融资。项目管理公司代表发起人安排项目建设和项目生产，组织原料供应，并根据投资比例将项目产品分配给项目发起人。最后，发起人以"或付或取"合同的规定价格购买项目产品，其销售收入根据与贷款银行之间的现金流量管理协议进入贷款银行监控账户，并按照资金使用优先序列的原则进行分配。

2. 直接融资模式的特点

任何一种融资模式在满足投资者某些方面需要的同时，难免会存在某些方面的缺憾。直接融资模式也是既有其优点，也有其不足。直接融资的优点主要体现在以下几方面：

（1）选择融资结构及融资方式比较灵活。发起人可以根据不同需要在多种融资模式、多种资金来源方案之间充分加以选择和合并。比如，资信较好的企业可以低成本融通到资金，而一些小企业却必须付出很高的融资成本。

（2）债务比例安排比较灵活。发起人可以根据项目的经济强度和本身资金状况较灵活地安排债务比例。

（3）可以灵活运用发起人在商业社会中的信誉。同样是有限追索的项目融资，信誉越好的发起人就可以得到越优惠的贷款条件。

直接融资模式的不足之处，主要表现在将融资结构设计成有限追索时比较复杂：

（1）如果组成合资结构的投资者在信誉、财务状况、市场销售和生产管理能力等方面不一致，就会增加项目资产及现金流量作为融资担保抵押的难度，从而在融资追索的程度和范围上会显得比较复杂。

（2）在安排融资时，需要注意划清投资者在项目中所承担的融资责任和投资者其他业务之间的界限，这一点在操作上更为复杂。所以，在大多数项目融资中，由项目投资者成立一个专门企业来进行融资的做法比较受欢迎。

（3）通过投资者直接融资很难将融资安排成为非公司负债型的融资形式，也就是说在安排成有限追索的融资时难度很大。

4.3.2 杠杆租赁融资模式

杠杆租赁融资模式是指在项目投资者的要求和安排下，由杠杆租赁结构中的资产出租人融资购买项目的资产，然后租赁给承租人的一种融资形式。资产出租人和融资贷款银行的收入以及信用保证主要来自该租赁项目的税收优惠、租赁费用、项目的资产以及对项目现金流量的控制。杠杆租赁中，设备等出租标的购置成本的小部分由出租人承担，大部分由银行提供贷款补足。出租人只需要投资购置出租标的所需款项的 20%～40%，即可拥有设备所有权，享受如同对设备 100% 投资的同等待遇。购置成本的借贷部分被称为杠杆，可以凭借杠杆效果利用他人的资本来提高自身资本利润，同一般租赁相比，可以使交易各方，特别是出租方、承租方和贷款方获得更多的经济效益。

1. 杠杆租赁融资的优势分析

从一些国家的情况来看，租赁在资产抵押中使用得非常普遍，特别是在购买轮船和飞机的融资活动中。在英国和美国，很多大型工业项目都采用金融租赁，因为金融租赁，尤其是其中杠杆租赁的设备，技术水平先进，资金占用量大，所以它能享受到诸如税费减免、加速折旧、低息贷款等多种优惠待遇，使得出租人和承租人双方都得到好处，从而获得一般租赁所不能获得的更多的经济效益。

对项目发起人及项目公司来说，采用租赁融资方式解决项目所需资金，具有以下好处：

（1）项目公司仍拥有对项目的控制权。根据金融租赁协议，作为承租人的项目公司拥有租赁资产的使用、经营、维护和维修权等。在多数情况下，金融租赁项下的资产甚至被看成由项目发起人完全所有、由银行融资的资产。

（2）可实现百分之百的融资要求。一般来说，在项目融资中，项目发起人总是要提供一定比例的股本资金，以增强贷款人提供有限追索贷款的信心。但在杠杆租赁融资模式中，由金融租赁公司的部分股本资金加上银行贷款，就可以全部解决项目所需资金或设备，项目发起人不需要再进行任何股本投资。

（3）较低的融资成本。在多数情况下，项目公司通过杠杆租赁融资的成本低于银行贷款的融资成本，尤其是在项目公司自身不能充分利用税务优惠的情况下。因为在许多国家中，金融租赁可以享受到政府的融资优惠和信用保险。一般来说，如果租赁的设备为新技术型设备，政府将对金融租赁公司提供低息贷款。如果金融租赁公司的业务符合政府产业政策的要求，政府就可以提供 40%～50% 的融资等。同时，当承租人无法交付租金时，由政府开办的保险公司向金融租赁公司赔偿 50% 的租金，以分担风险和损失。这样，金融租赁公司就可以将这些优惠以较低的租金分配一些给项目承租人——项目公司。

（4）可享受税前偿租的好处。金融租赁结构中，项目公司支付的租金可以被当作是费用支出，这样就可以直接计入项目成本，不需缴纳税款。这对项目公司而言，就起到了减少应纳税额的作用。

2. 杠杆租赁融资模式的复杂性

与上述几种融资模式相比，杠杆租赁融资模式在结构上较为复杂，主要体现在以下几方面：

（1）上述几种融资模式的设计主要侧重于资金的安排、流向、有限追索的形式及其程度，以及风险分担等方面，并将项目的税务结构和会计处理问题放在项目的投资结构中加以考虑和解决。而杠杆租赁融资模式则不同，在结构设计时不仅需要以项目本身经济强度，特别是现金流量状况作为主要的参考依据，而且还需要将项目的税务结构作为一个重要的组成部分加以考虑。因此，杠杆租赁融资模式也被称为结构性融资模式。

（2）杠杆租赁融资模式中的参与者比上述融资模式要多。它至少需要有资产出租者、提供资金的银行和其他金融机构、资产承租者（投资者）、投资银行（融资顾问）等参与。

（3）杠杆租赁融资模式对项目融资结构的管理比其他项目融资模式复杂。一般项目融资结构的运作包括两个阶段：项目建设阶段和经营阶段。但是杠杆租赁项目融资结构的运作需五个阶段：项目投资组建（合同）阶段、租赁阶段、建设阶段、经营阶段、中止租赁协议阶段。杠杆租赁融资结构与其他项目融资结构在运作上的区别主要体现在两个方面：①在投资者确定组建一个项目的投资之后，就需要将项目资产及其投资者在投资结构中的全部权益转让给由股本参加者组织起来的杠杆租赁融资机构，然后再从资产出租人手中将项目资产转租回来；②在融资期限届满或由于其他原因中止租赁协议时，项目投资者的一个相关企业需要以事先商定的价格将项目的资产购买回去。

3. 杠杆租赁融资模式的特点

杠杆租赁融资模式的特点主要体现在以下几方面：

（1）融资模式比较复杂。由于杠杆租赁融资模式的参与者较多，资产抵押以及其他形式的信用保证在股本参加者与债务参加者之间的分配和优先顺序问题比一般项目融资模式复杂，再加上税务、资产管理与转让等方面的问题，造成组织这种融资模式所花费的时间要相对长一些，法律结构及文件的确定也相对复杂一些，但其特别适合大型项目的融资安排。

（2）债务偿还较为灵活。杠杆租赁充分利用了项目的税务好处，如税前偿租等作为股本参加者的投资收益，在一定程度上降低了融资成本，同时也增加了融资结构中债务偿还的灵活性。据统计，杠杆租赁融资中利用税务扣减一般可偿还项目全部融资总额的 30% ~50%。

（3）融资应用范围比较广泛。杠杆租赁融资既可以为大型项目进行融资安排，也可以为项目的一部分建设工程进行融资安排。这种灵活性进一步增强了应用范围的广泛性。

（4）融资项目的税务结构以及税务减免的数量和有效性是杠杆租赁融资模式的关键。杠杆租赁模式的税务减免主要包括对设备折旧提取、贷款利息偿还和其他一些费用项目开支上的减免，这些减免与投资者可以从一个项目投资中获得的标准减免没有任何区别。但一些国家对于杠杆租赁的使用范围和税务减免有很多具体的规定和限制，使其在减免数量和幅度上较之其他标准减免要多。这就要求在设计融资结构时必须了解和掌握当地法律和具体的税务规定。杠杆租赁融资模式一经确定，重新安排融资的灵活性以及可供选择的重新融资余地变得很小，这也会给投资者带来一定的局限。投资者在选择采用杠杆租赁融资模式时，必须注意这一特点。

融资租赁的结构比较复杂，相关的合同也比较多，图 4-3 是一个典型的融资租赁在不同阶段的融资结构。

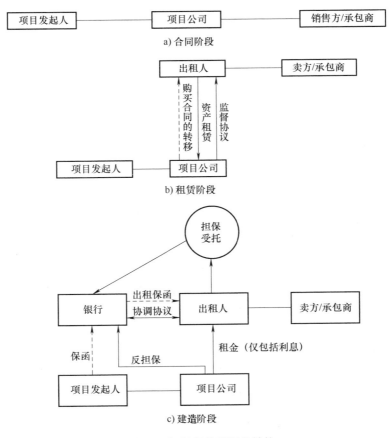

图 4-3　杠杆租赁融资的结构

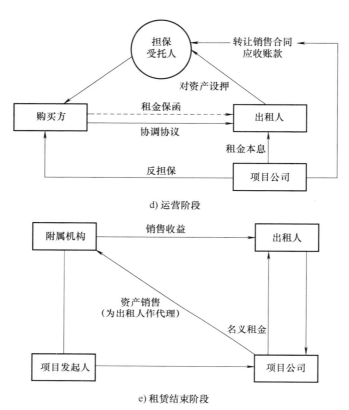

d) 运营阶段

e) 租赁结束阶段

图 4-3 杠杆租赁融资的结构（续）

（1）在合同阶段，项目发起人确定他们希望获得的工厂和设备，并成立一个股份有限公司，即项目公司。项目公司或其中一个项目发起人可能签订一个合同，用来购买和建造随后将要被转移给融资租赁公司的资产；或者发起人将不加入该合同，但融资租赁公司本身同意参与该项交易中。

（2）在租赁阶段，融资租赁公司将工厂和设备租赁给项目公司。项目公司（或项目发起人之一）将以监督协议为基础，代表出租人来监督建造合同。

（3）在建造阶段，租金将被限制成一个与获得成本和建造成本的利息相等的数量。租金将由一个或几个银行做担保，比较少见的是由项目发起人做担保（出租人一般不愿接受项目风险）。

（4）按照与出租人达成的协调协议，银行将要求用出租人的项目资产和建造合同做贷款担保。在建造阶段，银行很可能要求一个或者几个项目发起人或有限的担保来支持项目公司的反担保责任。

（5）项目竣工后，在运营阶段中，租约规定重新调整租金，使其包括最初租约的本息的差额。项目发起人的担保可能不再存在，银行将承担项目风险。对银行来说，安全保证来源于受让销售合同或应收账款，以及对出租资产设押。租约将规定与其他形式的融资文件相类似的竣工试验条款。

（6）在租赁结束阶段，当出租人的成本被回收并且实现了理想的商业回报后，租约通常在最低租金水平上延续到相当长的租赁期的第二期、第三期。租约不会规定项目公司具有购买权，否则，该租约将被认为是雇佣购买，从而将被取消与融资方式相关的税收优惠。租约很可能规定，项目公司作为唯一代理人在租约期满时以出租人同意的价格销售资产；大部分销售所得将返还给项目公司作为销售代理费。购买方常常与一个或多个项目发起人有关。

对于大型项目，融资结构将变得十分复杂，因为没有一个融资租赁公司具有足够的缴纳税款的能力来承担整个融资租赁。因此，可以由一个融资租赁公司集团中的各个融资租赁公司分别出租资产。

4.3.3　项目公司融资模式

项目企业融资模式是指投资者通过建立一个单一目的项目公司来安排融资的一种模式。它具体有单一项目子公司和合资项目公司两种基本形式。

1. 单一项目子公司形式

为了减少投资者在项目中的直接风险，在非公司型合资结构、合伙制结构甚至公司型合资结构中，项目的投资者经常通过建立一个单一目的项目子公司的形式作为投资载体，以该项目子公司的名义与其他投资者组成合资结构安排融资，即所谓单一项目子公司的融资形式。这种融资形式的特点是项目子公司将代表投资者承担项目中全部的或主要的经济责任，但是，由于该公司是投资者为一个具体项目专门组建的，缺乏必要的信用和经营经历，有时也缺乏资金，所以有时需要投资者提供一定的信用支持和保证。如由投资者为项目子公司提供完工担保和产品购买担保等。采用单一项目子公司形式安排融资，对于其他投资者和合资项目本身而言，与投资者直接安排融资没有多大区别，但对投资者却有一定的积极影响，这主要体现在以下几方面：

（1）该融资模式容易划清项目的债务责任，贷款银行的追索权也只能涉及项目子公司的资产和现金流量，其母公司除提供必要的担保以外，不承担任何直接的责任，融资结构较投资者直接安排融资要相对简单清晰一些。

（2）如果有条件，该项目融资也有可能被安排成为非公司负债型的融资，有利于减少投资者的债务危机。

该项目融资模式的主要不足在于，各国税法对企业之间税务合并的规定有可能使税务结构安排上的灵活性相对较差，并有可能影响到企业经营成本的合理控制。

2. 合资项目公司形式

合资项目公司形式是指通过项目公司安排融资的形式，也是最主要的项目融资的形式。具体而言，是指由投资者共同投资组建一个项目公司，再以该公司的名义拥有、经营项目和安排项目融资。采用这种模式时，项目融资由项目公司直接安排，涉及债务主要的信用保证来自项目公司的现金流量、项目资产以及项目投资者所提供的与融资有关的担保和商业协议。对于具有较好经济强度的项目，这种融资模式甚至可以安排成为对投资者无追索的形式。在具体操作过程中，首先，由项目投资者根据股东协议组建一个单一目的的项目公司，并注入一定的股本资金；然后，以项目公司作为独立的法人实体，签署一切与项目建设、生产和市场有关的合同，安排项目融资，建设经营并拥有项目；最后将项目融资安排在对投资者有限追索的基础上。需要说明的是，由于该项目公司除了正在安排融资的项目外，无其他任何的资产，且该项目公司也无任何经营经历，原则上要求投资者必须提供一定的信用担保，承担一定的项目责任，这也是项目公司安排融资过程中极为关键的一个环节。如在项目建设期间，投资者可为贷款银行提供完工担保。在项目生产期间，如果项目的生产经营达到预期标准，现金流量可以满足债务覆盖比率的要求，项目融资就可以安排成为对投资者的无追索贷款。

概括地讲，项目公司融资模式作为众多融资模式的一种，既有优点，也有不足。其优点主要体现在：①项目公司统一负责项目的建设、生产及市场安排，并整体使用项目资产和现金流量为项目融资抵押和提供信用保证，在融资结构上容易被贷款银行接受，在法律结构上也比较简便；②项目公司融资模式使项目投资者不直接安排融资，只是通过间接的信用保证形式来支持项目公司的融资，如提供完工担保，"无论提货与否均需付款"或"提货与付款"协议等，使投资者的债务责任较直接融资更为清晰明确，也比较容易实现有限追索的项目融资和非公司负债型融资的要求；③该模式通过项目公司安排融资，可以更充分地利用投资者中的大股东在管理、技术、市场和资信等方面的优势，为项目获得优惠的贷款条件。在获得融资和经营便利的同时，共同融资也避免了投资者之间为安排融资而可能出现的无序竞争。该模式的主要缺点是在某些方面，如税务结构的安排上、债务形式的选择上缺乏灵活性，难以满足不同投资者对融资的各种要求，使对资金安排上有特殊要求的投资者面临一定的选择困难。

4.3.4 产品支付和远期购买融资模式

1. 产品支付

产品支付（Production Payment）融资模式是项目融资的早期形式之一，

它最早起源于 20 世纪 50 年代美国石油天然气项目开发的融资安排。它以项目生产的产品及其销售收益的所有权作为担保品，而不是采用转让和抵押方式进行融资。这种形式主要针对项目贷款的还款方式而言，借款方在项目投产后不以项目产品的销售收入来偿还债务，而是直接以项目产品来还本付息。在贷款得到清偿前，贷款方拥有项目部分或全部产品的所有权。应该明确的是，产品支付只是产权的转移而已，并不是产品本息的转移。因为贷款方储存这些产品是没有任何意义的，所以他们通常要求项目公司重新购回属于他们的产品或充当其代理人来销售这些产品。销售的方式既可以是市场出售，也可以是由项目公司签署购买合同一次性统购统销，但不论采用哪种方式，贷款方都不用接受实际的项目产品。

产品支付融资模式的特点如下：

（1）信用保证结构较其他融资方式独特。在实际操作过程中，产品支付的融资安排，是建立在贷款银行购买某一特定矿产资源储量的全部或部分未来销售收入权益的基础上的。在这一安排中，提供融资的贷款银行从项目中购买到一个特定份额的生产量，这部分生产量的收益也就成了项目融资的主要偿债资金来源。因此，产品支付是通过直接拥有项目的产品和销售收入，而不是通过抵押或权益转让的方式来实现融资的信用保证。对于那些资源属于国家所有，投资者只能获得资源开采权的国家和地区，产品支付的信用保证主要通过购买项目未来生产的现金流量，加上资源开采权和项目资产的抵押来实现。产品支付融资适用于资源储藏量已经探明并且项目生产的现金流量能够比较准确地计算出来的项目。从理论上讲，产品支付融资所能安排的资金数量，应等于产品支付所购买的那一部分矿产资源的预期未来收益在一定利率条件下贴现出来的资产现值。

（2）融资容易被安排成为无追索或有限追索的形式。由于所购买的资源储量及其销售收益被作为产品支付融资的主要偿债资金来源，而融资资金数量的多少，决定于产品支付所购买的那一部分资源储量的预期收益在一定利率条件下贴现出来的资金现值，所以贷款的偿还非常可靠，融资比较容易被安排成为无追索或有限追索的形式。在产品支付融资模式中如何计算所购买的资源储量的现值是安排产品支付融资的一个关键性的问题，同时也是实际工作中操作较为复杂的一个问题，它需要通过考虑资源总量、资源价格、生产计划、通胀率、汇率、利率及资源税等一系列相关因素来合理确定。

（3）融资期限短于项目的经济生命期。它是指产品支付融资的贷款期限大大短于项目的开采期限。

（4）在产品支付融资中，贷款银行一般只为项目的建设和资本费用提供融资，而不承担项目生产费用的贷款，并且要求项目投资者提供最低生产量、最低产品质量标准等方面的担保。

（5）融资中介机构在产品支付融资中发挥重要的作用。在具体操作中，一般由贷款银行或者项目投资者建立一个融资的中介机构，并从项目公司购买一定比例项目资源的生产量，如石油、天然气、矿藏储量等作为融资的基础。然后由贷款银行为融资中介机构安排用以购买这部分项目资源生产量的资金，融资中介机构再根据产品支付协议将资金注入项目公司，并以此作为项目的建设和资本投资资金。作为产品支付协议的一个组成部分，项目公司承诺按照一定的公式（购买价格加利息）来安排产品支付，同时以项目固定资产抵押和完工担保作为项目融资的信用保证。在项目进入生产期后，根据销售代理协议，项目公司作为融资中介机构代理销售其产品，销售收入将直接划入融资中介机构用来偿还债务。需要说明的是，在产品支付融资中也可以不使用中介机构直接安排融资，但如果那样的话，融资的信用保证结构将会变得较为复杂，增加项目运作难度。另外，使用中介机构还可以帮助贷款银行，将一些由于直接拥有资源或产品而引起的责任和义务，限制在中介机构内。

产品支付项目融资的另一种方式是生产贷款，生产贷款广泛应用于矿产资源项目的资金安排中。生产贷款与项目融资中使用的其他贷款形式没有太大的区别，有时甚至可以更灵活地安排提供给投资者的银行信贷额度，投资者可以根据项目资金的实际需求在额度范围内安排用款和还款。生产贷款的金额数量根据项目资源储量的价值计算出来，表现为项目资源价值的一定比例，并以项目资源的开采收入作为偿还该部分贷款的首要来源。生产贷款的特点主要表现在两个方面：①债务偿还安排上的灵活性。生产贷款可以根据项目预期的生产水平来设计融资的还款计划，以适应项目经营在现金流量上的要求，因而可以说生产贷款是一种根据项目在融资期间债务偿还能力设计的有限追索融资。②设计贷款协议上的灵活性。生产贷款协议可以把债务还款计划表确定在一个上下限的范围内，实际的债务偿还根据实际的生产情况在这个范围之内进行调整。

产品支付还款方式的关键是产品所有权的转移。在石油、天然气和矿产项目中，项目公司是在国家颁发的开采许可证基础上经营的，其产品转让权仅限于许可证允许范围，不得将该地区其他储量用于产品所有权的转移。

图4-4是以一个油田开发项目为例，说明产品支付的结构。这种方式的运作技巧是由贷款银行设立一家专设企业来购买项目公司的石油和天然气产品。专设企业的成立有助于把某些潜在的责任同项目产品的所有权分割开来。

在开发阶段，银行向专设企业提供贷款，专设企业以贷款向油田所有者——石油公司购买油田产品并商定份额。石油公司按购买价格加上贷款利息计算应付总额，并履行产品支付义务。石油公司向设备供应商、承建商支付开发成本，如图 4-4a）所示。

在油田投产后的经营阶段，石油公司向作为专设企业代理人的购买商卖出产品，购买商通过担保人向专设企业提供销售收入来还本付息，石油公司以此抵付产品支付责任。如图 4-4b）所示。

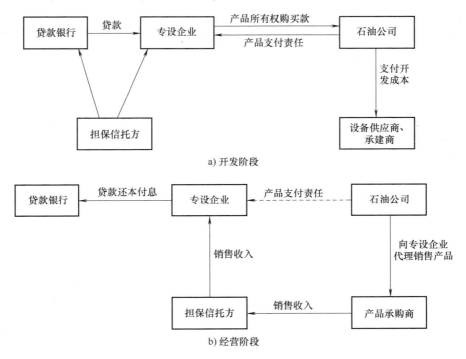

图 4-4　产品支付的融资结构

作为一种自我摊销的融资方式，产品支付通过购买一定的项目资源安排融资，可较少地受到常规的债务比例或租赁比例的限制，增强了融资的灵活性。但进行产品支付融资时，会受到项目的资源储量和经济生命期等因素的限制。另外，项目投资者和经营者的素质、资信、技术水平和生产管理能力也是进行产品支付融资设计时不容忽视的重要方面。

2. 远期购买

远期购买是在产品支付的基础上发展起来的一种更为灵活的项目融资方式。同样，贷款方可以成立一个专设企业，这个专设企业不仅可以购买事先

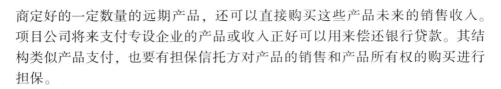

商定好的一定数量的远期产品，还可以直接购买这些产品未来的销售收入。项目公司将来支付专设企业的产品或收入正好可以用来偿还银行贷款。其结构类似产品支付，也要有担保信托方对产品的销售和产品所有权的购买进行担保。

4.3.5　设施使用协议融资模式

在项目融资过程中，以一个工业设施或者服务性设施的使用协议为主体安排的融资形式称为设施使用协议融资模式。在工业项目中，这种设施使用协议有时也称为委托加工协议，专指在某种工业设施或服务性设施的提供者和这种设施的使用者之间达成的一种具有"无论提货与否均需付款"性质的协议。设施使用协议融资模式主要应用于，如石油、天然气管道、发电设施、某种专门产品的运输系统以及港口、铁路设施等。从国际市场上看，20世纪80年代以来，由于国际原材料市场的长期不景气，原材料的价格与市场一直维持在较低的水平上，导致与原材料有关项目的投资风险增大，以原料生产为代表的一些工业项目也开始尝试引入设施使用协议这一融资模式，并取得了良好的效果。利用设施使用协议安排项目融资，成败的关键在于项目设施的使用者能否提供一个强有力的具有"无论提货与否均需付款"性质的承诺，其内容是项目设施的使用者在融资期间定期向设施的提供者支付一定数量的项目设备使用费，并且，这种承诺是无条件的，不管项目设施的使用者是否真正地利用了项目设施所提供的服务，该项费用的支付都是必需的。

在项目融资过程中，这种无条件承诺的合约权益将转让给提供贷款的银行，并与项目投资者的完工担保共同构成了项目信用保证结构的主要组成部分。一般来讲，事先确定的项目设施的使用费在融资期间应足以支付项目的生产经营成本和项目债务的还本付息额。在生产型工业项目中，设施使用协议又称为委托加工协议，其具体操作程序为，项目产品的购买者提供或组织生产所需要的原材料，通过项目的生产设施将其生产加工成为最终产品，然后由购买者在支付加工费后将产品取走。以委托加工协议为基础的项目融资，在结构上与以设施使用协议为基础的项目融资安排是基本一致的。设施使用协议融资模式具有以下特点：

（1）在投资结构的选择上比较灵活，既可采用公司型合资结构，也可采用非公司型合资结构、合伙制结构或者信托基金结构。按照项目性质、项目投资者和设施使用者的类型及融资、税务方面的要求，设计相应的投资结构。

（2）适用于基础设施项目。使用该融资模式时，项目的投资者可以利用与项目利益有关的第三方，即项目设施使用者的信用来安排融资，分散风险，节约初始资金的投入，因而特别适用于资本密集、收益相对较低但相对稳定的基础设施项目。

（3）具有"无论提货与否均需付款"性质的设施使用协议，是设施使用协议融资模式中不可缺少的一个重要组成部分。签订项目设施使用协议时，在使用费的确定上需要综合考虑项目投资在生产运行中的成本和资本再投入的费用、融资成本、投资者收益等几个方面的资金回收。

（4）采用该种模式进行的项目融资活动，在税务结构的处理上比较谨慎。这突出表现在虽然国际上有些项目将拥有设施使用协议的企业利润水平安排在损益平衡点上，以达到转移利润的目的，但有些国家的税务制度在这方面有一定的规制要求。

4.4 选择项目融资模式时应考虑的要素

项目融资模式是项目融资整体结构组成中的核心部分。项目融资模式的设计，需要与项目投资结构的设计同步考虑，并在项目投资结构确定之后，进一步细化完成融资模式的设计工作。

严格地讲，国际上很少有任何两个项目融资的模式是完全一样的，这是由于项目在行业性质、投资结构等方面的差异，以及投资者对项目的信用支持、融资战略等方面的不同考虑所造成的。然而，无论一个项目的融资模式如何复杂，结构怎样变化，实际上融资模式中总是包含着一些具有共性的问题并存在一些基本的特征。下述问题和特征是投资者在选择和设计项目融资模式时必须认真加以考虑的。

4.4.1 要素之一——如何实现有限追索

实现融资对项目投资者的有限追索，是设计项目融资模式的一个最基本的原则。追索的形式和程度与贷款银行对一个项目的风险评价以及项目融资结构的设计有关，通常取决于项目所处行业的风险系数、投资规模、投资结构、项目开发阶段、项目经济强度、市场安排以及项目投资者的组成、财务状况、生产技术管理、市场销售能力等多方面因素。同样条件的一个项目，如果上述因素不同，项目融资的追索形式或追索程度也就会有所变化。因而，对于一个非公司型合资结构的项目，如果几个投资者分别安排项目融资，其中有的投资者可能需要承担比其他投资者更为严格的贷款条件或者更多的融资追索责任，这种情形的存在是毫不奇怪的。

为了限制融资对项目投资者的追索责任，需要考虑的问题有三个方面：

①项目的经济强度在正常情况下是否足以支持融资的债务偿还；②项目融资是否能够找到强有力的来自投资者以外的信用支持；③对于融资结构的设计能否做出适当的技术性处理。

4.4.2 要素之二——如何实现风险分担

保证投资者不承担项目的全部风险责任，是项目融资模式设计的第二条基本原则。其问题的关键是如何在投资者、贷款银行以及其他与项目利益有关的第三方之间有效地分配项目的风险。项目在不同阶段中的各种性质的风险有可能通过合理的融资结构设计将其分散，例如项目投资者（有时包括项目的工程承包公司）可能需要承担全部的项目建设期和试生产期风险；但是在项目建成投产以后，投资者所承担的风险责任将有可能被限制在一个特定的范围内，如投资者（有时包括对项目产品有需求的第三方）有可能只需要以购买项目全部或者绝大部分产品的方式承担项目的市场风险。而贷款银行也可能需要承担项目的一部分经营风险。这是因为即使项目投资者或者项目以外的第三方产品购买者以长期协议的形式承购了全部的项目产品，对于贷款银行来说仍然存在两种潜在的可能性：①有可能出现国际市场产品价格过低从而导致项目现金流量不足的问题；②有可能出现项目产品购买者不愿意或者无力继续执行产品销售协议而造成项目的市场销售问题。一旦项目融资结构确定下来，这些潜在问题所造成的风险就是贷款银行必须承担的，除非贷款银行可以从项目投资者获得其他的信用保证支持。

项目风险的分担同样离不开投资结构的支持。例如，在合资项目中，主要投资者通过引入一些小股东（投资者）保证一部分项目产品市场的方法，就可以起到很好的分担市场风险的作用。

4.4.3 要素之三——如何实现降低成本

世界上多数国家的税法都对企业税务亏损的结转问题有规定（即税务亏损可以转到以后若干年使用，以冲抵企业所得税），但是这种税务亏损的结转不是无限期的（个别国家例外），短则只有3~5年，长的也只有10年左右时间。同时，许多国家政府为了发展经济制定了一系列的投资鼓励政策，这些政策很多也是以税务结构为基础的（如加速折旧）。大型工程项目投资资本密集程度高，建设周期长，项目前期产生数量十分可观的税务亏损是很常见的。如何利用这些税务亏损降低项目的投资成本和融资成本，可以从项目的投资结构和融资结构两方面着手考虑，但是项目投资结构在税务方面实际上解决的是一个税务流向问题（或者说是税务在项目投资者之间的分配问题）。对于首次在一个国家开展业务的外国企业，或者对一个短期内没有盈利的企业单纯解决税务流向问题是不够的，还需要有更为有效的结构来吸收这些税务亏损，降低项目的资金成本。特殊的项目融资模式设计在一定程度上可以实现这一目的。

4.4.4　要素之四——如何实现完全融资

任何项目的投资，包括采用项目融资安排资金的项目都需要项目投资者注入一定的股本资金作为对项目开发的支持。然而这种股本资金的注入方式可以比传统的企业融资更为灵活。例如，如果投资者希望项目建设所需要的全部资金做到百分之百的融资，则投资者的股本资金可以考虑以担保存款、信用证担保等非传统形式出现。但是这时需要在设计项目融资结构过程中充分考虑如何最大限度地控制项目的现金流量，保证现金流量不仅可以满足项目融资结构中正常债务部分的融资要求，而且还可以满足股本资金部分融资的要求。

4.4.5　要素之五——如何处理项目融资与市场安排之间的关系

项目融资与市场安排之间的关系具有两层含义：一是长期的市场安排是实现有限追索项目融资的信用保证的基础，没有这个基础，项目融资是很难组织起来的；二是以合理的市场价格从投资项目中获取产品是很大一部分投资者从事投资活动的主要动机。然而，从贷款银行的角度，低于公平价格的市场安排意味着银行要承担更大的风险；但对于项目投资者来说，高于公平价格的市场安排意味着全部或部分地失去了项目融资的意义。因此，能否确定以及如何确定项目产品的公平市场价格对于借贷双方来说都是处理融资市场安排的一个焦点问题。

国际项目融资在多年的发展中积累了大量处理融资与市场关系的方法和手段，其中除了已多次提到的"无论提货与否均需付款"和"提货与付款"类型的长期市场合约以及政府特许权合约等直接性市场安排以外，也包括一些将融资与项目产品联系在一起的结构性市场安排，如产品支付、产品贷款等多种形式。如何利用这些市场安排的手段，最大限度地实现融资利益与市场安排利益相结合，应该成为项目投资者设计项目融资模式的一个重要考虑因素。

4.4.6　要素之六——如何保证近期融资与远期融资相结合

大型工程项目的融资一般都是 7～10 年的中长期贷款，近些年最长的甚至可以达到20年左右。有的投资者愿意接受这种长期的融资安排，但是更多的投资者考虑采用项目融资的出发点并非如此。这些投资者选用项目融资可能是出于对某个国家或某个投资领域不十分熟悉，对项目的风险及未来发展没有十分的把握而采取的一种谨慎策略，或者是出于投资者在财务、会计或税务等方面的特殊考虑而采取的一种过渡性措施。因此，它们的融资战略将会是一种短期战略。如果决定采用项目融资的各种基本因素变化不大，它们就长期地保持项目融资的结构；然而一旦这些因素朝着有利于投资者的方向发生较大变化时，它们就会希望重新安排融资结构，放松或取消银行对投资者的种种限制，降低融资成本。因为在所有的项目融资中，由于贷款银行的偿债资金来源在很大程度上依赖于项目的现金流量，对投资者在运用项目资金方面加以诸多的限制，融资成本相对较高，这会使得投资者感到很不方便。这就是在项目融资中经常会遇到的重新融资问题。基于这一原因，在设计项目融资结构时，投资者需要明确选择项目融资方式的目的并对重新融资问题加以考虑，决定是否应把这一问题在结构设计时作为一个重点。不同的项目融资结构在重新融资时的难易程度是有所区别的，有些结构比较简单，有些结构会非常困难，例如以税务安排为基础的项目融资结构就属于后一种类型。

4.5　项目融资模式的共同特点

不同的项目融资模式在项目参与者、操作程序、风险分担等方面都具有不同的特点，但基本的项目融资模式仍具有相同的特点。

1. 贷款形式上的特点

总体上来说项目融资的贷款形式主要有两种情况：一种是贷款方提供有限追索权或无追索权的贷款；另外一种是贷款方预先支付一定的资金购买项目的产品，或原材料和设备供应商为项目公司垫付资金。

2. 信用保证形式上的特点

项目融资的信用保证体系一般具有如下特点：

（1）贷款银行要求对项目的资产拥有第一抵押权，对于项目现金流量具有有效控制权。

（2）要求项目投资者将其与项目有关的一切契约性权益转让给贷款银行。

（3）要求项目投资者成立一个单一业务的实体，把项目的经营活动尽量与投资者的其他业务分开。

（4）在项目的开发建设阶段，要求项目发起人提供项目的完工担保，以保证项目按商业标准完工。

（5）除非贷款银行对项目产品的市场状况充满信心，在项目经营阶段，要求项目公司提供类似"无论提货与否均需付款"性质的市场销售安排。

3. 时间结构上的特点

从时间结构上来看，各种项目融资模式都具有两个非常重要的阶段，就是项目的建造（或开发）阶段和项目的经营阶段。这两个阶段反映在贷款协议上是有很大区别的，具体如图 4-5 所示。

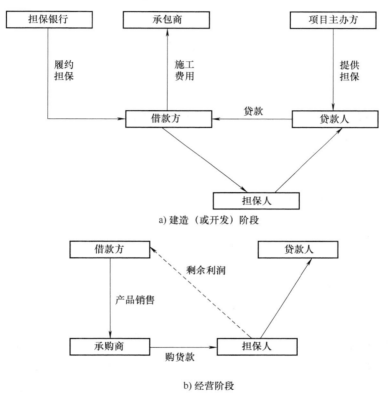

图 4-5　项目阶段与贷款结构

（1）建造（或开发）阶段。在此阶段，仅发放贷款，还款被推迟。利息一般采用两种方式支付：一种是在产生现金流之前将利息转成本金；另一种是在项目运营之前用新发放的贷款来支付利息。

建造（或开发）阶段对于贷款人来说是高风险时期，因而，此阶段的融资利率比较高；同时，贷款人通过法律约束使项目发起人对贷款方负完全法律责任，即贷款方具有完全追索权。

（2）经营阶段。根据合同规定，本项目竣工验收以后，达到预定标准，贷款方对借款方的追索权应当撤销或变成有限追索，利率也会调至正常水平。项目完工标志着经营阶段的开始，现金流量产生以及债务还本付息和建设期利息摊提的开始。贷款本金、利息的偿还速度是与项目预期的产量、销售收入和应收账款相联系的，通常按项目净现金流量的一定比例偿还债务。在特殊情况下，净现金流量的偿还比例还可以提高。如果产品的需求明显低于预期销售量，或贷款人对项目的前景以及项目所在国的经济、政治环境失去信心时，贷款条款常常允许贷款人将偿还比率提高至100%。

复习思考题

1. 案例分析题

（1）某自来水公司项目。

案例背景：某自来水公司已拥有 A、B 两个自来水厂，还将增建 C 厂。现有三种筹资方案：

1）项目资金贷自建设银行，年利息率为 5.8%，贷款及未来收益计入该公司的资产负债表及利润表中。建成后可以用 A、B、C 三个厂的收益偿还贷款。如果项目失败，该公司将用原来的 A、B 两个自来水厂的收益作为赔偿的担保。

2）项目资金贷自世界银行，年利息率为 6.3%，用于偿债的资金仅限于 C 厂建成后的水费和其他收入。贷款及未来收益不计入该公司的资产负债表及利润表中。如果项目失败，贷款方只能从清理新项目 C 厂的资产中收回贷款的补偿，不能从别的资金来源，包括 A、B 两个自来水厂的收入中索取补偿。

3）项目资金贷自世界银行，年利息率为 6.3%，用于偿债的资金仅限于 C 厂建成后的水费和其他收入。贷款及未来收益不计入该公司的资产负债表及利润表中。如果项目失败，贷款方除从清理新项目 C 厂的资产中收回贷款的补偿外，差额部分由政府指定的担保部门担保。

拟讨论的问题：

1）试分析上述三种情况各属于哪一种融资方式？

2）试说明三种融资方式的特征。

3）试分析不同融资方式相对于融资主体的优缺点。

（2）恒源电厂电费收入支持证券化融资案例。

1）融资背景介绍：

恒源电厂有限公司（集团）前身为恒源电厂，始建于 1977 年。1996 年

116

10 月，由所在市人民政府批准改组为恒源电厂集团有限公司，注册资本为
28 500 万元。该集团公司下辖发电厂、自备电厂、水泥厂和铝业公司等 14 个
全资及控股子公司，现有总资产 17 亿元，形成了以电力为龙头，集煤炭、建
材、有色金属及加工、电子电器等为一体的、具有鲜明的产业链特色和优势
的国有大型企业集团。其中发电一厂及自备电厂装机容量共 25.6 万千瓦，自
有煤矿年产原煤 45 万吨，铝厂年生产能力 3 万吨，粉煤灰水泥厂年生产规模
30 万吨。此外，铝加工厂及铝硅钛多元合金项目于 1999 年内投产。1998 年，
该集团公司实现销售收入 5.5 亿元，实现利税 1.1 亿元，居所在市预算内企
业前茅，经济实力雄厚。

该厂在 1995 年向国家计委递交了一份拟建立 2×300 兆瓦火力发电厂的
项目建议书，并于同年获准。1997 年 9 月 5 日~8 日，电力规划设计总院对
可行性研究又进行了补充审查，并下发了补充可行性报告审查意见。该厂在
建议书中，计划项目总投资为 382 261 万元。其中资本金（包括中方与外方）
为 95 565 万元（占总投资额的 25%），项目融资（包括境内融资与境外融
资）为 286 696 万元（占总投资额的 75%）。境内融得的 86 009 万元主要从
国家开发银行获得，而境外拟融资 24 179 万元，该厂拟通过在境外设立特殊
工具机构发债，即资产证券化来实现。

2）融资模式的选择：

1997 年 5 月 21 日，该集团公司通过招标竞争的方式向美国所罗门兄弟
公司、摩根·士丹利公司、雷曼兄弟公司、摩根大通公司、香港汇丰投资银
行及英国 BZW 银行等六家世界知名投资银行和商业银行发出邀请，为本项目
提供融资方案建议书。1997 年 7~9 月，投资各方对上述各家融资方案进行
了澄清、分析和评估。六家均提出了由项目特设工具机构发债的方案，后两
家银行同时也提出了银团贷款的方案。该集团公司经过慎重考虑，鉴于以下
原因决定选择以 ABS 特设工具机构发债的方式融资，并由雷曼兄弟公司作为
其融资顾问。

① 在国外资本市场发行债券主要是指在美国、日本和欧洲等国际大型资
本市场发债。其中美国资本市场是世界上最大的资本市场，发行期限是最长
的，同时市场的交易流动量为世界第一。由于资本市场有大量的投资者，在
资本市场发债具有较大的灵活性，发债规模和利率较有竞争性，融资能在较
短时间内完成，融资期限也较一般银团贷款长得多。近年来世界各地有许多
大型基建项目以及美国较大的企业，都采用在资本市场发债方式达到融资的
目的。

② 银团贷款是指由数家商业银行形成一个贷款集团向项目或企业放贷。

目前贷款给中国项目的商业银行，主要为一些欲扩大其在世界银行市场占有率的中小型银行，项目能取得的融资额一般较小。由于东南亚及东亚金融危机，愿意借贷给亚洲国家的商业银行已经减少了。目前，国内还没有既能成功取得银团融资，而又采用国产设备、国内总承包商、有限追索权且没有某种国际风险保险的项目。另外，银团贷款一般由出口信贷牵头，在没有出口信贷的情况下银团贷款非常不容易。与发行债券相比，银团对项目的要求较多，介入项目的操作较多，取得融资所需时间一般也较长。

③ 由于该集团公司采用国产设备及国内总承包商，出口信贷不包括在本项目的融资考虑范围内。要取得世行、亚行贷款需要较长的时间，而且该集团公司也不是世行、亚行的贷款项目。

④ 该集团公司各投资方的安全融资顾问设计了一个低成本、融资成功可能性较大，能在较短时间内（6个月左右）有效取得融资的方案。雷曼兄弟公司有丰富的发债经验及对该项目的深入了解，提出了切合实际的融资考虑；同时，雷曼兄弟公司的费用是各家中最低的。基于以上所述的项目特点，以及各种融资渠道和融资顾问提出的融资方案的优劣比较，该集团公司决定选择雷曼兄弟公司作为融资顾问，通过在美国资本市场发行债券形式进行融资。

3）拟讨论的问题：

① 该项目能否采用BOT方式融资，试分析原因。

② 项目中还应该有哪些ABS融资主体？

③ 您认为本案例中的项目采用ABS模式存在哪些制约因素？

2. 思考题

（1）如何选择项目的融资模式？

（2）试说明BOT、PFI和PPP三个概念的区别和联系。

（3）ABS融资主要经历哪几个阶段？

（4）ABS和BOT项目融资模式有什么区别？

项目融资作为项目周期中的一个重要环节，自身也分为一定的阶段和步骤，每一个阶段都有其特定的内容和值得注意的问题。明确项目融资的程序，可以使得项目融资更加规范化。本章将项目融资划分为五个阶段，并分别介绍每个阶段的主要融资活动内容。

第 5 章

项目融资的程序

5.1 项目融资阶段的划分

从项目的提出到采用项目融资的方式为项目筹集资金，一直到最后完成项目融资，大致分为五个阶段，即项目的提出与构思、项目决策分析、项目融资决策分析、项目融资谈判与合同签署、项目融资的实施。完成项目融资的阶段和步骤如图5-1所示。

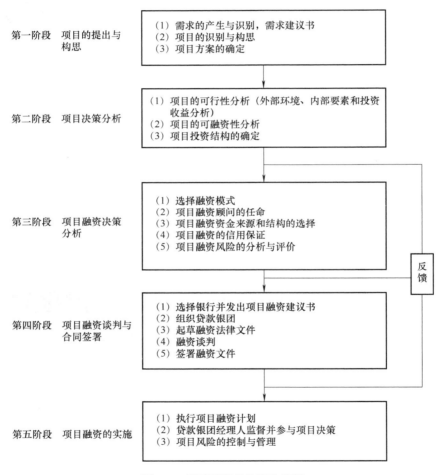

图 5-1 项目融资的阶段和步骤

1. 项目的提出与构思阶段

之所以把项目的提出与构思作为项目融资的第一个阶段，是因为项目的构思是对所要实现的目标进行的一系列想象和描绘，是对未来投资项目的目标、功能、范围以及项目设计的各主要因素和大体轮廓的设想与初步界定。其中必然涉及项目经费的估算以及如何筹措，在这个阶段的方案选择中还会考虑到资金筹措的影响因素，考虑到项目融资的运作和步骤。为了使读者对整个项目融资过程有比较完整的了解，本书把该阶段作为项目融资的第一个阶段。

2. 项目决策分析阶段

对于任何一个项目，决策者在下决心之前，都需要经过相当周密的投资决策分析，包括项目的可行性研究、宏观经济形势的判断、工业部门的发展以及项目在工业部门中的竞争性分析等标准内容。项目通过了可行性研究，并不意味着能够满足融资的要求，所以还要求进行项目的可融资性分析。一旦做出投资决策，接下来一个重要的工作就是确定项目的投资结构。项目投资结构与将要选择的融资结构和资金来源有着密切的关系。同时，在很多情况下，项目投资决策也是与项目能否融资以及如何融资紧密相连的。投资结构的选择将影响到项目融资的结构和资金来源选择，反过来，项目融资结构的设计在多数情况下也会对投资结构的安排做出调整。

3. 项目融资决策分析阶段

在这个阶段，项目投资者将决定采用何种融资模式为项目开发筹集资金。是否采用项目融资，取决于投资者对债务责任分担上的要求、贷款资金数量上的要求、时间上的要求、融资费用上的要求，以及诸如债务会计处理等方面要求的综合评价。如果采用项目融资作为筹资手段，投资者就需要选择和任命融资顾问，开始研究和设计项目的融资结构，有时，项目的投资者自己也无法明确判断采取何种融资模式为好，在这种情况下，投资者可以聘请融资顾问对项目的融资能力以及可能的融资方案做出分析和比较，在获得一定的信息反馈后，再做出项目的融资方案决策。

确定项目融资的资金来源和结构，以及对项目风险的分析和评估是项目融资决策阶段的重要内容。确定项目融资的资金来源和结构主要是决定权益资本与债务的比例，及其相应的融资渠道和融资成本。项目风险评估首先要对影响到项目经济性的风险因素进行识别，采用合理的风险定量分析方法，评价识别出来的风险，并确定出关键风险。然后针对每种风险的特点，制定出风险应对措施，以及在风险管理过程中采用的动态控制和反馈机制。此外，还要依据风险分担的原则和惯例，将这些风险的管理责任分配给项目的利益相关者，确保有具体的承担人和管理者对风险发生后的损失负责。

4. 项目融资谈判与合同签署阶段

在初步确定项目融资的方案之后，项目融资顾问将有选择地向商业银行或其他一些金融机构发出参加项目融资的建议书（Information Memorandum），组织贷款银团，着手起草项目融资的有关文件。这一阶段会经过多次的反复，在与银行及其他金融机构的谈判中，不仅会对有关的法律文件做出修改，在很多情况下还会涉及融资结构或资金来源的调整问题，有时甚至会对项目的投资结构及相应的法律文件做出修改，以满足贷款银行及其他金融机构的要求。在这一阶段，融资顾问、法律顾问和税务顾问的作用是十分重要的。强有力的融资顾问和法律顾问可以帮助加强项目投资者的谈判地位，保护投资者的利益，并在谈判陷入僵局时，及时地、灵活地找出适当的变通办法，绕过难点解决问题。

5. 项目融资的实施阶段

在正式签署项目融资的法律文件之后，融资的组织安排工作就结束了，项目融资将进入执行阶段。在传统的融资方式中，一旦进入贷款的执行阶段，借贷双方的关系就变得相对简单明了，借款人只需要按照贷款协议的规定提款和偿还贷款的利息与本金。然而，在项目融资中，贷款银团通过其经理人（一般由项目融资顾问担任）将会经常性地监督项目的进展，根据融资文件的规定，参与部分项目的决策程序，管理和控制项目的贷款资金投入和部分现金流量。除此之外，银团经理人也会参加一部分项目生产经营决策，在项目的重大决策问题上（例如，新增资本支出、减产、停产和资产处理）有一定的发言权。由于项目融资的债务偿还与其项目的金融环境和市场环境密切相关，所以帮助项目投资者加强对项目风险的控制和管理，也成为银团经理人在项目正常运营阶段的一项重要的工作。在项目融资执行阶段，另一个重要的工作就是控制项目的各种风险。在第三阶段进行的项目风险的分析和评估是着重理论分析，那么这一阶段是风险控制的具体实施阶段，只有风险控制达到了预定目标，项目融资的各种目标才能实现。

5.2 项目的提出与构思阶段

5.2.1 需求的产生

项目来源于各种需求和有待解决的问题，人民生活、社会发展和国防建设的各种需要，常常要通过项目来满足，需求是项目产生的基本前提，项目产生于社会生产、分配、消费和流通的不断循环中。例如，要改善城市环境，就要实施诸如道路拓宽、城市绿化、旧城区改造等项目。全面建成小康社会也需要通过实施各种项目来实现。

科学研究也是项目的来源，而且是更重要的来源。由科学研究发现产生的项目常常使国民经济结构发生重大变化，甚至改变人类的历史，如 20 世纪初物理学和化学发现的放射性、核裂变和相对论等研究成果，成为后来许多核发电和其他原子能项目的基础。

自然资源的存在、发现和利用也是项目的来源，如矿产开采、输油输气管道的铺设等项目。

科学发现和科学研究常常为以前人类无法利用的资源找到新用途，因而也就能够提出许多新项目，如废物、废品回收再利用、循环经济等项目。

国家经济的高速发展、提出的各种新政策等更为许多于国于民有利的项目创造了良好条件。随着公共需求和民间需求越来越多，内容越来越丰富，将会有更多的项目涌现出来。

5.2.2　需求的识别

需求的识别始于需求、问题或机会的产生，终于需求建议书的发布。需求识别是一个过程，需求产生之时也就是开始识别需求之始。从需求的产生到最终需求产品或服务的确定，需要收集信息和资料，进行调查研究，并分析实际的情况和一系列的约束条件，这是一个反复认识的过程。

一个识别需求的典型例子是，假如多年的房屋已经陈旧，居住者希望将房屋重新装修，此时需求产生了，但是最后装修成什么样子，达到什么档次，此时还是一个未确定的事情。那么就需要进行调查研究，接触相关的装修公司，和亲朋好友商量，观看其他房子的装修风格和了解其费用支出，也有可能调查有关装修材料的种类和价格。总之，需要做很多工作，这些工作完成之后，便有了比较清晰的认识，以决定最后的方案。

需求的识别过程是非常重要的，这期间，应该根据实际情况，明确目标和想法，形成一份比较完整和详细的需求建议书。

5.2.3　需求建议书

需求建议书（Requirement for Payment）就是从客户的角度出发，全面、详细地向承约商陈述为了满足其已识别的需求应做哪些准备工作。也就是说，需求建议书是客户向承约商发出的用来表明如何满足其已识别需求的文件。

好的需求建议书能让承约商把握客户所期待的产品或服务是什么，或其所希望得到的是什么。只有这样，承约商才能准确地进行项目识别、项目构思等。

一般来说，客户主要应明确以下内容：

（1）项目工作陈述。客户在工作陈述中，必须明确项目的工作范围，概括说明客户要求承约商的主要工作和范围。

（2）项目的目标。它是指承约商所提供的实体内容，也就是最后的交付物。

（3）项目目标的规定。它要求涉及大小、数量、颜色、重量、速度和其他承约商提出的解决方案所必须满足的物理参数和操作参数。

（4）客户供应。客户供应主要涉及客户为项目实施所提供的保障及物品供应等。

（5）客户的付款方式。例如分期付款、一次性付款或其他方式。

（6）项目的进度计划。项目的进度通常是客户关注的重要方面，它将影响客户的利益。

（7）对交付物的评价标准。项目实施的最终标准是客户满意，否则承约商很难获得所期望的利润。因此，在需求建议书中需要客户对项目的评价标准做出明确的要求。

（8）有关承约商投标的事项。如项目建议书的格式及投标方案的内容。

（9）投标方案的评审工作。客户的评审标准主要包括：承约商的背景及经历、承约商的技术力量和技术方案、项目进度、项目成本等几个方面。

（10）承约商的申请书内容。承约商的申请书至少包括：项目实施的方法、项目的进度计划、承约商的经验、人事安排、项目的成本。

（11）承约商申请书的评价标准。它一般包括对承约商申请书的方案、承约商的经验、项目成本及项目进度计划的评估。

5.2.4 项目的识别

所谓项目识别，是指面对客户已识别的需求，承约商从备选的项目方案中选出一种可能的项目方案来满足这种需求。项目识别是承约商的行为。在接到需求建议书之后，承约商所要做的工作就是根据具体情况确定满足客户需求的项目，客户的成本预算能否足以完成满足需求的项目，分析客户已识别的需求是否经济可行，这一点应以客户为中心。

5.2.5 项目的构思

项目的构思是一种创造性活动，因此又称为项目的创意，是指承约商为了满足客户识别了的需求，在需求建议书约定的条件和具体情况下为实现客户的目标而进行的设想。项目的确立离不开项目构思，而项目的构思非常需要创意，这样项目才有吸引力，才有潜力和市场以及良好的未来。

常用的项目构思方法有项目混合法、比较分析法、集体问卷法、头脑风暴法、信息整合法、辐集式创新、逆向式创新和发散式创新等。一般说来，进行项目构思时，要考虑以下问题：项目的投资背景及意义；项目的投资方向和目标；项目投资的功能及价值；项目的市场前景及开发的潜力；项目建设环境和辅助配套条件；项目的成本及资源约束；项目所涉及的技术及工艺；项目资金的筹措及调配计划；项目运营后预期的经济效益；项目运营后社会、经济、环境的整体效益；项目投资的风险及化解方法；项目的实施及其管理。

5.2.6 项目方案的确定

在可供实施的备选方案中，选择最佳的方案来满足客户的需求，选择在现实中可行的，投入少、收益大的项目方案。在评选方案时要考虑：①分析项目方案是否符合社会发展趋势或社会潮流；②项目需要多长时间完成；③方案需要的人力、物力和财力；④项目在技术上的可行性；⑤项目方案在经济上是否合理。

5.3 项目决策分析阶段

5.3.1 项目的可行性分析

可行性研究是项目开发的前期准备工作。在项目的可行性研究中，通过对项目的主要技术经济要素（见表 5-1）的分析，可以对项目做出综合性的技术评价和经济效益评价，获得项目净现值、投资收益率、内部收益率、投资回收期等具体反映项目经济效益的指标，为项目投资决策提供重要的不可缺少的依据。项目的可行性研究需要分析和评价许多与项目有关的风险因素，一个高质量的、详细的项目可行性研究报告，将有助于项目融资的参与者对项目风险的分析和判断。

表 5-1 项目可行性研究的主要内容

项 目 领 域	可行性研究内容
	外部投资环境
政策性环境	国家法律制度
	项目对环境的影响和环境保护立法
	项目生产经营许可或其他政府政策限制，获得这些许可的可能性及这些许可的可转让性
	项目获得政治风险保险的可能性

（续）

项　目　领　域	可行性研究内容
金融性风险	通货膨胀
	汇率、利率
	国家外汇管制的程度，货币风险及可兑换性
工业性环境	项目基础设施：能源、水电供应、交通运输、通信等
项目生产要素	
技术要素	生产技术的可靠性及成熟度
原材料供应	原材料来源、可靠性、进口关税和外汇限制
	资源储量及可靠性（矿业能源项目）
项目市场	项目产品或服务的市场需求、价格、竞争性
	国内和国际市场分析
项目管理	生产、技术、设备管理
	组织结构设计、进度计划
投资收益分析	
项目投资成本	项目建设费用
	征购土地、购买设备费用
	不可预见费用
经营性收益分析	项目产品或服务市场价格分析和预测
	生产成本分析和预测
	经营性资本支出预测
	项目现金流量分析、风险分析（例如敏感性分析）
资本性收益分析	项目资产增值分析和预测

　　项目的可行性研究对风险的研究和对项目融资的风险分析的出发点是不同的，且对项目风险分析的详细程度也不同。项目的可行性研究是从项目投资者的角度分析投资者在项目整个生命周期内是否能够达到预期的经济效益，并与同行业的标准投资效益率进行比较，具体来说即是否能够获得一个满意的投资收益率，从而判断项目，在经济上是否合理和技术上是否可行。项目融资的风险分析则是在可行性研究的基础上，从主要的项目利益相关者的角度，侧重考察和分析项目融资期内的项目风险，从而判断项目债务资金本息偿还的可靠性和安全程度。项目风险存在于项目的各个阶段。因此，在项目可行性研究的基础上，有必要按照项目融资的要求，对项目风险做出进一步详细的分类研究，分析各种风险因素对项目现金流量的影响，以设计出可为出资方接受的项目融资方案。

5.3.2　项目的可融资性分析

　　项目的可行性研究在很大程度上都是从项目发起人角度进行的经济、技术、政策及环境可行性分析，但这并不意味着项目就具备了可融资性，即满足了投资者的最低风险要求，也并不意味着项目一定能够满足融资的要求。因此，通过项目可行性分析的同时，还要进行项目的可融资性分析。

关于项目可融资性应着重理解以下几点：

（1）银行及其他金融机构一般不愿意承担法律变化的风险。

（2）在存在信用违约或对贷款人进行第一次偿还之前，项目发起人不得进行红利分配。

（3）完工前收入应该用于补充项目的资本性支出，以此来减少对银行及其他金融机构资金的需求量。

（4）项目风险应进行合理分担。项目公司不能承担太多的风险，尤其不能承担东道国政府和项目发起人本应该承担的风险。

（5）项目合同涉及的其他当事人，不能因为银行及其他金融机构对项目资产或权益行使了抵押权益，而终止与项目公司的合同。

在项目融资事务中，项目发起人在说服银行及其他金融机构接受该项目时，应注意利用不可抗力因素来构成"免责条款"。因此，对这一条款的理解对发起人和银行及其他金融机构来说都是非常重要的。一般来说，出现以下事件时，就构成了不可抗力因素，可以免除项目发起人的责任：

（1）雷电、地震、火山爆发、滑坡、水灾、暴雨、海啸、台风、龙卷风或旱灾。

（2）流行病、瘟疫。

（3）战争行为、入侵、武装冲突或外敌行为、封锁或军事力量的使用，暴乱或恐怖行为。

（4）全国性、地区性、城市性或行业性罢工。

（5）核燃料的辐射造成的离子辐射或污染，核燃料、辐射性有毒爆炸物、爆炸性核聚集的其他危险性，或核成分的燃烧产生的核废物造成的离子辐射或污染。

（6）任何政府当局的进出口限制、关闭港口、码头或运河。

（7）其他人类暂时不能控制的事件等。

以上是构成不可抗力的一些排序，但并不是说所有的项目都可以将以上所有事件视为不可抗力。对于不同的项目，不可抗力的特征是不同的。例如在电力项目中，能源供应的中断就不构成项目的不可抗力，项目公司必须为此而承担责任。

银行及其他金融机构只有在所承担的风险与其收益相当时，才能向项目注入资金，而要保证这一点，银行及其他金融机构就会提出种种限制条件。

1. 对各种授权合约的限制

（1）所有授权合约都必须确定项目的有效生命期。

（2）如果银行及其他金融机构对项目公司行使抵押权时（包括银行及其他金融机构卖出项目公司抵押的股份），授权合约不能提前终止，即所有这些合约应与项目而不是项目公司同在。

（3）授权的权利应能全部转让。

2. 对股东协议和所有者权益分配的限制

（1）发起人应认购分配给它的全部股份。

（2）发起人应补足成本超支的资金。

（3）发起人应为保险不能覆盖的部分提供资金保证。

3. 对特许经营协议和 PPP 合同的限制

（1）特许经营协议应规定项目特许经营期的确定方法。

（2）不能将不适当的过重的条款加在项目公司的身上。

（3）特许经营协议的授予者应承担法律变更的风险。

（4）由于不可抗力因素，应延长项目的特许经营期。

（5）特许经营协议不能简单地因为银行及其他金融机构对项目公司行使了抵押权而提前终止。

4. 对建设合同的限制

（1）建设合同应是一揽子承包合同。

（2）在建设合同中，应规定固定价格。

（3）应在固定期限内完工。

（4）不可抗力事件应控制在有限的范围内。

（5）如果不能在固定日期完工，承包商应承担由此给项目公司带来的损失，而且这种损失赔偿应至少能弥补项目公司需支付的银行及其他金融机构贷款利息额。

5. 对经营和维护合同的限制

（1）对项目经营者应提供适当的激励措施，以使其保证项目正常有效地进行，实现项目公司利润最大化的目标。

（2）如果由于项目经营管理不善导致经营目标的失败，经营者应承受严格的处罚。

（3）银行及其他金融机构应有权对经营管理不善的经营者行使开除权或建议开除权。

对于以上三点需要解释的是，首先经营者所得到的激励与所承受的处罚应相对平衡，有时甚至需要进行重新谈判并修改条款；其次，对于银行及其他金融机构拥有的对经营者的否定权，操作起来有些难度，通常的做法是把项目公司在经营和维护合同中拥有的控制合同终止权授予银行及其他金融机构，这样，银行及其他金融机构可以控制经营合同的期限但不能直接开除某经营者。

综上所述，只有解决了上述问题之后，才能打消银行及其他金融机构的顾虑，银行及其他金融机构才能将大量资金长期注入项目中。

5.3.3 项目投资结构的确定

所谓项目投资结构的确定，是指在项目所在国家的法律、法规、会计、税务等外在客观因素制约的条件下，寻求一种能够最大限度地实现其投资目标的项目资产所有权结构。如果项目有两个或两个以上的投资者，则项目投资各方的利益协调同样是投资结构设计的重要考虑因素。这里，投资目标是一组复杂的综合目标集，既包括投资者对融资方式和资金来源等与融资直接有关的目标要求，也包括投资者对项目资产拥有形式、对产品分配、对现金流量控制、对投资者本身企业资产负债比例控制等与项目融资间接有关的目标要求。

近年来有一个明显的发展趋势，即越来越多的项目由多个合资者共同开发、拥有和控制。这种趋势在采用项目融资方式的项目结构中表现特别突出。原因有以下几点：首先，大型项目开发成本高，占用资金多，风险大，使用合资结构，项目的风险可以分散，共同承担；其次，不同背景投资者的结合有可能为项目带来巨大的互补性效益；最后，投资者之间不同优势的结合，有可能在安排融资时获得较为有利的贷款条件。在研究项目融资时，合资结构应该是重点研究的对象。合资结构是指至少两个或两个以上的投资者拥有项目（或项目公司）的直接股本投资，全部或至少两个以上的投资者参与项目经营管理的一种资本所有权形式。

在国际上，较为普遍采用的投资结构主要有三种基本的法律形式：股权式投资结构、契约式投资结构和有限合伙制投资结构。各种投资结构在第二章已有详细论述，这里不再赘述。不同的投资结构有不同的优点，也有不足，究竟选择何种投资结构，需要企业在投资决策时加以分析和权衡。不同的投资结构之间，在资产拥有形式、产品分配、现金流量控制、债务责任、税务结构、会计处理及资产转让等方面存在着较大差异。这些差异对项目的融资安排毫无疑问会产生程度不同的直接或间接的影响，尤其是对以项目经济强度为基础的融资，由于贷款与项目之间的联系更为紧密，这些影响也就因此变得更加明显和突出。

　　无论项目采用哪一种投资结构，其结构是复杂还是简单，有一些带有共性的关键性问题是所有的融资项目都会面对的，并且需要通过投资者之间的谈判对项目的法律结构、投资者的性质和战略目标、项目的生产管理和市场安排、项目的融资方式等一系列问题加以协商和解决。这些问题的处理结果将会直接影响到贷款银行及其他金融机构对项目的信心以及项目融资安排的成效。

5.4　项目融资决策阶段

5.4.1　项目融资模式的选择

　　项目融资模式是项目融资整体结构组成中的核心部分。设计项目的融资模式，需要同步考虑项目投资结构的设计，并在项目的投资结构确定下来之后，进一步细化完成融资模式的设计工作。

5.4.2　项目融资顾问的任命

　　从项目融资开始，项目融资顾问就参与到项目融资的组织安排中。项目融资顾问有时除担任项目投资者的顾问，也作为贷款银团的成员和经理人参与贷款。在许多情况下，当项目融资安排完成后，融资顾问也加入贷款银行及其他金融机构并成为其代理人，代表银行及其他金融机构参加一定的项目管理和决策；有时也会根据银团的要求控制项目的现金流量，安排项目资金的使用，确保从项目的收益中拨出足够的资金用于偿还贷款。

5.4.3　项目融资资金的来源和结构的选择

　　在项目的投资结构和融资模式被初步确定下来的基础上，如何安排和选择项目的资金构成和来源就成为项目融资结构整体设计工作中的另一关键环节。项目融资的资金构成有三个部分：股本资金、准股本资金和债务资金。项目中债务资金和股本资金之间的比例关系，项目资金的合理使用结构以及税务安排对融资成本的影响，是确定项目的资金结构和资金形式的三个主要因素。

　　安排项目资金的一个基本原则是在不会因为借债过多而伤害项目经济强度的前提下尽可能地降低项目的资金成本。因为国际上大多数国家税法都规定贷款的利息支出可以在税前利润中除去，实际贷款利息成本为贷款利率 ×（1 - 企业所得税税率）。从理论上讲，如果一个项目使用的资金全部是债务资金，则它的资金成本应该是最低的，然而项目的财务状况和抗风险能力则会由于承受高的债务而变得相对脆弱；如果项目使用资金全部是股本资金，则资金使用的"机会成本大大提高"，综合资金成本将变得十分昂贵。所以，在安排项目资金时债务和股本资金比例的确定是考虑的主要因素之一。

统筹考虑项目资金的合理使用结构，无论是对项目投资者还是对提供融资的贷款银行及其他金融机构都是十分重要的。确定项目资金的合理使用结构，除了需要考虑建立合理的债务资金和股本资金的比例关系之外，还要考虑：①项目的总资金需求量。保证项目融资中的资金安排可以满足项目的不同阶段和不同用途的资金需求。②资金的使用期限。债务资金都是有固定期限的，根据不同项目阶段的资金需求安排不同期限的贷款，就可以起到优化项目债务结构、降低项目债务风险的作用。③资金成本和构成。它包括股本资金的机会成本和债务资金的利息成本。④混合融资结构。不同利率结构、不同贷款形式或者不同货币种类的贷款结合得当，可以降低项目融资成本，减少项目风险。在考虑项目的资金结构时，利息预提税也是一个重要的研究因素。预提税是主权国家对外国资金的一种管理方式。预提税分为红利预提税和利息预提税两大类，其中以利息预提税应用最为广泛。利息预提税率通常为贷款利息的 10% ~ 30%。预提税一般由借款人缴纳，其应付税款金额可以从向境外支付的利息总额中扣减，也可以是应付利息金额之上的附加成本，这取决于借贷双方之间的安排。对于以国际债务资金作为重要资金来源的项目融资，利息预提税无疑增加了项目的资金成本。

5.4.4 项目融资的信用保证

项目融资信用保证结构的核心是融资的债权担保。对于银行及其他金融机构和其他债权人而言，项目融资的安全性来自两个方面：一方面来自项目本身的经济强度；另一方面来自项目之外的各种直接或间接的担保。这些担保可以由项目的投资者提供，也可以由与项目有直接或间接利益关系的其他方面提供；这些担保可以是直接的财务保证，如完工保证、成本超支保证等，也可以是间接的或非财务性的担保，如长期供货协议等。所有这一切担保形式的组合，就构成了项目的信用保证结构。

安排项目担保的步骤可以分为四个阶段。

（1）贷款银行及其他金融机构向项目投资者或第三方担保人提出项目担保的要求。

（2）项目投资者或第三方担保人可以考虑提供企业担保，如果企业担保不被接受，则要考虑提供银行担保。

（3）在银行提供担保的情况下，项目担保成为担保银行与担保受益人之间的一种契约。

（4）如果项目所在国与提供担保的银行不在同一国家时，有时担保受益人会要求担保银行安排一个当地银行作为其代理人，承担担保义务，而担保银行则承诺偿付其代理人的全部费用。

5.4.5　项目融资风险的分析与评价

项目融资有限追索的特性限制了贷款人追索的程度和范围，因此风险的分担与控制就显得尤为重要。项目融资中的大量工作都是围绕风险展开的，项目融资的全过程就是风险识别、风险评价、风险分担和风险控制的过程。项目融资中风险分析与评价具有自身的特点，主要表现为以下几方面：

（1）以项目的可行性研究报告作为风险控制的首要前提。项目的可行性研究需要分析诸如项目的原材料供应、技术设备及劳动力的可获得性、项目产品或服务的需求状况、项目的环境效应等一系列与项目有关的风险因素。一份有说服力的、权威性的、包括技术和经济效益的项目可行性报告将有助于组织项目融资，并对项目风险予以分析、判断。

（2）以风险的识别与细分作为设计融资结构的依据。项目融资是根据投资者的融资战略和项目的实际情况量身定做的一种结构性融资。一个成功的融资结构应当在其各参与方之间实现有效合理的项目风险分担，而前提性的工作是对风险进行识别并根据各自特征加以细分，从而使风险控制的目标明朗化，也保证了风险控制过程的阶段连续性。

（3）以项目利益相关者为风险分担的主体。参与项目融资并在其中发挥不同作用的利益相关者包括：项目发起人、项目公司、项目贷款人、工程承包商、能源和原材料供应商、项目产品的购买者、项目融资顾问以及有关政府机构等。项目融资风险控制的核心环节是在项目风险与项目当事人之间以合同形式建立对应关系，形成风险约束体系，从而保证融资结构的稳健性。

（4）以合同作为风险控制的首要手段和主要形式。在项目融资中定量评估各类风险，以合同的方式明确规定当事人承担多大程度的风险，用何种方式来承担。以项目合同、融资合同担保和支持文件作为风险控制的实现形式贯穿项目周期，彼此衔接使风险得以规避。

5.5　项目融资谈判与合同的签订阶段

5.5.1　选择银行及其他金融机构并发出项目融资建议书

项目融资中，项目发起人若希望采用银团贷款取得项目所需资金，就会把贷款要求通知几家银行及其他金融机构，而且与他们讨论条件，经过初步讨论之后，借款人就会邀请几家银行及其他金融机构提出正式融资建议书，做出要约。别的银行及其他金融机构如果知道有这个计划，即使未受邀请，也可以自动提出建议书。

建议书可以由一家银行单独提出，也可以由两家或两家以上的银行及其他金融机构根据各自需要联名提出。总之，对银行及其他金融机构来说，提出建议书的方式是一项重要的决定。银行及其他金融机构的建议书如被借款人接受，该家或其他多家银行及其他金融机构就正式成为受托融资机构，担当贷款人的角色。

建议书首先会说明贷款人即受托银行及其他金融机构，愿意做出的承担（commitment）是属于"全力的"（best effort）承担，还是"包揽"（under effort）性质的承担。"全力"承担，就是为了组织银团而投入人力、物力的承担。在这种承担下，如果受托银行及其他金融机构不能组成一个愿意提供全部贷款的银团，就要退出整项计划，或与借款人达成协议，把贷款额降为银团愿意提供的数额。如果受托银行及其他金融机构在竭尽全力之后仍未组成银团，也不需要负法律责任。如果受托银行及其他金融机构不得不减少贷款额或者退出整个计划，信誉就会大大受损，因为受托银行及其他金融机构通常会改变贷款方案，极力去说服别的银行及其他金融机构接收这项贷款方案。

"包揽"性质的承担，就是贷出借款人所需资金的担保。如果受托银行及其他金融机构承担的是全面包揽的要约，那么受托银行及其他金融机构做出的承诺，是在达成贷款协议后贷出借款人所需的资金；如果这项承担是局部包揽的要约，受托银行及其他金融机构就是承诺贷出它所包揽的款额，而其他款额便需在市场上筹集。

在上述不同的情况下，受托银行及其他金融机构均有一个"保留"指标，或一个"出让"指标。保留指标是指贷款的受托银行及其他金融机构本身所保留的由自己贷出的贷款数额，而出让指标则指受托银行及其他金融机构希望其他银行承担的贷款数额。

"全力"承担和"包揽"承担的区别，在于贷款人做出前者承担时，市场风险由借款人担当，而在受托银行及其他金融机构做出"包揽"性质的承担情况下，市场风险由受托银行及其他金融机构承担。

建议书的下一步则需要列出贷款的基本条款和条件，典型的条款包括如下几项：

（1）贷款数额和货币币种。

（2）贷款目的。

（3）有关提款之条款。

（4）宽限时期、债务偿还和最后偿还日期。

（5）取消贷款和提前偿还贷款的条款。

（6）利率、计息时期和息差。

（7）收费项目，包括承担费、经理费和代理费。

（8）必须十足付款，不得扣除任何税款和其他预扣税费。

（9）管辖的法律和法院管辖权。

（10）文件——标准文件。

（11）规定费用——不论贷款合约最终是否签署，借款人须向贷款人的受托银行及其他金融机构偿付一切有关费用。

（12）失效日期。

（13）其他条件如下：

1）借款人在一段规定的时期内，不得在市场上寻求其他银团贷款。

2）草拟资料备忘录。

受托银行及其他金融机构提出建议书之后，便和借款人进行洽谈，并可能对建议书加以修改。如借款人接受了经过修改或无须修改的建议书，就是正式委托有关银行及其他金融机构为贷款人。

5.5.2 项目融资谈判

如何起草和签订协议，这是一个非常复杂的问题，要求谈判人员具备必要的知识和技能、高超的谈判艺术和经验。借款单位（通常是项目公司）做好以下几个方面的工作，对于其起草和签订好项目融资协议来说，是非常关键的。

1. 做好谈判班子的组建工作

在谈判工作中，谈判人员的谈判水平将直接关系到当事人在协议中的利益和谈判工作的成败。因此，谈判班子的组成对于保证该项谈判的成功来说是至关重要的。实践经验表明，在一个项目融资谈判班子中，下列各方面的专家或有特长和经验的人员必须包括在内：

（1）技术专家。

（2）工程专家。

（3）项目融资专家。

（4）律师。

（5）税务顾问。

（6）借款单位代理人等。

参加谈判的人，必须是在某一方面有特长、技能或经验的人员。谈判班子必须能团结一致，在实际谈判过程中，要相互配合，相互取长补短。谈判班子事先要确定谈判的主谈人，并制定严密而周详的谈判方案。

2. 事先做好项目的可行性研究及必要的谈判准备工作

借款方在谈判之前，必须对该项目做好技术、商务及合同文件方面的准备。借款方对该项目的技术要求、技术规范及项目所具备的技术条件等方面的问题，在谈判开始之前，就必须十分明确。对于合同协议所涉及的一些商务问题也要有充分的准备和对策。如果有条件和可能的话，应尽量事先起草好协议和其他相关文件，以便将制定协议的主动权掌握在自己手中，在整个谈判和协议中占据有利地位。

3. 掌握好政策、法律尺度

借款方的谈判班子在谈判开始之前，一定要对该协议可能涉及的本国或本地区的政策和法律有充分而明确的了解。例如，对本国关于土地征用、技术转让、外商投资法律等要有充分的了解，并在谈判正式开始之前，针对每一个问题，先行拟订内部策略；在谈判过程中，切不可随意脱离原定方案和对策，更不可随意答应对方的要求，信口开河或任意许诺，否则既可能使对方怀疑本方的诚意和能力，也可能给本方利益带来不可挽回的损失。

4. 做好协议的外围工作

借款方在谈判开始之前，为了保证该项谈判能顺利进行和取得成功，应尽量在事前充分研究与该项协议有关的一些外围工作。例如，在一个电站的项目融资中，与业主政府履行其特许权有关的直接外围工作有：保证能源供应、保证购买电力及电力上网等。如果相关的外围工作能在事前做得充分而有效的话，就能有助于该项谈判的顺利进行，并在该项特许经营协议中获得有利的地位和条件。

5. 与对方建立起相互充分信任的协议关系

项目融资的合同关系复杂，它的成功除了需要有一个良好的项目运作机制外，项目各方在谈判协议的过程中应建立起充分信任的关系，只有这样，才能做到互相理解、互相尊重、密切配合，共同为该项目合同的谈判成功及日后履行该协议而同心协力。在实际工作中，若能做到这一点，往往就能取得事半功倍的成效，否则，如果双方不能互相信任的话，谈判工作可能会旷日持久，既浪费谈判双方宝贵的时间与财富，最终又不能达成任何协议。

5.5.3 项目融资谈判涉及的协议

项目融资贯穿项目建设和运营的全过程，因而项目融资涉及的文件类型很多，涉及范围广泛，也很复杂。常见的融资文件应包括：基本融资协议（写明贷款条件、保护条款等），担保文件，项目贷款人和担保权益托管人之间的信托、协调或共同贷款人协议，安慰信和其他支持文件，以及掉期、期权和利率区间等附加文件。

1. 融资协议

融资协议是项目融资最基本的法律文件，是项目融资形成的基础，也是项目融资执行的依据。它规定了各方当事人的权利和义务。融资协议必须包括以下条款：

（1）融资金额和目的。

（2）利率和还本付息计划。

（3）付给安排行、代理行和贷款人的佣金和费用。

（4）贷款前提条件——法律意见书、董事会决议、所有项目合同的副本、担保合同的交接、政府批准文件、期权信、专家报告和财务报表。

（5）对向借款人和/或其他有关方追索的限制；对现金流量的专门使用。

（6）保护性条款——税收补足条款、增加成本补偿、利率选择、市场干扰、非法监督、罚息、标准货币。

（7）陈述和保证——关于企业的形式和能力、有关文件的正确执行、所有项目和融资文件的准确性、责任的有效期和项目资产的所有权。

（8）项目的约定——项目标准、遵守项目批准书以及法律和规定，按照发展计划和可行性确定进行建造和运营、担保、缴税。

（9）还款能力系数和其他融资契约。

（10）限制性条款——借款限制、消极保证、平等条款、对分红和资产处理的限制。

（11）违约事件；执行对担保品的权利。

（12）融资信息和项目信息，规划、有关报告或报告的要求，以及项目的监督机制。

（13）从收益账户划拨资金的机制，保险账户和其他保管账户。

（14）代理条款、支付机制、银行及其他金融机构间的互相协调和收入的分配。

（15）委托和转让条款。

2. 主要贷款文件

（1）资料备忘录。资料备忘录是指关于借款人和有关项目的资料性文件。它通常由借款人在首席经理人的协助下起草，由首席经理人代表借款人发给要求取得这些资料的贷款参与人。资料备忘录的内容集中叙述下列几点：

1）借款人的财务状况，过去的业绩和当前的经营管理结构。

2）计划的可行性，产品市场成本估算，作价和现金流量。

（2）邀请电文。邀请电文是管理集团向受邀参加银团的贷款人发出的电文，内容包括贷款的全部基本条款，也就是贷款合约的基础，邀请电文所包含的贷款基本条款应符合为借款人接受的受托银行及其他金融机构建议书中所列举的条件。邀请电文一般包括以下内容：金额和货币币种，贷款目的，提款，宽限期，偿还和最终到期日，取消贷款和提前偿还借款，利息，各种银行收费，十足付款，管辖法律、管辖权、放弃管辖豁免权，需要使用的标准文件，需要偿还的费用，建议期满日期等。

（3）贷款合约。贷款合约中的标准条款基本上包括：先决条件、陈述和保证、承诺、违约事件。

1）先决条件。所有银团贷款文件都会规定，必须在某些先决条件实现之后，借款人才能提取第一笔放款，而且在借款人提取第一笔放款以后直至各次放款之前，还得满足其他先决条件。首次提款的先决条件通常包括：①担保文件正式签署，递交并且注册登记。②企业内部程序。借款人的最新组织章程，以及授权进行有关交易决议的正式副本。③政府的批准证件。政府对借款人的一般营业及与这次贷款有关的项目所颁发的批准证件、许可证和豁免证等证件副本。④重要合约的副本。⑤法律意见书。法律意见书必须包括下列各项事宜：借款人的地位和权利；借款人的主管机构对该项交易的正式批准；贷款文件是否已正式签署；贷款文件是否违反有关法律管辖区之法律；有关交易是否已经取得必需的政府准许；贷款文件的合法性、有效性、约束力和可执行性；贷款文件所需的注册；同贷款文件和支付有关税项的缴纳；豁免权。

一般来说，随后提款的先决条件如下：提交其他的文件和意见；一切陈述和保证仍属事实；并未发生任何违约事件。

2）陈述和保证。典型的陈述和保证包括：①有关借款人组织的完善，进行营业的资格；签订有关合同的权利。②正式授权。已经采取一切必要的企业程序，授权进行有关交易。③借款人所签署、递交及履行有关的协议，并不违反任何法律、其组织章程、任何合约和不会形成产生负担的义务。④借款人已取得政府一切必需的批准证件。⑤没有任何可能对借款人的业务或状况，带来重要不利转变的悬而未决的诉讼。⑥借款人并未违反对其有约束力的任何协议。⑦企业的法定资本和发行的股票资本状况，以及所有附属企业和联合企业的身份是真实的。⑧贷款合约和担保文件的构成合法、有效，并对借款人有约束力，借款人可按照其条款要求付诸执行。⑨资料备忘录所包含的资料是真实的，其预测合理，符合实际情况。

上述条款只是最低限度的基本要求，目的是弥补贷款文件可能出现的任何缺陷，及排除借款人的业务和状况可能引起的问题。

3）承诺。承诺可分为正面承诺和反面承诺，正面承诺是指做某些事情；反面承诺是指不去做某些事情。借款人的正面承诺包括：①使企业保持生存，也就是不可清盘。②取得并保持必需的关于政府批准的证件。③积极进行和完成有关工程。④向贷款人提供资料并协助贷款人评定工程完工的进度，按一般的做法，贷款人有权聘用一名专家独立估量施工进度、工程质量以及建造成本是否合理。专家费用由借款人负担。⑤提供定期的财务报表和预测。⑥履行重要合约。⑦在知悉任何违约事件时，立即通知贷款人。

反面承诺包括：①不得修改组织章程、文件或与其他企业合并或者清盘。②借款人的控股权不得有任何改变。③除了通常经营的业务外，不得对其资产制造任何负担或加以处置。④不得借入或借出任何款项。⑤不可以偿还股东贷款、派发股息或以退回资本方式付款给任何股东。⑥不得改变其业务或开展任何新的业务。⑦不得修改或中止任何重要合约。

4）违约事件。违约事件包括：①未能按贷款合约规定的方式付款；②未能履行贷款合约或担保文件所给定的其他义务；③有的陈述是不真实的；④无偿债能力；⑤"交叉违约"，即借款人还违反了别的合约；⑥政府撤销有关的准许证；⑦任何重要合约被修改或终止；⑧有关工程已被没收；⑨其他重要的不利变化。

3. 特许经营协议

如果是特许经营 BOT 项目，则主要是针对特许经营协议展开谈判。特许经营协议是指规定和规范项目业主政府与该项目的民营机构之间权利、义务关系的法律文件。它往往是项目融资中所有协议合同的核心和依据。一般来说，特许经营协议包括的内容有以下几方面：

（1）特许权的范围。

1）权力的授予。该条款的作用是明确在项目中，由哪一方来授予项目主办者，从事一个项目在建设和营运等方面的特权。实践中一般为业主政府或其公营机构授予私营机构的某种特权。

2）授权范围。该条款规定业主政府授予项目主办者主办一个项目权利的范围，包括项目的建设、运营、维护和转让，有时授予该项目主办者从事其他活动的权力等。

3）特许权期限。该条款规定业主政府许可主办者在该项目建成后运营合同设施的期限。该条款与业主政府及其用户的利益有着密切的关系，通常是特许经营协议的一条核心条款。

（2）项目建设方面的规定。该条款主要规定项目的主办者或其承包商将如何从事项目的建设，包括项目用地如何解决、项目的设计要求、承包商的具体义务、工程如何施工及采用什么样的施工技术、工程的建设质量如何保证、工程的进度及工期延误等方面的规定等。

（3）项目的融资及其方式。该条款主要规定项目将如何进行融资、融资的利率水平、资金来源、双方同意将采用什么样的方式进行融资等内容。

（4）项目的运营及维护。该条款规定主办者运营和维护合同设施的方式和措施等。例如，是由项目主办者自行运营合同设施，还是委托其他营运者负责运营；合同设施的维护工作由谁负责，将采取什么措施进行维护等。

（5）合同设施的收费水平及其计算方法。合同设施的收费水平及其计算方法条款，在实践中也是一条非常难以谈判和确定的条款。该条款的正确性将关系到整个项目融资的成败。此条款主要规定，协议双方将如何确定对合同设施的收费水平，主办者所提出和建议的收费水平是如何计算的，主办者将如何使用该设施，如何收取服务费及以什么货币计价等内容。

（6）能源供应。例如，在一个燃煤电站 BOT 项目中，该条款主要用以规定业主政府将如何保证按时、按质地向项目主办者保证供应项目所需的燃煤或其他能源，以及规定所供能源的价格如何计算及如何实行调整。

（7）项目的移交。该条款主要包括项目移交的范围、运营者如何对设施进行最后的检修，合同设施的风险，在何时何地进行移交，合同设施移交的方式及费用如何负担，移交的程序如何协商确定等。

（8）协议的通用条款。该条款主要是指在一般的经济合同中通常有的那些条款。例如合同的适用法律条款、不可抗力条款、争议的解决条款和违约赔偿条款等。

（9）合同义务的转让。该条款的特殊性在于：在一般的经济合同中，按照普遍的国际商法原则，在一个合同关系成立后，合同的任何一方未经另一方同意，不得擅自将其在本合同项下任何权利、义务转让给第三方，或者即使允许转让，转让的权利和范围也应该是相互平等的。但是，在国际项目融资实践中，项目特许经营协议的主体双方并非是一般经济合同中的普通民事主体之间的关系，因为特许权主体一方是业主政府或其公营机构，而另一方为普通的民事主体，因此双方在本协议中法律地位是不平等的，业主政府一方在特许经营协议中的法律地位具有一定程度的"不可挑战性"。因此，在合同义务的转让规定方面，实践中通常规定：项目的主办者一方，通常不得将其在本协议项下的合同义务转让给第三方，而业主政府则可以视其国内情况，例如因政府机构改革和公营机构合并等原因，而将其在本协议下的合同义务转让给其法定的继承者或第三方。当然，业主政府合同义务的转让应事先通知对方并做好相应的准备工作等。

此外，在实际项目中，特许经营协议还通常制定有一些附件，例如合同设施的检测方案和程序、培训方案、质量控制和保证、运营参数、企业法律意见咨询表、保险文件、企业创始持股人名录、产品或服务的测算和记录等。

发达国家一般都会发布特许经营协议的示范文本。在过去几年中随着我国 BOT 项目在公共事业领域的快速发展，国家陆续出台了一系列的特许经营协议示范文本，以供各地政府在特许经营 BOT 项目融资谈判中参照。

4. PPP 项目合同

PPP 项目合同是指政府方与社会资本方依法就 PPP 项目合作所订立的合同。如果项目采用 PPP 融资模式，则主要根据 PPP 项目合同展开谈判。

PPP 项目合约中通常规定了项目范围和期限、主体结构和合同体系、资本结构、建设和运营维护方案、付费机制、政府承诺和风险分担等，其中，项目融资谈判主要根据项目范围和期限、主体结构和合同体系、建设和运营维护方案、付费机制和风险分担等条款。

（1）项目范围和期限。它主要明确政府与项目公司的合作范围、主要合作内容和项目合作期限。项目范围影响项目投资总量，也直接影响融资总量；同样，合作期限也影响融资资金的还款期限。

（2）主体结构和合同体系。PPP 项目的参与方通常包括政府、社会资本方、融资方、承包商和分包商、原料供应商、专业运营商、保险公司以及专业机构等。融资方案需要根据项目主体之间的合同关系、资金关系和担保关系等有所区别地设计，才能实现项目融资的效率。

（3）建设和运营维护方案。建设和运营维护方案中通常规定了建造和运营维护技术方案，由于项目复杂性和不确定性的存在，技术方案的实施效果会影响项目的运营收益，因此，融资方案需要考虑各类技术风险带来的资金计划偏差，并在项目融资谈判过程中根据建设和运营维护方案开展谈判。

（4）付费机制和风险分担。付费机制和风险分担的条款往往与项目的经营性质直接相关，不同的付费机制和风险分担方案会对项目融资方案中的融资成本计算产生影响，因此在对融资成本谈判过程中应考虑付费机制和风险分担带来的影响。

5. 担保或抵押文件

在项目融资中，只要资产所在地的法律允许，贷款人经常将项目资产作为担保。担保或抵押文件是项目融资中必不可少的文件，一般担保或抵押文件包含下列内容：

（1）按揭或对土地、建筑物和其他固定资产固定设押。

（2）对动产、账面债务和产品的固定设押或浮动设押。

（3）项目文件规定的权益转让，如建设合同、承包商和供货商的履约保函、许可证和合资合同。

（4）项目保险和经纪人保证的转让。

（5）销售合同、"或取或付合同"、使用或收费合同、项目生产收益和经营收入的转让。

（6）长期供货合同的转让，包括"或供或付"合同和能源、原材料的供应合同。

（7）项目管理、技术支持和咨询合同的转让。

（8）项目公司股票的质押，包括对股息设押，各种设押和委托下产生的有关担保的通知、同意、承认、背书、存档和登记。

6. 支持文件和安慰信

项目融资需要项目的各方参与人合理地分担风险。除借款人和贷款人外，可能还要求项目发起人和政府对项目融资给予适当的承诺。贷款方要求项目发起人或股东对项目的完工和运营给予保证，以担保在项目全寿命周期内偿还贷款。

许多项目，特别是基本建设项目或关系到国家安全的项目，如道路、机场、军事基地等，所在国政府将参与项目的计划、融资、建设和运营等各个阶段；即使非政府参与的项目，如果政府对项目给予一定的支持，那么对项目的贷款方也会有很大帮助，减少了其承担的风险。

第三方支持文件有以下几类：

（1）项目发起人的支持，包括还款担保、竣工保函、运营资本合同、现金差额补偿协议、保证书和安慰信。

（2）项目发起人的间接支持，包括或取或付合同、使用合同、或供或付合同、无条件运输合同及持续供货合同。

（3）所在国政府的支持文件，包括许可证、批准、特许、免于没收保函、外汇供应保证。

（4）保险，包括商业保险单、出口信贷保函和多边机构担保文件。

（5）项目公司的股东或其他有关方面出具的"安慰信""支持信""理解信"等，这些支持文件包含目前意向的声明，表明项目发起人对项目目前利益的所有权和保证项目得到良好的管理人员。文件中还可能包含声明，表示从以往看来，子公司遇到财务困难时，母公司给予了支持。有些文件还包含当遇到问题时，贷款人可以依靠的保证。

7. 专家报告和法律意见书

在贷款之前，贷款人需要就项目的技术、法律和涉及的环境问题进行非常全面的了解和论证，以保证贷款的安全性。相应的报告包括以下几方面内容：

（1）关于项目技术可行性的工程师报告。

（2）环境顾问所做的，关于项目对环境的可能影响和适用法律的报告。

（3）保险专家关于项目保险是否足够的报告。

（4）会计师关于项目发起人财务状况和项目公司股东结构的报告。

（5）所在国的法律顾问和向贷款人提供担保或支持的各方的当地法律顾问对法律意向书的报告等。

5.6 项目融资的实施阶段

5.6.1 执行项目融资计划

1. 项目施工阶段

在这个阶段，将进行实际的项目施工，并进一步进行项目的融资工作。项目施工通常采用的方法是交钥匙、固定价格承包方式。承包商的总包价格不得随通货膨胀而浮动，而且承包商必须对不可预见的场地情况承担风险。由于融资的项目比传统项目的施工组织更复杂，因此，为了保证施工工作的合理进行和正确执行，承包商常雇用独立的检查机构对项目进行检查。对施工设计、施工质量和费用控制以及对项目的管理，都有独立的检查者进行检查。

2. 项目运行阶段

在这个阶段，项目的运行和维护者将管理合同设施，并负责在该阶段中收回投资和适当的利润，以归还贷款，支付运营费用、政府税收及股东分红等。如果是PPP项目，那么在规定的特许期限到期后，应将合同设施的所有权无偿归还给政府或其指定的接收单位。

5.6.2 贷款银团经理人监督并参与项目决策

贷款银团的参与可以按项目的进展划分为三个阶段：项目的建设期，试生产期和正常运行期。在项目的建设期，贷款银团经理人将经常性地监督项目的建设进展，根据资金预算和建设日程表，安排贷款的提取。如果融资协议包括有多种货币贷款的选择，银团经理人可以为项目投资者提供各种资金安排上的策略性建议。在项目的试生产期，银团经理人监督项目试生产情况，将实际的项目生产数据和技术指标，与其融资文件规定的商业完工标准进行比较，确认项目是否达到了融资文件规定的商业完工标准。在项目的正常运行期，项目的投资者所提供的完工担保将被解除，贷款的偿还将主要依赖项目本身的现金流量。银团经理人将按照融资文件的规定管理全部或一部分项目的现金流量，以确保债务的偿还。除此之外，银团经理人也会参加一部分项目生产经营决策，在项目的重大决策问题上（例如，新增资本支出、减产、停产和资产处理）有一定的发言权。由于项目融资的债务偿还与其项目的金融环境和市场环境密切相关，所以帮助项目投资者加强对项目风险的控制和管理，也成为银团经理人在项目正常运行阶段的一项重要的工作。

5.6.3 项目风险的控制与管理

1. 国家风险的控制与管理

贷款银行及其他金融机构和国外项目发起人都会尽量采取措施来降低国家风险，以尽量减少损失。目前比较可行的办法有：①寻求政治风险担保；②通过谈判向东道国政府争取更多对付政治风险的权利；③引入多边机构参与项目贷款；④引入当地大企业参与项目的建设和经营。

2. 金融风险的控制与管理

（1）将项目收入货币与支出货币相匹配。

（2）在当地筹集债务。

（3）将合同中涉及的项目收入尽量以硬货币形式支付。

（4）与东道国政府谈判，取得东道国政府保证项目公司优先获得外汇的协议，或由其出具外汇可获得的担保。

（5）利用政治风险保险也能降低一些外汇变动中不可获知的风险。

（6）利用金融衍生工具减少货币贬值风险。

3. 完工风险的控制与管理

为了限制及转移项目的完工风险，贷款人通常要求采取以下方法管理此种风险：

（1）由项目发起人自己承担项目的建设，或按照交钥匙总承包的方式交给另一家工程总承包商来完成。

（2）提供债务承购保证。如果项目最终不能达到商业完工标准的条件，则由项目发起人将项目债务收购下来或将其转化为企业债务，即由有限追索的项目转化为完全追索的企业融资。

（3）由投资者提供无条件完工担保。

（4）技术保证承诺。

（5）由项目发起人提供并建立完工保证基金。

4. 经营风险的控制与管理

（1）保证项目的各种供应。

（2）保证销售收入。

（3）建立储备基金账户，保证有足够的收入来应付经营成本、特别设备检修费和偿还债务等。

5. 市场风险的控制与管理

除了在项目初期做好充分的项目可行性研究工作外，还要在产品销售合同中确定产品定价策略。

6. 环保风险的控制与管理

（1）项目可行性研究中对环保风险进行了充分的分析论证。

（2）实际操作中应注意原材料的环保要求，运输、施工对环境的影响，以及项目运营符合环保的要求。

复习思考题

1. 案例分析题

（1）中集集团证券化融资项目。

1）项目背景：1999年，中集集团总资产达到72亿元，生产标准干货集装箱48万个，占全球市场的35%以上。该公司凭借良好的资信状况和经营业绩，与多家国际大银行建立了广泛的合作关系，多次获得国际中长期贷款支持。此前，中集集团还是唯一一家在美国发行最高金额7 000万美元商业票据的中国上市公司，在国际资本市场上享有较高的声誉。中集集团的发展目标是向国内外提供现代化运输装备，而非仅仅只是集装箱。这就意味着中集集团的产品结构正面临调整。该公司开发生产的冷冻集装箱已经占有国际市场10%的份额。在资产证券化进行的同时，中集集团还与中国进出口银行签订了14亿元人民币的贷款授信额度，这笔资金将主要用于集装箱的生产经营。

中集集团与荷兰银行的协议有效期限为3年。在3年内，凡是中集集团发生的应收账款都可以出售给由荷兰银行管理的资产购买公司，由该公司在国际商业票据市场上多次公开发行资产支持商业票据（Asset Backed Commercial Paper，ABCP）融资，总发行金额不超过8 000万美元。在此期间，荷兰银行将发行票据所得资金支付给中集集团。中集集团的债务人则将应收款项交给约定的信托人，由该信托人履行收款人职责。商业票据的投资者可以获得高出伦敦同业拆借市场利息率 1% 的利息。

在进行证券化融资之前，中集集团曾经受国家外汇管理局批准，于 1996 年、1997 年、1998 年分别发行了 5 000 万、7 000 万和 5 700 万美元的商业票据（Commercial Paper，CP）。这些发行都是以中集集团名义直接进行的 1 年期短期融资。这种商业票据的融资方式容易受到国际经济、金融形势变化的影响而发生波动，这在 1998 年就表现得十分突出。在 1998 年年初，商业票据发行的承销银团再次组团时，原有银团中的部分银行由于受到亚洲金融危机的影响，收缩了在亚洲的业务，并退出了 7 000 万美元的 CP 银团。经过努力，中集集团虽成为金融危机后我国第一家成功续发 CP 的公司，但规模降为 5 700 万美元。为避免类似情况的发生，保持集团资金结构特定性，并进一步降低成本，中集集团进行了资产证券化业务。

2）具体的融资步骤如下：

步骤一，中集集团向所有客户说明 ABCP 融资方式的付款要求，将其应付款项在某一日付至海外某个特设工具机构。

步骤二，中集集团仍然履行所有针对客户的责任和义务。

步骤三，特设工具机构再将全部应收款出售给 TAPCO 公司（由荷兰银行管理的资产购买公司，专门收购全球优质资产）。

步骤四，由 TAPCO 公司在 CP 市场上向投资者发行 ABCP。

步骤五，TACPO 从 CP 市场上获得资金并付给特设工具机构。特设工具机构再将资金付给中集集团设于经国家外汇管理局批准的专用账户内。项目完成后，中集集团只需花 2 周时间，就可获得本应 138 天才能收回的现金。

（2）拟讨论的问题：

1）本案例所描述的是项目融资中的哪几个阶段？

2）您认为对于该项目融资，关键的步骤有哪些，为什么？

3）本项目融资决策阶段所需考虑的问题是什么？

2. 思考题

（1）项目融资的程序分为哪几个阶段，请分析每个阶段最为关键的工作有哪些？

（2）对于 PPP 项目，您认为在项目融资中最为重要的是哪些阶段？在这些阶段需要特别注意的问题是什么？

（3）项目可行性研究中的风险分析和融资决策阶段的风险分析的区别与联系是什么？

（4）项目的可融资性和可行性分析有什么区别？

（5）在项目融资的实施阶段需不需要对风险进行识别？为什么？

为了安排项目融资，在项目技术、财务可行性研究的基础上，还必须对项目进行风险分析，对有关的风险因素做出评价。项目融资风险管理的基础环节是风险识别，然后针对识别出来的风险，运用定量方法对风险评估，最后制定相应的风险应对措施。

第6章

项目融资的风险

6.1 项目融资的风险识别

在项目融资中，对风险的划分已经形成了一套较为完整的体系，然而，对于如何认识具体风险因素对项目融资的影响，仍然缺乏统一的标准，大量的工作仍处于定性分析而不是定量分析的阶段。银行及其他金融机构在进行这种分析时很大程度上受到该银行及其他金融机构过去的经验，特别是对该项目行业部门经验的限制，同时在很大程度上也受到当时、当地金融市场的影响。

这些不确定性因素，使得不熟悉项目融资的投资者很难预测银行及其他金融机构会如何分析项目的风险，以及很难估计银行及其他金融机构可能提出的种种对融资条件的限制与要求。为了解决这一问题，更好地认识和判断项目在融资谈判中的地位，本书从项目的发展阶段、项目风险的表现形式、项目投入的资源组成以及项目风险的可控性四个不同的角度，对项目风险的识别做出全面的说明。这当中必然存在着一部分内容的重叠，有些风险只发生在项目某个特定阶段，而其他一些风险则可能贯穿于整个项目的始终。

6.1.1 按照项目风险的阶段性划分

根据项目发展的时间顺序，其风险可以划分为三个阶段，即项目建设开发阶段风险、项目试生产阶段风险和项目生产经营阶段风险。每个阶段的项目风险都有不同的特点。

1. 项目建设开发阶段的风险

项目在正式建设之前通常会有一个较长的预开发阶段，包括项目的规划、可行性研究、工程设计，对于资源项目还会包括地质勘探、储量确定、矿石金属性试验等一系列工作。在这一时期，项目带有许多未知的和不确定的因素，这时期的投资也带有风险投资的性质。

项目建设开发阶段的风险是从项目正式动工建设开始的。项目动工建设之后，大量的资金投入购买工程用地、购买工程设备、支付工程施工费用当中，贷款的利息也由于项目还未产生任何收入而计入资本成本。从贷款银行及其他金融机构的角度，在这一阶段随着贷款资金的不断投入，项目的风险也随之增加，在项目建设完工时项目的风险也达到或接近于最高点。这时，如果因为任何不可控或不可预见的因素，造成项目建设成本超支，不能按预订时间完工甚至项目无法完成，贷款银行及其他金融机构所承受的损失也是最大的。因此在这一阶段，项目融资要求投资者提供强有力的信用支持以保证项目的顺利完成。只有在对项目建设有百分之百把握的前提下，贷款银行及其他金融机构才会取消对投资者提供附加信用支持的要求。

利用不同形式的工程建设合同，可以相应影响项目建设期的风险变化，有可能将部分项目建设期的风险转移给工程承包企业。这类合同的一个极端是固定价格、固定工期的"交钥匙"合同，另一个极端是"实报实销"合同，在两者之间又有多种中间类型的合同形式。在"交钥匙"合同中，项目建设的控制权和建设期风险全部由工程承包企业承担；而在"实报实销"合同中，项目建设期风险全部落在项目的投资者身上。

2. 项目试生产阶段的风险

项目融资在试生产阶段的风险仍然是很高的。即使这时项目建成投产了，但是，如果项目不能按照原定的成本计划生产出符合"商业完工"条件的产品和服务，就无法达到项目预期的现金流目标，必然危及贷款的偿还，给项目投资者带来相应的风险。

项目融资中所谓的"商业完工"（Commercial Completion）是指在融资文件中具体规定项目产品的产量和质量、原材料、能源消耗定额以及其他一些技术经济指标作为完工指标，并且将项目达到这些指标的时间下限也作为一项指标。只有项目在规定的时间范围内满足这些指标时，才被贷款银行及其他金融机构接受为正式完工。

3. 项目生产经营阶段的风险

一旦项目试生产满足了"商业完工"的具体指标，项目的生产经营阶段也即最后一个阶段就开始了。在这一阶段，项目进入正常的运转，如果项目可行性研究报告中的假设条件符合实际情况的话，项目应该具有足够的现金流量支付生产经营费用，偿还债务，并为投资者提供理想的收益。项目的生产经营阶段是项目融资风险阶段的一个分水岭。从这一阶段起，贷款银行及其他金融机构的项目风险随着债务的偿还逐步降低，融资结构基本上依赖于项目自身的现金流量和资产，成为一种"无追索"的结构。这一阶段的项目风险主要表现在生产、市场、金融以及其他一些不可预见因素方面。

6.1.2　按照项目风险的表现形式划分

按照项目风险在各个阶段的表现形式，项目风险可以划分为十种基本类型：信用风险、完工风险、生产风险、市场风险、金融风险、政治风险、法律风险、不可抗力风险、环境保护风险及国家风险。

1. 信用风险

有限追索的项目融资是依靠有效的信用保证结构支撑起来的。组成信用保证结构的各个项目参与者是否有能力执行其职责，是否愿意并且能够按照法律文件的规定，在需要时履行其所承担的对项目融资的信用保证责任，就构成项目融资所面临的信用风险。

信用风险贯穿于项目的各个阶段。提供项目信用保证的项目参与者（包括项目投资者、工程承包企业、产品购买者、原材料的供应者等）的资信状况、技术和资金能力以及以往的表现和管理水平等，都是评价项目信用风险程度的重要指标。

2. 完工风险

项目的完工风险存在于项目建设阶段。其主要表现形式为：项目建设延期；项目建设成本超支；由于种种原因，项目迟迟达不到设计规定的技术经济指标；在极端情况下，由于技术和其他方面的问题，项目完全停工放弃。

完工风险是项目融资的主要核心风险之一，因为如果项目不能按照预订计划建设投产，项目融资所赖以依存的基础就受到了根本的破坏。完工风险对项目造成综合性的负面影响使项目建设成本增加，项目贷款利息负担增加，项目现金流量不能按计划获得。

项目建设期出现完工风险的概率是比较大的。根据已有统计资料，无论是在发展中国家还是在发达国家，均有大量的项目不能按照规定的时间或者预算建成投产，导致项目融资成本大幅度上升乃至失败。在一些发展中国家，当地工业技术水平、管理水平相对落后是造成项目完工风险的重要因素，但是这并不等于说在发达国家进行投资就不需要考虑这个问题了。根据实践经验，在美国、加拿大和澳大利亚这样的发达工业国家从事项目投资和安排项目融资，应该把项目的完工风险作为一个重要的因素加以考虑，而在这些国家造成完工风险的重要原因是工业关系和劳资纠纷问题。

项目的"商业完工"标准是贷款银行及其他金融机构检验项目是否达到完工条件的依据。商业完工标准包括一系列经专家确定的技术经济指标。根据贷款银行及其他金融机构对具体项目完工风险的评价，项目融资中实际采用的"商业完工"标准可以有很大的差别。总的原则是，对于完工风险越大的项目，贷款银行及其他金融机构会要求项目投资者承担越大的"商业完工"责任。一些典型的"商业完工"标准包括以下几方面：

（1）完工和运行标准。项目需要在规定的时间内达到商业完工的标准，并且在一定时期内（通常为 3~6 个月）保持在这个水平上运行。

（2）技术完工标准。这一标准比完工和运行标准约束性要差一些，因为在条件中没有规定对项目运行时间的检验。采用这一标准，贷款银行及其他金融机构实际上承担了一部分项目生产的技术风险。

（3）现金流量完工标准。这是另一种类型的完工标准，贷款银行及其他金融机构不考虑项目的技术完工和实际运行情况，只要求项目在一定时期内（一般为3~6个月）达到预期的最低现金流量水平，即认为项目通过了完工检验。

（4）其他形式的完工标准。由于时间关系，有些项目在项目融资还没有完全安排好就需要进行提款。在这种情况下，贷款银行及其他金融机构为了减少项目风险，往往会要求确定一些特殊的完工标准。例如，如果产品销售合同在提款前还未能最后确定下来，贷款银行及其他金融机构就有可能规定以某种价格条件，销售最低数量的产品作为项目完工标准的一部分；又如，如果在提款前矿山的最终储量还不能最后确定下来，则最小储量会被包括在项目的完工标准中。

为了限制及转移项目的完工风险，贷款银行及其他金融机构通常要求投资者或工程承包企业等其他项目参与者提供相应的"完工担保"作为保证。

3. 生产风险

项目的生产风险是对项目在试生产阶段和生产运行阶段存在的技术、资源储量、能源和原材料供应、生产经营、劳动力状况等风险因素的总称，是项目融资的另一个主要的核心风险。项目的生产风险直接关系着项目是否能够按照预订的计划正常运转，是否具有足够的现金流量支付生产费用和偿还债务。

（1）技术风险。作为贷款银行及其他金融机构，项目融资不是风险投资，因而银行及其他金融机构的原则是，只为采用经市场证实的成熟生产技术的项目安排有限追索性质的项目融资。对于任何采用新技术的项目，如果不能获得投资者强有力的技术保证和资金支持，是不可能得到项目融资的。贷款银行及其他金融机构对项目技术风险的估价，与银行及其他金融机构是否曾经参加过类似项目的融资很有关系。然而，有时尽管银行及其他金融机构曾经参加过该类项目的融资，但是由于新的被融资项目在设备规模上或在技术上有较大的改进，银行及其他金融机构将仍然认为项目的技术风险是较高的。

（2）资源风险。对于依赖某种自然资源（如石油、天然气、煤炭、金属等）的生产型项目，在项目的生产阶段有无足够的资源保证是一个很大的风险因素。因此，对于这类项目的融资，一个先决条件是要求项目的可供开采的已证实资源总储量与项目融资期间内所计划采掘或消耗的资源量之比，要保持在风险警戒线之下。资源风险评价的公式称为资源覆盖比率，具体如下：

资源覆盖比率（RCR）＝可供开采资源总储量／项目融资期间计划开采资源量

式中　可供开采资源总储量——根据现有技术及现有生产计划可供开采的全
　　　　部资源储量。

最低资源覆盖比率是根据具体项目的技术条件和贷款银行及其他金融机
构在这一工业部门的经验确定的。一般要求，资源覆盖比率应在 2 以上；如
果资源覆盖比率小于 1.5，则贷款银行及其他金融机构就可能认为项目的资
源风险过高，要求投资者提供相应的最低资源储量担保，或者要求在安排融
资前做进一步的勘探工作，落实资源情况。

为了避免项目的资源风险，有时贷款银行及其他金融机构可能向投资者
推荐混合融资方案：A 方案为较短期的有限追索项目融资，以项目已有的资
源储量作为基础；B 方案为接在 A 方案之后的企业融资方案，在资源不足的
情况下，以投资者（借款人）的其他资产作为贷款的附加信用保证。A、B
方案的划分点就设计在贷款银行及其他金融机构可以获得满意的资源覆盖比
率上，对于银行及其他金融机构来说，获得合适的资源覆盖比率，不仅可以
防止出现资源不足的风险，而且也可以有效降低由于其他一些风险因素导致
项目失败的概率。只有获得足够的资源储量保证，才有可能在项目生命期内
偿还全部的贷款。

（3）能源和原材料供应风险。能源和原材料供应由两个要素构成：能源
和原材料的价格及供应的可靠性。一些重工业部门（如电解铝厂和铜冶炼
厂）和能源工业部门（如火力发电站）对能源和原材料的稳定供应依赖性很
强，能源和原材料成本在整个生产成本中占有很大的比重，价格波动和供应
可靠性成为影响项目经济强度的主要因素。对于这类项目，没有能源和原材
料供应的恰当安排，项目融资基本上是不可能的。

长期的能源和原材料供应协议，是减少项目能源和原材料供应风险的一
种有效方法。这种安排可以保证项目按照一定的价格稳定地得到重要能源和
原材料供应，在一些特殊情况下（如原材料市场不景气），甚至有可能进一
步将供应协议设计成"供货或付款"类型的合同，这样，项目的经济强度就
能够得到更强有力的支持。在过去的十几年中，面对变化莫测的国际原材料
和能源市场，投资者们把如何降低能源和原材料风险作为一个重要的课题加
以研究，其中一种值得重视的发展趋势是能源和原材料价格指数化，将能源
和原材料的供应价格与项目产品的国际市场价格直接挂钩，并随着项目产品
价格的变化浮动。这种做法特别适用于项目产品，是具有国际统一定价标准
的大宗资源性商品的项目。

能源和原材料供应价格指数化对各方都有一定的好处。作为项目投资者，
可以降低项目风险，在国际市场不景气时降低项目的能源和原材料成本，在

产出品国际市场上升时仍可获得较多的利润；作为能源和原材料供应商，既保证了稳定的市场，又可以享受到最终产品价格上涨的好处；作为贷款银行及其他金融机构，由于这种做法增强了项目的经济强度，保证了项目的偿债能力，因此特别受到项目融资安排者的欢迎。

（4）经营管理风险。经营管理风险主要用来评价项目投资者对于所开发项目的经营管理能力，而这种能力是决定项目的质量控制、成本控制和生产效率的重要因素。

项目的投资者在同一领域是否具有成功的经验，是贷款银行及其他金融机构衡量项目经营管理风险的一项重要指标。经验证明，在一个由多个投资者组成的合资项目中，如果项目经理（负责项目日常生产管理的企业）是由一个在这一领域具有良好资信的投资者承担，那么无论是整个项目进行融资，还是其中个别投资者单独进行融资，这一因素都会成为项目很好的信用支持。

评价项目的经营管理风险主要从三个方面考虑：①项目经理（无论是否为项目投资者）在同一领域的工作经验和资信。②项目经理是否为项目投资者之一；如果是投资者，则要看其在项目中占有多大比例。一般经验是，项目经理同时又是项目最大投资者之一（40%以上），对于项目融资是很有帮助的。③除项目经理的直接投资外，项目经理是否具有利润分成或成本控制奖励等鼓励机制。如果这些措施使用恰当，则可以有效地降低项目风险。

4. 市场风险

市场风险主要有价格风险、竞争风险和需求风险。

（1）价格风险主要体现在两个阶段：一是生产建设阶段，生产投入要素价格变化引起的项目成本的不确定性，其造成的影响将直接关系到项目的成本控制；二是运营阶段，项目提供的产品或服务价格的不确定性，是影响产品或服务市场竞争力和盈利能力的重要决定因素。

（2）竞争风险主要包括以下三个方面：一是现有竞争者风险，同业竞争越多，企业获得利润就越困难，进而加剧竞争；二是潜在竞争者风险。如果有新企业进入，就意味着该行业的供应量会增加，在一般情况下新企业提供产品的价格会更低、更具竞争力；三是替代品竞争风险，替代品会使企业产品的竞争力减弱甚至消失，因此替代品增多会加剧竞争并加大市场风险。

（3）需求风险。项目的市场需求受各种不确定性因素的影响，如产品与服务本身的价格、消费者收入水平及收入分配平等程度、人口数量与结构的变动、政府的消费政策、消费者的预期等，这些不确定性因素难以进行准确预测和把握。

不难看出，降低项目市场风险的方法需要从上述三个方面入手。项目融资要求项目必须具有长期的产品销售协议作为融资的支持，这种协议的合同买方可以是项目投资者本身，也可以是对项目产品有兴趣的具有一定资信的任何第三方。通过这种协议安排，合同买方对项目融资承担了一种间接的财务保证义务（见图6-1）。前面涉及的"无论提货与否均需付款"和"提货与付款"合同，是这种协议的典型形式。

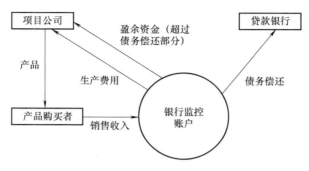

图 6-1　长期销售协议关系

长期销售协议的期限要求与融资期限相一致。销售数量通常是这一时期项目所生产的全部产品或者至少大部分产品，在销售价格上则根据产品的性质分为浮动定价和固定定价两大类型。

（1）浮动定价方式（公式定价）。浮动定价方式主要用于在国际市场上具有公认定价标准、价格透明度比较高的大宗商品。浮动定价方式以国际市场的某种公认价格（如伦敦金属交易所价格）作为基础，按照项目的具体情况加以调整，如加一定的贴水或打一定的折扣。价格公式一经确定，在合同期内就固定不变。采用这种定价公式的产品包括大部分有色金属、贵金属、石油、铁矿砂、煤炭等。由于产品价格的透明度较高、可比性强、有历史资料可供参考，贷款银行及其他金融机构对项目市场风险的估价相对比较清楚，因而愿意接受债务偿还主要依赖于项目产品未来市场状况的项目融资安排。作为投资者，这样的安排会将一部分项目的风险转移到贷款银行及其他金融机构。有些项目，贷款银行及其他金融机构可能认为单纯按照定价公式执行合同，银行及其他金融机构承担的市场风险过大，这时会要求在定价公式中设定一个最低价格，当市场价格低于最低价格时，合同买方被要求用最低价格购买产品。

（2）固定定价方式。它是指在谈判长期销售协议时确定下来一个固定价格，并在整个协议期间按照某一预先规定的价格指数（或几个价格指数），加以调整的定价方式。这种定价方式主要用于以国内市场为依托的项目，例如，发电站、以发电站为市场的煤矿、港口码头、石油天然气运输管道、公路、桥梁等。如何规定价格指数是固定定价方式的关键，习惯上价格指数的参照系包括国家或项目所在地区的通货膨胀指数、工业部门价格指数和劳动工资指数等。如果项目融资中采用了较大比重的美元贷款，美国的通货膨胀指数也有可能被要求包括在参照系中。

在有关降低项目市场风险的谈判过程中，如何建立一个合理的价格体系，对于投资者和贷款银行及其他金融机构双方无疑都是一个重要的问题。双方均需要对市场的结构和运作方式有清楚的认识，对各方承受项目市场风险的能力有正确的判断。过去有的融资安排曾出现过投资者对市场结构不是十分了解，而接受过高定价公式的情况，实际上是由投资者为项目提供了附加的财务保证。

5. 金融风险

项目的金融风险表现在利率风险、外汇风险和通货膨胀风险三个主要方面。

（1）利率风险是指在经营过程中，由于利率变动直接或间接地造成项目价值降低或收益受到损失。实际利率是项目借贷款人的机会成本的参照系数。如果投资方利用浮动利率融资，一旦利率上升，项目的融资成本就上升；如果采用固定利率融资，一旦市场利率下降便会造成机会成本的提高；而对于借款者而言，则反之。

（2）外汇风险涉及东道国货币的自由兑换、经营收益的自由汇出以及汇率波动所造成的货币贬值问题。境外的项目发起人一般希望将项目产生的利润以本国货币或者硬通货汇往本国，以避免因为东道国的通货膨胀而蒙受损失。而资金投入与利润汇出两个时点上汇率的波动，可能对项目发起方的投资收益产生较大的影响。

（3）通货膨胀风险是指由于国家宏观经济的变化，引起货币贬值，从而使投资者在协议确定的项目收费标准下，无法按期收回投资所带来的风险。

6. 政治风险

凡是投资者与所投资项目不在同一个国家，或者贷款银行及其他金融机构与所贷款项目不在同一个国家的，都有可能面临由于项目所在国的政治条件发生变化，而导致项目失败、项目信用结构改变、项目债务偿还能力改变等方面的风险，这类风险统称为项目的政治风险。项目的政治风险可分为两大类：一类表现为国家风险，即项目所在国政府由于某种政治原因或外交政策上的原因，对项目实行征用、没收，或者对项目产品实行禁运、联合抵制，中止债务偿还的潜在可能性；另一类表现为国家政治稳定性风险，即项目所在国在外汇管理、税收制度、劳资关系、环境保护、资源主权等与项目有关的敏感性问题方面的立法是否健全，管理是否完善，是否经常变动。项目的政治风险可以涉及项目的各个方面和各个阶段，从项目的选址、建设，一直到生产经营、市场销售、现金流量及利润回收等项目的全过程。

项目政治风险的影响包括以下几个方面：

（1）项目可能需要政府许可证、特许经营权或其他形式的批准。例如，电站、交通基础设施和国家自然资源的开发项目，一般都需要政府的经营特许，任何有关政策上的负面变化都有可能造成项目的损失。

（2）项目本身可能对于国家的基础设施或安全有重要影响。例如，能源、机场、海港、公路、铁路、桥梁、隧道等方面的项目，这类项目出现政治风险的概率会较一般项目大。

（3）有些项目对于所在国政府的社会政策或国际形象有重大影响。例如，医院、学校、运动场所、旅馆和其他旅游设施项目，对于这类项目，所在国政府可能对政治上的考虑大于经济上的考虑。

（4）项目所在国有可能改变进出口政策，增加关税或限制项目设备、原材料的进口，增加关税或限制项目产品的出口。对于国外投资者利用该国优势从事来料加工一类的项目投资，这种变化将会造成较大的影响。

（5）由于国内经济原因或国际政治原因，项目所在国政府有可能对项目实行限量或对资源开发实行限制。典型的例子包括石油输出国组织成员国对国内石油生产的限制，以及近几年东南亚和南太平洋岛国对森林采伐和原木出口的限制。

（6）减少或增加对项目的税收。典型的例子是英国政府对北海油田项目的收入征收附加税。

（7）减少或者增加对项目利润汇出或国外债务偿还的税收限制。

（8）在项目经济生命期中引入更严厉的环境保护立法，增加项目的生产成本或影响项目的生产计划。

（9）有些项目是根据一定的假设条件安排融资的。例如，固定价格或政府控制价格，政府对市场的管理与控制，一定的税收规定或外汇控制，这些条件的变化将对项目的可行性造成较大的影响。

如果项目融资在很大程度上依赖于政府的特许经营权，依赖于特定税收政策、价格政策、外汇政策等因素，并以这些政策和特许权作为重要的信用支持来安排有限追索的项目贷款，那么政治风险问题对于项目融资将变得更加敏感和突出。

降低项目政治风险的办法之一是政治风险保险，包括纯商业性质的保险和政府机构的保险，后者在几个主要工业国家政府为保护本国企业在海外的投资中较为常用。除此之外，在投资或安排项目融资时，尽力寻求项目所在国政府、中央银行、税收部门或其他有关政府机构的书面保证也是行之有效的办法，这里包括政府对一些特许项目权力或许可证的有效性及可转移性的保证，对外汇管制的承诺，对特殊税收结构的批准认可等一系列措施。另外，在一些外汇短缺或管制严格的国家，如果项目本身的收入是国际流通货币，贷款银行及其他金融机构愿意通过项目融资结构在海外控制和保留相当部分的外汇，用以偿还债务，达到减少项目政治风险以及外汇管制风险的目的。

7. 法律风险

法律风险是指东道国法律的变动给项目带来的风险，主要是指法律的变动可能引起各参与方约束的变动，进而改变各参与方的地位而带来的风险。

8. 不可抗力风险

不可抗力风险主要是指由于洪水、火灾、台风、雷击、地震、海啸、火山爆发等不可抗拒的意外事故引起的风险。

9. 环境保护风险

随着人们生活水平的提高，世界普遍开始关注工业项目对自然环境，对人类健康和生活所造成的负面影响。一个总的发展趋势是对于工业项目的排放标准、废物处理、噪音、能源使用效率、自然植物被破坏等有关环境保护方面的立法，在世界大多数国家中变得越来越严格。毫无疑问，从长远看这些立法将有助于自然环境和人类生活环境的改善，促进工业生产技术和科研水平的提高。然而，在短期内，项目投资者却有可能因为严格的环境保护立法而被迫降低项目生产效率，增加项目生产成本，或者增加新的资金投入以改善项目的生产环境，更严重的甚至迫使项目无法继续生产下去。对于项目融资的贷款银行及其他金融机构，环境保护风险不仅表现在由于增加生产成本或资本投入而造成项目经济收益降低甚至丧失原有的经济收益，而且表现在一旦项目投资者无法偿还债务时，贷款银行及其他金融机构取得项目的所有权和经营权之后，也必须承担同样的环境保护的压力和责任。进一步讲，由于存在环境保护方面的问题，项目本身的价值降低了。因此，在项目融资期内有可能出现的任何环境保护方面的风险，应该和上述其他风险一样得到充分重视。

由于环境保护问题所造成的项目成本的增加，最主要的表现形式首先是对所造成的环境污染的罚款以及为改正错误所需要的资本投入。其次，还需要考虑到由于为了满足更严格的环境保护要求所增加的环境评价费用、保护费用以及其他的一些成本。在项目融资中，环境保护风险通常被要求由项目的投资者或借款人承担，因为投资者被认为对项目的技术条件和生产条件的了解比贷款银行及其他金融机构要多得多。并且，环境保护问题也通常被列为贷款银行及其他金融机构对项目进行经常性监督的一项重要内容。

10. 国家风险

在一个国家范围内综合考察上述风险，就可以得到该国家的综合风险水平。对国家风险进行评价，必须收集和处理大量的国家风险资料，由专业人士进行详尽的分析，但这样做的成本太大，可以借鉴由某些大银行或跨国集团编制的国家风险指数自己进行分析和判断。

（1）富兰德指数：这是一种反映国家风险大小的评价指数。以 0 ~ 100 表示，指数越高表示所在国风险越低，信誉地位越高。该指数是三个定性定量体系的综合指标。这三个定性定量体系分别是：定量评级体系、定性评级体系、环境评级体系，如表 6-1 所示。

表 6-1 富兰德指数三个定性定量体系的综合指标

体 系	权 重	内 容
定量评级体系	50%	外汇收入、外债数量、外汇储备状态、政府融资能力
定性评级体系	25%	经济管理能力、外债结构、外汇管制状态、政府廉洁程度、政府应对外债困难的措施
环境评级体系	25%	政府风险指数、商业环境指数、社会政治环境指数

（2）国家风险国际指南（RCRG）：这是由美国纽约国际报告集团编制的风险分析指标体系，每月发表一次。该指南中国家风险分为三个部分，即政治、金融和经济三部分。其权重分别是 50%、25% 和 25%。评分时的总分为 200 分，即金融 100 分，其余各 50 分。

（3）日本公司债研究所国家等级表：这是日本公司债研究所每年定期公布的国家风险结果。它为日本投资者了解各国风险状况服务，主要采用的是评分制，用 0 ~ 14 分表示，0 分表示国家风险最低。

6.1.3 按照项目的投入要素划分

项目在开发和经营的过程中需要投入的要素可以划分为五大类：人员、时间、资金、技术和其他要素。因此从项目投入要素的角度，可以对上述项目风险做出另一种形式的划分。

1. 人员方面的风险

人员方面的风险主要表现在：人员来源的可靠性，技术熟练程度，流动性；生产效率；工业关系，劳动保护立法及实施；管理人员素质，技术水平，市场销售能力；质量控制；对市场信息的敏感性及反应灵活程度；企业内部政策，工作关系协调。

2. 时间方面的风险

时间方面的风险主要表现在：生产计划及执行；决策程序、时间；原材料运输；原材料短缺的可能性；在建设期购买项目土地、设备延期的可能性，工程建设延期的可能性；达到设计生产水平的时间；单位生产效率。

3. 资金方面的风险

资金方面的风险主要表现在：产品销售价格及变化；汇率变化；通货膨胀因素；项目产品购买者/项目设备使用者的信用；年度项目资本开支预算；现金流量；保险；原材料及人工成本；融资成本及变化；税收及可利用的税务优惠；管理费用和项目生产运行成本；土地价值；项目破产以及与破产有关的法律规定。

4. 技术方面的风险

技术方面的风险主要表现在：综合项目技术评价（选择成熟技术是减少项目融资风险的一个原则）；设备可靠性及生产效率；产品的设计或生产标准。

5. 其他方面的风险

除上述四个方面的风险外，其他如：产品需求、产品替代的可能性、市场竞争能力；投资环境（立法、外交政治环境、外汇管制）；环境保护立法；项目的法律结构和融资结构；知识产权；自然环境；其他不可抗拒因素等造成的风险。毫无疑问，以上几种要素无论哪一种要素（不仅仅是资金要素）出现问题，都会对项目的经济收益产生影响。

6.1.4 按照项目风险的可控制性划分

从项目投资者是否能够直接控制的角度，项目风险可以划分为两类：不可控风险和可控风险。前者指与市场客观环境有关、超出了项目自身的风险；后者指可由项目实体自行控制和管理的风险。然而，这两种风险的划分并不绝对。有时候不可控风险也可以通过一定的手段予以消减，而另外一些时候可控风险却无法避免。

1. 不可控风险

不可控风险是指项目的生产经营，由于受到超出企业控制范围的经济环境变化的影响，而遭受到损失的风险。对这类风险企业无法控制，并在很大程度上也无法准确预测，因而项目的不可控制风险也被称为项目的系统风险。项目的不可控风险主要包括以下几种：

（1）项目的金融风险（利率风险和汇率风险）。

（2）部分项目的市场风险。

（3）项目的政治风险。

（4）项目的法律风险。

2. 可控风险

可控风险是指与项目建设和生产经营管理直接有关的风险。它包括完工风险、生产风险、技术风险和部分市场风险。这类风险是项目投资者在项目建设或生产经营过程中无法避免，而且必须承担的风险，同时也是投资者应该知道如何去管理和控制的风险。因此，项目的可控风险亦称为非系统风险。

在项目融资中项目的风险按照可控制性加以分类，是希望能够按照不同的风险性质对其加以控制与管理。作为项目融资的贷款银行及其他金融机构，对于不同性质风险的处理方式是不一样的。对于项目的非系统风险，贷款银行及其他金融机构总是尽可能地以各种合同契约形式，将其转移给项目的投资者或其他项目参与者；但是对于项目的系统风险，在一定程度上，贷款银行及其他金融机构是可以接受的，并且愿意和项目的投资者一起来管理和控制这类风险。

这两类风险所包含的具体风险可用图 6-2 表示。

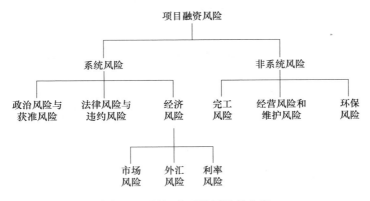

图 6-2　系统/非系统风险的内容

6.2　项目融资的风险评估与量化

在项目融资中，除了对项目风险进行识别和分类，还必须对其进行定量分析，因为只有对项目风险做出正确的分析，才能找出限制项目风险的方法和途径，设计出风险分析的融资结构。

项目融资的风险分析是在项目可行性研究的基础上进行的，可行性研究中经常使用的项目现金流量模型，是项目风险评价的重要定量分析工具。根据项目融资的特点和要求，运用项目现金流量模型，对影响项目经济强度的各种因素的变动风险做出准确的数量化的描述，为项目融资的方案设计提供重要的数据支持。

项目风险分析的基本思路：①确定选用什么样的标准来测定项目的经济强度。②通过与所选定的标准进行比较，判断各种因素对项目的影响程度。

6.2.1 确定项目风险收益率的 CAPM 模型

CAPM 模型（Capital Asset Price Model）又称资本资产定价模型，是项目融资中被广泛接受和使用的一种确定项目风险收益（贴现）率的方法。在项目融资中，进行项目总体经济强度的分析时，首先遇到的问题就是项目风险贴现率的确定问题，依据选定的贴现率计算项目的投资收益和净现值，评价项目的经济强度。在 CAPM 模型中，项目风险贴现率的含义是指项目的资本成本在公认的低风险的投资收益率的基础上，根据具体项目的风险因素加以调整的一种合理的项目投资收益率。

1. CAPM 模型

$$R_i = R_f + \beta_i(R_m - R_f) \tag{6-1}$$
$$= R_f + 风险收益率$$

式中，R_i——在给定风险水平 β 条件下项目 i 的合理预期投资收益率，也即项目 i 带有风险校正系数的贴现率（风险校正贴现率）；

R_f——无风险投资收益率；

β_i——项目 i 的风险校正系数，代表项目对资本市场系统风险变化的敏感程度；

R_m——资本市场的平均投资收益率。

将风险校正贴现率代入项目现金流量净现值的计算公式中：

$$NPV = \sum_{t=0}^{n} (CI - CO)_t (1 + i)^{-t} \tag{6-2}$$

式中　NPV——项目的净现值；

$(CI - CO)_t$——第 t 年项目的净现金流量；其中 CI 为现金流入量，CO 为现金流出量；

n——计算期数，一般为项目的寿命期；

i——折现率。

就可以计算出考虑到项目具体风险因素之后的净现值：

$$NPV = \sum_{t=0}^{n} (CI - CO)_t [1 + R_f + B_i(R_m - R_f)]^{-t} \tag{6-3}$$

根据项目现金流量的净现值的计算，如果 $NPV \geq 0$，则表明项目投资者在预期的项目寿命期内，至少可以获得相当于项目贴现率的平均投资收益率，项目收益将大于或等于投资的机会成本，项目是可行的；如果 $NPV < 0$，说明该项目的投资机会成本过高，项目不可行。需要注意的是，此处为了简化分析，可以做出一定的假设，即无风险投资收益率（R_f）、资本市场的平均投资收益率（R_m）及风险校正系数（β）在项目的寿命期内保持不变。

2. CAPM 模型的理论假设

（1）资本市场是一个充分竞争的和有效的市场。投资者在资本市场上可以不考虑交易成本和其他制约因素的影响。

（2）在资本市场上，追求最大的投资收益是所有投资者的投资目的。高风险的投资有较高的收益预期，低风险的投资有较低的收益预期。

（3）在资本市场上，所有投资者均有机会运用多样化、分散化的方法来减少投资的非系统性风险。在投资决策中，只需要考虑系统性风险的影响和相应的收益问题即可。

（4）在资本市场上，对某一特定资产，所有的投资者是在相同的时间区域做出投资决策的。

根据以上的假设，投资者做出决策时，只需考虑项目的系统风险（与市场客观环境有关，超出项目自身范围的风险如政治风险、经济衰退等），而无须考虑项目的非系统性风险（可由项目实体自行控制管理的风险，如完工风险、经营风险等）。

3. CAPM 模型参数的确定

CAPM 模型的参数主要有：无风险投资收益率（R_f）；风险校正系数（β）；资本市场的平均投资收益率（R_m）。

（1）无风险投资收益率（R_f）。无风险投资收益率是指在资本市场上可以获得的、风险极低的投资机会的收益率。在项目风险分析中，需要确定无风险投资收益率这一指标值，一般的做法是在资本市场上，选择与项目预计寿命期相近的政府债券的利率作为 R_f 的参考值，通常 R_f 也被用来作为项目风险承受力底线的指标。

（2）风险校正系数（β）。风险校正系数是指风险贴现率计算中较难以确定的指标值。在项目风险分析中，这一指标值的计算方法存在的争议也较大。在国际项目融资中，一般的方法是根据资本市场上已有的、同一种工业部门内相似企业的系统性风险的 β 值，作为将要投资项目（分析对象）的风险校正系数。β 值越高，表示该工业部门在经济发生波动时风险性越大。也就是说，当市场宏观环境发生变化时，那些 β 值高的企业对这些变化更加敏感；反之，企业的 β 值越低，市场和宏观环境的变化对其影响相对较小。

（3）资本市场的平均投资收益率（R_m）。依据现代西方经济理论，在资本市场上存在一个均衡的投资收益率。然而这一均衡的投资收益率在实际的风险分析工作中却很难计算出来。在一些资本市场相对发达的国家，通常以股票价格指数来替代这一均衡投资收益率，作为资本市场的平均投资收益率的参考值。由于股票价格指数的收益率变动频繁、幅度较大，所以在实际计算资本市场平均投资收益率时，一般是计算一个较长时间段的平均股票价格指数收益率。这样做带来的一个问题是，在实际的风险分析计算时，可能会出现 $R_m - R_f < 0$ 的情况，这是因为 R_m 的估值是过去某一阶段中的平均投资收益率，而 R_f 的估值，如前所述，是反映对未来收益的预期，两者不匹配，解决这一问题可以采用计算一个较长时间段内的（$R_m - R_f$）的平均值，来代替 R_m 的单独估值。

4. 加权平均资本成本（WACC）

运用 CAPM 模型计算项目投资的合理资金成本，即加权平均资本成本，为项目投资决策提供依据。加权平均资本成本是指将债务资本成本分别乘以两种资本在总资本中所占的比例，再把两个乘积相加所得到的资本成本。其计算公式如下：

$$WACC = R_e \times W_e + R_d(1-t)W_d \qquad (6\text{-}4)$$
$$= R_e \times E/(E+D) + R_d(1-t) \times D/(E+D)$$

式中　　$WACC$——加权平均资本成本；

R_e——权益资本成本；

W_e——权益资本权重 $[W_e = E/(E+D)]$；

$R_d(1-t)$——债务资本成本；

W_d——债务资本权重 $[W_d = D/(E+D)]$；

R_d——债务利息；

t——税率，通常是企业所得税税率；

E——权益资本；

D——债务资本；

$E+D$——总资本，即权益资本与债务资本之和。

一般来说，运用 CAPM 模型计算项目投资的资金成本可分为以下四个步骤：

（1）确定项目的风险校正系数 β 值。一般是根据所要投资项目的性质和规模及其所属产业市场状况等，在资本市场上寻找相同或相近的企业资料来确定这一数值。

（2）根据 CAPM 模型计算投资者股本资金的机会成本。

（3）根据各种可能的债务资金的有效性和成本，估算项目的债务资金成本。

（4）根据股本和债务资金在资本总额中各自所占的比例并以此为权数，应用加权平均法来计算出项目的投资平均资本成本。

值得注意的是，在资本市场上获得的 β 值是资产 β 值，即 β_a，要转化为股本资金 β 值，即 β_e，反映企业（项目）在不同的股本/债务资金结构中的融资风险。债务越大，融资风险也就越大，因而 β_e 也越高。β_a 与 β_e 之间的关系如下：

$$\beta_e = \beta_a \left[1 + \frac{D}{E}(1-t) \right] \qquad (6-5)$$

当项目投资者进行投资时，如果其资本额不高于用这种方法所计算出的加权平均资本成本，说明投资者至少可以获得资本市场上相同投资的平均投资收益率，即项目投资满足了最低风险收益的要求。

6.2.2 项目融资的敏感性分析

前面已提到，项目的风险分析是在可行性研究的基础上，运用可行性研究中所使用的现金流量模型进行风险分析，当确定了风险贴现率后，就可以计算项目的净现值，判断项目的投资能不能满足最低风险收益的要求。如果项目的投资能满足最低风险收益的要求，对于项目投资者来说，从风险分析的角度看，项目是可行的，但这并不意味着项目一定能满足融资的要求。为了设计合理的融资结构，满足投资方和债务方对相应风险的共同要求，就需要在现金流量模型的基础上建立项目的融资结构模型。合理的项目融资结构模型需要考虑项目的债务承受能力和投资者可以得到的投资收益率。通常，在一系列债务资金的假设条件下，通过调整现金流量模型中各种变量之间的比例关系，来验证预期的融资结构是否可行。采用的方法是在建立了现金流量模型的基础方案之后，进行模型变量的敏感性分析，考察项目在各种可能条件下的现金流量状况及债务承受能力。

所谓敏感性分析，是指分析并测定各个因素的变化对指标的影响程度，判断指标（相对于某个项目）对外部条件发生不利变化时的承受能力。在一般情况下，在项目融资中需要测度敏感性的变量要素主要有：价格、利率、汇率、投资、生产量、工程延期、税收政策及项目寿命期。

项目敏感性分析有单因素敏感性分析和多因素敏感性分析两种。在单因素敏感性分析中，设定每次只有一个因素变化，而其他因素保持不变，这样就可以分析出这个因素的变化对指标的影响大小。如果一个因素在较大的范围内变化时，引起指标的变化幅度并不大，则称其为非敏感性因素；如果某因素在很小的范围内变化时，引起指标很大的变化，则称为敏感性因素。对于敏感性因素，需要进一步研究这个变量取值的准确性，或者收集众多的相关数据以减小在预测中的误差。多因素敏感性分析是考察多个因素同时变化对项目的影响程度，从而对项目风险的大小进行估计，为投资决策提供依据。

敏感性分析的基本步骤如下：

（1）确定分析指标。如前所述，在项目融资风险分析中，通常采用 NPV 指标。

（2）选择需要分析测度的变量要素。

（3）计算各变量要素的变动对指标的影响程度。

在项目融资风险分析中，在一般情况下，产量变化幅度应不超过 10%；价格是以略低于目前实际价格的产品价格作为初始价格，然后按照预期的通货膨胀率逐年递增作为现金流量模型的基础价格方案，在基础方案之上对项目前几年（至少 5 年）的价格水平加以调整，或在基础方案上以高出生产成本的 5% ~ 10% 考虑；投资成本的超支一般在 10% ~ 30% 范围取值；生产成本的取值可以采用比基础方案生产成本高出 5% ~ 10% 的数字或采用比基础方案通货膨胀率高的生产成本增长速度；利率的敏感性取值比较简单，可以以金融市场上的可测利率为依据。

（4）确定敏感性因素，对项目的风险情况做出判断。

此外，需要注意的是，有时在进行现金流量模型变量的敏感性分析时，需要对最差方案下的现金流量（所有变量的最坏可能性结合在一起作为现金流量模型的方案）和最佳方案下的现金流量进行比较，以此来了解在各种假设条件下的项目现金流量状况及债务承受能力。

6.2.3 项目融资中的风险评价指标

完成了项目现金流量模型的敏感性分析之后，获得了有关项目经济强度的一系列数据，接下来的工作是计算项目的风险评价指标，然后运用指标来评价项目的债务承受能力。项目融资中最经常使用的风险评价指标：项目债务覆盖率、资源收益覆盖率、项目债务承受比率。

1. 项目债务覆盖率

项目债务覆盖率是指项目可用于偿还债务的有效净现金流量与债务偿还责任的比值。它是贷款银行及其他金融机构对项目风险的基本评价指标，可以通过现金流量模型计算出项目债务覆盖率。项目债务覆盖率可以分为单一年度债务覆盖率和累计债务覆盖率两个指标。

单一年度债务覆盖率的计算公式如下：

$$DCR_t = \left[(CI - CO)_t + RP_t + IE_t + LE_t \right] / (RP_t + IE_t + LE_t) \qquad (6\text{-}6)$$

式中 DCR_t——债务覆盖率;

$(CI - CO)_t$——第 t 年项目净现金流量;

RP_t——第 t 年到期债务本金;

IE_t——第 t 年应付债务利息;

LE_t——第 t 年应付的项目租赁费用(存在租赁融资的情况下)。

在一般情况下,在项目融资中,贷款银行及其他金融机构要求 $DCR_t \geqslant 1$,如果项目融资风险较高,贷款银行及其他金融机构会要求 DCR_t 数值相应增加,因为债务覆盖率增大,意味着有更多的有效净现金流量可用于偿还债务。公认的项目债务覆盖率取值范围在 1 ~ 1.5。

累计债务覆盖率的计算公式如下:

$$\sum_{t=1}^{n} DCR_t = \sum_{t=1}^{n} \frac{(CI - CO)_t + RP_t + IE_t + LE_t}{RP_t + IE_t + LE_t} \qquad (6\text{-}7)$$

式中 $\sum (CI - CO)_t$——自第 1 年开始至第 n 年项目未分配的净现金流量。

在实践中,控制累计债务覆盖率的作用,是为了保证项目能够持续地、经常地满足债务覆盖率的要求。由于项目在某几个特定的年份(如项目生产前期和设备更新时期)可能会出现较低的 DCR 值,所以规定项目把一定比例的盈余资金保留在项目公司中,只有满足累计覆盖率以上的资金部分才被允许作为利润返还给投资者,这样就可以使项目在不同年份之间都有能力偿还债务。通常累计债务覆盖率的取值范围在 1.5 ~ 2。

在项目融资中,只要 $DCR_t \geqslant 1$ 且 $\sum DCR_t \geqslant 1.5$,就说明项目具有较强的债务承受能力,项目的融资结构是合理的,可以接受的。

2. 资源收益覆盖率

对于依赖某种自然资源(如煤炭、石油和天然气等)的生产型项目,在项目的生产阶段是否有足够的资源保证是一个很重要的风险因素。因此,对于这类项目的融资,一般要求已经证实的可供项目开采的资源总储量是项目融资期间计划开采资源量的两倍以上,而且还要求任何年份的资源收益覆盖率都要大于 2。

资源收益覆盖率的计算公式如下:

$$RCR_t = PVNP_t / OD_t \qquad (6\text{-}8)$$

式中 RCR_t——第 t 年资源收益覆盖率;

OD_t——第 t 年未偿还的项目债务总额;

$PVNP_t$——第 t 年项目未开采的已证实资源储量的现值。

$PVNP_t$ 的计算公式如下:

$$PVNR_t = \sum_{i=t}^{n} \frac{NP_i}{(1+R)^i} \tag{6-9}$$

式中　n——项目的经济寿命期；

　　　R——贴现率，一般采用同等期限的银行贷款利率作为计算标准；

　　　NP_i——项目第 i 年的毛利润，即销售收入与生产成本之差额。

3. 项目债务承受比率

项目债务承受比率是指项目现金流量的现值与预期贷款金额的比值。和项目债务覆盖率一样，项目债务承受比率也是项目融资中经常使用的指标。在项目融资中，项目债务承受比率的取值范围一般要求在 1.3～1.5。

项目债务承受比率的计算公式如下：

$$CR = PV/D \tag{6-10}$$

式中　CR——项目债务承受比率；

　　　PV——项目在融资期间内采用风险校正贴现率为折现率计算的现金流量的现值；

　　　D——计划贷款的金额。

6.3　项目融资风险的防范方法和措施

在项目融资中，项目参与各方谈判的核心问题之一就是各方对风险的合理分担和严格的管理，这也是项目融资能否成功的关键。由于项目融资具有有限追索或无追索的特点，对于借款方而言，风险降低了。但是就项目而言，其风险依然存在。所以识别、评估项目中存在的风险，制定相应的措施，编制风险管理计划并付诸实施是十分必要的。下面针对项目融资中的两类性质不同的风险，探讨其防范方法。

6.3.1　系统风险的防范

1. 政治风险的防范

降低项目政治风险程度的办法之一是政治风险保险，包括纯商业性质的保险和政府机构的保险，后者多为几个发达国家为保护本国投资者在海外投资的利益时使用。在安排项目融资时应尽可能寻求项目所在国政府、中央银行、税收部门或其他有关政府机构的书面保证。此外，还有更微妙的方法可用来减少项目政治风险，如与地区发展银行、世界银行等机构一起安排平行贷款。贷款结构中具有这样的协调机制，将减少东道国政府干涉贷款人利益的风险，而在东道国寻找合作伙伴，或是银团中的贷款人来自于东道国友好的国家，也将极大地降低项目融资中的政治风险。

2. 法律风险的防范

对于项目贷款人来说，管理法律风险的最好办法是在早期通过自己的律师对东道国的法律风险进行系统、彻底的研究。如果可能，最好得到东道国政府的法律机构的确认。在一些情况下，可能需要修改东道国的某些法律条款，把针对本项目的新法案作为融资的先决条件。另外，项目公司与东道国政府签订相互担保协议，真正做到互惠互利，在一定程度上也为项目的发起方和贷款人提供了法律保护。

3. 市场风险的防范

市场风险的降低取决于项目初期能否做好充分的可行性研究。在项目的建设和运营过程中，签订在固定价格或是可预测价格基础上的，长期原材料及燃料供应协议和"无论提货与否均需付款"产品销售协议，也可以在很大程度上降低项目的市场风险。

对于市场风险的管理控制方法如下：

（1）做好国内外市场调研分析。它主要应研究分析以下问题：

1）项目的需求量有多大。

2）还有多少家企业提供这种产品或服务。

3）项目自身的市场占有率和市场渗透力如何。

4）项目产品或服务有无其他替代。

5）顾客或用户的消费习惯是否会有新变化。

6）未来的通货膨胀率大致是多少。

（2）通过签订或取或付的产品购买合同、或供或付的长期供货合同锁定产品的价格，确保项目收益。其中产品购买合同是项目融资能力的基础，合同中规定的产品购买价格要涵盖产品的固定成本，而且合同必须在整个项目贷款期内都有效。

（3）政府或其公共部门保证。它主要是要求政府或其公共部门，在协议中明确承诺项目运营的头几年内保证最低需求量，以确保项目的成功。在BOT 高速公路、隧道、桥梁、发电项目中经常采用这种方式来分散风险。比如对发电项目，消费者常常是唯一的，一个国家或地区的电网。在这种情况下，通常由相关的使用机构来提供最低使用量和价格的保证。

（4）建立独立账户。针对现金流量时高时低的情况，通过设立独立账户，优先支付项目债务利息。政府在项目建设期提供附属贷款，保证偿还债务利息。

4. 金融风险的防范

金融风险相对较为复杂。金融风险中汇兑风险相对简单，而且一般来讲汇兑风险可能与政治风险、法律风险相关。汇率风险的消除要利用一些金融衍生工具，如汇率期权、掉期交易来对冲风险。利率风险的消除也可以通过金融衍生工具来对冲其风险，其条件是资产、负债及收益使用的是可交易的硬通货。常用的消除利率风险的金融衍生工具包括利率期货、期权、掉期和远期利率协议等。

对于利率变化风险，可采取以下管理控制方法：

（1）以某种浮动利率（如伦敦银行同业拆借利率 LIBOR）作为基数，加上一个利差作为项目的贷款利率。例如在上海大场水处理厂项目中，里昂信贷银行和住友银行对汤姆森（上海）公司的融资贷款利率为 LIBOR 加 2%。

（2）固定利率的贷款担保。

（3）理想的多种货币组合方式。

（4）银团及其他金融机构密切合作。

（5）运用封顶、利率区间、保底等套期保值技术以减小利率变化的影响。

（6）寻求政府的利息率保证。由东道国政府为项目发起人提供利率保证，在项目期内利率增长超过规定的百分比时，发起人可以得到补偿。如在马来西亚南北高速公路项目中，项目公司 PLUS 就得到了政府提供的利息率保证，如利率增加超过 20%，项目公司在偿还费用中将得到差额补偿。

对于汇率风险的管理控制方法如下：

（1）运用掉期等衍生工具，这种方法主要适用于硬通货之间。

（2）同东道国政府或结算银行签订远期兑换合同，事先把利率锁定在一个双方都可以接受的价位上。这种方法主要适用于软硬通货之间。

（3）外汇风险均担法。首先，双方洽谈商定一个基本利率，然后确定一个中性地带，在中性地带内，双方各自承担外汇风险和利益。但是一旦外汇汇率变化过大，超过了中性地带，则双方按一定百分比来分担风险。

对于通货膨胀风险，可采取以下管理控制方法：

（1）在协议中规定相应条款，将项目产品和服务的价格与东道国的通货膨胀率和当地货币与贷款货币的利率挂钩，采用包含通货膨胀率与利率因素在内的价格调整公式，作为以后对价格进行核查的依据，在通货膨胀率与利率波动超出一定范围时调整价格，或相应增加收费，或延长特许期限，以保证项目产生的现金流足以偿付债务，保证投资收益。

（2）在产品购买协议中规定逐步提高价格条款。

5. 不可抗力的防范

不可抗力风险的管理控制方法大致如下：

（1）投保。它主要针对直接损失而言，即通过支付保险费把风险转移给有承担能力的保险公司或出口信贷机构。依各国的法律规定，保险种类有建筑工程综合保险、第三方责任保险、工伤事故赔偿保险和设备物资运输保险等。伦敦保险市场还专门为项目融资设立了保险项目，美国进出口银行和美国海外私人投资公司也可以提供一定限度的商业担保。当然，担保机构本身通常需要得到政府的某种保证。

（2）有政府参与的项目中可以寻求政府资助和保证。这是针对间接损失而言，是对不能保险或不能以合理成本保险的不可抗力风险的管理方法。有些不可抗力风险无法确定成本，不能保险或不能按照合理的保险费投保，这往往给项目融资谈判造成障碍，发起人只愿承担不包括债权人方面的不可抗力风险，而债权人希望不担风险。这样，发起人和债权人往往要求东道国政府提供某种形式的政府资助和担保，方式之一就是允许发起人在遭遇不可抗力风险时，可以延长合同期限以补偿投融资中尚未回报、偿还的部分，延长期限相当于实际遭受这种不可抗力的影响期，前提是此种影响只能适用于特定的一段时间。当然，这种资助不是正式的政府保证，在性质上只是对项目表示支持的一种承诺，这种保证不具有金融担保性质。

（3）当事人各方协商分担损失。如果尚在贷款偿还期间，有政府参与的项目中应当由政府、项目发起人、债权人三方按照事先约定的比例分担损失；如果在贷款已经偿还结束的运营期间，则由政府和项目发起人按照事先约定的比例分担损失。

6.3.2 非系统风险的防范

1. 完工风险的防范

贷款银行及其他金融机构是项目完工风险的主要受害者之一，为了限制和转移项目的完工风险，贷款银行及其他金融机构通常要求工程承建企业提供相应的"完工担保"作为保证，同时也可以聘请项目管理代表，代表贷款方监督项目的建设进展、完工情况。项目公司也可以通过投保来寻求完工保证。几种常用的完工保证形式如下：

（1）无条件完工保证，即投资者提供无条件资金支持，以确保项目可以达到项目融资所规定的"商业完工"条件。

（2）债务收购保证，即在项目不能达到完工标准的情况下，由项目投资者将项目债务收购或转化为负债。

（3）其他，如单纯技术完工保证，提供完工保证基金和最佳努力承诺等。

2. 生产风险的防范

生产风险主要是通过一系列的融资文件和信用担保协议来防范。针对生产风险种类的不同，可以设计不同的合同文件。一般通过以下一些方式来实现：项目公司应与信用好且可靠的伙伴，就供应、燃料和运输问题签订有约束力的、长期的、固定价格的合同；项目公司拥有自己的供给来源和基本设施（如建设项目专用运输网络或发电厂）；在项目文件中订立严格的条款，涉及承包商和供应商的包括延期惩罚、固定成本，以及项目效益和效率的标准等。另外提高项目经营者的经营管理水平，也是降低生产风险的有效途径。

项目融资风险管理的主要原则是让利益相关者承担风险，通过各种合同文件实现项目风险在项目参与各方之间的合理、有效地分担，将风险带来的冲击降至最低。对于项目参与各方而言，它们各自所愿意承担的风险种类以及程度不一，风险分担不是将风险平均地分给参与各方，而是采用"将某类风险分配给最适合承担它的一方"的基本原则。

为降低项目融资中的种种风险因素，国际上参与项目融资的主要银行及其他金融机构在实践中逐渐积累了一系列的方法和经验，其核心就是通过各种类型的法律契约和合同将项目有关各方的利益结合起来共同承担风险。总之，为了防范和减轻项目融资的风险，项目投资者在项目运作过程中必须准确识别项目的主要风险，评价项目每个风险的水平以及可接受的程度，并将项目风险分配到有关各方，将项目风险与融资结构相结合，再恰当地使用一些金融工具化解风险，最大限度地避免项目融资风险带来的损失。

3. 信用风险的防范

政府参与的项目中，政府对于信用风险的防范方法有以下几种：

（1）政府确保发起人完成项目的最有效办法，是对保证的条件给予实质性的落实。例如，土地划拨或出让、原材料供应、价格保证、在或取或付合同条款下的产品最低购买量以及保证外币兑换等。

（2）政府委派法律专家或财务顾问与债权人和发起人接触并协助其工作，要求其将有关财务信息、担保手续公开化，以便确信届时项目有足够的资金到位。

债权人管理和控制信用风险的方法如下：

（1）项目公司提供担保合同或其他现金差额补偿协议，一旦出现资金不足的情况，就能筹措到应急资金以渡过难关。

（2）建筑承包商提供保证，赔偿因其未能履约而造成损失的担保银行的保函。

（3）项目发起人提供股权资本或其他形式的支持。

（4）产品购买者提供或取或付或其他形式的长期销售合同。

（5）项目供应商提供或供或付合同或者其他形式的长期供货合同，以保证原材料的来源。

（6）项目运营方提供具备先进的管理技术和管理方法的证明。

（7）评估保险公司、再保险公司按保单支付的能力和保险经纪人的责任。

4. 环境保护风险的防范

对于环境风险的管理控制方法如下：

（1）投保。这是项目发起人和债权人通常的做法，当然保险不可能面面俱到，它很难包括事故以外的连锁效应的风险损失，何况重大的环境损害的潜在责任是无限的。

（2）把项目的法律可行性研究（特别是环保方面），作为项目总的可行性研究的一个重点来对待。

（3）作为债权人一方，可要求其将令人满意的环境保护计划作为融资的一个特殊前提条件。该计划应留有一定余地，确保将来能适用加强的环保管制。

（4）制定好项目文件。该项目文件应包括项目公司的陈述、保证和约定，确保项目公司自身重视环保，遵守东道国的有关法律、法规等。

（5）运营商不断提高生产效率，努力研发符合环保标准的新技术和新产品。

复习思考题

1. 案例分析题

（1）成都自来水六厂项目风险分析。

案例背景：成都自来水六厂项目是原国家计委正式批准立项的第三个BOT 试点项目，也是我国城市供水基础设施建设中首例采用 BOT 方式兴建的试点项目。项目建设规模含 80 万吨/日的取水工程，40 万立方米/日净水厂工程，27 千米输水管道工程。特许经营期不超过 18 年（含建设期），由法国联合水务集团和日本丸红株式会社组成的联合投标体中标。

项目建设由法国联合水务集团三个分公司共同承建。其中西宝集团负责净水厂、取水工程和为污水处理管道服务的民用建筑工程，欧提维公司负责工程设备采购，萨得水利公司负责输水管道的设计、采购和安装。

项目合同结构：在成都自来水六厂 BOT 项目融资过程中，项目公司主要通过提供各种合同作为项目担保。因此，项目主要合同的订立非常关键。在该项目中，项目公司主要取得了以下合同：①特许经营协议。项目公司与成都市政府签订此协议，以明确项目公司据以融资、设计、建设项目设施、运营和维护水厂，并将项目设施移交给成都市政府或其他指定人。②购水协议。它由项目公司与成都市政府指定授权的市自来水总公司签订，用以规定自来水总公司的购水和付费，以及项目公司按照购水协议规定的标准净水质量，提供40万立方米/日净水的义务。③交钥匙建设合同。它由项目公司与总承包商签订，用以规定购买设备及项目承建等内容。④融资文件。它是指项目公司与各贷款人就项目的债务融资部分签订的协议。⑤保险协议。

由于成都自来水六厂BOT项目结构、合同结构比较复杂，从而增加了风险分担安排的难度。BOT项目融资将涉及完工风险、生产风险、市场风险、金融风险、政治风险及不可抗力风险等。按时间顺序分为完工前、完工后两个阶段。成都自来水六厂BOT项目风险分担重点考虑了原水供应、净水销售、金融风险、法律变更风险和不可抗力风险，并采取了切实可行的防范措施。

1）生产过程中的原水供应风险。生产过程中的原水供应风险由成都市政府承担，在特许经营协议中明确规定，如果原水供应不足，使项目公司无法履行其提供规定数量的净水，及按照成都自来水总公司的调度指定供应净水的义务，此原水量不足应被视为不可抗力事件。如果原水量不足不是由自然不可抗力事件所导致的，成都市自来水总公司应支付实际供应的净水量的运营水费、原水费和为额外不可抗力损失付款。

2）净水销售风险。按照购水协议，净水销售风险由成都市政府、成都市自来水总公司承担。其中，成都市政府是首要义务人，即保证在特许经营期内按协议确定的购水价和生产能力所确定的数量，从项目公司购买净化水。

3）金融风险。金融风险包括：①利率风险。在成都自来水六厂BOT项目中，法国里昂信贷银行和日本进出口银行，对法国联合水务集团的融资贷款利率为LIBOR＋2%。为规避利率风险，项目公司制定了利率管理承诺，即通过安排对冲贷款额度，也就是订立利率风险控制协议，来控制定期贷款下至少80%未偿债务的利率波动风险。②汇率风险。在建设期，根据建设合同，承包商承担所有由外汇汇率变动引起的建设成本上升的风险。建设完工以后，成都市政府、项目公司和贷款人共同承担汇率风险。如在特许经营协议和购水协议中规定的运营水价浮动部分，即包含了一个考虑了美元与人民币汇率变化的汇率系数。③外汇兑换风险。根据协议，由外汇短缺所造成的风险由项目公司自己承担；外汇汇出风险，则由成都市政府和项目公司或贷款人共同承担。由于人民币在经常项目下可兑换，所以成都自来水六厂BOT

项目中的外汇汇兑问题得到了一定程度的解决。④通货膨胀风险。在成都自来水六厂 BOT 项目中，整个特许期内的运营水价由投标人在标书中确定，投标人需自行为整个特许期内的通货膨胀做出假设，由此项目公司承担了因实际通货膨胀与假设不相同而带来的风险。

4）法律变更风险。该风险由成都市政府承担。根据特许经营协议，如果因法律变更，项目公司无法履行其重要义务，或履行重要义务按照适用法律成为非法行为，此项法律变更将被视为不可抗力的事件，项目公司有权终止履行其义务。如果因法律变更阻止项目公司履行其义务连续超过 90 天，项目公司和成都市政府应协商决定继续履行特许经营协议的条件或同意终止协议，任何一方有权在法律变更事件后 180 天经书面通知终止协议。在此情况下，成都市政府将需支付给项目公司相当于项目公司未偿还的本金加累计利息，及股本投资额的终止补偿金。该终止补偿金将视个别情况而定，包括项目公司最长达 5 年的"净预期利润"的现值。

5）不可抗力风险。在成都自来水六厂 BOT 项目中，项目公司自费购买在运营期内的保险，包括一切财产险、机器故障损坏险及业务中断险，以保障其因自然不可抗力事件导致的损失及其引起的利益损失。如果在运营期内，由于非自然不可抗力事件使项目公司无法履行，使成都市自来水总公司获得规定数量及标准质量的净水的义务，则成都市自来水总公司应支付实际供应的净水量的运营水费、原水费和为额外不可抗力损失付款。因此，该项目融资设计了非常详尽的风险分担方案。

（2）拟讨论的问题：

1）本项目中还存在哪些风险？

2）对该 BOT 融资项目影响较大的风险有哪些？为什么？

3）可以采用哪些措施和手段来预防和降低这些融资风险？

2. 思考题

（1）为什么说"完工风险"是项目融资的核心风险？

（2）按照项目风险的表现形式，项目风险都有哪些种类？

（3）项目融资的敏感性分析应考虑哪些要素？与一般的项目相比较，项目融资在做敏感性分析时还应该考虑哪些特殊的要素？

（4）项目融资风险评价的主要指标有哪些？与一般项目的风险评价相比较，在指标的选择上有何不同？

（5）CAPM 模型有哪些理论假设？如何确定 CAPM 模型的计算参数？

（6）如何防范项目融资中的风险？

项目融资担保作为项目融资结构中的一个重要组成部分，是项目风险分担和管理的主要手段之一，是将风险分担的结果落实到书面上的行为。它包含信用担保和物权担保两大部分。本章主要介绍项目融资的担保人、担保形式和担保文件的内容。

第 7 章

项目融资担保

7.1 项目融资担保概述

在民法上，担保是指以确保债务或其他经济合同项下的履行或清偿为目的的保证行为。它是债务人对债权人提供履行债务的特殊保证，是保证债权实现的一种法律手段。按照各国法律，担保可以分为两大类：一类是物的担保，指借款人或担保人以自己的有形财产或权益财产，为履行债务设定的物权担保，如抵押权、质押权、留置权等；另一类是人的信用担保，即担保人以自己的资信向债权人保证对债务人履行债务承担责任，有担保（保证书）、安慰信等形式。

项目融资担保指借款方或第三方以自己的信用或资产向境内外贷款人做出的还款保证，具体分为物权担保和信用担保，即前面提到的物和人的担保。

鉴于项目融资的最大特点是"无追索权或有限追索权"，因此，项目融资中的担保和一般商业贷款的担保有着明显的不同，不能混为一谈。项目融资的贷款方关注的重点是项目的成功与否，而不是项目的现有资产价值，因此，它们要求担保能够确保项目按期、按质完工，正常经营，获取足够的现金流来收回贷款；而一般商业贷款人要求担保人应有足够的资产弥补借款人不能按期还款时可能带来的损失。担保在项目融资中有特殊的作用。它能把项目融资的某些风险，转嫁给本来不想直接参与经营，或直接为项目提供资金的有关方。通常的情况是，第三方担保人如果愿意出力，帮助建成项目，但是不想在自己的资产负债表上有所反映的话，可以不贷款或出资，而以提供担保承担商业风险的方式为项目做出贡献。

7.2 项目融资担保人

项目融资担保人可以分为三种：项目投资者，与项目有利益关系的第三方和商业担保人。

7.2.1 项目投资者

项目的直接投资者（即项目主办人）作为担保人是项目融资结构中最主要和最常见的一种形式。

在多数项目融资结构中，项目投资者通过建立一个专门的项目公司来经营项目和安排融资。但是采用这样的安排时，由于项目公司在资金、经营历史等各方面不足以支持融资，在很多情况下贷款银行会要求借款人提供来自项目公司之外的担保作为附加的债权保证。因而，除非项目投资者可以提供其他的能够被贷款银行接受的担保人，项目投资者在大多数情况下必须自己提供一定的项目担保，如"项目完工担保"、"无论提货与否均需付款协议"和"提货与付款协议"等。

如果项目投资者对项目公司提供的担保是直接担保（即直接担保项目公司的一部分债务），则根据国际通行的会计准则，这种担保需要作为一种债务形式表现在资产负债表中，至少需要作为一种债务形式在资产负债表的注释中加以披露。然而，如果项目投资者所提供的担保以非直接的形式，或者以预防不可预见风险因素的形式出现，其担保就可以在项目投资者为项目公司所承担的财务责任上披上一件"正常商业交易"的外衣，对于项目投资者本身的资产负债表的影响就较小。这种对企业资产负债表结构影响的考虑，是在工业国家以及一切市场经济国家开展企业经营活动的一个很重要的特点。因为如果某一项目的债务并入总公司的资产负债表之后，造成该公司的资产负债结构恶化，就可能会导致一系列的问题，包括影响该公司的信用、该公司的筹资能力、该公司股票在证券市场上的价格，以及削弱该公司承受任何财务风险和金融风险的能力等。

运用项目投资者提供的非直接的和以预防不可预见因素为主体的项目担保，加上来其他方面的担保，同样可以安排成为贷款银行所能接受的信用保证结构，这是项目融资的主要优点之一。

7.2.2 与项目有利益关系的第三方

在项目融资结构中，所谓利用第三方作为担保人，是指在项目的直接投资者之外寻找其他与项目开发有直接或间接利益关系的机构，为项目的建设或者项目的生产经营提供担保。由于这些机构的参与在不同程度上分担了项目的一部分风险，为项目融资设计一个强有力的信用保证结构创造了有利的条件，所以对项目的投资者具有很大的吸引力。

能够提供第三方担保的机构大致可以分为以下三种类型。

1. 政府机构

政府机构作为担保人在项目融资中是极为普遍的。政府机构为项目提供担保多从发展本国（或本地）经济，促进就业，增加出口，改善基础设施建设，改善经济环境等目的出发。这种担保对于大型工程项目的建设十分重要，尤其是对于发展中国家的大型项目，政府的介入可以减少政治风险和经济政策风险（如外汇管制），增强投资者的信心；而这类担保是从其他途径得不到的。特许经营 BOT 模式就是一个典型的例子，政府的特许经营协议是特许经营 BOT 模式中不可或缺的重要一环，如果没有政府以特许经营协议形式做出的担保，投资银行及其他融资机构如果想利用 BOT 模式组织起项目融资是根本不可能的。

政府作为项目融资担保人的另一个目的是避免政府的直接股份参与，这在工业国家中是较为普遍的现象。由于立法上的限制或出于政治上、经济上的考虑，有时这些国家的政府很难直接参与项目投资，因而为了促进项目的开发，政府多提供一些贷款、贷款担保或者长期购买项目产品协议等形式的担保，作为间接对项目的参与。

政府担保的好处显而易见，即能增强投资者的投资信心，保证项目的顺利实施，缓解国内经济建设所需巨额资金的压力，用较少的建设资金和信贷就可以达到促进经济发展的目的。

但其带来的弊端也不容忽视。第一，政府在某个项目中提供了相关法律或管制的担保，但在某些情况下政府又必须对其加以改变，这就会限制自己在此领域颁布新法规、实施新管制的自由性，造成与国家根本利益相悖的局面。第二，政府过多的担保会削弱引入私人资本所产生的益处。项目融资中积极引入私人资本的作用，就在于私人资本可以更好地管理风险和控制成本，对市场需求的刺激有更灵敏的反应速度，经济效率较高等。若政府过多地为项目提供担保，如提供有关项目投资回报率的担保，则项目公司就会丧失降低项目成本和高效运营项目的动力，从而使项目成本远高于正常水平，这显然与引入私人资本的目的不符。第三，政府过多的担保会加大政府守信的成本，并且侵蚀国家财政的健康。

《中华人民共和国担保法》第 8 条明确规定，"国家机关不得为担保人，但除经国务院批准，为使用外国政府或者国际经济组织贷款进行转贷的除外"，最高人民法院《关于贯彻执行 < 中华人民共和国民法通则 > 若干问题的意见（试行）》第 106 条第二款也规定，"国家机关不能担任保证人"，故认为我国政府在项目融资中不能提供担保。相关法律规范关于国家机关不得充当保证人的笼统的且绝对的规定，已经成为我国项目融资实践的障碍。

2. 与项目开发有直接利益关系的商业机构

这类商业机构作为担保人，其目的是通过为项目融资提供担保而换取自己的长期商业利益。这些利益包括：①获得项目的建设合同；②获得项目设备的供应、安装合同；③保证担保人自身产品的长期稳定市场（如果被担保项目是担保人自身产品的主要消费者）；④保证担保人自身可以获得长期稳定的原材料、能源供应（如果被担保项目的产品是担保人所需要的主要原材料或能源）；⑤保证担保人对项目设施的长期使用权（如，被担保项目是码头、铁路等公用设施项目，虽然项目由其他机构所拥有，但是项目的建成投入使用对担保人至关重要）。

因此，能够提供这种第三方项目担保的商业机构可以归纳为以下三类：

（1）工程承包公司。为了在激烈的竞争中获得大型工程项目的承包合同，在很多情况下工程承包公司愿意提供项目的完工担保（如"交钥匙"工程），有时甚至愿意为项目投资者提供一定的财务安排。例如在PPP模式中工程承包公司的作用。

（2）项目设备或主要原材料的供应商。卖方信贷以及项目设备质量（运营）担保是项目设备供应商通常提供的担保形式。原材料供应商则主要以长期、稳定、价格优惠的供应协议作为对项目的支持。这种协议往往带有"无论提货与否均需付款"类型合同的性质，一般以"供货或付款"的形式出现。

（3）项目产品（设施）的用户。与上一类相反，项目用户从保障项目市场的角度为项目融资提供一定的担保或财务支持。这种类型的例子很多，一般以长期合同或预付款的形式出现，多集中在能源、原材料工业和基础设施项目中。

3. 世界银行、地区开发银行等国际性金融机构

这类机构虽然与项目的开发并没有直接的利益关系，但是为了促进发展中国家的经济建设，对于一些重要的项目，有时可以寻求到这类机构的贷款担保。这类机构在项目中的参与同样可以起到政府机构的作用，减少项目的政治、商业风险，增强商业银行对项目融资的信心。

7.2.3　商业担保人

商业担保人与以上两种担保人在性质上是不一样的。商业担保人以提供担保作为一种盈利的手段，承担项目的风险并收取担保服务费用。商业担保人通过分散化经营降低自己的风险。银行、保险公司和其他的一些专营商业担保的金融机构是主要的商业担保人。

商业担保人提供的担保服务有以下两种基本类型。

第一种类型是担保项目投资者在项目中或项目融资中所必须承担的义务。这类担保人一般为商业银行、投资公司和一些专业化的金融机构，所提供的担保一般为银行信用证或银行担保。

这种类型担保的第一个作用是担保一个资金不足或者资产不足的项目公司对其贷款所承担的义务。一个典型的例子是在国际房地产项目融资中较为普遍的"卖出期权"安排。近几年来，在国外安排房地产项目融资时，如果贷款银行认为房地产价值以及贷款期内的现金流量不足以支持一个有限追索的融资结构时，借款人可以从专业化的金融机构手中以远低于房地产市场价值的契约价格购入一个卖出期权作为项目融资的附加担保。在贷款期间，一旦借款人违约，如果贷款银行认为需要的话就可以通过执行该期权，将房地产以契约价格出售给期权合约的另一方，行使贷款银行的权利。

例如，某一公司为了购买一座办公大楼需要安排 4 000 万美元的项目融资，但是贷款银行认为根据项目的经济强度（办公楼价值加上租金收入）只能安排 3 000 万美元的有限追索贷款。最后借款人通过买入一个契约价格为 1 500 万美元（实际房产价值在 4 000 万美元）的卖出期权作为附加担保完成融资安排。在期权有效期内，借款人每年需要支付契约价格的 1% 给期权合约的另一方作为商业担保费。在这个例子中，担保费与契约价格成正比关系，契约价格越高，越接近房产的市场价值，担保费也就越高，因为出售这个期权的一方所承受的房产价值波动的风险也就越大。

这种类型担保的第二个作用是担保项目公司在项目中对其他投资者所承担的义务。这种担保在有两个以上的投资者参加的非公司型合资结构中较为常见。举一个实际例子，某公司在非公司型合资结构矿山项目中投资 30%，并且相应成立了一个项目子公司负责资金的安排和项目的管理。该公司为项目投资安排了有限追索的项目融资，除有限的资金支持外，项目子公司的经营和财务与母公司分离。虽然这个融资安排为贷款银行所接受，但是其他项目投资者却提出不同意见，要求该公司提供由国际银行开出的备用信用证作为对项目所承担义务的担保。原因很简单，项目子公司本身资金有限，而有限追索的融资结构又限制了对母公司追索的能力，对于其他项目投资者来说，这种安排面临着一个潜在的风险。一旦国际市场该种矿产品价格长期下跌，这家项目子公司就有可能出现经营困难、资金周转不灵等一系列问题。项目合资协议一般都包括"交叉担保"条款，为了保证项目的正常运行，在一方表示无力支付项目生产费用或资本开支时，其余各方需要承担该违约方应支付的费用，直至违约事件被改正或违约方资产被出售为止。但是，这是项目各方都不希望看到的情况，因为在一方由于市场等问题出现困难时，其他各方也面临同样的问题，只是程度不同而已。基于这样的考虑，在非公司型合资项目结构中，资本不足的企业往往会被要求有国际性银行提供备用信用证（信用证额度一般为 3 ~ 9 个月的项目生产费用）作为项目担保。

这种类型担保的第三个作用是在担保人和担保受益人之间起到中介作用。这种作用类似于国际贸易中银行信用证的作用。假设一个国家的公司到另一个国家投资或组织项目融资，如果该公司不为项目所在国的企业和银行所熟悉，该公司的直接担保就很难被接受，从而需要选择一家或几家既为项目投资者所熟悉，又为项目所在国的企业和银行所接受的国际性商业银行提供商业担保，承担项目投资者在项目中所需要承担的责任。

第二种类型是为了防止项目意外事件的发生。这类担保人一般为各种类型的保险公司。项目保险是项目融资文件中不可缺少的一项内容。保险公司提供的项目保险包括广泛的内容，除项目资产保险外，项目的政治风险保险在有些国家也是不可缺少的。项目保险在性质上等同于其他类型的担保。

7.3　项目融资担保形式

7.3.1　信用担保

项目融资中的信用担保又称为人的担保，是当事人之间的一种合同关系。其主要作用是，由担保人为某一项目参与方向贷款人提供担保，当该项目参与方无法履行合同义务时，由担保人负责代其履行义务或承担赔偿责任。在信用担保中，担保人的信用是至关重要的，往往是贷款人决定是否给予贷款所要考虑的关键性因素。

在项目融资中，担保人通常是法人，包括借款人以外的其他企业、商业银行、政府、官方信贷机构等。

1. 完工担保

完工担保是一种有限责任的直接担保形式。完工担保所针对的项目完工风险包括：由于工程或技术上的原因造成的项目拖期或成本超支；由于外部纠纷或其他外部因素造成的项目拖期或成本超支；由于上述任何原因造成的项目停建以致最终放弃。

由于在项目的建设期和试产期，贷款银行所承受的风险最大，项目能否按期建成投产并按照其设计指标进行生产经营是以项目现金流量为融资基础的项目融资的核心，因此，项目完工担保就成为项目融资结构中一个最主要的担保条件。

大多数的项目完工担保属于仅仅在时间上有所限制的担保形式，即在一定的时间范围内（通常在项目的建设期和试生产或试运行期间），项目完工担保人对贷款银行承担着全面追索的经济责任，在这一期间，项目完工担保人需要尽一切方法去促使项目达到"商业完工"的标准并支付所有的成本超支费用。

由于完工担保的直接财务责任在项目达到"商业完工"标准后就立即终

止，项目融资结构也从"全面追索"转变成为"有限追索"性质，贷款银行此后只能单纯（或绝大部分）地依赖于项目的经营，或者依赖于项目的经营加上"无货亦付款"等类型的有限信用保证支持来满足债务偿还的要求，所以对于项目"商业完工"的标准及检验是相当具体和严格的。这其中包括了对生产成本的要求、对原材料消耗水平的要求、对生产效率的要求以及对产品质量和产品产出量的要求。无论哪项指标不符合在融资文件中所规定的指标要求，都会被认为是没有达到项目完工担保的条件，项目完工担保的责任也就不能解除，除非贷款银行同意重新制定或放弃部分"商业完工"标准。

项目完工担保的提供者主要由两类公司组成：一类是项目的投资者；另一类是承建项目的工程承包公司或有关保险公司。

（1）第一类是由项目的投资者作为完工担保人。由直接投资者作为项目完工担保人是最常用，也是最容易被贷款银行所接受的方式。因为项目的投资者不仅是项目的最终受益人，而且由于股本资金的投入使其对项目的建设和运行成功与否有着最直接的经济利益关系，所以如果项目的投资者作为担保人，就会想方设法使项目按照预订的计划完成，同时由项目投资者作为完工担保人也可以增加贷款银行对项目前途的信心。

在项目融资结构中，完工担保可以是一个独立协议，也可以是贷款协议的一个组成部分。无论以哪种形式出现，完工担保都应包括以下三个方面的基本内容：

1）完工担保的责任。完工担保的中心责任是项目投资者向贷款银行做出保证，在计划内的资金安排之外，项目投资者必须能够提供使项目按照预定工期完工的或按照预定"商业完工"标准完工的、超过原定计划资金安排之外的任何所需资金。如果项目投资者不履行其提供资金的担保义务而导致该项目不能完工，则需要偿还贷款银行的贷款。

由于这种严格的规定，致使在项目完工担保协议中对于"商业完工"的概念有着十分明确的定义。这种定义主要包括：对项目具体生产技术指标的规定（包括对单位生产量的能源、原材料甚至劳动力消耗指标的规定）；对项目产品（或服务）质量的规定；对项目产品的单位产出量（或服务量）的规定；对在一定时间内项目稳定生产（或运行）的指标规定。

2）项目投资者履行完工担保义务的方式。一旦项目出现工期延误和成本超支，需要项目投资者按照完工担保义务支付项目所必要的资金时，通常采用的方式主要有两种：一种方式是要求项目投资者追加对项目公司的股本资金投入；另一种方式是由项目投资者自己或通过其他金融机构向项目公司提供初级无担保贷款（即准股本资金），这种贷款必须在高级债务被偿还后才有权要求清偿。

3）保证项目投资者履行担保义务的措施。国际上，大型项目融资经常会出现贷款银团与项目投资者分散在不同国家的情况，这种状况使得一旦项目担保人不履行其完工担保义务时，就会给贷款银团采取法律行动造成许多不便；即使贷款银团与项目担保人同属于一个法律管辖区域，为了能够在需要时顺利及时地启动项目完工担保，贷款银团也需要在完工担保协议中规定出具体的确保担保人履行担保义务的措施。比较通行的做法是，项目投资者（担保人）被要求在指定银行的账户上存入一笔预订的担保存款，或者从指定的金融机构中开出一张以贷款银行为受益人的、相当于上述金额的备用信用证，以此作为贷款银行支付第一期贷款的先决条件。一旦出现需要动用项目完工担保资金的情况，贷款银行将直接从上述担保存款或备用信用证中提取资金。在这种情况下，根据完工担保协议，如果项目投资者（担保人）在建设期承担的是完全追索责任，则会被要求随时将其担保存款或备用信用证补足到原来的金额。

（2）第二类是由工程承包公司及金融保险机构相结合作为完工担保人。由工程承包公司以及其背后的金融机构提供的项目完工担保，是包括在工程承包合同中的一种附加条件，通过这种担保条件的引入可以减少项目投资者所需承担的完工担保责任。

当项目是由具有较高资信和管理经验丰富的工程承包公司承建时，特别是对于技术比较成熟的资源性、能源性和基础设施性工程项目，可以增加贷款银行对项目完工的信心，从而减少投资者在完工担保方面所需承担的压力。

然而，在大多数项目融资中，投资者是不可能彻底摆脱其完工担保责任的，但是可以通过在工程合同中引入若干种完工担保条件转移一部分完工风险给工程承包公司，起到对项目投资者一定的保护作用。这些做法包括：投标押金、履约担保；留置资金担保；预付款担保；项目运行担保。

上述各种担保形式一般是由工程承包公司背后的金融机构作为担保人提供的，其目的是保证工程承包公司有足够实力按期完成项目的建设工程，并确保一旦工程承包公司无法继续执行其合同时，根据担保受益人（项目投资者或项目融资中的贷款银行）的要求，由担保人无条件地按照合同规定向受益人支付一定的资金补偿。这种完工担保经常以银行或其他金融机构的无条件信用证形式出现。这种担保与项目投资者的完工担保的区别是：投资者的完工担保要求尽全力去执行融资协议，实现项目完工；而工程承包公司的完工担保只是在工程合同违约时，支付工程合同款项的一部分（通常是5%～30%）。在美国，由保险公司提供的工程履约担保有时可以达到100%的合同金额）给予担保受益人。因此，这种担保只能作为项目投资者完工担保的一种补充，并且和投资者提供的担保一样，其担保信用在很大程度上依赖于提供担保人的资信状况。

2. "无论提货与否均需付款"协议和"提货与付款"协议

"无论提货与否均需付款"协议和"提货与付款"协议是两类既有共性又有区别，并且是国际项目融资所特有的项目担保形式。"无论提货与否均需付款"协议和"提货与付款"协议，是项目融资结构中的项目产品（或服务）的长期市场销售合约的统称。这类合约形式几乎在所有类型的项目融资中都得到广泛的应用，从各种各样的工业项目，如煤矿、有色金属矿、铁矿、各种金属冶炼厂、石油化工联合企业、造纸和纸浆项目，一直到公用设施和基础设施项目，如海运码头、石油运输管道、铁路集散中心、火力发电厂等，因而在某种意义上已经成为项目融资结构中不可缺少的一个组成部分。同时，这类合约形式在一些项目融资结构中也被用于处理项目公司与其主要原材料、能源供应商之间的关系。"无论提货与否均需付款"协议和"提货与付款"协议在法律上体现的是项目买方与卖方之间的商业合同关系，尽管实质上是由项目买方对项目融资提供的一种担保，但是这类协议仍被视作为商业合约，因而是一种间接担保形式。

（1）协议的性质。

1）"无论提货与否均需付款"协议。该协议表现的是项目公司与项目产品购买者之间的长期销售合同关系。对于工业项目，即类似矿山、油田、冶炼厂、发电厂等有实体产品被生产出来的项目，这种长期销售合同就是购买项目产品的一种特殊协议；对于服务性项目，类似输油管道、码头、高速公路等没有实体产品被生产出来的项目，这种合同则是购买项目设施所提供服务的协议。因此，可以将"无论提货与否均需付款"协议定义为，一种由项目公司与项目的有形产品或无形产品的购买者之间，签订的长期的无条件的供销协议。所谓长期协议，是指项目产品购买者承担的责任应不短于项目融资的贷款期限（有时可长达十几年），因而这种协议比一般商业合同的期限要长得多；所谓无条件协议，是指项目产品购买者承担的无条件付款责任是根据规定的日期、按照确定的价格向项目公司支付事先确定数量产品的货款，而无论项目公司是否能够交货。产品的定价以市场价格为基础，可以是固定价格或浮动价格，但往往规定最低限价；产品的数量以达到设计生产指标时的产量为基础，但有时也根据实际项目的预期债务覆盖比率加以调整。总之，确定"无论提货与否均需付款"协议的基本原则是项目产品购买者所承诺支付的最低金额应不低于该项目生产经营费用和债务偿还费用的总和。

　　"无论提货与否均需付款"协议与传统的贸易合同或服务合同的本质区别是项目产品购买者对购买产品的绝对性和无条件性。传统的贸易合同是以买卖双方的对等交换作为基础，即所谓的"一手交钱，一手交货"，如果卖方交不出产品或提供不了服务，买方可以提出履行的抗辩，解除其付款义务。但是在"无论提货与否均需付款"协议中，项目产品购买者承担的是绝对的、无条件的根据合同付款的义务，即使出现由于项目毁灭、爆发战争、项目财产被没收或征用等与协议双方完全无关的绝对事件，而导致项目公司不能交货，只要在协议中没有做出相应规定，项目产品购买者仍须按合同规定付款。因此，这种协议实质上是由项目产品购买者为项目公司提供的一种财务担保，项目公司可以利用其担保的绝对性和无条件性进行融资。

　　"无论提货与否均需付款"协议中的产品购买者可以是项目投资者，也可以是其他与项目利益有关的第三方担保人；但是在多数情况下，项目产品购买者中往往至少有一个是项目投资者。从贷款银行角度看，由于项目投资者同时具有产品购买者和项目公司所有人的双重身份，所以在项目融资结构中通常设有受托管理人或融资经理，由其代表银行独立监督项目公司的资金使用，以确保项目融资结构的平稳运行。

　　2)"提货与付款"协议。由于"无论提货与否均需付款"协议的绝对性和无条件性，许多项目投资者和项目产品购买者不愿在项目融资结构中接受这样的财务担保责任，而更倾向于采用"提货与付款"协议的形式。

　　"提货与付款"协议与"无论提货与否均需付款"协议十分相像，其主要区别是在"提货与付款"协议中，项目产品购买者承担的不是无条件的、绝对的付款责任，而只承担在取得产品的条件下才履行协议确定的付款义务。例如，煤矿项目融资的"提货与付款"协议，只有在煤被采掘出来并运到铁路终端时，产品购买者才付款。又如，发电站项目融资的"提货与付款"协议，只有在电力被输送出电站时，产品购买者才付款。由于"提货与付款"协议具有这个特点，使其在性质上更接近传统的长期销售合同，因而在形式上更容易被项目产品的购买者，特别是那些对项目产品具有长期需求的购买者所接受，使其在项目融资中得到越来越广泛的应用，有逐步取代"无论提货与否均需付款"协议的趋势。但是，另一方面，由于"提货与付款"协议在项目融资中所起到的担保作用是有条件的，因而从贷款银行的角度，这种协议与"无论提货与否均需付款"协议相比，所提供的项目担保分量相对要轻一些。在有些项目融资中，贷款银行可能会要求项目投资者提供附加的资金缺额担保作为"提货与付款"协议担保的一种补充。

　　(2) 协议的种类。"无论提货与否均需付款"协议和"提货与付款"协议在不同类型的项目中都得到了广泛的应用，协议双方根据项目的性质以及双方在项目中的地位，而采用各具特色的合同形式。

1）"无论提货与否均需付款"协议和"提货与付款"协议。在生产型项目中，由于项目产品为有形产品，因此所签订的产品购买合同称为"无论提货与否均需付款"协议或"提货与付款"协议。

2）运输量协议。当被融资项目是生产服务型项目，如输油管道时，则提供长期运输服务的"无论提货与否均需付款"协议被称为运输量协议。运输量协议有许多种形式，但基本原则是一致的，即如果使用这种合同作为生产服务设施（输油管道）的项目融资担保，则这种服务的付款义务是无条件的，被贷款银行视为一种有保证的收入来源，而不管这种服务是否能够被使用和实际上是否被使用了。运输量协议也有"提货与付款"类型，其区别是只要生产服务性设施是可以使用的，项目服务的使用者就必须支付预订使用费，而不管是否真正使用了。不同性质项目的服务使用协议名称不尽相同，在有些项目中，这种协议也被称为委托加工协议或服务成本收费等。

3）"供货与付款"协议。一些项目需要具有长期稳定的能源、原材料供应，以保证其生产连续运行。根据"供货与付款"协议，项目所需能源、原材料的供应者承担着按照合同向项目定期提供产品的责任；如果不能履行责任，就需要向项目公司支付该公司从其他来源购买所需能源或原材料的价格差额。这类合同比较少见，只有在一家企业十分希望为产品开发长期稳定的下游市场情况时才会同意签订此类协议。

（3）协议的基本结构。"无论提货与否均需付款"与"提货与付款"协议，与传统上的长期销售合同在结构上有许多相似之处，都包括产品的数量、质量、价格、交货期与交货地点、合同期限以及合同仲裁等条款。但是一方面由于在项目融资中该种类型协议实际上起着由项目产品购买者向贷款银行提供担保的作用，贷款银行必须力求保住协议，避免项目产品购买者以项目公司违约的理由而撤销协议，或减少其在协议中承担的义务；而另一方面，协议又必须协调买卖双方对产品具体要求上的不一致性。所以，这类协议无论在复杂性上还是在谈判难度上，都大于传统的长期销售协议。

1）合同期限。合同的期限要求与项目融资的贷款期限一致。

2）产品数量。合同中产品数量的确定有两种方式：一种方式是采用合同期内项目产品固定的总数量（其依据是在预测的合同价格条件下，这部分固定数量产品的收入将足以支付生产成本和偿还债务）；另一种方式是包括100%的项目公司产品，而不论其生产数量在贷款期间是否发生变化。但是，每一种合同产品都要注意其特殊的计量单位和要求。例如，铁矿砂价格是按其中的铁含量计算的，铜精矿价格是按其中的铜含量计算的并考虑到冶炼和精炼费的扣减，这是因为有时虽然产品的数量确定了，但含量的变化会大大影响其实际价值。

在矿产资源类型项目中，对于那些承担"无论提货与否均需付款"或"提货与付款"义务的产品购买者来说，特别是那些非项目投资者的第三方购买者，由于它们对项目产品有实际需求，所以往往会要求项目公司具备足够的资源储量来履行合同，并要求在项目资产由于各种原因而转手时，项目资产的收购者要继续履行这一合同。

3）产品质量。在"无论提货与否均需付款"协议与"提货与付款"协议中，产品的质量规定一般均采用工业部门通常使用的本国标准或者国际标准，因为这种产品最重要的是在本国市场或国际市场上具有竞争性，否则就失去了项目投资者对项目开发的意义。但是，在一个项目建成投产的过程中，由于产品质量标准不仅与合同购买者是否执行合同有关，而且与项目完工担保能否按期结束有着重大的关系，因而如何确定一个合理的产品质量标准，是产品的购买者和贷款银行都必须认真对待的问题。从贷款银行的角度，一般希望能够制定较一般标准低的质量标准，使得项目产品购买协议可以尽早启动；而从产品购买者角度，则往往希望产品质量可以达到较高的标准。

在处理合同产品的质量问题上，"无论提货与否均需付款"协议与"提货与付款"协议是不同的。对于前者，贷款银行的注意力放在排除项目公司在履行合同中有关基本违约的责任，而对合同产品质量问题是放在第二位的。基本违约指一种重大的违约行为（如卖方所交货物并非合同所规定的货物），合同一方可以根据合同另一方的基本违约行为解除合约。但是由于合同购买者承担的是绝对的无条件的付款义务，从理论上讲，买方对项目公司所提供的项目产品（无论其质量是否符合规定）都是必须接受的。然而，对于后者，即"提货与付款"协议则有所区别，合同的购买者承担的是有条件的义务，而这些条件中就包括对产品质量的明确规定。

4）交货地点与交货期。此类合同的交货地点通常规定在刚刚跨越项目所属范围的那一点上。例如，煤的交货地点可定义在矿山铁路货场，发电站的电力交货地点可定义在电站高压输电网的起始端等。在交货地点，产品所有权就由项目公司转给了合同的买主。

对于产品的交货期问题，虽然产品的购买者总是希望合同交货期与产品的实际需求时间，或者与自己的再销售合同一致起来，但是，从贷款银行债务安排和项目公司正常经营的角度，则要求根据协议所得收入具有稳定的周期性，因而绝大部分的合同交货期都是按照这一原则设计的。

5）价格的确定与调整。产品（或服务）价格的确定有三种形式。第一种形式是完全按照国际市场价格制定价格公式，并随着国际市场价格的变化而变化。理论上，这是最合理的定价原则，然而，这种价格只适用于具有统一国际市场定价标准的产品，例如，铜、铝、铅、锌、石油、铁、煤炭等事实上存在一种统一的、公认的产品定价方式，在实际执行合同时可以减少许多争议。第二种形式是采用固定价格的定价公式。其确定价格的基本出发点是保证项目公司具有足以支付生产成本和偿还贷款的能力。第三种形式是采用实际生产成本加一个固定投资收益的定价公式。这种定价公式的出发点和第二种相同，只不过在第二种定价公式中其产品价格在一定期限内被整体固定下来；而在第三种定价公式中其产品价格的基数是根据生产成本而变化的，只有投资收益部分是被固定的。从贷款银行角度，第二种和第三种定价公式显然比第一种定价公式更为有利，因为这样可以使贷款银行将其市场风险减少到最低限度。

因为通货膨胀因素的影响，采用第二种和第三种定价公式需要有相应的价格调整机制。价格调整所依据的原则主要有通货膨胀率（在大多数国家为居民消费价格指数，简称 CPI）、项目所在工业部门的劳动生产率指标、价格变动指数，以及与项目生产密切相关的几种能源、原材料的价格指数等。另外，对于产品质量的变化，也需要确定适当的价格调整参数。

6）生产的中断与对不可抗力事件的处理。为了使此类合同成为项目融资的有效的担保，贷款银行和项目公司需要将项目公司所承担的合同义务降到最低的限度，从而减少合同购买者利用项目公司违约为理由，提出反要求或撤销合同的风险。由于某些不可抗力的原因，而导致生产的暂时性中断或永久性中断，可以说是一个正在运行中的项目可能遇到的最大风险。因为，如果发生意外情况导致项目生产出现中断，使合同的履行成为不可能时，"无论提货与否均需付款"协议与"提货与付款"协议的有效性就告终止，此项合同所体现的担保义务亦随之终止。所以，项目公司应拒绝使用含义广泛的不可抗力事件条款，在生产中断问题上，明确规定生产中断的期限以及对执行合同的影响力。但是，另一方面，为了给予合同购买方一定的补偿，有些合同也规定在生产中断期间由项目公司从其他来源为购买方提供相似的产品。另外，对于由于不可抗力因素而导致的合同不能履行以及相应的处理方法，在合同中都需要做出明确的规定，以防止项目产品购买者对不可抗力的范围做广义或扩大的解释，借以回避其付款的义务。

7）合同权益的转让。由于此类合同是项目融资结构中的一项重要担保措施，所以贷款银行对于合同权益的可转让性以及有效连续性均有明确的规定和严格的限制：①合同权益要求能够以抵押、担保等法律形式转让给贷款银行或贷款银行指定的受益人；②合同权益由于合同双方发生变化（如项目资产转让或合同转让等）而出现的转让要求，需要事先得到贷款银行的批准；③在合同权益转让时，贷款银行对合同权益的优先请求权不得受到任何挑战，具有连续有效性。

3. 资金缺额担保

资金缺额担保，有时也称为现金流量缺额担保，是一种在担保金额上有所限制的直接担保，主要作为一种支持已进入正常生产阶段的项目融资结构的有限担保。从贷款银行的角度，设计这种担保的基本目的有两个：第一个目的是保证项目具有正常运行所必需的最低现金流量，即至少具有支付和偿付到期债务的能力；第二个目的是在项目投资者出现违约的情况下，或者在项目重组及出售项目资产时保护贷款银行的利益，保证债务的回收。

（1）以保证项目正常运行为出发点的资金缺额担保。维持一个项目正常运行所需要的资金包括三个方面：日常生产经营性开支；必要的大修、更新改造等资本性开支；如果项目资金构成中有贷款部分，还需要考虑到期债务利息和本金的偿还。

为了保证项目不至于因资金短缺而造成停工和违约，贷款银行往往要求项目投资者以某种形式承诺一定的资金责任，以保证项目的正常运行，从而使项目可以按照预定计划偿还全部银行贷款。

由项目投资者在指定的银行中存入一笔预先确定的资金作为担保存款，或者由指定银行开出一张备用信用证，是资金缺额担保的一种形式。这种担保形式在为新建项目安排融资时比较常见。对于一个新建项目，虽然从融资的角度，该项目可能已通过"商业完工"标准的检验，但是并不能保证在其生产经营阶段百分之百的成功，尤其是由于新建项目没有经营历史也没有相应资金积累，抗意外风险的能力比经营多年的项目要脆弱得多，因而贷款银行多会要求由项目投资者提供一个固定金额的资金缺额担保，作为有限追索融资结构中信用保证结构的一个组成部分。这种担保存款或备用信用证金额在项目投资中没有一个统一的标准，一般取为该项目年正常运行费用总额的25%～75%，其数额主要取决于贷款银行对项目风险的识别和判断。在一定年限内，投资者不能撤销或将担保存款和备用担保信用证挪作他用，担保存款或备用信用证额度通常随着利息的增加而增加，直到一个规定的额度。当项目在某一时期现金流量出现不足以支付生产成本、资本开支或者偿还到期债务时，贷款银行及其他融资机构就可以从担保存款或备用信用证中提取资金。

（2）以降低贷款银行损失为出发点的资金缺额担保。项目的投资者和开发者对不同类型项目的开发战略有明显的区别。例如，对于大型基础设施项目和资源性项目，投资者着眼点往往放在项目的长期经营上，并着重于投资的长期收益；然而，对于房地产项目，投资者则往往着眼于选择好的时机将项目出售并赚取高额利润。因此，贷款银行在考虑后一类型项目的融资时，要求项目投资者提供资金缺额担保的侧重点是放在项目出售、重组或项目出现违约情况下如何保护贷款人利益的方面。

贷款人在项目出售、重组或违约拍卖情况下出现的损失有三种可能性：①项目资产处理费用损失；②资产处理费用加上利息损失；③前两种损失再加上贷款本金损失。针对这些情况，资金缺额担保要求项目投资者在进入项目融资结构时除投入相应的股本资金外，还需承担一定的未来项目资产价值波动风险。这种类型担保通常有一个上限，或者按贷款原始总额的百分比确定（惯例为 20% ~ 50%），或者按预期项目资产价值的百分比确定。例如，一个房地产开发项目的总造价为 1 000 万美元，采用 90% 的有限追索项目融资，由投资者提供占贷款额 25% 的资金缺额担保，即 225 万美元担保上限。若干年后，债务降为 750 万美元。由于某种原因投资者必须出售项目，如果净收入为 650 万美元，则贷款银行须动用 100 万美元的担保金；如果净收入为 550 万美元，则贷款银行须动用 200 万美元的担保金；如果项目净收入低于 525 万美元，则贷款银行须承担一定的项目亏损。

4. 安慰信

安慰信一般是指由项目主办方或政府写给贷款人，对它发放给项目公司的贷款表示支持的信。它通常是在担保人不愿接受法律约束的情况下所采用的一种担保形式。它对贷款人表示的支持一般体现在以下三个方面：

（1）经营支持。担保人声明在其权利范围内将"尽一切努力保证按照有关政策支持项目公司的正常经营"。

（2）不剥夺资产。政府保证不会没收项目资产或将项目国有化。

（3）提供资金。担保人同意向项目公司提供一切必要手段使其履行经济责任。例如，母公司愿意在其子公司遇到财务困难时提供帮助等。

安慰信最显著的特征是其条款一般不具有法律约束力，而只有道义上的约束力；即使明确规定了法律效力，安慰信也会由于条款的弹性过大而不能产生实质性的权利义务。然而，由于关系到担保人自身的资信，违反安慰信虽然不引起法律责任，但会影响到担保人今后的业务，故资信良好的担保人一般不会违背自己在安慰信中的诺言。因此，贷款方愿意接受担保人出具的这类安慰信。

我国的中央政府部门或地方政府部门往往为大型项目融资向贷款方出具安慰信,一方面是向贷款方提供信誉担保;另一方面可为项目的进展创造良好的支持环境。这种做法对于我国的这些项目尤其重要。

政府在项目融资中扮演的角色虽然是间接的,但很重要。在许多情况下,政府颁发的开发、运营的特许权和执照是项目开发的前提。虽然政府一般不以借款人或项目公司股东的身份直接参与项目融资,但可能通过代理机构进行权益投资,或者是项目产品的最大买主或用户,在我国尤其如此。一般项目,特别是基本建设项目,如公路、机场、地铁等,所在国政府将参与项目的规划、融资、建设和运营各个阶段。PPP项目就是一个典型。在项目运营一定时期后政府部门接管项目。

对于其他项目,政府的支持可能是间接的,但对项目的成功仍然至关重要。例如,自然资源开发和收费交通项目均需得到政府的特许。在多数国家,尤其在我国,能源、交通、土地、通信等资源均掌握在政府手中,而这些资源是任何项目成功必不可少的条件,只有得到我国政府的支持,才能保证项目顺利进行。

7.3.2　物权担保

项目融资的物权担保是指项目公司或第三方以自身资产为履行贷款债务提供担保。

国内信贷活动虽然广泛使用物权担保,但在项目融资这种国际融资活动中,却较少使用物权担保,作用也不明显。这是因为贷款方不易控制跨国担保物,而更重要的是因为项目融资追索权有限。项目公司自身的资产一般不能使贷款方放心,贷款方看重的是项目本身,而非项目公司目前的资产。

虽然物权担保对于借款方没有特别大的压力,但是它仍然能够约束项目有关参与方认真履行合同,保证项目顺利建成和运营。此外,在项目融资中,借款方以项目资产做担保,使贷款方能够控制项目的经营,进而顺利地收回贷款。

按担保标的物的性质,项目融资物权担保可分为:不动产物权担保和动产物权担保;按担保方式可分为:固定和浮动设押。

1. 不动产物权担保

不动产是指土地、建筑物等难以移动的财产。在项目融资中,项目公司一般以项目资产作为不动产担保,但其不动产仅限于项目公司的不动产范围内,而不包括或仅包括很少部分项目发起方的不动产。在一般情况下,如果借款方违约或者项目失败，贷款方往往接管项目公司，或者重新经营，或者拍卖项目资产，弥补其贷款损失。但这种弥补对于大额的贷款来说，往往是微不足道的。因为项目的失败往往导致项目资产，特别是不动产本身价值的下降，难以弥补最初的贷款额。例如管道项目，如果管道流量很少，那么管道设施本身只是一堆废铁。

2. 动产物权担保

动产物权担保是指借款方（一般为项目公司）以自己或第三方的动产作为履约的保证。动产可以分为有形和无形动产两种：前者如船舶、设备、商品等；后者如合同、特许权、股份和其他证券、应收账、保险单、银行账户等。由于处理动产物权担保在技术上比不动产物权担保方便，故在项目融资中使用较多。

在项目融资中，无形动产担保的意义更大些。一方面有形动产的价值往往因为项目的失败而价值大减；另一方面也因为有形动产涉及多个项目参与方，其权力具有可追溯性，而且这种追溯是有合同等文件作为书面保证的。

可以说，项目融资中的许多信用担保最后都作为无形动产担保而成为对贷款方的一种可靠担保，因此，信用担保与无形动产担保往往具有同样作用。例如：无货亦付款合同本身是一种信用担保，但当该合同作为无形资产担保掌握在贷款方手中时，贷款方就享受了该合同中的权利。这时，合同又成为无形动产担保。

3. 浮动设押

前面涉及的不动产和动产物权担保都是固定的物权担保。所谓"固定"，是指借款方作为还款保证的资产是确定的，如特定的土地、厂房或特定的股份、特许权、商品等。当借款方违约或项目失败时，贷款方一般只能通过这些担保物受偿。固定设押一般是在固定资产上设定的，即固定设押的财产必须特定化，即设定抵押时就固定在具体的财产上，且必须遵守设定担保的必要手续。固定设押也可以在未收资金及流动资产上设定，但是在未经担保权人同意的情况下，不允许企业出售抵押的资产。

浮动设押又称浮动担保（Floating Charge）、浮动债务负担，始创于英国，是指债务人（主要是企业）与债权人（通常为银行）达成协议，债务人以其现存及将来获得的全部财产作为债的担保；当债务人不履行债务时，债权人就债务人不履行债务时拥有的全部财产的变卖价款优先受偿的法律制度。后来，该担保方式在其他一些国家也得到普及。由于这种担保方式不以特定的动产或不动产为担保标的，只有在特定事件发生时才能最后确定受偿资产，所以被形象地称为"浮动设押"。

在浮动设押中，借款人（即担保人）对浮动担保物享有占有、使用和处分权。浮动设押无须转移担保物的占有，在借款人违约或破产之前，借款人有权在其正常的业务活动中自由使用和处分担保物。借款人对担保物的处分无须征得贷款人的同意，经借款人处分后的担保物自动退出担保物范围；反之，借款人在设定浮动设押后所取得的一切财产（或某一类财产）也自动进入担保范围。可见在贷款人实际行使浮动担保权之前，担保物一直处于不确定的浮动状态，所以一旦项目的经营者在经营中有恶意地处分财产，对贷款人而言，其担保权的实现就有相当大的风险。

固定设押下的标的处分是受很大限制的，而浮动设押的处分则几乎不受任何限制。对项目公司来说，其不愿设立较多的固定设押，因为这样会对其自主经营施加一定的限制，对资产的处理会束手束脚；对贷款人而言，固定设押则对其比较有利，便于其实现抵押权。但是需要注意的是，项目融资中工程投资大，只倚仗固定设押完成对其贷款的保证是不可能的，在项目融资中也不具有可行性或可操作性。因此，为了保证项目公司（或项目经营者）的利益，不宜设立较多的固定设押；为了保证贷款人的利益，又要设定一定的固定设押。或者从另一角度来说，就对两种担保的选择而言，项目公司愿意使用浮动设押，而贷款人则愿意使用固定设押。

7.3.3　其他担保方式

在项目融资贷款和担保协议中，有一些条款运用得相当普遍，它们规定了有关借款方资信方面的内容。实际上它们是借款方以自己的资信向贷款方做出的履约保证。由于这种自身的担保在许多情况下涉及第三方，因此深得贷款方的重视。

1. 消极担保条款

所谓消极担保条款，是指借款方向贷款方承诺，将限制自己的资产并设立有利于其他债权人的物权担保。消极担保条款是融资协议中的一项重要条款，它一般表述为："只要在融资协议下尚有未偿还的贷款，借款人就不得在其现在或将来的资产、收入或官方国际储备上为其他外债设定任何财产留置权，除非借款人立即使其融资协议下所有的未偿债务得到平等的、按比例的担保，或这种其他的担保已经得到贷款人的同意。"

消极担保是一种有法律约束力的保证，它不同于担保受益权。消极担保不允许对借款人资产提出所有权、占有权、控制权和销售权的要求，也不允许贷款人在借款人破产或清算时提出任何优先权。借款人如果违反消极担保条款，把其资产作为第三方的担保，按照绝大多数法律，这种担保是无效的。虽然借款人因违反合同而负有责任，但借款人的资产被作为还款来源，对贷款人来说仍然是不利的。如果第三方知道或应该知道存在消极担保条款，贷款人也许能够指控任何使借款人做违约担保的有效性，但这取决于当时的环境和有关的法律系统。

2. 准担保交易

除了上述各种形式，在项目融资中还有许多类似担保的交易。这些交易一般在法律上被排除在物权担保范围之外，而被视为贸易交易。但由于这些交易的经济效果类似物权担保，而且在很大程度上是为了规避物权担保的限制而进行的，故也应归入广义的"担保"范围内。

（1）租赁。卖方（名义上是出租人）将设备租给买方（名义上的承租人），卖方仍保留对设备的所有权，买方则拥有设备的使用权；或者卖方将设备出售给一家金融公司或租赁公司并立即得到价款，然后该金融公司或租赁公司将设备租给买方。无论以何种形式出租，卖方都足以在租期内收回成本。这实际上是一种商业信用，买方以定期交租金的方式得到融资，而设备本身则起到担保物的作用。

（2）出售和租回。借款方将资产卖给金融公司，然后按与资产使用寿命相应的租期重新租回。在这里价款起了贷款的作用，租金分期缴纳就是分期还款，而设备则是"担保物"。

（3）出售和购回。借款方将资产卖给金融公司而获得价款，然后按事先约定的条件和时间购回。购回实际上就是还款，而资产在此也起到了担保作用。

（4）所有权保留。它也称有条件出售，即卖方将资产卖给债务人，条件是债务人只有在偿付资产债务后才能获得资产所有权。资产同样也称为"担保物"。

（5）从属之债。从属之债是指一个债权人同意在另一债权人受偿之前不请求清偿自己的债务。前者称为从债权人，其债权称为从债权，可由一切种类的债权构成；后者称为主债权人，即项目融资的贷款方。从经济效果看，从债权对主债权的清偿提供了一定程度的保证；从属之债也对主债务提供了一定的担保。

7.4　担保文件

项目融资使用的文件多而复杂，可分为三类：基本文件、融资文件和专家报告。从广义上讲，几乎每一个具体文件都是对贷款方的担保；从狭义上看，与担保关系较为直接的项目融资文件有基本文件和融资文件。

1. 基本文件

（1）政府的项目特许经营协议和其他许可证。

（2）承建商和分包商的担保及预付款保函。

（3）项目投保合同。

（4）原材料供应协议。

（5）能源供应协议。

（6）产品购买协议。

（7）项目经营协议。

2. 融资文件

（1）贷款协议，包括消极保证、担保的执行。

（2）担保文件和抵押文件，包括以下几种：

1）对土地、房屋等不动产抵押的享有权。

2）对动产、债务以及在建生产线抵押的享有权。

3）对项目基本文件给予的权利的享有权。

4）对项目保险的享有权。

5）对销售合同、照付不议合同、产量或分次支付协议以及营业收入的享有权。

6）用代管账户来控制现金流量（必要时提留项目的现金流量）。

7）长期供货合同的转让，包括"或供或付"合同和能源、原材料的供应合同。

8）项目管理、技术支持和咨询合同的转让。

9）项目公司股票的质押，包括对股息设押。

10）各种设押和为抵押产生的有关担保的通知、同意、承认、背书、存档及登记。

（3）支持性文件，包括以下几种：

1）项目发起方的直接支持：偿还担保、完工担保、营运资金担保协议、超支协议和安慰信。

2）项目发起方的间接支持：无货亦付款合同、产量合同、无条件的运输合同、供应保证协议。

3）政府的支持：经营许可、项目批准、特许权利、不收归国有的保证和外汇许可等。

4）项目保险：商业保险、出口信贷担保以及多边机构的担保。

复习思考题

1. 案例分析题

（1）ABC 贸易公司煤矿项目融资担保

ABC 贸易公司是一家以经营原材料为主的国际性贸易公司，为了保证其稳定的货源，该公司经过广泛的调查研究，决定对其煤产品的主要来源国家的一个煤矿项目进行投资，占有资产的 20%，并取得 20% 的煤炭产品。该煤矿项目由两个矿体组成，采用的是非公司型合资结构。项目的建设及生产管理均由占股 50% 的当地一家最大的矿业公司（WMC 矿业公司）负责。ABC 贸易公司考虑到项目投资额大，为了减少风险，决定采用有限追索的项目融资模式。

首先，ABC 贸易公司在该国成立了一个项目子公司 ABC 煤矿公司，作为独立的经济法人，负责项目的融资和管理。ABC 贸易公司向 ABC 煤矿公司投入项目所需建设资金的 20% 作为其股本资金，并组织国际银团贷款提供项目建设所需资金的剩余部分。

其次，由于 ABC 煤矿公司是一个新组建的单一目的的项目公司，没有资产和经营记录，因而 ABC 贸易公司根据贷款银团的要求，分别在项目的不同阶段向贷款银团提供项目完工担保和资金缺额担保，以及与 ABC 煤矿公司签署了为期 20 年的"提货与付款"形式的长期购货协议，作为项目投资者对项目公司的信用支持。

项目的完工担保是通过 ABC 贸易公司在贷款银团指定的银行以一张额度为 3 000 万美元的多次提款备用信用证形式提供；贷款银团根据项目建设的实际需要，可以从信用证中提取资金支付项目成本超支以及其他未预见的费用，来保证项目的按期完工。按照完工担保协议，ABC 贸易公司必须随时将信用证额度维持在 3 000 万美元的水平上。因此，在项目的建设期间，ABC 贸易公司承担的是完全追索的财务责任。

"提货与付款"协议是项目生产阶段的主要现金流量来源。ABC 贸易公司按照国家市场价格，从 ABC 煤矿公司购买全部项目产品。从贷款银团的角度，"提货与付款"协议保证了项目产品的销售市场，从而保证了项目的现金流量；从 ABC 贸易公司的角度，由于其投资的初始目的就是为了获得产品，因而采用这样的协议并没有增加更多的责任和义务。

但是，正因为"提货与付款"协议没有规定产品的最低限价，一旦出现产品价格长期过低的情况，就有造成现金流量不足以支付项目的生产费用和偿还到期债务的可能。所以在贷款银行的要求下，ABC 贸易公司又向贷款银团提供了一项资金缺额担保，其形式依然是由指定的银行开出一张 3 000 万美元的备用信用证（实际上是在项目达到"商业完工"要求时由项目完工担保的备用信用证直接转过来的）。信用证额度是贷款银团以项目最坏假设条件下的资金缺额为基础，由借贷双方谈判确定的，并且根据实际未偿还债务的递减加以调整。

（2）拟讨论的问题：

1）本案例中签订的"提货与付款"协议，对借贷双方各有什么利与弊？

2）ABC 贸易公司向贷款银团提供资金缺额担保所增加的责任与风险是什么？

3）在本案例中，提供贷款的银团的主要风险有哪些？

4）您认为本案例中已经设置的担保是否足够了？还是否需要进一步设置其他担保以规避贷款风险？

2. 思考题

（1）什么是项目融资担保？它与一般商业贷款的担保有什么区别？

（2）项目融资担保人的类型有哪几种？它们的作用分别是什么？

（3）什么是项目融资的信用担保？它的主要形式有哪几种？

（4）什么是项目融资的物权担保？它的主要形式有哪几种？

（5）试分析资金缺额担保的主要目的，并分析设置该项担保的积极作用。

不同融资渠道筹得的资金具有不同的融资成本，一个成功的项目融资应该使融资成本控制在合理的范围内，为此就必须要明确项目融资的资金来源和资金构成。因此，本章重点介绍了主要的项目融资渠道，以及如何通过资本市场进行项目融资，同时也介绍了资金结构和融资成本的计算方法。

第 8 章

项目融资的资金来源

8.1 项目融资的资金构成

8.1.1 股本资金

股本资金是投资主体投入企业或项目的资本，在我国称为资本金。资本金是指企业或项目实体在工商行政管理部门登记的注册资金。按照投资主体的不同，资本金可分为国家资本金、法人资本金、个人资本金以及外商资本金。权益资本体现了投资人对企业或者项目资产和收益的所有权。在企业或者项目满足所有权后，投资人有权分享利润，同时也要承担企业或者项目亏损的风险。所有者有权对企业或者项目的重大事项进行表决，从而实现对其的控制。资本金按来源可以分为以下几种：

1. 国家财政拨款

就我国的情况而言，目前国家财政拨款一般用于国防、教育、文化、科学及卫生等事业。原来拨给工业、农业基本建设项目的国家预算内资金从1980年起已经逐步改成贷款。但对于国计民生影响重大或者以扶贫解困为目标的项目，仍然可以得到国家拨款。这样，中央和地方政府可以把国家财政资金投入最迫切需要的地方。但是由于财政拨款无偿无息，因此常常得不到合理的使用，很多项目浪费严重，效益相对较差。

2. 企业利润留存

企业在税后利润中提取的公积金和未分配的利润可投资在项目中，成为项目的资本金。

3. 发行股票

经政府批准的股份有限公司可以申请发行公司股票。向社会公开发行股票，有利于扩大股东范围、筹集大量资本金，是现代企业和项目筹集权益资本的主要方式。

4. 外国资本直接投资

外商在中外合资、中外合作和外商独资经营企业中投入的资本合称为外商直接投资资本。中外合资经营企业是股权式合营企业，组织形式为有限责任公司或股份有限公司。其特点是合营各方共同投资、共同经营，按各自的出资比例分担风险和盈亏。合营各方的出资额构成各自的股权。中外合作经营企业是契约式合营企业。合营各方的投资不折算成出资比例，利润也不按出资比例分配。各方的权利和义务，包括投资额、合作条件和方式、利润分配和风险承担等都在合同中明确规定。

8.1.2　准股本资金

准股本资金是相对于股本资金而言的，是指项目投资者或者与项目利益有关的第三方提供的一种从属性债务。它的具体形式包括：无担保贷款、可转换债券和零息债券。准股本资金在法律结构设计和资金安排上具有较大的灵活性，在项目资金优先序列中要低于其他的债务资金，但高于股本资金。这样一旦项目公司破产，只有在偿还项目贷款之后，准股本资金才能被偿还。所以从贷款银行的角度来看，准股本资金可以当作是股本资金的一部分。有时，与项目有关的一些政府机构和企业，出于其政治利益或经济利益等方面的考虑，也会为项目提供准股本资金的资金。准股本资金作为项目的从属性债务，主要采用如下三种形式：

1. 无担保贷款

无担保贷款在形式上与一般商业贷款相似，只是贷款没有任何项目资产作为抵押和担保，而且本息的支付也带有一定的附加限制条件。取得无担保贷款需要借款人具有良好的信用记录，且财务状况也一直较好。项目发起人往往提供无担保贷款作为项目融资的"种子资金"，以使主要的贷款人放心。而且，发起人使用无担保贷款可以享受利息免税的好处。对于发展中国家，无担保贷款经常由政府提供。此外，项目的其他利益相关者也可以提供无担保贷款，例如项目的设备供应商以商业信用的方式为项目公司提供设备，即相当于向项目公司提供了无担保贷款。

2. 可转换债券

可转换债券在有效期内只需支付利息，在债券到期日内，债券持有人有权选择将债券按照规定的价格转换成为企业的普通股。可转换债券的发行不需要企业资产或项目资产的担保，债券利息一般低于同类贷款利息。债券持有人可以根据项目经济效益的好坏选择最终投资的方式。对于项目发起人来说，发行可转换债券与贷款相比成本更低。

3. 零息债券

零息债券是指用贴现的方式发行，到期按照债券面值支付，有效期内也不用支付利息的债券。这种方式利于保持项目建设经营期间的现金流量，提高项目的经济强度，给项目发起人提供一种优于普通债务资金的选择。

8.1.3　国内银行贷款

我国国家政策性银行及商业银行对项目的贷款一般按期限分为长期、中期和短期贷款。一年内偿还的为短期贷款，中长期贷款偿还期为 1～5 年，偿还期 5 年以上的为长期贷款。

1. 长期贷款

银行通常把超过 5 年的贷款归入长期贷款。我国国有银行长期贷款在总贷款额中的比重较大，这是由于我国经济发展速度快、项目投资规模大的缘故。长期贷款主要有以下几种用途：

（1）基本建设贷款。这是银行根据国家基本建设投资计划，用于扩大生产能力或增加工程效益的新建、扩建或改建项目。贷款利率主要按通货膨胀率和资金的供求关系适时调整。表 8-1 为中国 2010 年以来历年人民币贷款基准利率的调整情况。

表 8-1　金融机构人民币贷款基准利率　　　　　　　　（%）

调整时间	6~12 个月（含1年）	1~3（含3年）	3~5（含5年）	5 年以上
2010 年 10 月 20 日	5.56	5.60	5.96	6.14
2010 年 12 月 26 日	5.81	5.85	6.22	6.40
2011 年 2 月 9 日	6.06	6.10	6.45	6.60
2011 年 4 月 6 日	6.32	6.40	6.65	6.80
2011 年 7 月 7 日	6.56	6.65	6.90	7.05
2012 年 6 月 8 日	6.31	6.40	6.65	6.80
2012 年 7 月 6 日	6.00	6.15	6.40	6.55
2014 年 11 月 22 日[①]	5.60	6.00		6.15
2015 年 3 月 1 日	5.35	5.75		5.90
2015 年 6 月 28 日	4.85	5.25		5.40
2015 年 10 月 24 日	4.35	4.75		4.90
2016 年 1 月 1 日	4.35	4.75		4.90
2017 年 1 月 1 日	4.35	4.75		4.90

注：数据源自"中国人民银行"网站 http://www.pbc.gov.cn。

①2014 年 11 月 22 日之后，金融机构人民币贷款基准利率期限档次简并为 1 年以内（含 1 年）、1~5 年（含 5 年）和 5 年以上 3 个档次。

（2）技术改造贷款。银行根据国家技术改造投资计划发放此类贷款，支持企业的技术改造以增强其活力，提高产品的市场竞争能力，调整产业结构，促进协调发展。技术改造贷款与基本建设贷款的区别是，该类贷款主要用于更新和改造现有的技术和设备，以新技术、新工艺和新设备替换老、旧技术和设备。国家还对技术先进、效益显著并能增加出口能力的技术改造项目给予贴息的优惠。

（3）城市建设综合开发企业贷款。此类贷款主要发放给根据城市总体规模安排的开发项目，如土地、商品房的开发和经营，城市基础设施和配套设施的建设等。

（4）农业基础设施及农业资源开发贷款。农田水利建设贷款、农业机械购置贷款、农业科技贷款、土地治理与开发贷款、农业一般开发性贷款均在此列。

2. 短期贷款

短期贷款主要是流动资金贷款，用作存货、应收账款的周转资金，期限在一年之内。它也可以是在短期内见效的小额设备贷款。

8.1.4 国外贷款

1. 外国政府贷款

外国政府向我国政府提供的长期优惠贷款称为外国政府贷款，或称政府信贷。其性质属于政府间的开发援助。它的偿还期长，一般为 20～30 年，利率低，年利率只有 2%～3%。此类贷款一般投入借款国非营利的开发项目，如城市基础设施、交通、能源等项目，或者是贷款国的优势行业，有利于该国出口设备。

2. 国际金融组织贷款

国际金融组织贷款包括以下几种：

（1）国际货币基金组织贷款。国际货币基金组织的宗旨是促进国际货币合作、支持国际贸易的发展和均衡增长、稳定国际汇兑并提供临时性融资，帮助成员国调整国际收支的暂时失调。它不向成员国提供一般性的项目贷款，而只是在成员国国际收支暂时不平衡时提供贷款，帮助它们克服国际收支逆差。国际货币基金组织的贷款条件比较严格，按照成员国在基金中所占的份额、面临的国际收支困难程度以及解决这些困难的政策能否奏效等条件来确定贷款的数额。

（2）世界银行贷款。世界银行贷款包括国际开发协会（International Development Association，IDA）贷款（称为"软贷款"）和国际复兴开发银行（International Bank for Reconstruction and Development，IBRD）贷款（称为"硬贷款"）。软贷款主要贷给人均国民收入低于一定数量的发展中国家，贷款偿还期为 35 年。其中，宽限期为 10 年，不收利息，每年只对贷款未偿还部分征收 0.75% 的手续费；另外，再对借款人未支取的贷款征收 0.5% 的承诺费。因此，软贷款条件十分优惠。

硬贷款是世界银行向发展中国家提供的，低于国际金融市场利率的长期贷款。贷款期限为 20 年，含 5 年宽限期，承诺费为 0.75%。利率每半年进行一次调整，主要视其筹资成本的变化情况而定。

世界银行贷款发放的主要对象为：农业和农村发展、环境保护、交通、能源、基础工业及社会事业。针对项目的具体情况，世界银行按照其贷款程序和项目评估方法选择项目，并监督项目的实施。对于贷款项目的实施，世界银行要求在所有成员国间实行国际竞争性招标，对项目的评审也比较严格，其目的是为了使发放的贷款对借款国真正发挥作用，促进发展中国家经济的平衡发展。

（3）亚洲开发银行贷款。亚洲开发银行旨在促进亚洲及太平洋地区经济的增长与合作，其贷款可分为普通资金贷款（称为"硬贷款"）、亚洲开发基金贷款（称为"软贷款"）和技术援助基金三种。除了技术援助基金属于技术援助性质的赠款外，硬贷款和软贷款的使用及条件均与世界银行贷款类似，只是偿还期和利率稍有差别。亚洲开发银行贷款也以项目贷款为主。农业和农产品加工业是贷款的主要领域，此外还有水利、林业和渔业。能源方面主要含水电项目。

3. 出口信贷

出口信贷是指出口国政府对银行贴补利息并提供担保，由银行向外贸企业发放的利率较低的贷款。它用来支持和扩大本国的商品出口，增强本国产品在国际上的竞争力。特别是对工业成套设备，许多国家都提供出口信贷。

出口信贷可分为买方信贷和卖方信贷：

买方信贷是指出口方银行向进口方银行提供的商业信贷。有了此种贷款，进口方就可以用现汇购买商品和设备，因此，出口方可及时收回货款。买方信贷的金额一般不超过合同金额的85%。贷款通常是在卖方交货完毕或工厂建成投产后分期偿还，每半年还本付息一次，期限不超过10年。买方信贷除了支付利息外，还需支付管理费、保险费和承诺费。

卖方信贷是指出口方银行向本国出口商提供的商业信贷。出口商以此贷款为垫付资金，允许买方赊购自己的产品，分期支付货款。使用卖方信贷，进口商一般先付合同金额的15%作为订金，其余货款可在项目投产后陆续支付。出口商收到货款后向银行归还贷款。出口商除支付利息外，也要承担保险费、管理费和承诺费。出口商通常会将这些费用计入出口货价中，把贷款成本转移到进口方。

出口信贷由于有出口国政府的政策性补贴，利率比国际金融市场相同期限的利率略低，对于购置我国经济建设急需的成套设备和大型专用设备的项目来说，这是获得巨额资金的重要渠道。由于有多个国家出口商彼此竞争，所以我国的进口和借款单位可在它们中间进行选择，降低设备进口价格和筹资成本。但另一方面，由于出口信贷和出口货物一般绑在一起，有时某国出口信贷条件虽然优惠，但该国设备并不适用于我国；有时设备适用，但价格却高于公开招标的价格，故使用出口信贷也会受到一定的限制。

4. 国际商业贷款

国际商业贷款是指我国在国际金融市场上以借款方式筹集的资金，主要指国外商业银行和除国际金融组织以外的其他国外金融机构贷款。这类贷款方式灵活、手续简便，使用不受限制。贷款利率有固定利率和浮动利率两种。中长期贷款一般采用浮动利率，通常是在伦敦同业银行拆借利率（LIBOR）的基础上，根据国际金融市场上资金的供求、期限长短、贷款金额大小、货币币种风险和客户资信高低分别加上一定的利差。利差一般为0.25% ~ 1.25%。

国外商业银行和金融机构贷款包括两种形式：单个银行贷款和国际银团贷款。国际银团贷款（亦称为辛迪加贷款）是指由一家银行牵头，多家银行和金融机构组成银团，联合向某借款人提供金额较大的长期贷款。贷款多用于购买需要巨额资金的成套设备、飞机和船舶等。银团贷款的借款人通常是各国中央或地方政府、开发银行、进出口银行或国有金融机构及大型跨国公司。

国际商业贷款利率完全由国际金融市场资金供求关系决定，不能享受前述各种非商业贷款的优惠条件。由于利率高，还款期短（中长期贷款期限一般为5 ~ 10年），故风险比较大。若项目经济效益不高、偿债能力不强，就会发生债务危机。我国通常是在使用政府贷款和国际金融组织贷款仍不能满足项目的外汇需要时，再借入一部分国外的商业贷款，或者在项目的短期资金缺乏时借入国外银行的短期贷款以弥补资金不足。

8.1.5 发行债券

1. 企业债券

债券是指债务人为筹集资金而发行的，承诺按期向债权人支付利息和偿还本金的一种有价证券。除国家发行的国库券外，企业或项目实体为项目建设和经营发展而向公众发行的债券称为企业债券。虽然目前我国发行企业债券的数额受到控制，总量也不大，尚处于试验阶段，但必定会逐步成为企业或项目实体筹集中长期资金的重要方式。

企业债券有固定利率债券和浮动利率债券之分，我国企业债券通常为固定利率债券。期限也有长短之分，一年以下的称为企业短期融资券。按有无担保来分类，企业债券又可分为有担保债券和无担保债券。有担保债券是指有指定财产做担保的债券，按担保品的不同又可细分为不动产抵押债券、动产抵押债券和信托抵押债券等。抵押债券因为有企业财产作为还款保证，债权人的倒账风险相对较小，故债券利率比无担保债券低。无担保债券又称信用债券，是无任何担保、只凭企业的信誉发行的债券，通常只有信誉好的大企业才能发行这种债券。

企业债券发行时一般由投资银行等金融中介机构承购包销。它们帮助企业或项目实体确定发行规模、发行价格、发行方式及发行费用，并把债券推销给投资者。企业债券的等级对发行者和投资者都十分重要，是债券倒账风险的衡量指标。债券等级越高，其债务的偿还越有保证，因而风险越小，其债券利率和筹资成本也越低。故企业或项目实体应力争评上较高的等级，在这种条件下发行债券，对企业或项目实体最有利。

2. 发行境外债券

我国政府、金融机构和企业在国外向外国投资者发行的外币债券称为国际债券。发行境外债券前，发行人首先经过评级机构的评级，然后委托承销团确定发行条件，包括金额、偿还期、利率、发行价格、发行费用等。发行后的债券可在二级市场上流通。目前世界上主要的国际债券市场有：美国美元债券市场（纽约）、亚洲美元债券市场（新加坡、香港）、欧洲美元债券市场（伦敦、卢森堡）、德国马克债券市场（法兰克福）、日本日元债券市场（东京）、英国英镑债券市场（伦敦）、瑞士法郎债券市场（苏黎世）等。境外债券在国际金融市场上的价格随着该种债券的市场需求情况而变动。如果债券在二级市场上表现不佳，则会影响发债人的信誉和今后的债券发行。无论是境内债券还是境外债券，相对于股票筹资，其主要优点是资金成本低。因为债券利息通常可以在税前支付，所以企业或项目实体可得到利息免税的好处。对投资者而言，债券风险比股票小，因此债券的发行比股票容易，发行成本也低。企业或项目实体通过债务筹资还可以发挥财务杠杆的作用，进一步提高资金收益率。但债券筹资需签订严格的债券合同。这是一个具有法律效力的文件，规定了债权人和发行者双方的权利与义务。债券合同中保护债权人的条款对发行人资产流动性、证券销售、红利支付、投资及兼并等的限制，降低了企业经营的灵活性，这是债券筹资不利的一面。而债券合同中的提前兑回条款则允许企业在市场利率降低时兑回已发行的高利率债券，继而发行低利率债券，以此减少债券利息支出。

8.1.6 租赁筹资

以租赁的方式筹集资金是指当企业或项目实体需要设备时，不是通过筹资自行购买，而是以付租金的方式向租赁公司借入设备。租赁公司（出租人）有设备的所有权，企业或项目实体（承租人）只有设备的使用权。为了筹资而进行的租赁称为金融租赁，其租赁期长，一般为设备的经济寿命期，而且租赁期末承租人可以低于市场的价格购入设备而成为设备所有者。因此，金融租赁是"融物"和"融资"相结合的一种筹资方式。承租人租入设备相当于借款购置设备，分期支付的租金相当于贷款的还本付息，但却省略了初期的贷款手续，代之的是租赁合同。租赁合同有三方关系人，即出租人、承租人和供货人。在金融租赁中设备由承租人选定，购货合同的谈判主要在供货人和承租人之间进行，而出租人则是重要中介，最后三者共同签订供货合同和租赁合同。租赁合同条款中对承租人的限制比债券合同少，方式也更灵活。

与其他信贷筹资方式相比较，租赁筹资成本较高。租金包括了设备价格、租赁公司为购买设备的借款利息及投资收益。但承租人的租金支出是在缴纳所得税之前扣除的，因此，可得租金免税之效。而且，筹资企业或项目实体不必预先筹集一笔相当于设备价格的资金即可取得设备投入使用。这些都是租赁筹资的优点。此外，租赁还可使企业或项目实体避免设备过时的风险。因此，大型设备、飞机、轮船、建筑机械和电子计算机等均采用租赁的方式。

8.2 资本市场

资本市场是指证券融资和经营一年以上的中长期资金信贷的金融市场。项目融资所指的资本市场主要包括股票市场和债券市场。建设周期长、投资规模大的项目可以采用发行股票和债券的形式筹集资金，资本市场是项目融资的一个重要渠道。

8.2.1 股票市场融资

发行股票是向全社会公开为项目筹集资金的一种融资方式。股票是股份有限公司的产物，它随股份有限公司的产生而出现，是股份有限公司向其出资者签发的出资证明或股份凭证。从形式上说，股票是一种书面证件，其票面一般载有企业名称、股票种类、票面金额、股票编号、董事长签名及企业盖章等事项。

1. 股票的性质与特点

股票是最古老的投资工具之一，也是证券市场的基础工具之一。从本质上说，股票是一种所有权证书，表明它的持有者对企业资本的相应部分拥有所有权，并因此取得股东资格。但是，股东投入企业的资本取得股票这种形式后，便与这部分资本的直接支配权完全分离了。这时，同一资本便有了双重存在：一方面，所有股东对企业的出资形成一个集合体并为企业法人所有，用于现实的生产经营活动，被称为真实资本或实质资本；另一方面，外在于真实资本的股票则为股东所有，被称为虚拟资本。因此，股东对企业资本的所有权实际上表现为对股票这种虚拟资本的所有权。

在这里，股票似乎充当了一个矛盾的角色：它既是投资入股而使它的持有人成为企业资本所有者的凭证，又在它的持有人和企业之间筑起了一堵无形的墙，使任何股东都无法以个人身份对企业真实资本的运作进行直接干预。这正是现代股份有限公司治理结构的构筑与良好运作的巧妙机制。当然，股东对股票这种虚拟资本的所有权并不是一种虚置的所有权，它既内含一系列具有实质意义的权能，又以一定的方式对企业真实资本的运作形成强有力的产权约束。股票的性质决定股票的特点，从股票的特点又可以进一步把握股票的性质和内涵。作为一种资本证券，股票既具有与其他资本证券相同的一般特性，也具有它自身的特点。

概括起来，股票的特点主要是：①无期性。与债券不同，股票没有到期期限，股票的生命与发行股票的企业相始终，购买股票的资金一经投入，任何人都不能要求企业将资金退回。②流通性。由于股票不能退股，企业一旦经营失败，投资者就势必遭受损失。这种可能性的存在及投资者持股意愿的不断变化，从逻辑上规定了股票必须能够流通，即可以在二级市场上转让。③风险性。股票流通只能实现股票持有者的转换，而不可能保证企业不会出现经营失败，如亏损、破产等，因此只要企业经营失败，就会有人遭受损失；同时，股票的交易价格是经常变动的，如果价格下跌，就有可能给股票持有人带来损失。④趋利性。如果只有风险而没有相对称的收益预期，股票就不会有吸引力。投资股票的收益主要来自两个方面：一是企业税后利润的分红派息；二是股票市场价差带来的收益。与债券及其他一些投资方式相比，股票的预期收益更高，因而从理论上说股票投资是一种高回报投资。⑤投机性。由于股票的收益及其市场价格具有极大的不确定性，因而股票的投机性更强。

2. 股票的类型

（1）普通股和优先股。普通股和优先股是股票最基本的两种类型，其划分依据是股东享有的权益及承担风险的大小与方式。普通股是股份有限公司最基本、最大量、最重要的股票种类，是构成股份有限公司资本的基础。它比优先股享有的权益广泛得多，也因此成为风险的主要承担者。优先股是在两个方面具有优先权的股票：一是优先以事前确定的股息率分配企业税后利润；二是在企业清算时优先于普通股分配剩余资产。由于股息固定并享有这两项优先权，优先股的风险比普通股要小得多；作为代价，优先股便不能与普通股共享参与决策的投票表决、认购新股的优先权等权利。

（2）记名股和无记名股。这是根据股票票面上和企业股东名册上是否记载持有人姓名的角度所做的分类。记名股是指在股票票面上载明持股人姓名并同时在企业股东名册上登记持股人有关事项的股票。记名股在转让时必须办理过户手续，否则受让人无法行使股东权利。无记名股是指在股票票面及发行企业都不记载持有人任何资料的股票，持股人仅凭股票所附息票即可领取股利，且可以任意转让而无须过户，凡持有股票者即取得股东资格。因此，无记名股的印制有极为严格的质量标准，以防伪造。记名股和无记名股在股东权益上没有任何区别。一般来说，无记名股可以请求改换为记名股，但反之则不行。

（3）有面值股和无面值股。这是从股票票面上是否载明每股票面金额的角度所做的分类。有面值股的票面明确载有每股金额，这个金额称为票面价值或票面价格。票面价值是企业股本的基本构成单位，是计算企业股本的依据，同时可依此确定每股所代表的股权比例，也是企业分红派息的依据。但是，票面价值是一个基本固定的数额，而每股代表的净资产和股票的市场价格则处于经常变动之中，因而票面价值既无法反映每股净资产的真实价值，也与股票市价毫无关联。因此，票面价值对投资并无多少参考价值。无面值股又称份额股。它虽无票面金额，但需注明每股占总股本的比例，并在发行企业的账面上记有账面价值。

3. 资本市场股票融资的方式

利用资本市场进行股票融资的主要方式有两种：直接上市融资和间接上市融资。直接上市融资是企业严格按照公司法、证券法等有关股票发行的法律法规，根据企业自身所具备的条件，按照股票发行程序申请发行股票，获得批准后发行股票，并在证券交易所上市交易。间接上市有两种形式：买壳上市和造壳上市。买壳上市是根据公司法、证券法等法律法规购买上市公司的部分股份，以获得上市公司的控制权，而后将原有企业的优质资产置换到上市公司的资产中去，再以配股、增发新股等形式进行新一轮的融资。造壳上市是根据相关法律，在拟上市海外证券市场所允许的地点注册一家控股公司，而后通过资产置换，将企业原有的优质资产置换到新注册的控股公司里，再以控股公司的名义在海外证券市场直接上市融资。

4. 普通股融资

普通股融资的优点：①普通股融资支付股利灵活。采用普通股融资，企业没有盈利，就不必支付股利；企业有盈利，并认为适合分配股利，就可以分给股东；企业盈利较少，或虽有盈利但资金短缺或者有更有利的投资机会，就可以少支付或不支付股利。②普通股一般不用偿还股本。利用普通股筹集的是永久性的资金，除非企业清算才需要偿还。③普通股融资的风险小。由于普通股股本没有固定的到期日，一般也不用支付固定的股利，所以不存在还本付息的风险。④融资限制较少。利用优先股或债券融资通常有许多限制，这些限制往往会影响企业经营的灵活性，而利用普通股融资则没有这些限制。

普通股融资的缺点：①不能获得财务杠杆带来的利益；②普通股股利不可减免所得税，资金成本较债券高了许多；③增加普通股票发行量，将导致现有股东对企业控制权的削弱。

普通股票融资的策略是在充分权衡风险与收益的情况下，合理确定普通股权益占企业总资金来源的比重，选择合适的发行时间和发行方式，使普通股权益收益率在可承受风险范围内最大化。

5. 优先股融资

优先股融资的优点：①财务负担较发行债券要轻。由于优先股股利不是发行企业必须偿付的一项法定债务，如果企业财务状况恶化，则这种股利可以不付，从而减轻了企业的财务负担。②财务上灵活机动。由于优先股没有规定最终到期日，它实质上是一种永续性借款。优先股的收回由企业决定，企业可在有利条件下收回优先股，具有较大的灵活性。③保持普通股股东对企业的控制权。因优先股一般没有表决权，通过发行优先股，企业普通股股东可避免与新投资者分享企业的盈余和控制权。当企业既想向外融集自有资金，又想保持原有股东的控制权时，利用优先股融资尤为恰当。④有利于提升企业信誉。从法律上讲，优先股股本属于企业的自有资金，发行优先股能巩固企业的自有资本基础，可适当提升企业的信誉，提高企业的借款举债能力。

优先股融资的缺点：①融资成本高。优先股必须以高于债券利率的股利支付率出售，其成本虽低于普通股，但一般高于债券，加之优先股支付的股利要从税后利润中支付，使得优先股融资成本较高。②融资限制多。发行优先股通常有许多限制条款。③财务负担重。优先股需要支付固定股利，但又不能在税前扣除，当企业盈利下降时，优先股的股利可能成为企业一项较重的财务负担，有时不得不延期支付，会影响企业的形象。

如果依靠负债融资会过多地增加企业风险，而又不愿发行普通股削弱企业的控制权和丧失风险收益，那么最佳的融资方案就只能是发行优先股融资。

8.2.2 债券市场融资

1. 债券的性质

债券是指政府或企业（工商企业和金融企业）直接向社会借债筹措资金时，向投资者发行的、承诺按一定利率支付利息并按约定条件偿还本金的债权债务凭证。债券包括以下基本要素：

（1）债券的面值。面值包括面值币种和票面金额两项内容。面值币种是指以何种货币作为面值的标价单位。债券面值币种取决于发行者的需要和发行对象。一般来说，国内债券的面值币种为本国货币，一国在他国发行的债券的面值币种为债券发行地国家的货币或国际通用货币，如美元。票面金额是指债券票面上直接标示的货币单位，金额的大小从一个货币单位到上百万货币单位不等。票面金额的大小对债券的发行成本、发行数量及投资者的构成产生不同程度的影响。债券的面值通常就是债券的发行价格，但也有不一致的情况，如溢价发行或折价发行时，债券的交易价格就常常与其面值不一致。

（2）债券的利率。债券的利率又称票面利率，是指债券持有人每年可获得的利息与债券面值的比率。债券利率通常是固定的，即在债券到期之前保持不变，但也有一类债券的利率是浮动的，即随着某种参照利率（如银行优惠贷款利率）的变动而变动。债券利率的高低主要受银行利率、发债人的资信级别、偿还期限、利率计算方式和资本市场资金供求关系等因素的影响。

（3）债券的期限。债券期限即从债券发行日起到本息偿清之日止的时间。债券的期限短的只有数月，长的可达几十年。期限的确定主要受发债人未来一定时期内可调配的资金规模，市场利率的变动态势，投资者的投资意向、心理状态和行为偏好，以及债券市场的供求状况等因素的影响。就性质而言，债券是一种有价证券，是体现债权债务关系的书面凭证。与股票等有价证券一样，债券也是一种虚拟资本，是通过债券筹集到的资金在经济活动中运用所形成的真实资本的一种外在形式，它赋予其持有人在一定的时期内获取债息并到期收回本金的权利。债券通常可以在特定的金融市场转让。因而，债券代表的不是发债人与特定的购买人（投资者）之间的固定的债权债务关系，而是发债人对整个市场做出的承诺，体现为公开的、社会化的债权债务关系，从而成了证券市场上的投资工具或投资对象。

2. 债券的特点

（1）时间上的有期限性。发债人发行债券，不管出于何种目的及发行何种债券，偿还本金始终是发债人在发行债券时就必须向投资者做出的具有法律效力的承诺，因此债券便具有期限性。不同债券之间的区别之一在于期限的长短不同。在这一点上，一个特殊的例外是历史上英国政府为了筹集对付拿破仑的战争经费，曾发行过一种没有规定还本期限的永久债券。

（2）收益的相对固定性。投资债券的收益表现为债券的利息，而利息是发债时便已确定的，因而不受发债人的经营业绩及市场利率变动的影响。就此而论，债券的收益是固定的，即它会在未来某个确定的时间内给投资者带来确定的具体现金流量，且投资者投资前已经知悉。因此，债券总是被归入固定收益证券的范畴。

（3）较强的流动性。债券是一种社会化、标准化的投资工具，在证券市场健全的情况下，债券持有人可以随时在证券交易市场将债券出售变现。因而，债券具有较好的流动性。

（4）较高的安全性。正如任何一种投资都有风险一样，债券投资也有一定的风险。但相对于其他资本证券而言，债券的风险相对较小，因而具有较高的安全性。其原因在于以下几点：

1）债券的利率是事先确定的，除非发债企业因资不抵债而宣告破产，否则投资者一般都可以获得固定的利息收益并收回本金。

2）债券本息的偿还和支付有法律保障。

3）债券的发行需符合一定的资信条件，只有资信级别较高的企业方被允许发债（也有例外情况，如垃圾债券）；至于政府发行的债券，一般不用担心还本付息的问题。

（5）权益的单一性。一般而言，债券的持有人只有获取债息、索偿本金以及转让债券的权利；除此外，投资者既无权过问发债企业的决策及管理事务，也无权在应得利息之外参与企业的利润分配；发债人与投资者之间是一种很简单的债权债务关系。

3. 债券的分类

（1）按发行主体的不同，债券可分为政府债券、公司债券和金融债券等。

1）政府债券。政府债券也称公债，是指由中央政府或地方政府发行的债券。中央政府发行的债券又叫国债，发债所筹资金主要用于国家经济建设或弥补国家财政预算收支差额。地方政府发债所筹资金一般用于当地的市政建设，因而这类债券又称市政债券。我国目前尚不允许地方政府发行债券。政府债券以政府的征税能力作为还本付息的保证，因而具有很高的安全性，尤其是国债，素有"金边债券"之美称，因此其利率也比其他债券低。

2）公司债券。广义的公司债券泛指所有工商企业发行的债券，狭义的公司债券专指公司制企业发行的债券。与其他债券相比，公司债券的主要特点是：①期限较长。公司债券是企业筹措长期资金的重要方式，其期限短则数年，长则十几甚至几十年。②风险较大。公司债券的还本付息来源是企业的经营利润，但是任何一家企业的未来经营都存在很大的不确定性，因而债券持有人承担着损失利息甚至本金的风险。③收益率较高。既然风险较高，就要求给予与风险相对称的收益，因此公司债券的利率一般高于其他债券。

3）金融债券。由银行和非银行金融机构发行的债券称为金融债券。但是金融债券并非在所有国家都作为一个独立的债券品种。美国、英国等欧美国家把金融机构发行的债券归入公司债券一类；在我国及日本等国家，金融机构发行的债券则单列一类，称为金融债券。金融机构发行债券，主要是为了解决银行等金融机构的资金来源不足和期限不匹配的矛盾。金融债券的资信通常高于其他非金融机构债券，违约风险相对较小，具有较高的安全性，因此其利率通常低于一般的公司债券，但高于风险更小的国债利率和银行储蓄存款利率。

（2）按记名与否，债券可分为记名债券和无记名债券两类。记名债券是指在债券券面上记载持有人姓名的债券。由于记名，支取本息时必须凭券面载明的持有人的印鉴，转让时必须背书并办理过户手续；另外，可以挂失并防止冒领。但这类债券也因此流通性较差。无记名债券是指券面上不记载持有人姓名的债券。这类债券只凭债券本身支取本息而不管持有人的身份，转让时不需背书、过户，只需把债券交付给受让方即可，因而流通较方便。但这类债券不能挂失，一旦遗失或被窃，就容易被冒领，因而存在风险。

（3）按偿还期限的不同，债券可分为短期债券、中期债券和长期债券。短期债券的偿还期限一般在一年以下。政府发行短期债券多是为了平衡预算开支，企业发行短期债券主要是为了筹集临时性周转资金。中期债券的偿还期限为 1~10 年。发行中期债券的目的是为了获得较长期的稳定的资金。长期债券的偿还期限为 10 年以上。发行长期债券的目的是为了筹集可供长期使用的资金。

（4）按利息支付方式的不同，债券可分为附息票债券和贴现债券。附息票债券是指在债券上附有各期利息票，持券人凭从债券上剪下来的息票领取利息的债券。这种领取利息的方式俗称"剪息票"。息票上标有各期的利息额、支付利息的期限及债券号码等内容。息票到期之前，持票人不能要求兑付。由于凭息票就可领取利息，息票因之成为一种有价证券，因而可以转让。贴现债券又叫无息票债券或零息票债券，这种债券在发行时不规定利息率，券面上不附息票，以低于债券面值的价格发行，到期按面值兑付，发行价与债券面值之间的差额即为债券的利息。

（5）按利率在偿还期内变动与否，债券可以分为固定利率债券和浮动利率债券。固定利率债券是指在发行时规定利率在整个偿还期内不变的债券，一般每半年或一年支付一次利息。这是最普遍且数量最多的一类债券。由于利率固定不变，发行者的筹资成本和投资者的投资收益可以事先测定，因而不确定性较小。但债券发行人和投资者仍然必须承担市场利率波动的风险。浮动利率债券是指在发行时规定债券利率可随市场利率的变动而调整的债券。这种债券的利率通常根据市场基准利率加上一定的利差来确定。由于利率是可变动的，所以这类债券可避免其实际收益率与市场收益率之间出现过大偏离，可以使发行人的成本和投资者的收益与市场变动趋势相一致，但也会因此而使发行人的实际成本和投资者的实际收益带有不确定性。

（6）按持有人的受益程度和方式的不同，债券可分为固定收益债券、分息公司债券、收益公司债券及参加公司债券等。这是针对公司债券所做的分类。固定收益债券即固定利率债券。这种债券的发行企业支付给债券持有人的收益就是发行时确定的固定利息，除此之外，投资者不能从发行企业获取任何其他收益。分息公司债券是指部分利息固定、部分利息随发行企业的收益情况而变动的公司债券。

（7）按有无抵押担保，债券可分为信用债券和担保债券两大类。信用债券即无担保债券，是指发债人不提供任何形式的担保，仅凭自身信用发行的债券。政府债券和金融债券多属此类。一些资信非常好的企业也可发行这种债券，但在发行时必须签订信托契约，对发债人的有关行为做出限制和约束，以保障投资者的利益。担保债券是指以抵押财产为担保或由第三方做还本付息担保的债券。按担保实体的不同，担保债券又可分为抵押债券、质押债券及承保债券等形式。抵押债券是指以发债人拥有产权的土地、房屋等不动产为抵押担保物而发行的债券。若发债人到期不能还本付息，债券持有人有权处置抵押物以收回本息。在实践中，发债企业可以将同一不动产作为抵押物多次发行债券，按发行顺序分为第一抵押债券和第二抵押债券。第一抵押债券对于抵押物有第一留置权，第二抵押债券对抵押物有第二留置权，即在第一抵押债券清偿后，其余额用于第二抵押债券的清偿。因此，第一抵押、第二抵押又分别称优先抵押和一般抵押。质押债券又称抵押信托债券，是指以发债人所拥有的其他有价证券作为担保物发行的公司债券。被质押的有价证券通常应交由某一信托机构保管。若发债企业无法按期还本付息，即由受托机构处理其质押的证券并代为偿债，以保障投资者的利益。承保债券是指由第三方担保偿还本息的债券。担保人一般为银行、非银行金融机构、企业等，个别的是由政府担保的。

（8）按债券发行方式的不同，债券可分为公募债券和私募债券。公募债券是指向不特定投资人公开发行的债券。这种债券的发行有严格的法定程序并需证券监管机关批准。除政府作为发债人外，一般企业必须符合规定的条件才能发行公募债券。由于发行对象是不特定的广大投资者，因而要求发债人必须遵守信息公开制度，向投资者提供必要的财务报表和有关资料，以防止欺诈行为，保护投资者的利益。私募债券是指在特定范围内向特定对象发行的债券。这些特定对象通常是与发行企业有特定关系的机构或个人。这种债券的发行范围小，公开程度低，转让受限制。

（9）按本金偿还方式的不同，债券可分为一次偿还债券、分期偿还债券、提前偿还债券、延期偿还债券、偿债基金债券和可转换债券等。一次偿还债券是指全部本息于到期时一次偿清的债券。分期偿还债券亦称序列偿还债券，是指同一次发行但分次偿还的债券。一般是每隔半年或一年偿还一批，以减轻集中一次偿还所带来的负担。其偿还一般采用抽签方式或按照债券号数的次序确定偿还债券的顺序。提前偿还债券又叫通知偿还债券，是指发债人在债券到期之前可以随时通知债权人向其偿还一部分或全部本息的债券。在只提前偿还一部分时，通常用抽签办法确定。这种债券对发债人较为有利，因为当市场利率下降时，发债人就可以通知偿还已发行的债券，同时以较低的利率发行新债券。延期偿还债券是指可以延期还本付息的债券。有两种情形：一种是根据发债人提出的新利率由债权人要求延期；另一种是发债人在债券到期而无力偿还时，征得债权人的同意而延期偿还。偿债基金债券是指发债人定期从经营收益中提取一定比例的资金作为偿债基金，以供债券到期偿付之用的债券。这种债券有较可靠的还本付息保证，因而对投资者很有吸引力。可转换债券是指债券持有人可以在规定的时间内按规定的转换价格将债券转换成发债企业普通股票的债券。转换与否的选择权归债券持有人。

4. 债券的发行方式

根据是否有中介机构参与，债券的发行方式一般分为两大类，即直接发行和间接发行。

（1）直接发行是指发行者不通过证券发行中介机构，完全由自己组织和完成债券发行工作，并直接向投资者销售债券的发行方式。直接发行可以降低发行成本，但由于所融资金有限，涉及事务烦琐，如果直接发行的债券数量很大，级别不是很高，加之缺乏必要的技术和经验，就很容易导致发行失败。只有那些信誉特别好的大企业和网点分布很广的金融机构，才会采用直接发行方式来发行债券。

（2）间接发行是指发行者通过证券发行中介机构向投资者销售债券的发行方式。证券中介机构拥有较强的资金实力、广泛的机构网点和可靠的信息情报与专业人才，由其代理发行债券更迅速、更可靠。现今的债券大多数采用间接发行方式。按承担的风险及手续费的高低，间接发行又可分为代销、余额包销和全额包销三种方式。

5. 债券融资的优缺点

（1）债券融资的优点具体如下：

1）融资成本较低。债券融资的成本要比股票融资的成本低。这是因为债券发行费用较低，其利息允许在所得税前支付，可以享受扣减所得税的优惠，所以企业实际上负担的债券成本一般低于股票成本。

2）保障股东控制权。债券持有人无权干涉企业的管理事务，因此，发行企业债券不会像增发股票那样可能会分散股东对企业的控制权。

3）发挥财务杠杆作用。不论企业盈利水平如何，债券持有人只收取固定的利息，而更多的收益可用于分配给股东或留归企业以扩大经营。

4）便于调整资本结构。通过发行可转换债券或在发行债券时规定可提前赎回债券，有利于企业主动、合理地调整资本结构，确定负债与资本的合理比率。

（2）债券融资的缺点具体如下：

1）可能产生财务杠杆负效应。债券必须还本付息，是企业固定的支付费用，随着这种固定支出的增加，企业的财务负担和破产可能性增大，一旦企业资产收益率下降到债券利息率之下，就会产生财务杠杆的负效应。

2）可能使企业总资金成本增大。企业财务风险和破产风险会因其债务的增加而上升，这些风险的上升又导致企业债务成本、权益资金成本上升，因此，增大了企业总资金成本。

3）经营灵活性降低。在债券合同中，各种保护性条款使企业在股息策略、融资方式和资金调度等多方面受到制约，经营灵活性降低。

6. 债券融资需要考虑的方面

（1）债券对资金市场的影响，对资金成本的影响。

（2）债券使财务杠杆增大后，对权益资金收益率的影响，对股东控制权的影响。

（3）企业是否有足够的收益能力确保应付债券的还本付息。

（4）市场利率变动对债券发行和收回所产生的影响。

（5）债券契约中各种限制性条款对企业经营和财务活动的制约情况。

8.3 投资银行及其他资金提供者

8.3.1 投资银行的起源与沿革

现代意义上的投资银行产生于欧美，主要是由 18 和 19 世纪众多销售政府债券和贴现企业票据的金融机构演变而来的。投资银行的早期发展主要得益于以下四个方面的因素：

（1）贸易活动的日趋活跃。伴随着贸易范围的扩大和金额的增加，客观上要求融资信用，于是一些信誉卓越的大商人便利用其积累的大量财富成为商人银行家，专门从事融资和票据承兑贴现业务，这是投资银行产生的根本原因。

（2）证券业的兴起与发展。证券业与证券交易的飞速发展是投资银行业迅速发展的催化剂，为其提供了广阔的发展天地。投资银行作为证券承销商和证券经纪人，逐步奠定了其在证券市场中的核心地位。

（3）基础设施建设的高潮。资本主义经济的飞速发展对交通、能源等基础设施造成了巨大的压力，为了缓解这一矛盾，18 和 19 世纪欧美掀起了基础设施建设的高潮。这一过程中巨大的资金需求，使得投资银行在筹资和融资过程中得到了迅猛的发展。

（4）股份有限公司制度的发展。股份制的出现和发展不仅带来了西方经济体制中一场深刻的革命，也使投资银行作为企业和社会公众之间资金中介的作用得以确立。

近 20 年来，在国际经济全球化和市场竞争日益激烈的趋势下，投资银行业完全跳出了传统证券承销和证券经纪狭窄的业务框架，跻身于金融业务的国际化、多样化、专业化和集中化之中，努力开拓各种市场空间。这些变化不断改变着投资银行和投资银行业，对世界经济和金融体系产生了深远的影响，并已形成鲜明而强大的发展趋势。

（1）投资银行业务的多样化趋势。20 世纪六七十年代以来，西方发达国家开始逐渐放松了金融管制，允许不同的金融机构在业务上适当交叉，为投资银行业务向多样化发展创造了条件。到了 20 世纪 80 年代，随着市场竞争的日益激烈以及金融创新工具的不断发展完善，更进一步促进了这一趋势的形成。如今，投资银行已经形成了证券承销与经纪、私募发行、兼并收购、项目融资、公司理财、基金管理、投资咨询、资产证券化及风险投资等多元化的业务结构。

（2）投资银行的国际化趋势。投资银行业务全球化的原因：①全球各国经济、证券市场的发展速度快慢不一，使得投资银行纷纷以此作为新的竞争领域和利润增长点，这是投资银行向外扩张的内在要求。②国际金融环境和金融条件的改善，客观上为投资银行实现全球经营奠定了基础。早在 20 世纪 60 年代以前，投资银行就采用与国外代理行合作的方式，帮助本国企业在海外推销证券，或作为投资者中介进入国外市场。到了 70 年代，为了更加有效地参与国际市场竞争，各大投资银行纷纷在海外建立自己的分支机构。20 世纪 80 年代后，随着世界经济、资本市场的一体化和信息通信产业的飞速发展，昔日距离的限制再也不能成为金融机构发展的障碍，业务全球化已经成为投资银行能否在激烈的市场竞争中占领制高点的关键。

（3）投资银行业务专业化的趋势。专业化分工协作是社会化大生产的必然要求。在整个金融体系多样化发展过程中，投资银行业务的专业化也成为必然，各大投资银行在业务拓展多样化的同时也各有所长。例如，美林银行在基础设施融资和证券管理方面享有盛誉，高盛集团以研究能力及承销而闻名，所罗门兄弟银行以商业票据发行和企业并购见长，第一波士顿集团则在组织辛迪加和安排私募方面居于领先。

（4）投资银行集中化的趋势。20 世纪五六十年代，随着战后经济和金融的复苏，各大财团的竞争与合作使得金融资本越来越集中，投资银行也不例外。近年来，由于受到商业银行、保险公司及其他金融机构业务竞争的影响，如收益债券的营销、欧洲美元辛迪加等，更加剧了投资银行业的集中。在这种状况下，各大投资银行纷纷通过并购、重组、上市等手段扩大规模。例如，美林银行与怀特威尔德公司的合并、瑞士银行公司收购英国华宝集团的投资银行业务等。大规模的并购使得投资银行的业务高度集中，1987 年美国 25 家较大的投资银行中，最大的 3 家、5 家、10 家投资银行分别占市场证券发行份额的 41.82%、64.98% 和 87.96%。

8.3.2 投资银行的组织结构

一般而言，一个投资银行采用的组织结构是与其内部的组建方式和经营思想密切相关的。现代投资银行的组织结构主要有以下三种：

（1）合伙人制。合伙人企业是指由两个或两个以上合伙人拥有企业并分享企业利润，合伙人即为企业发起人或股东的组织形式。其主要特点是：合伙人共享企业经营所得，并对经营亏损共同承担无限责任；它可以由所有合伙人共同参与经营，也可以由部分合伙人经营，其他合伙人仅出资并自负盈亏；合伙人的组成规模可大可小。

（2）混合企业制。混合企业通常是由在职能上没有紧密联系的资本或企业相互合并而形成的规模更大的资本或企业。20 世纪 60 年代以后，在大企业生产和经营多元化的发展过程中，投资银行是被收购或联合兼并成为混合企业的重要对象。这些并购活动的主要动机都是为了扩大母公司的业务规模，在这一过程中，投资银行逐渐开始了由合伙人制向现代企业制度的转变。

（3）现代企业制。现代企业制度赋予企业以独立的人格，其确立是以企业法人财产权为核心和重要标志的。法人财产权是指企业法人对包括投资和投资增值在内的全部企业财产所享有的权利。法人财产权的存在显示了法人团体的权利不再表现为个人的权利。现代企业制度使投资银行在资金筹集、财务风险控制、经营管理的现代化等方面，都获得了传统合伙人制所不具备的优势。

8.3.3 投资银行服务

投资银行可以向企业和社会各界提供下述服务：

（1）企业并购咨询与服务。它是指提供战略框架、物色并购对象、设计并购方案、实施并购操作（包括提供融资安排，协调政府、银行、会计师、评估师、律师工作至完成所有文件及程序）。

（2）企业重组咨询与服务。它是指提供战略框架、编制重组方案、实施重组操作（包括股权结构、资产结构、财务结构、组织结构及业务重组）和公司化改造。

（3）项目融资咨询与服务。它包括项目融资解决方案设计（包括融资方式、财务安排、法律安排和风险安排）、境内项目融资操作和国际项目融资操作。

（4）发行上市咨询与服务。它包括设计上市运作方案（企业化改造、业务重组和市场调研）、股权结构调整、战略资本导入、上市辅导、路演推介及销售。

（5）投资咨询、金融创新业务。

8.3.4 投资银行的业务

经过最近 100 年的发展，现代投资银行已经突破了证券发行与承销、证券交易经纪、证券私募发行等传统业务框架，企业并购、项目融资、风险投资、公司理财、投资咨询、资产及基金管理、资产证券化、金融创新、风险投资等都已成为投资银行的核心业务组成。

（1）证券承销。证券承销是投资银行最本源、最基础的业务活动。投资银行承销的职权范围很广，包括本国中央政府、地方政府、政府机构发行的债券，企业发行的股票和债券，外国政府和企业在本国与世界上其他国家发行的证券，国际金融机构发行的证券等。投资银行在承销过程中一般要按照承销金额及风险大小来权衡是否要组成承销辛迪加和选择承销方式。

（2）证券经纪交易。投资银行在二级市场中扮演着做市商、经纪商和交易商三重角色。作为做市商，在证券承销结束之后，投资银行有义务为该证券创造一个流动性较强的二级市场，并维持市场价格的稳定。作为经纪商，投资银行代表买方或卖方，按照客户提出的价格进行代理交易。作为交易商，投资银行有自营买卖证券的需要，这是因为投资银行接受客户的委托管理着大量的资产，必须要保证这些资产的保值与增值。此外，投资银行还在二级市场上进行无风险套利和风险套利等活动。

（3）证券私募发行。证券的发行方式分为公募发行和私募发行两种。私募发行又称私下发行，是指发行者不把证券售给社会公众，而是仅售给数量有限的机构投资者，如保险公司、共同基金等。私募发行不受公开发行规章的限制，除能节约发行时间和发行成本外，还能够比在公开市场上交易相同结构的证券给投资银行和投资者带来更高的收益率，所以，近年来私募发行的规模在不断扩大。但同时，私募发行也存在流动性差、发行面窄、难以公开上市并扩大企业知名度等缺点。

（4）兼并与收购。企业兼并与收购已经成为现代投资银行除证券承销与经纪业务外最重要的业务组成部分。投资银行可以以多种方式参与企业的并购活动，如：寻找兼并与收购的对象；向猎手企业和猎物企业提供有关买卖价格或非价格条款的咨询；帮助猎手企业制订并购计划或帮助猎物企业针对恶意的收购制订反收购计划；帮助安排资金融通和过桥贷款等。此外，并购中往往还包括"垃圾债券"的发行、企业改组和资产重组等活动。

（5）项目融资。项目融资是指对一个特定的经济单位或项目策划安排的一揽子融资的技术手段。借款者可以只依赖该经济单位的现金流量和所获收益作为还款来源，并以该经济单位的资产作为借款担保。投资银行在项目融资中起着非常关键的作用，它将与项目有关的政府机关、金融机构、投资者与项目发起人等紧密联系在一起，协调律师、会计师、工程师等一起进行项目可行性研究，进而通过发行债券、基金、股票或拆借、拍卖、抵押贷款等形式组织项目投资所需的资金融通。主要工作包括：项目评估、融资方案设计、有关法律文件的起草、有关的信用评级、证券价格确定和承销等。

（6）公司理财。公司理财实际上是投资银行作为客户的金融顾问或经营管理顾问而提供咨询、策划或操作。它分为两类：第一类是根据公司、个人或政府的要求，对某个行业、某种市场、某种产品或证券进行深入的研究与分析，提供较为全面的、长期的决策分析资料；第二类是在企业经营遇到困难时帮助企业出谋划策，提出应变措施，诸如制定发展战略、重建财务制度、出售转让子公司等。

（7）基金管理。基金是一种重要的投资工具。它由基金发起人组织，吸收大量投资者的零散资金，聘请有专门知识和投资经验的专家进行投资并取得收益。投资银行与基金有着密切的联系。首先，投资银行可以作为基金的发起人，发起和建立基金；其次，投资银行可作为基金管理者管理基金；第三，投资银行可以作为基金的承销人，帮助基金发行人向投资者发售受益凭证。

（8）财务顾问与投资咨询。投资银行的财务顾问业务，是指投资银行所承担的对企业尤其是上市公司的一系列证券市场业务的策划和咨询业务的总称。它主要指投资银行在企业的股份制改造、上市、在二级市场再筹资以及发生兼并收购、出售资产等重大交易活动时提供的专业性财务意见。投资银行的投资咨询业务是连接一级和二级市场，沟通证券市场投资者、经营者和证券发行者的纽带和桥梁。习惯上常将投资咨询业务的范畴定位在对参与二级市场投资者提供投资意见和管理服务。

（9）资产证券化。资产证券化是指经过投资银行把某企业的一定资产作为担保而进行的证券发行。它是一种与传统债券筹资十分不同的新型融资方式。进行资产转化的企业称为资产证券发起人。资产证券发起人将持有的各种流动性较差的金融资产，如住房抵押贷款、信用卡应收款等，分类整理为一批资产组合，出售给特定的交易组织，即金融资产的买方（主要是投资银行），再由特定的交易组织以买下的金融资产为担保发行资产支持证券，用于收回购买资金。这一系列过程就称为资产证券化。资产证券化的证券即资产证券，为各类债务性债券，主要有商业票据、中期债券、信托凭证和优先股票等形式。资产证券的购买者与持有人在证券到期时可获本金、利息的偿付。证券偿付资金来源于担保资产所创造的现金流量，即资产债务人偿还的到期本金与利息。如果担保资产违约拒付，则资产证券的清偿也仅限于被证券化的资产的数额，而金融资产的发起人或购买人没有超过该资产限额清偿的义务。

（10）金融创新。根据特性不同，金融创新工具即衍生工具一般分为三类：期货类、期权类和掉期类。使用金融创新工具的策略有三种，即套利保值、增加回报和改进有价证券的投资管理。通过金融创新工具的设立与交易，投资银行进一步拓展了投资银行的业务空间和资本收益。首先，投资银行作为经纪商代理客户买卖这类金融工具并收取佣金；其次，投资银行也可以获得一定的价差收入，因为投资银行往往首先作为客户的对方进行金融创新工具的买卖，然后寻找另一客户做相反的抵补交易；再次，这些金融创新工具还可以帮助投资银行进行风险控制，免受损失。金融创新也打破了原有机构中银行和非银行、商业银行和投资银行之间的界限和传统的市场划分，加剧了金融市场的竞争。

（11）风险投资。风险投资又称创业投资，是指对新兴企业在创业期和拓展期进行的资金融通，表现为风险大、收益高。新兴企业一般是指运用新技术或新发明、生产新产品、具有很大的市场潜力、可以获得远高于平均利润的利润，但却充满了极大风险的企业。由于高风险，普通投资者往往都不愿涉足，但这类企业又最需要资金的支持，因而为投资银行提供了广阔的市场空间。投资银行涉足风险投资时有不同的层次：①采用私募的方式为这些企业筹集资本。②对于某些潜力巨大的企业有时也进行直接投资，成为其股东。③更多的投资银行是设立"风险基金"或"创业基金"向这些企业提供资金来源。

从我国的实践看，投资银行的业务最初是由商业银行来完成的，商业银行不仅是金融工具的主要发行者，也是掌管金融资产量最大的金融机构。20世纪80年代中后期，随着我国开放证券流通市场，原有商业银行的证券业务逐渐被分离出来，各地区先后成立了一大批证券公司，形成了以证券公司为主的证券市场中介机构体系。在随后的十余年里，证券商逐渐成为我国投资银行业务的主体。但是，除了专业的证券公司以外，还有一大批业务范围较为宽泛的信托投资公司、金融投资公司、产权交易与经纪机构、资产管理公司、财务咨询公司等在从事投资银行的其他业务。

我国的投资银行可以分为三种类型：第一种是全国性的；第二种是地区性的；第三种是民营性的。全国性的投资银行又分为两类：其一是以银行系统为背景的证券公司；其二是以国务院直属或国务院各部委为背景的信托投资公司。地区性的投资银行主要是省市两级的专业证券公司和信托公司。以上两种类型的投资银行依托国家在证券业务方面的特许经营权在我国投资银行业中占据了主体地位。第三类民营性的投资银行主要是一些投资管理公司、财务顾问公司和资产管理公司等，它们绝大多数是从过去为客户提供管理咨询和投资顾问业务发展起来的，并具有一定的资本实力，在企业并购、项目融资和金融创新方面具有很强的灵活性，正逐渐成为我国投资银行领域的中坚力量。

8.4 资金结构分析

项目的资金结构是指项目中股本资金、准股本资金和债务资金相互之间的比例关系，即权益和负债的比例。项目的资金结构不仅决定着项目的资金成本和运营期间财务风险的大小，而且也影响到项目利益相关者之间的利益均衡机制，因此是项目融资决策中非常重要的一个问题。

8.4.1 确定资金结构所需考虑的因素

1. 行业因素

项目所属的行业不同，其融资的资本结构也会不同，这主要是因为不同行业的资本规模、资产的流动性以及行业风险不同造成的。如果行业的资本规模很高，就会导致该行业的项目需要提高债务融资的比例，借以满足投资总额的要求。而资产流动性高的行业，其项目融资的负债水平也可以较高，因为高负债的风险能得到高流动性资产的保障。对于新兴的高风险行业，项目融资的负债水平不宜过高，否则高经营风险和高财务风险的组合必将加大项目的总风险。而成熟的高成长行业内的项目融资，由于经营风险小，同时企业需要大规模融资，为了避免增发股票而稀释控股权，就可以多发行债券进行融资。

2. 政策因素

国家有关项目融资的政策会对资金结构形成硬约束。例如我国实行的是项目资本金制度，根据国务院发布的规定，从 1996 年开始，国有单位集体投资的项目必须首先落实资本金，个体和私营企业的经营性投资项目参照执行。投资者可按其出资比例依法享有所有者权益，也可转让其出资，但不得以任何方式抽回资本金。国家规定项目资本金占项目总投资的比例见表 8-2。

表 8-2 国家关于项目资本金比例的规定

项目所属行业	项目资本金比例要求
钢铁、电解铝项目	≥40%
水泥项目	≥35%
煤炭、电石、铁合金、烧碱、焦炭、黄磷、玉米深加工、机场、港口、沿海及内河航运	≥30%
铁路、公路、城市轨道交通、化肥（钾肥除外）	≥25%

另外，根据国务院于 2015 年 9 月 9 日发布的《国务院关于调整和完善固定资产投资项目资本金制度的通知》（国发〔2015〕51 号），城市轨道交通

项目资本金比例由 25% 调整为 20%，港口、沿海及内河航运、机场项目资本金比例由 30% 调整为 25%，铁路、公路项目资本金比例由 25% 调整为 20%，玉米深加工项目资本金比例由 30% 调整为 20%。城市地下综合管廊、城市停车场项目以及经国务院批准的核电站等重大建设项目，可以在规定最低资本金比例基础上适当降低。

3. 税收因素

项目公司在缴纳企业所得税时，贷款利息可以作为费用在税前扣除，因此项目公司能够少缴纳一部分企业所得税，但是项目公司的股利则不能在税前扣除。因此当债务成本和权益成本相同时，由于抵税作用使得实际的债务成本要小于权益成本，实际债务资金成本 = 贷款利率 × （1 − 企业所得税税率）。所以在确定具体的资金结构比例时，需要明确税法是否规定企业债务可以计入企业成本并冲抵所得税。

4. 资本市场环境

当资本市场供过于求时，资金筹集自然容易一些，由于贷款机构之间的竞争，资金成本也会降低，债务资金的比例可以相对高一些；反之，若资本市场资金比较短缺时，投资者在借贷双方的谈判中处于有利的地位，筹资难度大，资金成本相对较高，债务资金的比例就要相对低一些。此外，贷款银行承受风险的实力也会影响到为项目提供贷款的总量。如果是银团贷款，可以将风险分散，项目公司就能够提高债务资金的比例。

5. 项目规模

对于规模相对较小的项目，项目发起人或者投资者有足够的资金实力，如果对项目有足够的信心，可以考虑投入更高比例的权益资本；而对于一些大型的项目，如英法海峡隧道这样投资过百亿美元的项目，发起人虽然可以通过各种途径吸引国际投资者的投入，但是债务融资仍然占比很高。

6. 项目的经济寿命期

股本资金是项目中使用期限最长的资金，而债务资金的使用则是有固定期限的，需要根据项目的经济寿命周期和现金流状况来决定项目的长期贷款情况。

8.4.2　资金结构优化的方法

计算项目资金结构就是要确定项目总投资中股本资金与长期债务资金的比例，这需要项目决策者在项目举债融资和股权融资之间寻求一个合理的平衡，进而确定股本资金和债务资金之间的合理比例，以实现项目资金结构的优化。总体上来说，目前学术界针对项目融资还没有形成成熟的资金结构优化的方法，已有的研究也主要是从企业传统融资的角度出发来确定最佳资本结构，因此本书只重点介绍类似的方法。

1. EBIT-EPS 方法

EBIT（Earnings Before Interest and Taxes）为息税前收益，EPS（Earnings Per Share）为每股收益。EBIT-EPS 方法以追求企业每股盈余最优为目的，综合考虑债务成本、税收作用和企业市场状况等，确定最佳的资本结构。该方法主要利用每股收益的无差别点来分析，根据每股收益无差别点，判断在各个 $EBIT$ 水平下，应当采取何种资本结构。每股收益的无差别点是指每股收益不受资本结构影响的 $EBIT$ 水平，即在每股收益无差别点上，无论采用债券融资还是采用股票融资，每股收益都是相等的。如果以 EPS_1 代表进行股票融资时的 EPS，以 EPS_2 代表负债融资时的 EPS，则有：

$$EPS_1 = [(EBIT - I_1)(1 - T) - D_1]/N_1$$
$$EPS_2 = [(EBIT - I_2)(1 - T) - D_2]/N_2$$

令 $EPS_1 = EPS_2$，有：

$$[(EBIT - I_1)(1 - T) - D_1]/N_1 = [(EBIT - I_2)(1 - T) - D_2]/N_2 \quad (8-1)$$

式中　I_1、I_2——分别表示为股票融资的成本和债券融资的年利息；

　　　　T——企业所得税税率；

D_1、D_2——分别表示为股票融资和债券融资的优先股股利；

N_1、N_2——分别表示为股票融资和债券融资的普通股股数。

图 8-1 是根据式（8-1）得出的 EBIT-EPS 方法示意图。图中 X 为每股盈余的无差别点，当企业的息税前收益为 X 时，债券融资和股票融资对 EPS 的影响相同。如果企业的息税前收益预期超过 X，就要多采用债券融资，否则就减少债券融资比例，以使得 EPS 最大。

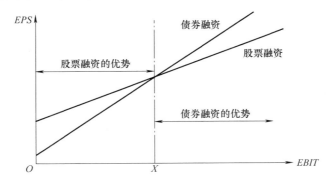

图 8-1　EBIT-EPS 方法示意图

现举例说明 EBIT-EPS 方法的具体应用。假设十余年前的某项目现有资金

750万元，目前准备再筹集250万元资金，可以采用股票融资或债券筹资的方式，原有资金结构和筹资后的可能资金结构见表8-3。

表8-3 某项目的资金结构

资金来源	资金数额/万元	筹资后的资金结构	
		增发普通股	增发公司债券
公司债券（利率为8%）	100	100	350
普通股（面值为100元）	200	300	200
资本公积	250	400	250
留存收益	200	200	200
资金总额合计	750	1 000	1 000
普通股股数/股	20 000	30 000	20 000

注：发行新股票时，每股发行价格为250元，筹资250万元需发行10 000股，普通股本增加100万元，资本公积增加150万元。

现用EBIT-EPS分析资金结构对普通股每股盈余的影响，分析结构见表8-4。

表8-4 某项目在不同资金结构下的每股盈余

项目	增发股票的情况	增发债券的情况
预计EBIT/万元	180	180
减去利息/万元	8	28
税前盈余/万元	172	152
减去所得税/万元	43	38
税后盈余/万元	129	114
普通股股数/股	30 000	20 000
每股盈余/（元/股）	43	57

从表8-4中可以看出，在息税前收益为180万元的情况下，利用增发公司债券的形式筹集资金能使每股盈余上升较多，表明此时应加大债券融资的比例。通过计算每股盈余无差异点处的 $EBIT$ 可以得到资金结构优化的均衡点，利用式（8-1）列出公式如下：

$$\frac{(EBIT - 80\,000)(1 - 25\%) - 0}{30\,000} = \frac{(EBIT - 280\,000)(1 - 25\%) - 0}{20\,000}$$

求得：$EBIT = 680\,000$（元）

说明当 $EBIT$ 大于680 000元时，利用债券融资较为有利；当 $EBIT$ 小于680 000元时，发行普通股筹资为宜。当 $EBIT = 680\,000$ 元时，两种方法没有差异。

EBIT-EPS 方法简单明了，在企业的融资决策中有着广泛的应用，特别是在非上市公司中，由于无法按照资本资产定价模型和股票价格对企业价值进行测算，只能以 EPS 作为决策的标准。但由于该方法没有考虑企业债务比例变化引起的财务风险的增加，从而可能减损企业的价值。

2. 测算法

测算法是指通过测算不同资本结构下企业价值的变动，进而计算出企业价值最大化时的资本结构的方法。测算法的关键就在于，解决不同债务比例下企业负债和权益的资金成本上升的问题。对于负债的资金成本问题，可考虑采用资信评级的方法，确定不同债务比例下企业不同的资信水平，以评价企业的债务等级，据此判断企业债务的利率水平；而对于权益资金成本，可以先考察企业股票在历史上不同负债比例时不同的 β 值，再按照企业现在的状况，考虑可能采用不同的负债比例进行修正，得到反映不同债务比例时不同财务风险的 β 值，最后按资本资产定价模型计算出权益资金成本。测算法主要适用于上市公司，综合考虑了企业价值、筹资风险、资本成本和税收等因素。

8.5 资金成本分析

企业或项目实体为筹集和使用资金而付出的费用称为资金成本，在为投资项目筹集的资金中，只有政府拨款和各种赠款是不计资金成本的。其余借贷资金和自由资金（即权益资本）都必须付出代价，即企业或项目实体要支出资金成本。对于新筹集的资金，亦可称为筹资成本。

8.5.1 债务资本

1. 债务成本

人们通常以贷款的年利率来计算贷款资金的成本。银行贷款的年利率称为名义利率。单计息周期往往与名义利率表示的利息周期不一致。如年利率为 12%，每半年计息一次，若按复利计算，实际年利率就不是 12%，而是 12.36%；若按单利计算，则实际年利率与名义利率相同，均为 12%。在国际金融业务中，利息多按复利计算，因此有下列实际利率计算公式：

$$i = (1 + r/m)^m - 1$$

式中　r——名义利率（年利率）；

　　　m——一年中的计息次数；

　　　i——实际年利率。

在出口信贷中，国际金融组织的贷款通常还收取管理费和承诺费。若有担保，担保银行还要收担保费。这些费用无论是在贷款前期一次支付还是分期支付，都可按其贷款年限和费用所占贷款额的比例折算为年利率加到贷款利率上，作为贷款的总资金成本。由于贷款利息是在税前支付，故利率 i 为贷款的税前资金成本，其税后成本应为 $i(1-t)$，t 为税率。

2. 债券成本

债券的票面利率是固定的，通常与债券发行时的市场利率一致。但债券在二级市场流通后，其价格随行就市，债券持有人对该债券期望的收益率也在变化。按照债券定价公式：

$$B_0 = \sum_{t=1}^{n} \frac{I}{(1+K_b)^t} + \frac{M}{(1+K_b)^n} \tag{8-2}$$

式中　B_0——债券当前的市场价格；

　　　I——债券应得的年利息（面值×息票利率）；

　　　M——债券面值；

　　　K_b——投资者对该债券的期望收益率；

　　　n——现在至债券到期的年限。

根据债券当前的市场价格、债券面值和息票利率，利用式（8-2）即可求出债券的期望收益率，这就是债券的税前资金成本。

债券利息也是税前支付。若企业所得税税率为 t，则债券的税后资金成本为 $K_b(1-t)$。

对于新发行的债券，还应计入发行成本。若发行成本为 f，则债券的税前成本 K_b 按式（8-3）计算：

$$B_0 - f = \sum_{t=1}^{n} \frac{I}{(1+K_b)^t} + \frac{M}{(1+K_b)^n} \tag{8-3}$$

8.5.2　权益资金成本

1. 股本成本

投资者购买股份有限公司股票是为了得到股票的股息和股票增值的资本收益。股票持有者投资股票所得的收益，就是企业用股票筹资所花费的成本。股本成本可按股票估价公式计算，具体如下

$$P_0 = \sum_{t=1}^{\infty} \frac{D_t}{(1+K_s)^t} \tag{8-4}$$

式中　P_0——当前股票的市场价格；

　　　D_t——第 t 年年底期望获得的现金股息；

　　　K_s——普通股东的期望收益率。

由于股票不还本，股息可永久支付，故股票无到期年限。若股息是固定不变的，例如优先股，则式（8-4）可写成：

$$P_e = D_p/K_p$$

式中　P_e——优先股当前的市场价值；

　　　　D_p——优先股股息；

　　　　K_p——优先股股东的期望收益率。

所以，优先股的资金成本为 K_p。

$$K_p = D_p/P_e$$

如果企业的股息稳定增长，且增长率为 g，如普通股，则式（8-4）又可写成：

$$P_0 = D_1/(K_s - g)$$

式中　P_0——普通股当前的市场价值；

　　　　D_1——从现在算起下一期的股息；

　　　　K_s——普通股股东的期望收益率；

　　　　g——预期的现金股息增长率。

故股息稳定增长的普通股的资金成本为普通股股东的期望收益 K_s：

$$K_s = D_1/P_0 + g$$

对于新发行的普通股票，发行成本为 f 时，其资金成本为 K_s：

$$K_s = D_1/(P_0 - f) + g$$

股票未上市的企业和非股份制企业无法按照股票价格计算权益资本的成本，这时可采用债务成本加风险报酬率的方法，即权益资金成本 = 企业平均债务成本 + 风险报酬率。

企业的债务由借贷资本和债券组成，按照企业长期债务的组成和利率，可求出平均债务成本。风险报酬率是指相对债权人而言股东因承担更大的风险而要求的风险补偿。风险报酬率一般在 2% ~ 4%。企业可根据债券市场上股票对债券的平均风险补偿率或企业自身平均的历史风险报酬率来估计此值。

2. 企业利润留存（简称留利）**的成本**

企业将留利用于再投资，虽然不必支付利息和股息，但还是有筹资成本的。因为企业若不将利润留给企业而是分给股东，则股东可得到股息。留利用于投资的资金成本，应是由于再投资而造成股东损失的投资收益，可用留利的机会成本来衡量。因此，留利的资金成本等于现有普通股的资金成本。对非股份制企业，可用投资者期望的最低收益率来计算。

企业投资人和股东是从企业的税后利润中获得投资报酬的，因此，按股东期望收益率而定的权益资金成本是税后成本。

8.5.3 加权平均资金成本

企业为投资项目所筹集的资金往往有多种来源，每种资金来源的成本各异，总的筹资成本应按加权平均资金成本计算，简写为 WACC（Weighted Average Cost of Capital）。

$$WACC = \sum_{i=1}^{n} W_i K_i \qquad (8\text{-}5)$$

式中　W_i——第 i 种资金在总筹资额中所占比例；

　　　K_i——第 i 种资金的资金成本。

通常加权资金成本都按税后成本计算，故式（8-5）中的 K_i 应为各项资金的税后成本。下面举例说明加权平均资金成本的计算。

例如：某企业普通股成本 $K_s = 17\%$，优先股成本 $K_p = 12.5\%$，债务成本 $K_d = 13\%$。总资本中债务占 30%，优先股占 10%，普通股占 60%，企业所得税税率为 25%。该企业的税后加权平均资金成本为 14.375%，可列表计算如下（见表 8-5）：

表 8-5　企业的税后加权平均资金成本

资本类别	税后资金成本	资金权重	加权资金成本
债务	$13\%(1-25\%)=9.75\%$	30%	2.925%
优先股	12.5%	10%	1.25%
普通股	17%	60%	10.2%
合计		100%	14.375%

复习思考题

1. 案例分析题

（1）三峡工程项目融资的资金结构。

1）项目融资基本情况。三峡工程是中国跨世纪的一项巨大工程。由于三峡工程耗资巨大，我国政府采取对未来资金流动进行预测的方法，对资金需求实行动态管理。三峡工程静态投资按 1993 年 5 月国内价格水平总额为 900.9 亿元。考虑到物价上涨、贷款利息等因素，到 2005 年工程的动态投资为 1 468 亿元。

到 2005 年年底，三峡电站装机 10 台，当年发电收入加上三峡基金和葛洲坝电厂利润，可满足工程移民资金需要并出现盈余。从 2006 年开始，三峡工程有能力逐步偿还银行贷款。到 2009 年三峡工程全部建成，共需要动态投资 2 039 亿元。

根据三峡工程开发总公司提供的资料显示，三峡工程的造价由以下三部分组成：①国家批准的 1993 年 5 月的价格为 900.9 亿元，其中枢纽工程 500.9 亿元，水库淹没补偿（移民费）400 亿元；②建设期物价增长因素；③贷款利息，包括已与开发银行签约 300 亿元贷款每年需付的利息以及其他贷款利息，预计为 384 亿元。

2）资金筹集情况。三峡工程筹资由以下几个部分组成：①国家出台的三峡建设基金，即在全国销售电力中每度电增提电价的专用资金，1996 年起部分地区每度电增加 7 厘钱，该资金随着全国电量的增长而增长，预计建设期 17 年共可获得 1 000 亿元。②已经划归三峡总公司的葛洲坝电厂，在原上网电价 4.2 分/度的基础上再涨 4 分钱。17 年内可以获得 100 亿元。③三峡工程自 2003 年开始自身发电的收益也投入三峡工程建设，2003～2009 年预计可得发电收益 450 亿元。以上三项共计 1 560 亿元，可以视作国家资本金投入，在建设期无须付利息。④国家开发银行在 1994～2003 年连续 10 年每年提供贷款 30 亿元，共 300 亿元，这部分资金每年需付利息。⑤国内发行企业债券。经国家计委、财政部批准，1996 年度发行 10 亿元债券。⑥进口部分国内无法生产的机电设备，利用出口信贷及部分商业贷款来弥补部分资金不足。⑦通过其他融资方式筹集资金。

（2）拟讨论的问题：

1）试分析三峡工程项目融资的主要资金来源。

2）本项目融资的资金成本主要包括哪几个方面？

3）针对项目现在的融资结构，应该重点考虑哪些融资风险？

2. 思考题

（1）项目融资的主要资金来源是什么？

（2）股本资金和准股本资金的区别是什么？

（3）确定资金结构所需考虑的主要因素有哪些？

（4）EBIT-EPS 方法和测算法的优缺点是什么？

（5）如何计算项目融资的资金成本？

项目融资的外部环境是一个有机而繁杂的系统，各国评价项目融资环境的标准也不尽相同，但主要考虑的内容为法律环境、金融环境、政治环境和经济环境等。

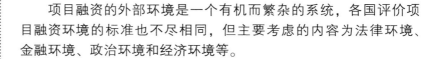

第 9 章

项目融资的外部环境

9.1 法律环境

国际投资主体十分重视东道国的法律环境，以保证其对外国投资的利用、管理和保护都有法可依。对东道国法律环境认定的原则：一是要公开，即要把本国的外资政策通过法律的形式固定下来后公布于众；二是要公正，即对外资是否实行了与国内企业平等的待遇。另外，东道国与投资国之间有无双边投资保护协定和条约，以及东道国的国际化程度等都属于法律环境的内容。东道国由于国情不同，其所制定的有关外国投资的法律内容的繁简、宽严也有所不同。法律对外国投资的保护性管理内容概括起来有以下三个方面：

（1）根据东道国的法律规定，发起人能否有效地组织项目融资的结构并进行项目的经营。

（2）出现纠纷时，是否有一个完善的商业法律体系来提供仲裁、解决纠纷。

（3）是否有一个独立的司法制度和一套严格的法律执行体系来执行法院的仲裁结果。

9.1.1 项目融资的法律特征

从法律上讲，项目融资具有以下一些特征：

（1）法律适用的多样性。在项目融资过程中，法律关系复杂多样，既会涉及本国法和外国法，又会涉及实体法和程序法。项目所在国的法律具有根据意义，许多法律关系是国内经济法律关系，受国内法律的调整，如项目的立项和审批、项目公司的组建、建设用地的批准、担保和抵押的设定、外汇的汇兑、税款的征收等。程序法主要包括案件的管辖权、外国法院判决以及涉外仲裁裁决的承认与执行等。在特许经营项目融资中，国家和政府还作为项目融资中的主体之一，会涉及复杂的法律适用问题。总之，有多少国家的银行或外商参与，就涉及多少国家的法律。因此在项目融资涉及的众多法律关系中，根据不同的法律关系性质，适用的法律也不同，呈现出适用法律多样性的特征。

（2）法律关系具有涉外性。项目融资安排中有大量的涉外因素，例如在发展中国家的项目融资中，投资者来自境外的某国或多国的银行或者银团居多，设备租赁厂家可能是外商，融资企业可能是外资企业，债券投资者可能是外商等。项目盈利还贷的过程中，还涉及资金的跨境流动。在项目融资证券化过程中，有时还需要在境外的资本市场上市融资。

（3）以合同法为基础。项目融资中有多个当事人和参与方，存在复杂的法律关系，而基本的法律关系则是合同（或协议）关系。通过一系列的合同（或协议）安排，明确各当事人间的权利、义务关系。合同法是调整项目融资的基本法。

1）当事人涉及国家主体和国际机构。我国政府通常以对项目融资提供各种支持、授予特许权等形式参与到项目融资中。一些国际机构，如世界银行、亚洲开发银行等，也常作为项目融资的资金提供方参与项目融资中。当主体是国家政府和国际机构时，会产生复杂的法律适用问题。

2）合同可以调整各方的利益关系并有效分担项目风险。项目融资中各方主体的利益是相互冲突的，但各方利益的实现又依赖于对方，各方只有通过相互合作，才能彼此获取应得利益。因此，这一活动之所以有复杂的合同安排，也正是出于各方分担风险和调整各方利益的需要。

3）经常出现法律创新。项目融资中的一系列契约、协议、合同安排可以弥补法律的不足。如"无论提货与否均需付款"合同，突破了传统买卖合同的内容，一系列的合同安排和合同权益转让形成了担保法律制度，最大限度地发挥了民法和国际私法中的"当事人意愿自治原则"。

9.1.2 项目融资的法律结构

项目融资的成功与否在很大程度上取决于国家是否有足够完备的法律结构。大多数投资者或借贷银行习惯于在较复杂的法律环境中工作，他们认为一个全面的法律结构对他们的利益是至关重要的。一套明确而又有效的法规会有利于该活动的开展，而不合理的规章和法律结构会破坏有关各方所签合同的威信和有效性。从大的类别来说，融资过程涉及的法律结构主要包括有关政府管制的规定、促进外国投资的立法、担保立法、特别立法、商业立法和产业法等。每一类法律所要解决的法律问题是不同的。

（1）有关政府管制的规定。主要是关于资源开发利用的政策、税收、外汇管制、利润汇出等方面的规定。这些都是项目融资中的基本问题，也是国内外投资者最为关心的问题，其法律框架决定着国家政治风险的程度。政府管制还包括对因政策原因造成损失的补偿以及必要的规定和公共立法。

（2）促进有关外国投资的立法。这方面的立法明确规定了将本国货币兑换成外国货币的权利，外汇以合理汇率的可兑换性，外汇的自由汇出；简化进口许可手续和海关手续以及外籍人员入境手续；外国投资者在东道国建立项目公司的权利；外国投资的纳税办法；政府对项目国有化、征收和收购的规定及赔偿等。

（3）担保法。担保对项目融资有着至关重要的影响，法律制度如果缺乏担保安排的必要规定，就会影响银行进行融资的参与程度。在项目融资中，常见的担保安排主要包括：财产抵押；政府的承诺和支持；发起人支持；权益的转让，转让诸如建筑合同、产品销售协定及其他合同规定的权益；当事人履行各种义务的履约保证书；保险及保险权益的转让等。

（4）证券法。证券法对证券市场依法治市、规范市场、保障投资者利益和证券市场稳健发展发挥重大作用，为证券市场的发展奠定基础。

（5）特别立法。例如在融资项目中，有些国家制定了特许经营协议法律框架。对项目融资进行特别立法有诸多的好处：会给潜在的投资者和政府有关部门一个强烈的积极信号，政府会支持这些项目；会帮助外国投资者相对容易地在一部法律中找到相关的法律规定；可使有关的申请、操作程序等得到澄清，使投资者和借贷人的权利得到明确，使政府提供的支持和鼓励措施具有法律效力；减少谈判项目合同的费用和时间，并确保国家获得最起码的利益。

（6）合同法。项目依赖于一整套复杂的基本合同安排，而这些合同又受制于合同法。因此，合同法必须确保项目融资中各方当事人之间的合同（或协议）在法律上具有约束力并得到执行。合同法主要解决的法律问题是：如何建立合同；如何中止合同；违约如何赔偿；合同各方在什么情况下可以免除责任等。

（7）公司法。主要解决的法律问题有：如何对待内外资项目公司；如何对项目公司进行控制；如何清理项目公司等。

（8）劳动法。主要解决的法律问题是：如何雇用项目所需的劳工；因该项目而使第三方蒙受损害和损失的非合同性责任如何承担，是否包括中断服务所承担的责任等；如何确定劳工因工作疏忽所应承担的责任；保险以及强制规定，如对第三方的责任和对工人的赔偿。

（9）社会责任法。主要包括环境和安全等方面的规定，这些规定直接影响到项目的设计和成本。项目发起人和贷款人要了解环境法律的标准和要求，以及违反此种规定的后果，如因环境法变化而增加的费用由哪方承担等。

（10）其他方面的规定。包括：保护财产权的法律；保护知识产权的法律；破产立法；租赁立法；合伙企业法；商业银行和保险法；政府采购手续和规定；税法；对外国投资的鼓励措施；承认和执行外国裁决的有关规定等。

9.2 金融环境

项目融资是一种金融行为，因此金融环境的优劣、金融效率的高低直接影响项目融资活动，金融环境主要包括金融市场体系和金融体制。

9.2.1 金融市场体系

金融市场是实现项目融通资金的场所，它是由无数子市场组成的市场体系。为了保证项目融资顺畅进行并取得较好的经济效益，必须要有完善的金融市场体系作为保障。金融市场体系的完备程度、金融产品的规模与多样性直接影响项目融资活动的开展。

1. 金融市场体系运行的模式

通观世界各国的金融市场格局，金融市场体系运行模式大体分为以下三种：

（1）第一种，建立在发达的商品经济基础上的"完善型"的金融市场。借入资金和提供资金的融资双方通过金融市场的交易灵活融通资金，资金的供给与需求较易得到满足。

（2）第二种，市场调节资金运行机制与宏观调控资金流向机制结合的"兼容型"金融市场。资金的供给与需求受到一定的宏观调控政策的影响。

（3）第三种，与不发达的商品经济状况相适应的"抑制型"金融市场。经济高度集权，利率受到限制，市场机制在有限的范围内发挥作用，缺乏内在活力。

很显然，在第一种模式中，健全的金融市场可以最大限度地、高效率地筹集和使用资源，有利于项目融资的开展。

2. 健全的金融市场体系

健全的金融市场体系的主要表现有以下几方面：

（1）完善的结构。健全完善的金融市场具有完善的市场结构，使金融市场的各个构成部分，即各种市场形式，实现合理配置和协调发展。

（2）健全的机制。金融市场的机制主要是利率机制。利率机制健全，金融市场价格的利率水平合理，能够反映市场资金供求状况。另外，这种价格由市场供求决定，而不是强制的计划价格。

（3）高效率的金融机构体系和发达的信用关系。高效率的金融机构体系和发达的信用关系是金融市场形成和发展的前提。健全的金融市场体系具有多种经济形式的金融机构，能有效提高金融业效率，繁荣和活跃金融市场。信用关系得到不断扩大深化，各种信用工具全面发展，金融市场能够利用灵活多样的交易工具。

（4）有效的管理。对金融市场的管理不是以直接控制为主，而是以间接调控为主，金融政策宽松，例如实行自由外汇制度，放松利率管制，非居民与居民待遇相同等。

（5）先进的操作手段和具有较高管理水平的管理人员。操作手段和管理人员素质决定着金融市场的营运效率及发展趋势。广泛应用电子计算机技术，具有专门知识的高级管理人才，能够为较高水平的金融业务与服务提供保证。

3. 健全的金融市场体系在项目融资中的作用

（1）健全的金融市场体系为项目融资提供足够的融资市场。功能齐备、体系完善的金融市场，可以通过众多的子市场和多种多样的工具，为项目融资双方提供多渠道、多形式的选择机会，提供足够大的融资平台。资金提供者可以提供各种资金来源，最大限度地运用资金；融资者可以根据利率、期限和流动性等条件，最广泛地筹集资金，使资金需求得到最大限度的满足。完善的金融市场体系保障了项目融资的顺畅开展，相反，不健全的金融市场体系使得项目融资捉襟见肘：融资者没有融资渠道，不知向何处借入资金；贷款人则难以寻找到资金运用场所，不知通过何种形式运用闲置资金，项目融资难以开展。

（2）健全的金融市场为融资者提供多样化的融资工具。1980 年以前，国际金融市场上的融资工具十分单一，仅限于债券、股票等，且种类很少。1980 年以后，西方国家金融市场上的融资手段出现了全球性创新，金融工具种类逐渐增加，复合式金融工具相继出现。当今，东京、纽约等金融市场上的融资工具已达上百种。恰当地运用衍生工具进行交易，往往可以降低融资风险，使项目融资顺利开展。

（3）健全的金融市场为融资者提供足够的融资规模。金融市场提供的金融产品的规模直接影响项目融资的额度。利用项目融资模式开发的项目，融资额度一般都相当大，随着国际经济和贸易的发展，为了满足国内外市场的需求，一些项目必然发展成为大型项目以满足规模效益，其规模之大，从几亿、几十亿直到高达上百亿美元。发达的金融市场可以提供多种多样的信用方式和交易工具，扩大融资额度，提高资金运转效率，保证为贷款人提供足够的资金规模。

（4）发达的金融市场，为贷款人提供有效规避风险的途径。在发达的金融市场上，金融产品多种多样，具有高度的可选择性。项目贷款人可以通过各种金融商品的买卖，恰当地运用多种金融工具，通过衍生交易、传统交易与衍生交易的组合，或者若干衍生交易的组合，处理项目融资需要承担的风险，实现套期保值和规避风险的目的。如贷款人可以通过外汇掉期交易、利率期货交易规避汇率和利率风险。反之，金融市场如果没有提供合适的金融产品，贷款人只能接受汇率或利率风险，这样会影响贷款人的投资兴趣，使项目融资难以进行。

9.2.2 金融体制

金融体制是指金融体系内部，中央银行、各专业银行以及各类金融机构之间的权限划分和组织形式。金融体制的状况是金融市场体系能否发挥应有效用的关键。

（1）金融体制宽松或严格直接影响项目融资活动。金融体制是封闭还是开放以及开放的程度，市场是萎缩还是发达，都对项目融资产生直接影响。

在高度集中的金融管理体制下，资金运用的规模和方向都听从上级指令，不能自主决策，限制了项目的融资。在宽松的金融体制下，各微观金融组织作为真正的经济主体，在市场机制的引导和调节下，独立地追求自身的经济利益，不受强制性行政干预，可以充分地发挥其积极性、主动性，增强其活力。

贷款人需要选择一个开放程度高、体制宽松的发达市场，这影响到项目融资的使用和效率。在开放的金融市场上，项目融资者可以通过多形式和多样化的金融工具方便地筹措资金，使项目融资得以灵活有效地进行。相反，在严格管制的金融体制下，有效项目融资所需的政策、手段和途径都不具备，项目融资很难进行。

东道国金融体制中，对经济的限制和干预程度直接影响项目融资。一般的东道国都要采取必要的干预措施来对项目融资活动进行监督和管理。如限定资金的入境条件，控制资金的规模和流向，对贷款利润汇回限制等。贷款人很关心东道国对外资贷款的限制和干预程度，如果东道国对项目融资活动限制过于严格，就会影响贷款人投资的积极性，限制项目融资的发展。

（2）金融体制的组织形式也是影响项目融资的因素。在组织上，如果金融市场能够按照市场运行机制的内在要求，对进入市场的条件、市场主体的行为方式、市场参数的选择和运用等提供规范性的行为准则，就可以为项目融资提供优秀的资金来源和筹资形式，有效扩大市场规模，增加金融市场的广度和深度，细化市场结构，建立多层次提供融资工具的金融市场，保证项目融资高效而有序地进行。

9.3 政治与经济运行环境

9.3.1 政治环境

政治环境是指一个国家的政治状态与政治因素对项目融资活动产生的外

部影响。在国际项目融资中最基本的影响因素就是该国政治体制、政治局势稳定性的程度、政策的连续性、政府的信用等级以及政府对待外国投资者的态度等。

1. 政治体制

项目所在国的政治、经济、文化等方面的制度，特别是国家政权的组织形式及其有关的制度，是项目融资政治环境的基础因素。不同的国家与其根本的性质和社会经济基础相适应，有着不同的国家管理形式、结构形式以及选举制度、人民行使政治权力的制度等。在不同的政治制度下，政府指导经济的方针不同，对外资的立场和态度也不同。政治体制对于项目融资环境的重要性，不仅在于它构成了政治环境，还因为它与经济制度密不可分。相关体制的健全程度、稳定状况，以及融资双方在这些方面所存在的一致性和差异性，往往会直接表现在政府对项目融资活动的管理方式以及干预和控制的程度上，从而对项目融资产生影响。

如果政府遵循客观经济规律，积极调节和干预经济生活，贷款人可以享受一个稳定的项目融资环境，正常的融资行为也不会受到无端的干预。而在一个民主制度不健全的专制独裁的政权下，政府的经济行为往往不受制度约束，不仅正常的投资活动会受到过多的干预和控制，而且还会因为潜在的政治动荡给贷款人带来风险。所以，贷款人在考察项目所在国社会制度及政治体制时，不仅着眼于社会制度的性质本身，更重要的是要看政治体制的健全和完善程度，以及政体的形式如何。

2. 政治局势的稳定性

政局稳定是贷款人应首先考虑的项目融资环境因素。政治局势稳定性直接影响着贷款人的贷款效益。采用项目融资模式建设项目，其建设、运营的周期少则 8 ~ 10 年，多则 40 ~ 50 年，这样一个时间跨度，贷款人在对项目进行大量的资金投入之前，必须有理由相信项目所在国政治环境的稳定性。只有政局稳定、社会安定、讲求效益、致力于和平建设的国家，才能确保贷款的安全，并为经营获利创造必要的前提。

政局稳定是一国经济正常发展的基本条件，也是外国投资者能否正常活动的关键因素。一般认为，衡量政局稳定与否主要看以下几个方面：①有无战争和内乱；②恐怖活动与社会秩序；③政权的更替是否频繁，其交接过程是否民主公开。一国政局动荡，民变纷起，恐怖活动频生，不仅正常的投资收益没有保障，甚至其雇员的人身安全也受到威胁，这样的投资环境是投资者很难接受的。例如，政权更迭引起外资国有化，可能导致外国贷款人的资产被冻结和没收，这将对外国贷款人产生巨大的负面影响。

例如，香港投资商胡应湘带领其合和集团在深圳投资建设的"沙角B火力电厂"项目，就将国家政治局势的稳定性列入项目投资考虑的内容。三菱银行牵头的银团提供的日本贷款由日本通产省担保：若贷款银行因项目公司被国有化或其资产被没收，项目所在地发生战争或动乱，项目公司因政策或金融情况而不能汇出或兑换成外币，导致贷款不能偿还，通产省将补偿贷款银行的损失。

国际上发生的东道国强制剥夺外国投资者财产的事件有，1969年智利政府接管了所有外国人拥有的铜矿，包括Kisllzwxllt公司和Lerwh公司，它们都在智利长期拥有和经营大型铜矿。Kisllzwxllt公司由于事前采取了保障措施，避免了损失，而Lerwh公司的全部资产被没收，却没能从智利政府得到任何补偿。

3. 政策的连续性

贷款人希望政府的政策具有连续性，因为这关系到其长期投资收益的稳定。贷款人在贷款时要对政府政策的合理性、完备性及稳定性进行分析考察。政策的连续性与政权的更替和当政者的执政原则有着密切的联系。一般而言，政权的稳定性越高，政策的连续性越强；当政者的执政原则受外界的干预越少，政策的连续性就越强。一定时期内政策的连续性如何，将直接影响到项目贷款人投资决策的态度。如果政府政策的稳定程度不够，政策的连续性就难以保证，考虑到政策的变更很有可能增加项目的融资成本与项目未来收益的不确定性，贷款人的投资态度就会非常谨慎。

一些工业国家税收制度变动频繁，无论税率、税种还是对不同结构的经济实体的征税方法都经常发生变化，有时由于竞选的政治需要甚至可以一年变动一次。这些变化会对项目融资带来许多不确定因素，直接影响到项目的偿债能力或投资收益率。

举一个典型的例子。在澳大利亚，1988年7月以前如果采用信托结构进行投资，就可以享受与企业结构不同的一些在利润分配和资金分配等方面的税收优惠，因而当时有许多项目的开发都采用这种结构集资和融资。但是，1988年7月税法修正之后，这些优惠政策全部取消，造成在澳大利亚证券交易所上市的几个信托基金的股东收益大减，股票市场价格一直上不去。

4. 政府的信用等级

从政治稳定性与政策的连续性可以引申出政府的信用等级，在很大程度上，后者与前两者存在着相关性。对于采用项目融资建设的项目，其可行性往往需要政府的支持和担保，当这种支持与担保足够多或者显得较为重要时，贷款人就会越发关心政府的信用。就商业贷款人及其各自的出口担保机构而言，对于一个特定国家的一个项目的贷款，其所承受风险的极限可算作是对该国的贷款额。就有些国家而言，如果一个特定的贷款人或机构承受的风险已达到其所能承受的极限，那么它们将不会愿意再为该国以后的项目筹资或担保，而不管是否使用项目融资方式。拥有较高信用等级的发展中国家，例如泰国和马来西亚，比起其他信用不太好的国家，似乎拥有更多的机会开发项目融资。信用等级处于中间状态的国家，例如印度尼西亚、土耳其，仍具有足够高的信用等级，因而也能够实施项目融资。信用等级低于上述国家的国家，在其信用等级改观以前，不大可能吸引项目融资。

5. 政府的对外关系

当一国受到外部威胁时，它的各项国内外政策都将会发生变化，财政经济状况也有可能变得严峻起来。如果发生战争，巨大的开支和严重的破坏则会使该国的项目融资环境在一定时期内变得对贷款人完全不适宜。可见，保持良好的国际关系对于东道国项目融资环境的稳定是相当重要的。东道国与国外的政治关系因素主要包括：遭受他国侵略；发生边境冲突；出现由境外势力操纵的暴乱；直接卷入地区冲突；与主要贸易伙伴发生贸易和经济摩擦等。它们可能直接源于本国政府与外国政府的关系过于紧张，也可能间接源于本国政府与某一国政府关系过于密切，而受到他国政府政治冲突的株连。东道国政府应保持良好的对外关系，为项目融资创造条件。

9.3.2 经济运行环境

项目融资的"项目导向"使得项目融资与项目所在国的经济运行环境之间具有相当密切的关系。经济运行环境主要包括：经济周期、国家的经济政策、经济发展水平以及通货膨胀与汇率变动等。

1. 经济周期的影响

一般而言，当经济处于高速发展时期，资金的需求量大，投资需求旺盛，发展前景好的项目多，这时运用项目融资方式筹集建设资金的风险相对小得多，成功率也会提高，项目融资活动增加。如东南亚金融危机前，即 20 世纪 90 年代初，东南亚诸国正处于经济高速发展时期，其项目融资活动相当活跃。正是这一时期，泰国运用 BOT 方式兴建了曼谷二期高速公路，马来西亚兴建了南北高速公路，巴基斯坦兴建了 Hab River 电厂。其中，运用项目融资最多的是菲律宾，该国于 1990 年制定了 BOT 法，于 1994 年进行修订，把这种投资方式引入非常广泛的领域，包括公路项目、铁路项目、非铁路大众交通设施、岛际航道设施等，吸引了一大批国内外私营投资商参与基础设施建设。

当经济不景气时，资金需求量大幅度降低，投资需求不旺盛，进行项目融资的风险相当大，项目融资活动相应减少。东南亚金融危机使得东南亚各国的经济遭受沉重打击，一些项目被推迟或被取消。如投资总额约250亿港元的曼谷高架铁路，由于当时的泰国经济疲软，曼谷当局要求其投资方合和实业有限公司在1997年7月底前提交新的财务安排方案，否则将取消有关工程合约。在印度尼西亚，直到经济复苏后才动工的项目包括兴建两座炼油厂和14个发电项目，总额达58亿美元。

2. 国家的经济政策

国家的宏观经济政策是影响项目融资活动的另一个重要因素。这主要表现在宏观经济政策对项目融资活动的引导作用。

投资政策即政府及公众对待外资的态度。政府对待境外投资商的一般态度很自然地要反映在外资政策与法规中。如果政府鼓励境外融资，法规会宽松，优惠政策也会较多，为贷款人提供投资便利，项目融资就容易开展。政府可以采用以下几种经济政策来支持项目：

（1）给予发起人决定与项目有关的经济、商业因素的一定的灵活性，因为这能增强他们的信心。例如，英吉利海峡隧道项目中，项目发起人欧洲隧道公司（Eurotunnel）具有完全的商业自由，包括决定海底隧道的使用费。

（2）备用的融资和支持。提供从属贷款来保证主要债务的偿还，或者提供用于支持项目的某一阶段的贷款。例如，在深圳沙角B电厂项目中，中国政府帮助筹措紧急贷款资金，用于解决不能保险的不可抗力发生以及产生的索赔等问题。在悉尼港口隧道工程项目中，政府提供支持性贷款用于支付最初的建造成本等。

（3）最少营业收入或需求量。在许多特许权项目尤其是基础设施建设项目中，现金流量的保证水平是很低的。项目所在国应能以保证最少营业收入或最少需要量的方式对项目提供支持。如在广东省的电站项目中，中国政府同意在特许期间购买最低量的电，按固定电价支付给发起人电费。

（4）保管账户。在项目所在国的合作下开立离岸账户，可以减少对项目现金流量的干涉。该账户的程序和规则应该有助于在特许期内实现稳定的现金流量和收入。

（5）利率政策。利率是资金的价格，因此，利率水平是否合理，对项目融资具有直接影响。在利率水平较为合理的情况下，贷款人或投资者通过运用闲置资金获得一定收益，融资单位通过运用借入资金创造利润，项目融资对参与双方都有好处，从而保证项目融资的顺利进行。如政府对利率上涨超过规定的百分比而造成的支付成本的差异，给发起人提供一定的补偿，或将通货膨胀因素包括在决定项目收费的费率公式中，也不失为利于项目融资的政策。

（6）财税政策。一般而言，财税政策宽松，纳税率低，或采取税收优惠措施，将会增加贷款人的收益。在其他因素类似的情况下，贷款人往往倾向于在财税政策宽松、税收负担较轻的国家投资，因而这些国家的项目融资相对容易。例如，免除发起人公司税和那些涉及进口资本性设备方面的纳税、义务和额外费用，这正是巴基斯坦政府为了吸引私有部门以 BOT 方式投资建设能源生产项目时采用的一项措施。

（7）外汇管制与放松。外汇管制是指一国政府通过法律、法令和条例等形式对外汇资金的收入和支出，输入和输出，存款和放款，货币兑换及汇率进行的限制性干预或直接控制。根据各国外汇管制的内容和程度的差异，实行外汇管制的国家和地区可以大致分为以下两大类：

1）第一类，实行外汇管制的国家和地区。多数发展中国家实行严格的外汇管制，如印度、马来西亚、赞比亚、秘鲁和巴西等国。印度对跨国公司在其国家投资所得利润及资本的汇回数额有限制性的规定。跨国公司在巴西投资的资本只有在中央银行注册后，才能确保利润和本金的汇回权利，并对超出汇款水平的额度要征收 40% ~60% 的附加税。由于外汇管制会导致不能及时抽回资本和及时汇回收益，所以跨国公司会减少对该国的投资。

2）第二类，放松外汇管制的国家和地区。这是指对经常项目的收付原则上不进行直接管制，但实施一些间接的或变相的限制性措施。工业发达国家和部分中东产油国，如英国、德国、美国、沙特阿拉伯等国家便属于这种类型。它们对外国投资者的收益汇回本国没有任何限制，对经营方式与出资比例也没有限制，并对某些领域和地区的投资给予优惠的措施。

3. 经济发展水平

经济发展水平的差别决定了不同国家项目融资运用的差异性和融资模式的多样性。一般而言，国际资本主要流向那些经济发展速度快、国内市场容量大的国家和地区。因为一个国家或地区的经济发展水平高、速度快，表明这一国家或地区的收入多、资金需求量大、市场规模大、盈利机会多，因而能吸引到较多的投资。工业发达国家相对于发展中国家而言，项目融资要容易得多。

4. 通货膨胀与汇率变动

在当今世界，几乎每个国家都存在着不同程度的通货膨胀。通货膨胀对社会经济生活的各个领域都会产生深刻的影响。通货膨胀对国外贷款人的影响主要表现为两个方面：一方面，使得融资成本上升，实际收益下降；另一方面，使贷款人所面临的外部环境动荡不安，增加贷款人的风险。因此，贷款人特别看重币值稳定，因为币值稳定与否直接影响到贷款的风险和收益。对于国际项目融资来讲，大多数项目运营后将取得项目所在国（本国）的货币收益，本国货币必须被用来为进口的原料或燃料付款，以及为偿债和偿还股本付款。

如果一国经济没有过度的通货膨胀或过快的汇率变动，在这种经济环境下较容易开发项目。如果东道国的币值经常浮动，贬值幅度过大，通货膨胀率过高，则会造成货币实际价值与名义价值的差距扩大，使投资者的投资贬值，给投资者带来损失。即使政府愿意保护项目的投资者免受通货膨胀风险和汇率风险，在一个比较稳定的经济环境中也比在高度不稳定的环境中开展项目融资要容易得多。一般投资者都把年通货膨胀率是否超过两位数看作币值是否稳定的一个界限。

复习思考题

1. 案例分析题

（1）山东中华发电项目融资环境。

山东中华发电项目总投资 168 亿元，总装机规模 300 万 kW。项目由山东电力集团公司、山东国际信托投资公司、香港中华电力投资有限公司以及法国电力公司共同发起的中华发电有限公司承担。该公司于 1997 年成立，1998 年开始运营，全部工程于 2004 年最终建成。公司合作经营期为 20 年，经营期结束后，电厂资产全部归中方所有。

中华发电有限公司是山东省电网中最大的发电企业之一，其销售对象是山东电力集团公司经营的山东电网。由于与山东电力集团公司的合作对该公司的发展影响较大，在项目谈判期间，该公司与山东电力集团公司签署了《运营购电协议》，该协议保障了该公司每年的最低售电量，并规定电价为成本分红价格，基本上确保了该公司的收益。截至目前，中华发电项目运营较为成功，累计实现税后销售利润近 24 亿元人民币。出色的业绩当然与该公司优良的管理结构，高素质的管理队伍，规范的经营分不开。

1）项目融资经济环境分析。影响价格的最主要因素就是市场的供求状况，BOT 项目也不例外。20 世纪 90 年代前半期，我国经济曾经历了一个高速发展阶段，电力供求矛盾在当时十分尖锐，资金短缺情况也较严重，山东省的情况也是如此。山东中华发电项目正是在这样的背景下开始发起运作的。适时的市场地位为中华发电有限公司在谈判中赋予了较强的讨价还价能力，一个有利于该公司的还本付息加分红的指导性电价协议得以达成。

1998 年，根据国家计委曾经签署的关于电价问题的谅解备忘录，经多方协商，该公司在已建成的石横一期、二期电厂的电价问题上取得了突破，获准了 0.41 元/度这一较高的上网电价。

然而，随着山东电力集团公司对电厂、电网建设力度的加大，山东省电力市场的供求关系也发生了巨大的变化。至 2002 年 9 月，全省电力装机容量已突破 2 200 万 kW，达到 2 265 万 kW，居全国第二位。2002 年山东省电力建设总投资额约为 96 亿元，计划投产装机容量 213 万 kW。随着一批中型的火电项目投入建设，山东电力市场的供求将再次发生大的变化。在这样的市场条件中，山东中华发电项目新上网的菏泽电厂和聊城电厂，要想继续获得较高的电价可能会面临较大的困难。

2）项目融资政策环境分析。电力体制改革方案已然出台，改革方案是形成一分为七的重组框架，即国家电力公司将被拆分为大唐电力、山东国电、国电电力、中电国际、华能集团五大发电集团公司以及国家电网和南方电网两大电网公司。对于山东电力集团公司来说，改革即意味着一分为二：电厂方面，山东将组建山东国电集团公司；而山东电网则会归并到华北电网公司，隶属于国家电网。中华发电有限公司第一大股东的地位使山东电力集团公司"厂网分家、竞价上网"的体制改革不可避免地影响到山东中华发电项目今后的运行。

首先改变的将是中华发电有限公司的公司治理结构。作为山东中华发电项目第一大股东的山东电力集团公司，本是一个既经营电厂又经营电网的联合体。改革之后，目前在中华发电有限公司拥有的股份以及项目最终的资产应该划归山东国电集团公司账下，看似简单的股东变动，蕴含的却是一个极其微妙的利益再分配过程。而利益的再分配通过上网电价这一媒介，最终对山东中华发电项目的运营产生影响。

签订《运营购电协议》时，山东电力集团公司拥有双重身份，既是购电方，又是售电方的主要股东。上网电价的高低对山东电力而言，只是利润部分地在企业内各部门进行的再分配而已。在这种情况下，山东电力集团公司有较强的动机信守承诺，并为项目的成功运营争取较高的上网电价。改革之后，中华发电有限公司与山东电网将真正成为市场经济中的供求两方，其市场地位将由市场供求状况来决定。在这种背景下，《运营购电协议》的电价条款能否继续执行将面临很大的不确定性。

市场供求的变化、电力体制改革的影响，大大增加了该项目中信用风险发生的可能性。根据国内外电力行业的几个 BOT 项目案例的经验来看，无论如何，电价的波动都会或多或少地影响到企业的盈利，进而影响到企业的整体运行。

（2）拟讨论的问题：

1）试分析本案例中给定的环境对山东中华发电项目的正面影响与负面影响。

2）试以当前的经济、政策以及市场环境为背景，分析外部环境对发电项目的影响及山东中华发电项目应采取的调整措施。

3）如果在我国进行电力项目融资，目前所需关注的主要政策因素是什么？

2. 思考题

（1）请说明与项目融资相关的法律有哪些？

（2）健全的金融市场体系对项目融资有什么作用？

（3）如何判断适宜项目融资的政治环境？

（4）项目融资的经济环境应该考虑哪些因素？

项目融资理论的发展与项目管理的实践息息相关，而项目融资案例的总结就是对项目管理实践经验的提炼。通过研究和分折项目融资的案例，可以获得对项目融资更加感性的认识，并且也加深了对项目融资知识体系的理解。本章概述了国内外项目融资的发展情况，并将其作为典型项目融资案例的背景，从中精选出有代表性的案例，通过分析，提炼出相关的经验和教训。

第 10 章

国内外项目融资案例

10.1 国内外项目融资的背景分析

10.1.1 项目融资的发展历程与现状

从国际范围来看，项目融资产生于20世纪50年代，成熟于60年代中期。进入20世纪70年代，这一方式在石油、钢铁、交通、发电以及一些大型项目建设中得到广泛而成功的运用，已成为大型能源项目国际性融资的一种主要手段。20世纪80年代初，世界性的经济危机使项目融资进入低潮。据统计，1981~1986年，西方国家在这一领域投资的新项目比上一时期减少了60%，投资总额减少了33%。1985年以后，随着世界经济的复苏和项目融资模式的不断创新，项目融资，尤其是BOT模式，在发达国家和发展中国家都得到了相当大的发展。

20世纪80年代中期以后，项目融资又开始进入高速发展期。以美、英为代表的经济发达国家对电信、电力、交通运输、煤气和自来水供应等基础设施产业，实行了重大政府管制的体制改革，广泛采用了项目融资的方式。其中著名的项目有英吉利海峡隧道工程、英国丹佛大桥、加利福尼亚州美国第一条全自动收费公路等。这些项目的顺利运营，一方面，使项目融资方式进一步成熟、完善，大到资金筹措、风险分担、政府与其他机构的担保，小到项目进行中的各种运作文件都逐步规范；另一方面，在众多的发展中国家引起很大反响，这种方式无疑给受资金困扰的发展中国家很大启发，被看成是吸引外国投资的有效手段。从20世纪80年代起，中国、泰国、印度尼西亚、土耳其、菲律宾、巴基斯坦等发展中国家相继引入以BOT为主的项目融资模式，应用于国家急需的基础设施建设，并取得了重大发展。

经过半个世纪的发展，项目融资作为一种融资手段，其运用领域和融资模式也得到不断拓宽。尽管如此，经济发展水平的差别决定了不同国家项目融资运用的差异性和融资模式的多样性。一些发达国家，例如澳大利亚、英国、加拿大及美国等，由于法律制度成熟，金融市场发达，管理水平高，项目融资的运用领域不仅涉及经营性的国家基础设施项目，更广泛拓展到大型的工业项目，融资模式也是多种多样，产品支付、远期购买融资租赁、BOT、ABS等在实践中都得到不同程度的运用和实施。表10-1总结了2004年欧洲主要国家高速公路PPP项目融资的情况，统计的16个国家高速公路总里程为57 542.4km，其中采用PPP项目融资模式的高速公路总里程为21 998.05km，占全部运营高速公路总里程的 38%，表明特许经营方式在欧洲发达国家得到广泛的应用。

表 10-1　2004 年欧洲主要国家高速公路 PPP 项目融资情况

国　　家	高速公路总里程/km	PPP 项目融资模式的高速公路里程/km
德国	12 000	4
英国	3 476	580
奥地利	2 000	2 000
比利时	1 729	1.4
丹麦	973	34
西班牙	10 500	2 610
芬兰	603	69
法国	10 383	7 840
希腊	916.5	916.5
意大利	6 840	5 593.3
卢森堡	130	0
挪威	629	550
荷兰	2 300	4
葡萄牙	2 271	1 771
瑞典	1 450	16
瑞士	1 341.9	8.85
总计	57 542.4	21 998.05

数据来源：PIARC，Road Administrations Website and Alia for 2005。

　　发展中国家项目融资的领域主要是基础设施，如能源、交通运输等，其应用的融资模式主要是 PPP 模式，其他模式则正处于尝试阶段。根据世界银行的数据，2005～2017 年，在发展中国家私人参与项目融资的热情非常高，包括特许经营等各种项目融资模式都得到广泛的应用。特别是东亚和拉美地区私人参与融资的项目总金额分别达到 2 392.26 亿美元和 4 307.91 亿美元，位居全球的前两位。

　　就 PPP 模式的发展状况而言，东亚和太平洋地区近十几年发展最快，2005～2017 年共有 1 341 个 PPP 项目，其次就是拉美和加勒比海地区，总计有 1 239 个 PPP 项目，这两个地区的 PPP 项目主要集中在能源行业。即便从全球的角度来看，采用 PPP 模式最多的同样也是能源行业，交通和水处理领域也有较多运用，而在电信行业则较少采用 PPP 模式。具体的发展状况可参考表 10-2 和表 10-3。

表 10-2　2005～2017 年全球私人参与的项目融资情况

单位：百万美元

地　区	行　业									
	能源		电信		交通		水处理		合计	
	个数	投资	个数	投资	个数	投资	个数	投资	个数	投资
东亚和太平洋地区	784	142 919	10	3 786	176	77 239	453	15 281	1 423	239 226
欧洲和中亚	414	132 286	12	12 792	79	84 444	27	3 690	532	233 211
拉美和加勒比海地区	821	223 556	8	4 173	334	182 933	160	20 128	1 323	430 791
中东和北非地区	84	25 651	15	5 003	27	6 623	21	3 940	147	41 217
南亚地区	568	158 677	12	1 138	433	101 997	16	645.63	1 029	262 458
次撒哈拉非洲地区	192	34 093	28	10 305	68	19 906	13	339.7	301	64 643

表 10-3　2005～2017 年全球 PPP 项目融资情况　　单位：百万美元

地　　区	行　业									
	能源		电信		交通		水处理		合计	
	个数	投资	个数	投资	个数	投资	个数	投资	个数	投资
东亚和太平洋地区	732	131 045	4	2 089	162	71 711	443	14 123	1 341	218 967
欧洲和中亚	253	56 586	2	601	64	79 184	26	3 255	345	139 627
拉美和加勒比海地区	751	206 254	3	2 733	327	181 015	158	19 536	1 239	409 539
中东和北非地区	81	25 427	9	462	27	6 623	21	3 940	138	36 452
南亚地区	533	142 694	6	92.5	432	101 874	16	645.63	987	245 305
次撒哈拉非洲地区	188	33 250	6	6 073	68	19 906	13	339.7	275	59 569

注：数据源自 2017 年世界银行私人参与项目融资数据库。

10.1.2　发达国家项目融资概况分析

1. 英国

英国在基础设施建设方面已经广泛应用项目融资。整体上来说，其过程可以分为以下三个阶段：

第一阶段：私有化。私有化需要把整个企业的所有权和经营权都交给私人部门。从 20 世纪 80 年代早期开始，撒切尔政府大规模出售国有企业，启动私有化运动。这一阶段中，英国的通信、交通、能源等部门的大型国有企业，如英国电信公司、英国石油公司、英国燃气公司、英国航空公司等都通过股票销售等形式转到私人部门。私人部门专业技术和管理经验的引入，加上市场力量的金融规律，为这些行业的变革带来了巨大的推动力。

第二阶段：立约承包。英国在 20 世纪 80 年代和 90 年代早期通过立法强制，要求地方政府把许多公共服务，包括垃圾回收、街道清扫、学校卫生与饮食服务、法律服务、计算机服务以及住房管理等，通过竞争性招标的形式，把合同承包给那些被评估为有能力更加高效地提供所需服务的私人部门运营商。当时，这是一种降低辅助性服务成本的方法，但由于被承包的公共服务实际很少能达到预期的结果，而且遭到劳动者的极力抵制，英国于 1997 年取消了强制性立约承包。

第三阶段：PFI 项目融资。1989 年，英国废除了曾经严格限制引进私人资本投资公共资产的规定。此后，PFI 的概念于 1992 年在英国首次提出。在鼓励私人投资行动中，公共部门与私人部门供应商签订长期服务合同，这种合同一般都会涉及资产的提供，因此需要私人部门投入资本。PFI 受益于私人部门的管理技术优势和财力支持，但核心服务仍然由公共部门负责提供。鼓励私人投资行动关注的焦点是服务和资金效益，与具有强烈价格导向的立约承包形成鲜明的对照。

20 世纪 90 年代中期，因为缺乏综合协调和充分的优先排序，过快地投资了过多的项目，PFI 的发展受到了阻碍。此外，还有一系列的障碍阻挠了有关项目的顺利进行，使项目在经济上陷入困境。为此，英国政府采取了促进 PFI 发展的有关措施。这些措施包括以下几方面：

（1）设立了促进 PFI 的政策工作小组。财政部特别工作小组的设立为重要商业问题带来了标准化的、协调一致的解决方法，出版了 PFI 指南，提高了这些项目的实施效率。该指南的内容涉及采购管理、项目管理、程序管理、风险管理和服务管理等方面。

（2）确定了项目重点和优先顺序。为了保证 PFI 模型的成功，政府对实施 PFI 的项目在一些领域进行了工作重点的优先排序，使公共部门和私人部门的资源能够集中用于发展少数比较有把握成功的重点项目。

（3）消除了实施 PFI 的法律障碍。政府在一些领域制定或修订了法律，以解决公私伙伴关系与原有法律框架的兼容性。

（4）采取灵活手段建立公私伙伴关系模型。BOT（建设—运营—移交）、BOO（建设—运营—拥有）、DBFO（设计—建设—融资—运营）等不同形式的伙伴关系模型得到了发展，以适应不断变化的公私部门的政策环境和实际需要。

英国发展 PFI 的核心理念是要实现"物有所值"（Value for Money），这可以体现为四个方面：一是为公共产品从设计、建设到运营整个生命周期提供一个持续的激励；二是给公共服务带来新的创造性的思维；三是将服务风险向私人部门转移；四是市场的竞争压力可以使政府从私人部门那里受益匪浅，改善政府部门官僚制、低效率的工作作风，从而推进政府的改革。这是因为 PFI 的实施本身要求政府实现服务供给文化的转变，要求政府打破传统的一些制度安排，注意工作效率和支出效率，强调为公众服务。

尽管存在着很多争议，PFI 在英国的发展还是非常迅速，取得了良好的预期效果。英国财政部对已经完成的主要 PFI 项目的调查显示，88% 的项目能够按时或提前完成，没有出现因为工程建设超出预算而要求公共部门承担额外费用的情况。而在以前的调查中，70% 的非 PFI 项目都会延期完成，73% 的项目都会超出预算。75% 的公共部门合作者认为其 PFI 项目在运营中的表现能够达到预期或比预期还要好。

截至 2013 年英国已经有 725 个 PFI 项目，总投资额 54.2 万亿英镑。英国的 PFI 模式不仅在英国本土日益发展，而且成功地向欧洲大陆蔓延，其理念和经验正在向全世界传播。

2. 澳大利亚

澳大利亚在基础设施利用项目融资方面有着成功的经验。从 20 世纪 90 年代开始，澳大利亚主要模仿英国 PFI 项目融资方式。悉尼海底隧道、M5 高速公路、墨尔本 City-Link 等大型基础设施工程都运用了项目融资方式。

政府虽然没有专门的项目融资管理法规，但澳大利亚现有法律为项目融资的运作提供了较为完整的法律框架和运行程序，所有项目的管理都是依据目前已形成的吸收投资的法律和现有的程序运行。

澳大利亚的企业界、法律界普遍认为，项目融资在澳大利亚成功的关键因素是政府和相关部门的支持。比如，澳大利亚的法律健全且比较稳定，通货膨胀率低、利率波动小等。这些条件在大部分发展中国家显然是不具备的。同时，政府对于特许权项目还承担了最小交通量的担保。比如，悉尼海底隧道，政府担保测算出最低交通量。如小于最低交通量，政府给予补贴；如超过最低交通量，政府与特许权公司分享项目所得收益。

澳大利亚在基础设施项目融资中采用的是 PPP 的方式，特别是在维多利亚州开展得最为广泛。该州通过了基础设施投资方针，为政府和私人企业的合作打下了良好的基础。政府定期举行发布会，不断公布政府在基础设施领域的发展战略和有关政策，让私人企业及时地获得基础设施投资机会的信息，以便尽早地参与项目评估和方案的拟订。

为了简化项目开发和评估程序，促进项目的批准和实施，澳大利亚还成立了包括政府、企业和工会代表在内的基础设施投资咨询小组，设在财政部内的秘书处为咨询小组提供支持。只要条件合适，咨询小组便将帮助分析采用 PPP 项目融资的可行性。

维多利亚州、新南威尔士州、昆士兰州在 2001 年发布了详细的项目融资指南，与英国具有统一的项目融资政策不同的是，这些州出台的项目融资政策和相应的指南都各不相同，给私人部门的参与带来一定的障碍。

例如，维多利亚州的财政部就发布了 PPP 项目的标准商务原则（Partnerships Victoria Standard Commercial Principles），其中具体规定了风险分担和合同管理的内容，通过设计标准化的内容来降低政府和私人部门之间谈判的成本。在设计 PPP 项目时，政府要求必须首先考察项目的经济性和寿命，项目寿命必须超过 30 年以上才能使用 PPP 模式。为了衡量 PPP 项目与传统的政府投资建设的项目相比，其成本是否具有优势，维多利亚州政府又发布了"公共部门比较指标"（Public Sector Comparator），简称 PSC 手册，给出具体的计算公式和比较方法。

在这个 PPP 项目的标准商务原则中，对风险分担的原则和方法做出详细的描述。例如规定风险由最适宜承担并且最有能力控制的一方承担。对于双方都无法完全控制的风险，例如不可抗力、通货膨胀、需求风险、完工风险等由双方共同分担。例如，对不可抗力风险的分担可以是政府承担因不可抗力减少的服务损失，项目公司承担保险的部分。更为实用的是政府还给出具体风险的分担矩阵（Risk Allocation Matrix），作为最终政府和私人部门在特许经营协议中谈判风险分担条款的参考。

3. 美国

在 20 世纪 80 年代以前，美国在基础设施建设方面主要以市政债券融资为主，其发展历史较长，现在已经成为美国经济发展的重要组成部分。目前美国免税市政债券的存量约有 1.4 兆亿美元，并且每年仍要发行 2 000 亿 ~ 3 000 亿美元市政债券，占整个债券市场的 13%，其中长期债券在 1997 年、1998 年分别达到了 2 210 亿美元、2 860 亿美元，分别占当年市政债券发行总额的 83% 和 89%。

在美国州和地方政府发行的市政债券中，短期债券主要用于短期周转性支出，长期债券主要用于两个方面：为公共资本计划（包括教育、高速公路、社区发展、给排水、公交及电力等公用设施）提供资金和支持补贴私人活动。州和地方政府每年通过发行长期债券为公共资本支出提供60%左右的资金，在基础设施建设中发挥极其重要的作用。

美国模式的市政融资中，个人投资者的参与有利于分散市政开发的风险，同时也有利于公众对市政府和州政府的监督。正是基于美国拥有一个极具深度的市政债券市场，才使得美国市政建设得以充分发展。同时，这不仅有利于投资者参与城市化带来的利益，也有助于利用储蓄投资来分散市政开发的风险。个人投资者参与市政融资中来，加强了公众对市政府和州政府财政的监督，强化了财政的纪律性。

在高速公路项目融资方面，在20世纪80年代后期，受到世界上公路特许经营浪潮的影响，美国联邦政府和州政府出台了一系列鼓励私人参与项目融资的政策和法令。到了90年代中期，私人部门已经成为高速公路项目融资的主要参与者。最初是弗吉尼亚州政府在1988年发布公路法令，允许私人部门可以建设、运营交通设施，制定出评标的正式程序，许可一些企业可以发行免税债券。之后，美国公路管理局（Federal Highway Administration，FHWA）减少私人参与项目融资的限制条件，之所以这样，是因为联邦政府想在不增加燃油税的前提下加快公路的建设和更新速度。在1991年通过的"水路联合运输效率法案"（Water Joint Transport Efficiency Act），允许州政府向私人建设的收费交通设施提供贷款，在1994年又通过一个试点项目（TE-045）来推动PPP项目的发展。表10-4列出了美国一些主要的PPP项目情况。

表10-4 美国主要交通设施项目融资

项 目 名 称	投资额/百万美元	项目融资方式
圣安娜高架公路	700	BOT
圣地亚哥SR125公路	450	BOT
马萨诸塞州3号路沿线	200	DBOM
罗德岛I-195公路	225	BOT
得克萨斯卡车公路	80	BTO
切萨皮克168公路	110	DBOM
弗吉尼亚I-185连接路	302	BOT
奥扎克湖大桥	40	BOT
查尔斯顿收费大桥	90	BOT
汉普顿隧道	600	BOT

10.1.3 发展中国家项目融资概况分析

1. 中国

（1）实施项目融资的回顾。20世纪80年代中期，项目融资被引入中国。

第一个采用 BOT 模式的项目是深圳沙头角 B 电厂，项目于 1984 年签署合资协议，1986 年完成融资安排并动工兴建，1988 年建成投入使用。该项目总投资额为 42 亿港元，资金结构包括股本资金、从属性贷款和项目贷款三种形式。投资方为深圳特区电力开发公司（A 方）和一家在香港注册的公司——合和电力（中国）有限公司（B 方），项目合作期为 10 年，合作期满，B 方将电厂无偿转让给 A 方，广东省政府同意在整个特许权期间以固定价格供煤，并在合同期内购买占设计容量 60% 的电力。该项目被认为是中国最早的一个有限追索的项目融资案例。由于该项目是在改革开放初期运作的，所以项目结构比较简单，加上国内缺乏 BOT 的运作经验，遗留了一些问题。因此，虽然该项目开创了中国基础设施融资的新途径，但并没有使 BOT 方式在国内得到大范围推广。

1994 年，中国政府开始研究 BOT 方式。1994 年 5 月和 11 月，国家计委分别与世界银行、亚洲开发银行联合召开了两次吸引外国投资我国基础设施的国际研讨会，并组织了有关人员对印度、泰国、菲律宾、澳大利亚、英国、挪威、奥地利、匈牙利等国家和香港地区，就吸引私人资本投资基础设施特别是 BOT 投资方式的政策导向、操作方式、管理办法、经验教训等问题进行了考察。1995 年 8 月，国家计委、电力部和交通部联合下发了《关于试办外商投资特许经营权项目审批管理有关问题的通知》（简称通知），确定将采用 BOT 方式试办外商投资的基础设施项目，其范围为：规模为 2 × 30 万 kW 以上的火力发电厂，25 万 kW 以上的水力发电厂，30 ~ 80km 的高等级公路，1 000m 以上的独立桥梁和独立隧道及城市供水厂项目。该通知为国内运作 BOT 项目提供了法规依据。同时，国家计委选择了广西来宾电厂 B 厂、成都第六水厂、长沙电厂和广东淀白高速公路等项目作为 BOT 试点项目，标志着中国采用 BOT 项目进入了规范运作的发展阶段。1996 年 10 月，我国第一个采用投资者通过项目公司安排项目融资模式的项目——山东日照电厂建设项目开工。

1996 年，在福建泉州市，中国国内第一家以民营企业投资兴建的 BOT 项目——刺桐大桥工程项目开始建设。该项目由福建泉州市民营企业名流实业股份有限公司和市政府授权投资机构按照 60∶40 的比例出资，依法设立泉州刺桐大桥投资开发有限公司（以下简称大桥公司），投资 2 亿元兴建刺桐大桥，名流实业股份有限公司对该大桥公司控股，大桥公司全权负责大桥项目前期准备、施工建设、经营管理的全过程，经营期限为 30 年（含建设期），期满后全部设施无偿转交给市政府。这种方式以少量的国家投资，带动了大量的私有资本参与基础设施建设，对引导私有经济投资于基础设施领域起到了积极的作用。该项目也被称为"国产"BOT，开创了利用国内资金进行项目融资的先例。

1997 年 5 月，我国重庆市政府与亚洲证券化和基础设施担保公司及豪升 ABS（中国）控股公司签订了中国第一个以城市为基础的 ABS 计划合作协议，揭开了中国以 ABS 方式融资的序幕。

2003～2008 年的五年间开始试点市政基础设施领域特许经营模式，其中包括交通基础设施项目，诸如市政道路、桥梁、隧道和高速公路项目等。2008 年，由于受到金融危机影响，PPP 模式发展处于反复阶段。从 2013 年开始，国家有关部委相继出台《财政部关于推广运用政府和社会资本合作模式有关问题的通知》（财金〔2014〕76 号）和《国家发展改革委关于开展政府和社会资本合作的指导意见》（发改投资〔2014〕2724 号）等推广和引导政策，在多个领域放开社会资本准入条件，鼓励社会资本方以 PPP 模式参与基础设施产品和服务的投资和供给，全面推动 PPP 模式的发展。截至 2017 年，我国中央政府和各级地方政府在基础设施建设和基础服务设施领域广泛实施了 PPP，运用社会资本和政府投资相结合的运作方式，大力推进了我国高速铁路、高速公路、水务工程、新能源设施等领域的快速发展。然而，经过几年的实践，在项目落地难问题逐步被解决的同时，一些不规范的项目给 PPP 模式的可持续发展埋下隐患。2017 年年末～2018 年年初，国家有关部委相继出台如《财政部关于印发政府和社会资本合作（PPP）综合信息平台信息公开管理暂行办法的通知》（内财投〔2017〕292 号）等监管和规范政策，由此我国 PPP 模式发展进入"强监管重规范"阶段。

（2）实施项目融资的前景。自改革开放以来，我国在基础设施项目上的投资日益增加，但与经济发达国家相比，目前我国的基础设施建设仍显薄弱，如果不加快发展，它将很可能继续成为制约我国经济发展的"瓶颈"。当前，我国的基础设施建设正面临两个较大的发展契机：一个是西部大开发；另一个是北京申办奥运会成功。按照国务院西部开发办公室制订的计划，在 2001～2010 年，西部地区基础设施和生态环境保护的重大标志性工程所需资金超过 1.8 万亿元，平均每年需要投资 1 800 亿元以上。按现有中央和地方筹资能力（不包括长期建设国债），每年的资金缺口在 500 亿元以上。

根据北京申奥报告的承诺，北京将在未来 5 年内对城市基础设施建设投入 1 800 亿元，同时带动其他相关城市的配套建设。另外，我国已加入 WTO，为创造更好的投资环境，同时提供更高水平的公共服务，基础设施也应首先得到更为广泛的、规模更大的建设。

从财政资金的角度看，经过执行积极财政政策后，财政支出增长率迅速攀升，从经济规律和财政政策的特点来判断，这一现象不可能长期维持。因此，政府使用这种方式调控经济的空间必将受到越来越多的限制。而传统的融资方式如商业银行、国际金融组织的信用贷款等也面临诸多困难，因此拓宽我国基础设施项目的融资渠道就显得尤为重要。采用包括 BOT 在内的多种渠道筹集基础设施建设资金将是必然的趋势。

另外，随着近年我国经济的快速发展，很多民营企业和上市公司积累了大量资金，国内银行人民币存款余额也逐年上升。而基础设施具有收益稳定、风险小等特点，因此对国内资金的吸引力越来越大。内资 PPP 项目在我国的发展前景广阔。

2. 土耳其

（1）土耳其政府对实施 BOT 投资方式的方针。由于 BOT 投资方式是 1984 年首先由土耳其总理图尔古特·厄扎尔正式提出的，所以土耳其是将 BOT 投资方式正式应用于传统基础设施方面最早的国家之一。为此，土耳其政府拟定了利用 BOT 投资方式的主要方针。

1）应用范围。主要是部分水坝、发电厂、机场、贸易中心、自由贸易区、地铁、港口项目和铁路等方面。

2）关于项目股本与负债的规定。项目发起人或公司最低股本不低于项目总投入的 20%，政府通过适当的机构愿意向获取和经营该项目的公司投资多达 30% 的股本。除股本以外项目所有的筹资将由发起人安排，并形成项目公司的债务。

3）项目公司生产的产品或服务的销售和价格确定。政府应通过适当的机构，根据每年商定的数额购买产品或服务，由国库为此项购买作担保；购买产品或服务的条件或者条款将在销售协议中规定；所收费用将根据商定的项目生产的产品或服务的年度数量计算。收费将由资本费用、经营费用和红利组成，并应以项目筹资的特定货币支付：资本费用是项目公司为清偿贷款或者债务本息所需支付的费用；经营费用包括管理费用、保险费用和维护准备金等；红利用作各种支付，其中主要包括股本的收益，这种收益对投资者要有足够的吸引力。

4）股本的回收。在通常情况下，该国股本应在主要债务清偿完后收回。

5）项目的违约规定。属于不可抗力和政府违约事件以外的超额建设费用应由项目公司承担；如果出现项目工程延期或在经营期间发生停产的情况，合资企业应使用下列从属基金履行偿还义务：①项目公司获得的备用筹资，至少够付 12 个月的债务本息。②可以从承包商和供应商处获得的任何违约赔偿金。③任何获得的保险收益。④经营期间的准备基金，至少够付 12 个月的债务本息。⑤政府所提供的附属贷款，够付 12 个月的债务本息。

（2）BOT 项目的实际执行情况。以阿库尤核电站项目为例。最初土耳其政府提出以 BOT 方式在阿库尤建设一座 1 000MW 核电站，总投资为 6.52 亿美元，项目公司私人占 70% 的股权，土耳其政府的电力管理局占 30% 的股权，项目公司拥有建设、运营、移交的特许权 15 年。在此期间，土耳其电力管理局将以固定价格向项目公司购买该厂发出的电力。尽管土耳其政府与该项目的主要投标人——加拿大原子能公司和西德联合股份公司，进行了期限较长的艰苦谈判，但最终没有就主要问题达成一致。土耳其政府认为，按照 BOT 运作方式，政府不应为该项目公司承担的外部债务提供主权担保，以及为购买最低数量电力提供担保，或为项目发起方和贷款方所提供的外汇提供汇率和可兑换性担保。在这种情况下，西德和加拿大出口信贷机构均不愿为发起方的投资或设想的出口信贷作担保，因此，最终阿库尤核电站项目没有付诸实施。

以燃煤电站项目为例。1984 年 9 月，土耳其政府打算建造一座或多座大型（1 000MW 左右）燃煤火力发电厂，应土耳其政府的邀请，贝克特尔公司（包括美国、德国、日本的公司）为一座 600 ~ 1 000MW 的燃煤公司电厂进行可行性研究，按 BOT 模式筹资和建设。1985 年 9 月，贝克特尔公司递交了一项报盘，将 960MW 的电厂建在伊斯坦布尔以西马拉海上的泰基尔达，耗资约 10 亿美元。为执行这个项目，贝克特尔公司组建了一个财团，其中包括美国蒸汽发电机生产厂家燃煤工程公司和德国克拉夫特韦克联合公司。

该项目打算组建一家私营土耳其公司，各发起方（美国、德国和日本）拥有该公司 70% 的股份，土耳其政府所属电力管理局持有 30% 的股份。电力管理局同意在该项目运行期间向该公司购买电力。所定电费根据"基本方案"运行，假定将足以付清项目债务，并提供股本的合理利润。根据贝克特尔集团的建议，预计电费将带给股本投资者 20% 的"基本方案"内部利润率。它还规定因"基本方案"经营改善的潜力，电力付费应低于通货膨胀的预期，以便在发生不可抗力事件时进行某种补偿。

电费的一个主要特征是电力管理局同意用一揽子货币作支持，它与偿还款债务本身所需要的货币和股本投资者预计的收益成比例。虽然操作层面相对复杂，但有效地处理了两个关键问题，即解决了一般 BOT 项目中外汇的可兑换性和避免汇率风险问题。土耳其政府还同意为电力管理局清偿债务提供主权担保，并向外国公司提供一些传统的鼓励办法，包括免除该公司向土耳其政府缴纳所得税。

但在谈判过程中，土耳其政府与美国的进出口银行之间也出现过一些矛盾，主要是土耳其政府按照其对 BOT 概念的理解和其在阿库尤项目中所采取的立场，不想为项目债务提供担保。进出口银行则希望土耳其政府为其拟定的项目的大量贷款提供无条件的担保，为此，土耳其政府与进出口银行之间的谈判拖了足足 18 个月。在此期间，其他发起集团也就此项目与土耳其政府接触，土耳其政府鼓励它们提出建议和方案，在其他地点建设与贝克特尔规模费用相同的电厂，以此希望其他出口信贷机构能分担一些项目风险，争取到一定的灵活性后，再向进出口银行施加压力从而达到预期目标。

1987 年 1 月，土耳其政府与贝克特尔集团最终就贷款担保问题达成了妥协。土耳其政府同意在项目全面运行（界定为 3 年成功运行）前，如果执行电力承购协议所产生的总收入不足以支付项目债务，那么土耳其政府将向进出口银行提供附属贷款以弥补缺口。美国进出口银行实际上将这种妥协作为一种主权担保来接受。

在上述主要问题解决之后，土耳其政府宣布继续建设 3 个燃煤发电厂，并邀请 6 个不同的财团参与竞标：①贝克特尔公司（美国）和克拉夫特韦克联合公司（西德）在泰基尔建一座电厂。②西佩克公司（澳大利亚）、千代田公司（日本）和西屋公司（美国）在加齐附近的尤莫尔塔利克建一座电厂。③阿西·布朗·鲍弗里公司（瑞典/瑞士）在马尔马拉海上建一座电厂。④电力开发公司（日本）在阿利阿加建一座电厂。⑤阿尔斯托姆公司（法国）和安萨尔多公司（意大利）在伊兹密尔附近建一座电厂。投标者于 1987 年 9 月揭晓。名列第一的中标者是西佩克—千代田—西屋财团，它得益于澳大利亚昆士兰州政府在股本资金和煤供应方面的支持。各方于 1987 年 9 月草签了合同文件。但不久后昆士兰州政府撤回了其支持，并由千代田和西屋公司接管了财团领导权。土耳其政府花了半年时间，依次与所有财团谈判，到 1988 年 6 月，千代田财团的成员称其已与土耳其政府就所有的要点达成了最后的协议。但一个月后，土耳其政府将项目搁置了起来，10 月底，土耳其政府宣布与另一个参加竞争的财团签署了协议，即由日本电力开发公司领导的日本财团在阿利阿加建造一座 13 亿美元的燃煤发电厂。

土耳其的其他 BOT 项目也有类似的曲折经历，如安卡拉地铁，原来选择了由加拿大交通运输发展公司领导的国际财团，此后又将与这个公司签订的文件放弃，宣布开始与法国布伊格建筑公司领导的国际财团谈判。至 1990 年 10 月，土耳其政府才宣布与城市交通运输发展公司签署了一项新协议。伊斯坦布尔机场的扩建也有类似的经历。正像一则消息所报道的："许多外国谈判者都感到厌烦，土耳其政府一个部门开绿灯，第二个部门开黄灯，然后又有一个国家官僚机构设置障碍。"由此看来，政府对项目的有力支持是至关重要的。

（3）土耳其政府为燃煤电力 BOT 项目提供的重要条件。为建设和经营燃煤发电厂提供的担保和条件体现在实施 BOT 项目的主要协议中，它们是：

1）土耳其政府与项目发起财团（或公司）确定双方主要原则和保证的议定书。

2）财团、拟建的经营企业（项目公司）和土耳其能源与自然资源部的执行协定。该协定构成项目建设和经营的基础。

3）电力管理局与项目公司的能源购买协定。协定规定：电力管理局负有购买可获得的电力的义务。

4）项目公司与主要承包商的建筑合同。

5）项目公司与公共参与群众建房基金之间的附属贷款的协定。

6）电力管理局、项目公司、公共参与群众建房基金、项目共同贷款人与附属条件交付契约代理人之间的交付契约。

一旦谈判达成并签署所有上述协议，土耳其政府将发布部长会议核准的法令，确认其根据这些协议承担的义务。

关于几个协议、名词的说明。

1）能源购买协定。能源购买协定责成电力管理局购买所生产的全部能源，并要求 BOT 承包商按协议生产提供最低的生产量。能源购买协定拟由电力管理局与项目公司签订，而土耳其政府则保证为电力管理局对项目公司和贷款人所承担的所有义务做担保，并向电力管理局提供适当数量的资金，使它能够履行其义务。

能源的价格必须包括经营费用、燃料费用、偿债费用和固定为 15% ~ 20% 的股本收益率。能源价格以可兑换货币或一揽子可兑换货币表示，或由电力管理局保证用可兑换货币支付所购买的电力，或者由政府向项目公司提供担保，将项目公司从电力管理局得到的本国货币兑换成硬通货。土耳其政府已要求各财团根据 3 个不同方案提交报盘：一是在主要债务偿还期内能源收费不变；二是在主要债务偿还期内收费时间可变；三是以 26 年期为基础确定费率。

2）准备金。在电厂预计投产日前设立了一笔可兑换货币"准备金"，开始使用股东的股本。准备金的数额应足以支付出口信贷协定规定到期的第一期付款；在投产后 3 年结束时，至少能支付 12 个月的远期债务本息。准备金逐步积累，以便在投产后的 3 年期内达到这一最低数额，款项主要来自向股东做任何分配前的利润。

3）收账账户。所有现金（不管是作为股本认捐的，还是电力管理局根据能源购买协定条款支付的）和应付给项目公司的其他收入，都应缴入契约代理人在国际银行开立的有息本币和外币账户。外币记录账户货币应用于支付进口的设备、外币经营费用、债务、本息准备金的补充、商定的股本收益和偿还土耳其政府的附属贷款。

4）附属贷款。在 1986 年谈判第一批项目期间，出口信贷机构要求土耳其政府提供某种形式的无条件的担保。土耳其政府同意向项目公司提供外币附属贷款，以便在某些条件下弥补收入亏空。一旦确证项目公司违约，就应由该项目公司偿还该外币附属贷款。这些贷款拟由公共参与和群众建房基金提供。

附属贷款的偿还通过下述途径进行：一是如果这些贷款为不可抗力或政府违约所需，就提高能源收费；二是如果这些贷款因任何其他原因所需，就减少项目公司股东的红利。出口信贷机构同意将这些附属贷款视为主权担保。

关于政府违约和不可抗力的界定。土耳其政府同意，在项目建设、经营期内，如果因政府违约或不可抗力引起现金流量亏空，在任何时候都提供附属贷款。在协议中对政府违约和不可抗力进行了定义，具体指：土耳其的政府、立法、司法、规章管理制定机构或其他公共当局的行为，以不符合项目财务和技术可行性的方式及违背招标协定，或以任何项目文件中的条款默许干扰项目的执行。政府违约还包括土耳其政府或公共参与和群众建房基金，未能按合同文件执行项目所需支付或未履行其他义务。

关于可获得的数额。土耳其政府在其最初的建议中将附属贷款的数额限于相当于债务本金的数额，但其现在同意将附属贷款的供应量增加到弥补现金流量的任何亏空，而出口信贷机构后来的立场是：附属贷款应担保所拨付的出口信贷的全部数额。

5）外汇担保。主要表现在电力管理局根据能源购买协定，以可兑换货币作支付，项目公司向其股东或任何其他外方的贷款都以硬通货进行。

6）各种税收优惠。燃煤电厂如建在指定的自由贸易区，项目公司将受益于土耳其的自由贸易区所提供的所有税收优惠，其中包括免征设备原材料的进口税和其他企业税，对向境外支付的红利或利息不收税。

7）适用的法律和争端的解决。由于土耳其政府于 1987 年 6 月 24 日签署并于 1989 年 3 月 3 日批准了解决投资争端国际中心公约，所以 BOT 项目在建设运营过程中可能出现的问题都可以以此得到较圆满的裁决。

3. 泰国

泰国是东南亚地区经济增长最快的国家之一。目前世界各国的潜在投资商都在密切地关注着泰国。泰国政府在几年前制定了一些发展 BOT 项目的规划和措施。后来，由于泰国国内发生了众所周知的政治动乱，致使该项目规划受到了很大的影响。

在泰国的首都曼谷，BOT项目有着较好的发展基础。曼谷是一个有着超过1 000万人口的大都市，其交通的拥挤状况举世闻名。曼谷的街道总是充满令人窒息的车辆和行人。作为泰国经济和工业发展中心的曼谷，正在被自身的成就所扼杀。昔日被千米运河装饰并一度被誉为"东方威尼斯"的城市，如今已风光不再。

泰国政府为了扩宽城市道路不得不将曼谷原有的运河填平，但是这种努力仍无法赶上其交通量的增长。根据泰国国家高速公路与快运管理局（以下简称ETA）的规划，在3年内，曼谷市区的机动车总拥有量将从160万辆上升到200万辆。

泰国政府降低了汽车税，对汽油工业的管制也有所放松，汽油价格下降了，这使得曼谷的交通量大幅度增长，而曼谷城市道路的基本设施甚至不能应付原来的负荷。目前，曼谷市的道路密度约占其城市面积的8%，远达不到国际上其他类似规模工业城市的一半。

泰国政府对曼谷长期的交通堵塞问题非常重视，于是在1972年成立了ETA。ETA的主要任务是通过泰国国家运输的私有化计划来推动泰国国家运输项目的发展。动乱过后，泰国政府开始恢复其主要BOT项目的工作。一个大型运输BOT项目和一条环形BOT高速公路作为泰国首都BOT项目的先驱开始先行运作。该高速公路的第一期工程由泰国政府集资并很快就开始了，它为泰国后来耗资270亿泰铢（约合10.6亿美元）的第二期高速公路的BOT合同铺平了道路。随后开始的SNC-Lavalin（SNCL）运输项目也是按照BOT方式进行的。经过项目双方的艰苦努力之后，Skytrain轻轨系统项目也开始进入运作。此项目获得了曼谷市政府的青睐，也为香港合和实业有限公司和Tanayong集团在曼谷的BOT项目中标提供了机会。泰国的三个主要BOT项目分别是：曼谷的第二期高速公路项目、SNCL运输项目和曼谷市区高架轻轨运输项目。

泰国最为重要的一个BOT基础设施项目就是曼谷的第二期高速公路项目。该公路是位于曼谷市郊、长度为30km的一条收费公路。此项目由一个私营公司负责建设，耗资250亿泰铢（约合10亿美元），是一个收费许可项目，从1990年3月1日开始建设，项目运营期为30年。该项目受泰国ETA的领导，项目公司是曼谷高速公路有限公司（简称BECL）。该公司约2/3的股份由日本的熊谷组工程承包有限公司所有，其余的股份为泰国当地企业所有。该项目总投资额的2/3由熊谷组工程承包有限公司负责融资，其余资金由泰国各公营投资者和某些国际金融机构分摊。IFC和亚洲开发银行也被邀请参与该项目。该项目一旦进入运营阶段，BECL 就打算向公众发行股票。这些股票一部分是新股票，另一部分是熊谷组工程承包有限公司的现有股票，这样就使后者的产权减少到约占该项目建设资金的 30%。

摩根·格伦费尔（Morgan Grenfell）是泰国三个主要 BOT 项目之一的 Skytrain 轻轨系统项目的金融顾问。该项目的主办者是加拿大蒙特利尔的 SNC-Lavalin（SNCL）国际股份有限公司。项目总预算资金为 20 亿泰铢（约合 0.785 亿美元）。该项目的主办者在 1988 年 2 月与泰国 ETA 签订了一个为期 30 年的 BOT 临时协议，ETA 希望大部分项目建设资金能在 1988 年年末到位。

曼谷市区高架轻轨铁路 BOT 项目的总投资为 200 亿泰铢（约合 7.85 亿美元）。该项目的主办者是泰国的一家房地产开发商——Tanayong 集团，此项目的债务计划由其预计较为可观的项目运行收入来偿还。德国的一家承包商——Dyckerhoff & Widman 作为一个财团的先锋，准备在曼谷建造一条通往机场的高架收费公路；同时，曼谷市政府也研究在昭披耶河下，修建一条私有收费隧道的可能性。

泰国 BOT 项目的最大问题之一是其项目极为分散，这些项目为争取有利的地段权和客户而相互之间进行竞争。泰国政府已认识到这些问题，并采取措施着手进行解决，包括采纳外国一些在运输项目方面的咨询建议，例如美国运输顾问公司 Wileur Smith Associaters（简称 WSA）的建议。由于曼谷施工的 BOT 项目之间存在着竞争，因此 WSA 建议泰国政府组建一个由其高级人员组成的实力强大的泰国大型项目办公室（简称 OMEGA），以协调其全部 BOT 项目，帮助克服在项目过程中当事人不能解决的一些实际矛盾，以提高泰国运输网络的获利能力。WSA 的这个建议得到了泰国政府的支持。

4. 巴基斯坦

巴基斯坦政府为解决电力供应不足的问题，制定了一整套关于私营发电工程的政策框架与一系列鼓励办法。这套政策的主要特点是：在国际上有竞争力；对国内投资者有吸引力；可减少国内资金的投资压力；简化手续。主要内容如下：

（1）投资者有权自由推荐厂址和选用技术装备和燃料，包括柴油、天然气、液化石油气等，也可以投资水电或其他再生能源。

（2）在特许期限内长期合同项下的电能由 WAPDA 或 KESC 收购（注：WAPDA 或 KESC 是巴基斯坦国家电力部门）。

（3）巴基斯坦政府在世界银行、美国国际开发署和其他多边贷款机构的帮助下，设立了私营能源开发基金，至少提供项目投资的 40%，还款期为 23 年，包括 8 年以下的宽限期。

（4）允许发电企业发行公司债券，允许折价发行股票，以使投资者能够得到与风险成比例的回报率，允许外国银行保证私营电力企业股票和证券的发行；经 CLA 批准，私有证券享有与非银行投资机构同样的税金优惠；该国在某一时期内允许负债产权率为 80∶20。

（5）财政鼓励措施是：私营电力企业免交企业所得税，允许该企业进口设备和装置免缴关税、营业税、洪水救济费、其他额外费用以及进口许可证费；允许该企业在巴基斯坦任何地方注册；允许自由汇出股本及红利，对在巴基斯坦提供电力该企业贷款的外国贷款人免征所得税；该企业可按标准条件从国家银行为其签约的外资贷款取得"外汇风险保险"（FERI），外汇风险的现行费率包括在逗集电价里，但外汇风险保险的任何变化，均按"过手"事宜考虑；该企业如果利用多边贷款机构例如世界银行、亚洲开发银行等的资金，可在国家保险公司投保，发电作为一种产业，该企业享有其他工业企业所有的优惠特许权。

（6）关于担保。私营电力项目的实施协议书、电力收购协议书和燃料供应协议书已备有定稿，巴基斯坦政府和赞助商之间不需要再进行长时间的谈判。与 WAPDA 或 KESC 签订的长期电力收购协议书在 15～30 年内由巴基斯坦政府为其履行义务提供担保；若由国有单位提供燃料，巴基斯坦政府将按照《燃料供应协议》为燃料供应方的履约情况提供担保；对私营电力项目，政府将提供防止特定的不可抗力风险的保护，提供防止确定税收和赋税变化的保护，保证卢比的可兑换性和外汇的提取，以便支付项目所需的各种费用。

巴基斯坦第一个大型 BOT 项目是 1 000MW 的燃油发电厂，建设在俾路支省内赫布河附近，距离卡拉奇约 40km 的地方。发起财团由英国霍克公司、西德电力工程公司和沙特阿拉伯埃克塞尔工业公司领导，该项目预计总投资 11～13 亿美元，是 1989 年 12 月 23 日由政府批准特许经营协议的。

除赫布河项目外，巴基斯坦政府还向 FAUYI 基金会签发了意向书，以建造一座 300MW 燃油蒸汽发电厂；同时还向西门子财团发出意向书，以建造总发电量为 130MW 的两个燃煤蒸汽发电站。

巴基斯坦政府表示，能源部门的 BOT 项目通常有 25% 的资金通过股本来筹措，75% 通过债务来筹集。政府对私营企业从事的 BOT 项目的审查着重在以下方面：国际市场建议的设备费用、标准建议费用、燃料费用、筹资费用、经营和维护费用，以及工厂达到设计能力的 60%～65% 时预定的 18% 的股本利润率，这个利润率是政府承认需要达到的一个水平。

世界银行在巴基斯坦的能源开发方面起了重要作用。在世界银行和其他融资方的支持下，在巴基斯坦国家金融公司控制下，私营部门能源开发基金成立了，用来为私营部门筹措 30% 的资金。最初的基金为 5.2 亿美元，其中 1.46 亿美元由世界银行提供，其余的由日本输出银行、英国海外开发署、意大利政府和美国国际开发署提供。这只基金向 BOT 项目提供的贷款可占项目总投资的 45%。

5. 菲律宾

菲律宾政府从 20 世纪 80 年代后期开始实行允许私营资本进入发电业的法律。第一个项目是在 1989 年吸收了一家外国公司而采取 BOT 方式进行的。当时，菲律宾政府在许多方面参照了深圳沙角 B 电厂的经验。随后，菲律宾政府对法律、法规进行了调整，拓宽了私人资本参与菲律宾电力工业的范围，也把其他一些基础行业向私人投资者（包括国外投资者）开放。到 1994 年，加上与私人发电公司签订的协议，菲律宾的发电量已达 5 400 万 kW，超过 1992 年原有可供发电量总数 4 000 万 kW。在这些项目当中，约 1 300 万 kW 发电能力已于 1993 年年底投入运营，另外有 1 500 万 kW 在 1994 年内投入运营，这其中有部分项目采用了 BOT 方式。1993 年，菲律宾政府通过议会正式颁布了《BOT 投资法》，该法对私人资本在菲律宾从事 BOT 投资的有关宏观政策、BOT 项目审批程序等一系列问题做了明确规定。菲律宾政府还成立了国家 BOT 投资咨询中心，负责这方面的工作。

从了解到的菲律宾 BOT 项目看，具有以下特点：①政府提供项目正常运行的担保。私人企业以 BOT 方式建设的电厂，投产后所发出的电量由国家电力公司 100% 购买，且购电价格以美元结算，这实际上为项目提供了市场和外汇的担保。此外，政府还向私人企业提供免费建设的土地、有一定质量标准的燃料和设备进口的税收优惠。但私人企业必须按合同的要求每年发出一定的电量，如达不到要求，私人企业要向菲律宾政府缴纳一定的罚金。②私人企业实际所获利润是由政府所定的成本电价和私人企业实际所发电的成本价之差决定的。这样确定利润大小的依据是：政府要获得相同数量的电量，通过计算可以得出一个成本电价，如果私人企业要盈利，只能依靠降低实际成本电价的方式。事实上，如果两个成本电价相等便没有人投资了。所以，政府所定电价一般总要比实际成本电价高出 5%，私人企业所获利润是政府所定电价和实际成本电价之间的差额。目前这种方式在菲律宾运行得比较有效，但政府承担了燃料供应、电量购买、外汇保障等几乎所有责任及风险。因此，这种方式很难大规模推广。菲律宾政府部门也承认，随着该领域项目的增加，政府承担风险和责任的承诺将会减少。

关于菲律宾第一个 BOT 发电项目的情况介绍如下。该项目第一期投资 4 200 万美元，主要是用于电网调峰。发起方是香港的合和实业有限公司。

1988 年 11 月，合和实业有限公司与菲律宾国家电力公司达成了履行协议，亚洲开发银行和国家金融公司最初被内定为该项目提供债务和股本；合和集团和花旗银行公司也为其提供股本。

这个项目 BOT 特许权条款的主要内容是：该公司所生产的电力将根据有关条款出售给国家电力公司，国家电力公司将不管使用情况如何，为每月 200MW 合同生产能力支付固定生产能力费，以及按实际发电量另付能源费，费用总收入将用来支付经营费用、税收、债务本息和股息。国家电力公司将在整个合同期间提供免费燃料和免费土地使用权。

在项目风险分担问题方面，发起方坚持根据合同，部分生产能力和费用用美元支付，记入香港的海外账户。发起方还坚持菲律宾政府提供履约的保证，以支持国家电力公司协议规定的义务，尽管菲律宾政府当初只保证外汇可兑换，但经过协商，发起人最终还是获得了其所谋求的正式承诺。据了解，这个发电 BOT 项目是合和实业有限公司主动向菲律宾政府建议的，是一对一的谈判，因此没有进行公开的招标、竞标。

为鼓励外国投资者在菲律宾进行 BOT 项目建设，该国政府还制定了以下的鼓励措施：

（1）外国投资者有权以现行汇率汇回被清偿的全部投入的利润，及调回被清偿的全部投入。

（2）外国投资者有权以汇款时的汇率，汇回向外国贷款和债务机构支付的利息和本金。

（3）菲律宾政府保证，除公共使用或为国家福利或防御和支付赔偿费以外，一律不征用 BOT 公司的财产。

（4）政府免征全部所得税，时间为从商业运行开始起 4～6 年。在某些特定情况下，可按年延长。

（5）免除某些资本设备的关税和其他税收，并简化海关手续。

（6）免收有关合同的某些税款以及实行一些其他类似鼓励的办法。

10.2　项目融资的典型案例分析

10.2.1　国外项目融资典型案例

案例 1　马来西亚南北高速公路项目融资
1. 项目背景
马来西亚南北高速公路项目全长 900km，最初是由马来西亚政府所属的公路管理局负责建设，但是在公路建成 400km 之后，由于财政方面的困难，政府无法将项目继续建设下去，采取其他融资方式完成项目便成了唯一可取的途径。在众多方案中，马来西亚政府选择了 BOT 融资模式。

经过历时两年左右的谈判，马来西亚联合工程公司（UEM）在 1989 年完成了高速公路项目的资金安排，使项目得以重新开工建设。BOT 项目融资模式在马来西亚高速公路项目中的运用，在国际金融界获得了很高的评价，被认为是 BOT 模式的一个成功范例。

2. 项目融资结构

从 1987 年年初开始，经过为期两年的项目建设、经营、融资安排的谈判，马来西亚政府与马来西亚联合工程公司签署了一项有关建设经营南北高速公路的特许权合约。马来西亚联合工程公司为此成立了一家项目子公司——南北高速公路项目有限公司。以政府的特许权合约为核心组织起来的项目 BOT 融资结构（图 9-1）由以下三个部分组成：

（1）政府的特许权合约。马来西亚政府是南北高速公路项目的真正发起人和特许权合约结束后的拥有者。马来西亚政府通过提供一项为期 30 年的南北高速公路建设经营特许权合约，不仅使得该项目由于财政困难未能动工的 512km 得以按照原定计划建设并投入使用，而且通过项目的建设和运营可带动周边经济的发展。

对于项目的投资者和经营者以及项目的贷款银行，马来西亚政府的特许权合约是整个 BOT 融资的关键。这个合约的主要内容包括以下五个方面：

1）南北高速公路项目有限公司负责承建 512km 的高速公路，负责经营和维护高速公路，并有权根据一个双方商定的收费方式向公众收取公路的使用费。

2）南北高速公路项目有限公司负责安排项目建设所需要的资金。但是，马来西亚政府将为该项目提供一项总金额为 1.65 亿马来西亚元（6 000 万美元）的从属性备用贷款，作为对项目融资的信用支持。该项贷款可在 11 年内分期提取，利率为 8%，并具有 15 年的还款宽限期，最后的还款期是在特许经营协议结束的时候。

3）马来西亚政府将原已建好的 400km 高速公路的经营权益在特许权期间转让给南北高速公路项目有限公司。但是，该公司必须根据合约对其公路设施加以改进。

4）马来西亚政府向该公司提供最低公路收费的收入担保，即无论在什么情况下，如果公路交通流量不足、公路的使用费收入低于合约中规定的水平，政府就负责向该公司支付其差额部分。

5）特许权合约期为 30 年。在特许权合约的到期日，南北高速公路项目有限公司将无偿地将 900km 的南北高速公路的所有权转让给马来西亚政府。马来西亚政府的特许权合约不仅构成了 BOT 项目融资的核心，也构成了项目贷款的信用保证结构核心。

（2）项目的投资者和经营者。项目的投资者和经营者是 BOT 模式的主体，在这个案例中，是马来西亚联合工程公司所拥有的马来西亚南北高速公路项目有限公司。

在这个总造价为 57 亿马来西亚元（21 亿美元）的项目中，南北高速公路项目有限公司作为经营者和投资者，除了股本资金投入之外，还需要负责项目建设的组织，与贷款银行谈判安排项目融资，并在 30 年的时间内经营和管理这条高速公路。

马来西亚联合工程公司作为工程的总承包，负责组织安排由 40 多家工程公司组成的工程承包集团，在为期 7 年的时间内完成 512km 项目的建设。

（3）项目的国际贷款银团。英国投资银行——摩根格兰福（Morgan Grenfell）作为项目的融资顾问，为项目组织了为期 15 年总金额为 25.35 亿马来西亚元（9.21 亿美元）的有限追索项目贷款，占项目总建设费用的44.5%，其中 16 亿马来西亚元（5.81 亿美元）来自马来西亚的银行和其他金融机构，是当时马来西亚国内银行提供的最大的一笔项目融资贷款，9.35亿马来西亚元（3.4 亿美元）来自由十几家外国银行组成的国际银团。对于BOT 融资模式，这个金额同样也是一个很大的数目。

项目贷款是有限追索的，贷款银团被要求承担项目的完工风险和市场风险。然而，由于实际上政府特许权合约中所提供的项目最低收入担保，项目的市场风险相对减轻了，并在某种意义上转化成为一种政治风险，因而贷款银团所承担的主要商业风险为项目的完工风险。项目的延期将在很大程度上影响到项目的收益。但是，与其他类型项目融资的完工风险不同，公路项目可以分段建设、分段投入使用，从而相对减少了完工风险对整个项目的影响。项目建设所需要的其他资金将由项目投资者在 7 年的建设期内以股本资金形式投入。

3. 融资结构评析

（1）采用 BOT 模式为马来西亚政府和项目投资者以及经营者均带来了很大的利益。从政府的角度看，由于采用了 BOT 模式，南北高速公路可以按原定计划建成并投入使用，对于促进国民经济的发展具有很大的好处，并且可以节省大量的政府建设资金，可以在 30 年特许权合约结束以后无条件收回这一公路。从项目投资者和经营者的角度看，BOT 模式的收入是十分可观的。

马来西亚联合工程公司可以获得两个方面的利益：①根据预测分析，在 30 年的特许权期间，南北高速公路项目有限公司可以获得大约 2 亿美元的净利润。②作为工程总承包商，在 7 年的建设期内从承包工程中可以获得大约 1.5 亿美元的净税前利润。

（2）对 BOT 融资模式中的风险问题的分析。采用 BOT 模式的基础设施项目，在项目的风险方面与工业或矿业项目有所不同，具有一定的特殊性。这些特殊性对 BOT 模式的应用具有相当的影响，具体如下：

1）基础设施项目的建设期比一般的项目要长得多。如果采用净现值（NPV）的方法计算项目的投资收益，则会由于建设期过长而导致项目净现值大幅度减少，尽管类似高速公路这样的项目可以分段建设、分段投入使用。然而，基础设施项目的固定资产寿命比一般的工业项目要长得多，经营成本和维修成本按照单位使用量计算也比工业项目要低，从而经营期的资金要求量也相对比较少。因此，从项目融资的角度看，项目建设期的风险比较大，而项目经营期的风险比较小。

2）对于公路项目建设，有关风险因素的表现形式和对项目的影响程度与其他采用 BOT 融资模式的基础设施项目也有所不同，具体如下：

首先，公路项目的完工风险要小于其他采用 BOT 融资模式的基础设施项目，如桥梁、隧道、发电厂等，这是因为公路项目可以分段建设、分段投入使用、分段取得收益。如果项目的一段工程出现延期，或由于某种原因无法建设，虽然对整个项目的投资收益会造成相当的影响，但是不会像桥梁、隧道等项目那样颗粒无收。正因为如此，在马来西亚南北高速公路的 BOT 项目融资中，贷款银行同意承担项目的完工风险。

其次，公路项目的市场风险表现也有所不同。对于电厂、电力输送系统、污水处理系统等基础设施项目，政府的特许经营协议一般是承担百分之百的市场责任，即负责按照规定的价格购买项目生产的全部产品。这样，项目融资的贷款银行不承担任何市场需求方面的风险，项目产品的价格也是根据一定的公式（与产品的数量、生产、成本、通货膨胀指数等要素挂钩）确定的。然而，对于公路、桥梁等项目，由于市场是面对公众的，收益是由使用者的数量以及支付一定的使用费构成的，所以面临着较大的不确定性因素。项目使用费价格的确定不仅仅是与政府谈判的问题，也必须考虑到公众的承受能力和心理因素。如果处理不好，类似收费加价这样的经济问题就会演变成为政治问题。因此，在公路建设这样的项目中，政府在特许权合约中关于最低收益担保的条款，成为 BOT 融资模式中非常关键的一个条件。

3）项目所在国金融机构的参与对于促成大型 BOT 融资结构起着很重要

的作用。毋庸讳言，在 BOT 融资结构中，由于政府的特许权合约在整个项目融资结构中起着举足轻重的关键性作用，从项目贷款银团的角度考虑，项目的国家风险和政治风险就变成了十分重要的因素。这方面包括政府违约、外汇管制等一系列问题。项目所在国的银行和金融机构，通常被认为对于本国政治风险的分析判断比外国银行要好得多和准确得多。从而，在大型的 BOT 融资结构中，如果能够吸引到若干家本国的主要金融机构的参与，就可以起到事半功倍的作用。在马来西亚南北高速公路的项目融资安排中，这一点被国际金融界认为是十分成功的。

案例 2　印度尼西亚帕塔米纳液化天然气管道项目融资

1. 项目背景

1991 年 6 月完成的、位于印度尼西亚东加里曼丹的主要天然气生产基地班通（Bontang）、生产能力为 225 万吨的第六液化天然气生产加工管道装置项目（Train Liquefied Gas Pipeline Project，简称帕塔米纳液化天然气项目）的无追索项目融资安排，被认为是在具有较高信贷风险而同时具有高资金需求的印度尼西亚从事项目融资工作的一个成功案例。一些参与项目贷款的银行认为，这样的融资模式也可以运用到其他的亚洲发展中国家的项目融资中。作为项目的主要发起人，印度尼西亚国有企业帕塔米纳石油公司（Perumina Petroleum Company），充分利用与项目发展有利益关系的第三方信用保证结构的设计，为第六液化天然气生产加工管道装置的建设成功地安排了 7.5 亿美元的无追索项目融资，并且实现了 100% 融资的目标。

2. 项目融资结构

帕塔米纳液化天然气项目的融资结构是一种相对简单的结构。作为项目融资顾问的美国大通曼哈顿银行亚洲分行和日本三菱银行，在 1991 年 3 月向帕塔米纳石油公司提出融资方案的建议，5 月份获得批准，在 6 月底即组成了由 17 家银行参加的贷款承销组，完成了银团贷款的承购工作。帕塔米纳液化天然气项目的融资结构由以下六个重要部分组成：

（1）项目发起人。帕塔米纳石油公司以及其他九家天然气生产商作为项目的发起人和投资者承担为项目供应天然气的责任，并在严格限定的条件下承担项目完工的一部分担保责任。

（2）项目产品购买者。帕塔米纳石油公司与日本东京煤气公司、大阪煤气公司以及东宝煤气公司分别签署了一项为期 20 年的液化天然气销售合约。这项合同在项目融资中起到市场风险的担保作用。

（3）项目工程承包集团。项目的工程总承包由印度尼西亚资金实力雄厚的大公司鲍布黑森（Bob Hasan）承担，其中主要的项目工程分包商为日本的千代田公司（Chiyoda Corporation）。千代田公司是日本三菱公司的姊妹公司，参与过同一生产基地的前五套液化天然气生产管道装置的建设工作，被认为是一家具有丰富经验的工程公司。由于千代田公司的参与，贷款银团认为项目的完工风险被大大地降低了。工程总承包费用为 6 亿美元。

（4）贷款银团。项目贷款银团是一个由国际银行组成的贷款承销组（Underwriting Group），其中除了同时作为项目融资结构设计者的大通曼哈顿银行亚洲分行和三菱银行之外，还包括另外 17 家银行。贷款承销组的作用是首先将贷款承诺下来，然后再在国际银行辛迪加市场上设法将贷款权出售给其他银行，从中收取一定的承购费（Underwriting Fee）。如果贷款不能或者不能全部在辛迪加市场上出售出去，则贷款承销组成员将需要按比例提供贷款。对于借款人来说，具有承销机制贷款的优点是可以缩短组织银团贷款的时间，同时增加贷款成功的可能性；其缺点是增加了一笔贷款的承购费用。在这个案例中，承购费是贷款总额的 0.187 5% ~ 0.25%（随贷款承购金额的大小而变化）。

项目贷款总额为 7.5 亿美元，分为无担保和有担保项目贷款两部分：①无担保项目贷为 4.5 亿美元，占贷款总额的 60%。这部分贷款是项目融资中的高级债务，贷款利率为 LIBOR + 1.25%。②有担保贷款为 3 亿美元，占项目贷款总额的 40%。这部分贷款由日本三菱商社提供担保，在融资结构中属于从属性债务，具有股本资金的性质；由于风险不同，所以贷款利率为 LIBOR + 0.8%。

（5）项目担保人。由日本三菱商社而不是帕塔米纳石油公司或者印度尼西亚政府提供贷款总额 40% 资金的项目担保，这也是这个项目融资结构的一个令人注意的特点。由于这个项目担保的存在，使得一部分项目风险转化为日本三菱商社的风险，从而使得 100% 的项目融资结构成为可能。通过提供项目担保，虽然日本三菱商社承担了一定的项目风险责任，但也从中获得了一定的利益：①担保费，估计为贷款总额的 0.45%，每年收取。②提供项目设备和其他辅助材料。③在印度尼西亚市场上建立了良好的信誉，为长期的业务发展和合作创造了条件。由日本商社为液化天然气项目融资提供直接担保，在印度尼西亚市场上是第一次，这种担保结构引起了银行界的广泛关注，并希望能够在其他项目上采用同样的结构。从日本三菱商社的角度看，由于项目工程的主要分包商是其姊妹公司——千代田公司，同时日本三菱商社又与帕塔米纳石油公司有着长期的贸易伙伴关系，所以有必要提供这次项目担保。

（6）债务偿还信托基金。由于帕塔米纳石油公司坚持项目融资安排在对项目发起人无追索的基础之上，为了保护贷款银团利益，在项目融资结构中设计了一个债务偿还信托基金，并委任美国纽约的大陆银行（Continental Bank，New York）作为信托基金的受托管理人（Trustee）负责安排项目融资的债务偿还。项目的全部销售收入，即三家日本煤气公司根据20年长期销售协议支付的货款，直接进入债务偿还信托基金，由受托管理人负责按以下优先序列进行分配：债务偿还；项目生产运行费用；项目发起人利润。

从以上融资结构分析可以看出，帕塔米纳液化天然气项目融资是一个对项目发起人和投资者基本无追索的结构，这是因为该项目具有坚实的技术基础。对于大多数的项目风险，如市场风险、天然气储量风险、生产经营风险，甚至不可抗力风险，贷款银团都认为是在可以承受范围之内，因而同意将贷款安排在对项目发起人和投资者无追索的基础上。例如，对于项目的资源储量风险，由于该生产基地已经具有15年的生产历史，对其地质条件和资源储量均有比较清楚的认识和了解；又如，对于项目的生产经营风险，由于该生产基地前五套生产管道装置运行正常，同时帕塔米纳石油公司和千代田公司均被认为是在这一领域具有丰富技术和工程经验的公司，因而项目出现重大生产技术问题的概率是相对较低的。对于项目发起人和投资者，贷款银团只拥有一个具有严格条件限定的追索期权，只有在项目发起人违约的情况下造成项目不能完工，或者不能履行长期销售协议的责任而导致债务偿还出现危机，贷款银团才可以执行期权追索项目发起人的责任。

3. 融资结构评析

（1）在印度尼西亚这样一个被国际金融界认为是具有较高国家风险和信用风险的发展中国家，能够完成帕塔米纳液化天然气生产装置的项目融资，并且具有结构简单、百分之百融资、基本无追索等特点，再次证明项目的质量好坏是能否成功组织一个项目融资结构的最根本的基础。项目的质量不仅包括对项目本身经济强度的要求，而且也包括对项目发起人和投资者的要求（如生产技术实力）、对项目产品购买者的要求（如资金实力和信誉）、对项目工程承包企业的要求（如工程技术能力和经营历史），以及对其他与项目建设、经营有关的，并以不同形式承担一部分项目风险的各个方面参与者的要求。

（2）利用与项目主要发起人以及项目开发有一定利益关系的日本三菱商社作为项目担保人，将很大一部分项目风险从融资结构中转移出去，成功地实现了项目风险分担的目标，是帕塔米纳液化天然气生产装置项目融资的一个值得重视的特点。从贷款银团的角度，这样的结构设计不仅是将百分之百的融资结构划分成为纯粹的项目贷款（高级债务性质）和从属性贷款（股本资金性质）两个部分，而且更进一步地将贷款的国家风险划分成了印度尼西亚风险和日本风险两个部分。而从借款人的角度，这样的结构设计可以有效地利用有限资源从事更大规模的投资活动，这一点对于资金缺乏的发展中国家具有一定的借鉴意义。

案例 3 澳大利亚悉尼港海底隧道工程项目融资

1. 项目的提出和批准

针对悉尼港湾大桥车流量逐年增多并已超过大桥设计能力的现状，澳大利亚新南威尔州政府在 1979 年就向社会公开发出邀请，就解决悉尼港湾的交通问题请私人企业提出建议。最初提出的建议（主要是修建悉尼港湾第二大桥）由于种种原因均未被政府所接受。1986 年，澳大利亚最大的私人建设公司格兰斯菲尔德公司（GRANSFIELD）和日本的大型建设公司之一熊谷组公司（KUMAGAI），联合向州政府提出了建设海底隧道作为悉尼港湾第二通道的建议。州政府在经过全面研究后，认为这个建议是可以接受的，于是授权这两个公司用自有资金对该项目的筹资方式、建设和经营隧道进行全面的可行性研究。可行性研究主要分以下三个部分：

（1）技术可行性研究。在对未来悉尼港湾交通量进行预测分析的基础上，提出了 8 条可能的走向，然后根据地质条件、隧道的结构、隧道与现有快速车道的连接方式、隧道通风方式，对通航航道及行船的影响等多方面因素，选择了最佳的线路走向。

（2）环境影响研究。澳大利亚对环境保护的要求很多，为此特别提交了一个环境影响报告，对建设海底隧道项目对环境及公众的各种影响，主要包括大气质量、噪声、历史性重大建筑、城市规划、公共设施、过往船只、水质和海洋生物、当地居民的生活等方面，做出全面的评估论证，同时也提出了避免与减少对环境和公众影响的措施。在环境影响报告完成后，州政府向社会广大民众予以公布，并邀请有关人士和单位对环境影响报告提出意见。根据公众意见，除对原设计进行了小的优化修改以外，最大变化是将隧道预制件浇注施工场地由原来的波特尼湾移到肯布拉港，以避免对波特尼港湾附近的化工厂产生不利影响。

（3）资金筹措方案。资金筹措方案聘请了澳大利亚 WESTPAI 银行为财务咨询单位，对筹资方式进行了咨询并协助提出了初步方案。

该项目可行性研究报告历时 18 个月，共投入 400 万澳元，于 1987 年被州政府批准。两家私人公司为保证该项目的实施，正式成立了悉尼港隧道有限公司，并与州政府进行谈判，签订了特许权合同。1987 年 5 月，州议会通过立法形式批准了《悉尼港隧道法》，该法对政府的职责、悉尼港隧道有限公司的职责以及相应部分的职责等都做了十分明确的规定。最后确认的项目达到了以下政府目标：①项目在经济上是可行的，但政府的财政预算内不承担提供资金的义务；②政府能影响项目的设计、建设和经营，以保证项目的财政能力；③政府承受的风险限制在最低限度上；④隧道收费要保持在最低水平上；⑤长期性地解决悉尼港大桥的交通问题；⑥政府仅承担项目实际收入与设计收入之间的差额风险，保证项目有足够的收入归还贷款。

2. 项目最终结构和资金筹措方案

（1）基本技术概况。悉尼港海底隧道工程全长 2.3km，横穿悉尼港湾，其中港湾海底部分约 900m。设计宽度为 4 条车道，采用海底沉箱办法施工，共设 8 条沉入管道（120m×80m×28m）。管道断面没有选用常规的圆形钢筋混凝土，而是选用了矩形钢筋混凝土。其理由是矩形断面可使海底挖沟浅、施工难度小而且也易相互连接，从而大大降低成本和缩短工期，同时施工难度降低也会减少劳资纠纷的发生。按此技术方案，确定整个施工建设期为 5 年，即 1987～1992 年。

（2）项目的组织结构如图 10-1 所示。

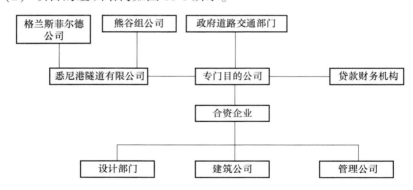

图 10-1　悉尼港海底隧道项目的组织结构

操作流程如下：①通过专门立法将土地权授予道路部门，要求政府签订必要的财务合同，并使项目在法律上不被任何第三方提出要求。②由合作的私营方组成专门目的公司，从事隧道的设计、建设、贷款及经营。③专门目的公司被给予了 35 年的土地租用期，土地包括与隧道及道路通道相连的港湾大陆架及有关区域。④土地的租用不发生费用，年租金仅为象征性的。⑤隧道通过费不高于过桥费，并按公布的物价指数进行调整。⑥设计及建筑合同的费用为固定的。⑦合作各方经专门目的公司向政府道路部门提供履约保证金。

（3）资金方案。该项目总投资 7.5 亿澳元。最后确认的资金安排方案是：政府无息贷款 2.24 亿澳元，这部分资金来源于隧道建设期间悉尼大桥的纯收入；澳大利亚 WESPAI 银行认购了 4.86 亿澳元隧道建设债券，债券期限为 30 年，利息为 6%；两家私人公司分别提供各 2 000 万澳元的无保证贷款，这部分贷款在建成后的收益中偿还，两家私人公司还分别投入各 350 万澳元的资本金。

3. 建设实施管理

项目建设管理主要是设计和施工两个方面。为了使这一复杂工程建设有序地进行，隧道公司任命了两个项目经理：一个是技术方面的项目经理，主要负责质量保证、进度和成本控制等技术方面的问题；另一个是财务及其他事务方面的项目经理，主要负责工程财务支出、工程安全、公共事务、劳资纠纷等方面的事务。这两个项目经理又根据需要分别任命若干现场经理，如设计经理等。

（1）设计管理。项目的设计由合资双方参与过项目可行性研究的咨询师组成若干小组来完成。整个工程分为 15 个单项，每个小组负责一个或两个单项的设计。整个设计必须符合新南威尔士州公路交通管理局制定的实施及安全标准，该标准对路的宽度、采用材料的材质、隧道空间、施工进度等都有具体要求。设计小组的主要任务是按照政府和工程要求准备施工图和有关招标文件。

（2）施工管理。按照澳大利亚相关规定，组成悉尼港隧道有限公司的两家私人公司只能承担该工程 30% 的施工任务，其他 70% 必须通过招标选择其他施工企业承担。选择施工企业时首先是邀请对该工程有兴趣的分包商报名参加投标，在对投标者资信和投标文件综合评审后，选择若干个不同标段的中标者。在正式签订合同前，为了避免因劳资纠纷影响工期，悉尼港隧道有限公司要求参加建设各方的工会组织就劳资关系进行谈判，并由谈判双方和州劳动委员会、州劳资委员会等签订劳资协议，对所有工程和业务应付的税率、解决劳资纠纷的程序、工作小时等做出规定。同时项目经理加强对各单位的协同，确保工期的实现。该工程于 1987 年正式开工，1992 年 9 月隧道工程正式竣工并投入运行，整个工程建设期历时 5 年，完全按预定工期顺利建成。初步估计，该工程比政府直接投资建设可节约 20% 的投资。

4. 运营管理

自 1992 年隧道投入运行后，具体运营管理委托另外一家经营公司进行管理。投入运行后，车流量已达到 6.5 万辆/昼夜，超过设计能力 25%，效益很好。在经营 30 年后，该项目将全部交给政府。

案例 4　英、法海峡隧道工程项目融资案例

1. 项目概况

1984 年英、法两国政府正式签订协议，决定在英吉利海峡建设一条连接两国的隧道。隧道建设规模宏大、技术复杂，从英国的佛克斯通（Folkstone）到法国的爱斯佛德（Asgford）全长 50km，其中海底部分 38km，建成后从英国到法国的时间可缩短到 35 分钟。英、法两国政府决定建设隧道工程后，就对项目建设的"特许权"进行了招标。当时，有 4 个专门为建设隧道而组织起来的公司参加了投标。它们分别向政府报送了隧道的筹资和建设方案。最后，由欧洲隧道公司（EUROTUNNEL，由英国的海峡隧道工程集团———一个由英国银行和承包商共同组建的财团和法国的法兰西·曼彻公司———一个由法国银行和承包商共同组建的财团联合组成）中标，取得了建设的"特许权"，成为隧道工程项目的业主单位。

该项目特许经营期为 55 年（其中包括计划为 7 年的施工期）。是目前世界上特许经营期最长的一个 BOT 项目，长达半个世纪以上。特许经营权协议是在 1987 年由英、法两国政府签订的。

承发包方式：固定总价和目标造价合同。欧洲隧道公司承担了海峡隧道的全部建设风险，并为造价超出部分准备了一笔 17 亿美元的备用贷款。这就为其承包商提供了签订建设承包合同的有利条件，而这些承包商同时又是股东发起人。49 亿美元的陆上建筑工程的一半按固定价格（总价）承包，隧道自身则按目标造价承包，欧洲隧道公司将把实际费用加固定费（目标值的 12.36%）支付给承包商。此项费用估算为 25 亿美元。如果隧道以低于目标造价完成，承包商将得到全部节约额的一半。如果实际造价超出预定目标值，承包商必须支付规定的违约金。此外，由于不可预见的水底状况、设计及技术规格的变更以及通货膨胀，其合同将受到价格调整的影响。

项目计划总投资 92 亿美元（在施工过程中已增加到 120 亿美元），建设工期从 1988 年开工到 1995 年竣工。建设工期的风险在于，施工工期加长会使经营期相对缩短，并且将会直接影响到该项目的收益和债务的偿还。这就有可能将欧洲隧道公司置于风险之中，因为该公司到期若不能偿还银行规定的额度，银行可以行使自己的权力对该公司进行清理并出售其资产。

2. 融资情况

英国具有比较大的国内投资市场，包括较大的股票市场和资本市场。在英国，依靠项目公司在股市发行股票，或者筹集私营投资者的资金的办法，在国内市场上就可以从投资者手中为 BOT 项目筹集到足够的资金。正常的做法是提供较高的回报率，以补偿该项目的风险和投资期过长的损失。因此，该项目就地融资，英、法两国政府不做外泄风险担保。

为 BOT 项目筹款是项目发起人最重要的业务之一。如前所述，筹资总额达 92 亿美元，使该项目成为到目前为止由私营团体筹款最大的基础设施建设项目之一。在海峡隧道工程投资过程中，关于融资工作，要求欧洲隧道公司坚持政府提出的三个条件：①政府对贷款工作的担保；②该项目将按有限的追偿权，100%地由私营团体筹资，交付发起人使用，债务由完成的项目收益来偿还；③该团体必须筹资约20%的股票投资，即17.2亿美元的现金。

除此之外，85亿美元贷款将从209家国际银行（历史上最大的地区性私营银行联合体）筹措。筹款之初，14家初期项目的承包商和银行首先赞助8 000万美元。同时，在4个发行地点成功地筹集到大批以英国英镑和法国法郎计算的股票投资。图10-2为该项目的组成结构，表10-5列举了该项目的资金来源。

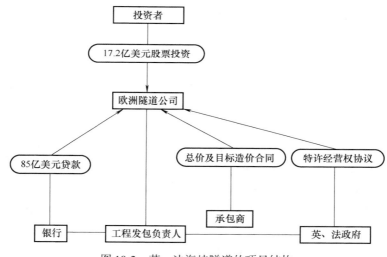

图 10-2　英、法海峡隧道的项目结构

表 10-5　英、法海峡隧道项目资金来源

资 金 来 源		金额/亿美元	备　　注
股票投资	银行与承包商	0.8	股东发起人
	私营团体	3.7	第 1 部分（1986 年年末）
	公众投资	8	第 2 部分（1987 年年末）
	公众投资	2.75	第 3 部分（1988 年年末）
	公众投资	2.75	第 4 部分（1989 年年末）
借款	商业银行	68	主要贷款
	商业银行	17	备用贷款
总　计		103	

3. 政府担保情况

与其他的 BOT 项目发起人相比，欧洲隧道公司从英、法两国政府得到的担保是最少的。这是由于英国政府要求建设、筹款或经营的一切风险均由私营部门承担。除特许期较长外，政府没有向该公司提供支持贷款、最低经营收入担保、经营现有设施特许经营权、外汇及汇率担保，仅仅提供了商务自主权和"无二次设施"的担保。

在现有的BOT项目中，仅为欧洲隧道公司提供充分的商务自主权担保，包括自主地确定其税率。因而，欧洲隧道公司的一半收入来自它的铁路协议，即利用隧道铁路将伦敦同目前尚未充分开发的欧洲高速铁路网连接起来。其他收入将来自对过往隧道铁路商业车辆的收费。此外，欧洲隧道公司要求政府许可的一个条件，就是33年内不设横跨海峡的二次连接设施。

10.2.2　国内项目融资典型案例

案例1　深圳沙角B火力发电厂项目融资

1. 项目背景

深圳沙角B火力发电厂（以下简称深圳沙角B电厂）项目于1984年签署合资协议，1986年完成融资安排并动工兴建，并在1988年建成投入使用。深圳沙角B电厂的总装机容量为70万kW，由两台35万kW发电机组组成。项目总投资为42亿港币（5.4亿美元，按1986年汇率计算），被认为是中国最早的一个有限追索的项目融资案例，事实上也是中国第一次使用BOT融资概念兴建的基础设施项目。深圳沙角B电厂的融资安排，是我国企业在国际市场举借外债开始走向成熟的一个标志。尽管亚洲有许多发展中国家不断提出采用BOT融资模式兴建基础设施，其中包括土耳其总理厄扎尔在1984年首次提出这一构想在内，但是在实际应用中却都因为这样或那样的问题无法解决而搁浅。直到1991年，真正成功地采用BOT模式兴建的电厂只有两家——中国的深圳沙角B电厂和菲律宾马尼拉拿渥它（Navotas）电厂。

2. 项目融资结构

深圳沙角B电厂项目融资结构如图10-3所示。

（1）深圳沙角B电厂的投资结构。深圳沙角B电厂采用中外合作经营方式兴建。合作经营是我国改革开放前期比较常用的一种中外合资形式。合资中方为深圳特区电力开发公司（A方），合资外方是一家在香港注册专门为该项目成立的公司——合和电力（中国）有限公司（B方）。项目合作期为10年。在合作期间，B方负责安排提供项目全部的外汇资金，组织项目建设，并且负责经营该电厂10年（合作期）。作为回报，B方获得在扣除项目经营成本、煤炭成本和支付给A方的管理费之后的全部项目收益。合作期满时，B方将深圳沙角B电厂的资产所有权和控制权无偿地转让给A方，退出

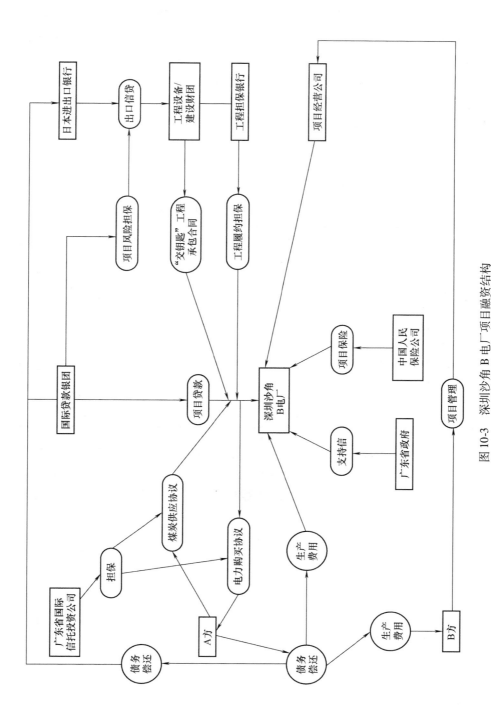

图 10-3 深圳沙角 B 电厂项目融资结构

该项目。在合作期间，A 方主要承担的义务包括：①提供项目使用的土地、工厂的操作人员以及为项目安排优惠的税收政策；②为项目提供一个具有"供货或付款"（Supply or Pay）性质的煤炭供应协议；③为项目提供一个具有"提货或付款"（Take or Pay）性质的电力购买协议；④为 B 方提供一个具有"资金缺额担保"性质的贷款协议，同意在一定的条件下，如果项目支出大于项目收入则为 B 方提供一定数额的贷款。

（2）深圳沙角 B 电厂的融资模式。深圳沙角 B 电厂的资金结构包括股本资金、从属性项目贷款和债务资金三种形式，其具体的资金构成如表 10-6 所示（以 1986 年汇率换算为美元）。

表 10-6　深圳沙角 B 电厂的资金结构

资 金 结 构	金额/万美元
股本资金	
股本资金/股东从属性贷款（3 亿港币）	3 850
人民币延期付款（5 334 万人民币）	1 670
从属性项目贷款：	
A 方的人民币贷款	9 240
债务资金：	
固定利率日元出口信贷（4.96 兆亿日元）	26 140
欧洲日元贷款（105.61 亿日元）	5 560
港币贷款（5.86 亿港币）	7 500
资金总计	53 960

根据合作协议安排，在深圳沙角 B 电厂项目中，除人民币资金之外的全部外汇资金安排由 B 方负责，项目合资 B 方——合和电力（中国）有限公司利用项目合资 A 方提供的信用保证，为项目安排了一个有限追索的项目融资结构股本资金。

在融资结构中，首先，B 方与由日本三井公司等几个主要日本公司组成的电厂设备供应和工程承包财团谈判，获得了一个固定价格的"交钥匙"合同。这个财团在一个固定日期（1988 年 4 月 1 日）和一个"交钥匙"合同的基础上，负责项目的设计、建设和试运行，并且同意为项目在试运行和初期生产阶段提供技术操作人员。通过这种方式，项目的一个主要风险即完工风险，被成功地从项目投资者身上转移出去。其次，融资结构使用了日本政府进出口银行的出口信贷作为债务资金的主要来源，用以支持日本公司在项目中的设备出口。但是，日本进出口银行并不承担该项目的风险，一个由大约50 家银行组成的国际贷款银团为日本进出口银行提供了一个项目风险担保，并且为项目提供欧洲日元贷款和港币贷款。第三，A 方对项目的主要承诺（对 B 方的承诺）是电力购买协议和煤炭供应协议，以及广东省国际信托投资公司对 A 方承诺的担保。B 方在安排项目融资时将两个协议的权益以及有关担保转让给项目融资的贷款银团，作为项目融资结构的主要信用保证。最后，在 A 方与 B 方之间，对于项目现金流量中的外汇总量也做了适当的安排。在合作期间，项目的电力销售收入的 50% 支付人民币、50% 支付外汇。人民币收入部分用以支付项目煤炭的购买成本，以及以人民币形式发生的项目经营费用，外汇收入部分支付以外汇形式发生的项目经营费用，包括项目贷款债务偿还和支付 B 方的利润。A 方承担项目经营费用以及外汇贷款债务偿还部分的全部汇率风险，但是，对于 B 方利润收入部分的汇率风险则由双方共同分担，30% 由 A 方承担，70% 由 B 方承担。

（3）融资模式中的信用保证结构。从图 10-4 中可以看出，项目的信用保证结构由以下六个部分组成：①A 方的电力购买协议。这是一个具有"提货与付款"性质的协议，规定 A 方在项目生产期间按照事先规定的价格从项目中购买一个确定的最低数量的发电量，从而排除了项目的主要市场风险。②A 方的煤炭供应协议。这是一个具有"供货或付款"性质的合同，规定 A 方负责按照一个固定的价格提供项目发电所需的全部煤炭，这个安排实际上排除了项目的能源价格及供应风险以及大部分的生产成本超支风险。③广东省国际信托投资公司为 A 方的电力购买协议和煤炭供应协议所提供的担保。④广东省政府为上述三项安排所出具的支持信。虽然支持信并不具备法律约束力，但是，正如前面所指出的，一个有信誉的机构出具的支持信，作为一种意向性担保，在项目融资安排中具有相当的分量。⑤设备供应及工程承包财团所提供的"交钥匙"工程建设合约，以及为其提供担保的银行安排的履约担保。它们构成了项目的完工担保，排除了项目融资贷款银团对项目完工风险的顾虑。⑥中国人民保险公司安排的项目保险。项目保险是电站项目融资中不可缺少的一个组成部分，这种保险通常包括对出现资产损害、机械设备故障以及相应发生的损失的保险，在有些情况下也包括对项目不能按期投产情况的保险。通过以上六点，可以清楚地勾画出深圳沙角 B 电厂项目的种种风险要素是如何在与项目建设有关的各个方面之间进行分配的。项目风险的分担是一个成功的项目融资结构所不可缺少的条件。

3. 融资结构评析

（1）作为 BOT 模式中的建设、经营一方（在我国现阶段有较大一部分为国外投资者），必须是有电力工业背景、具有一定资金实力并且能够被金融界接受的企业。

（2）项目必须有一个具有法律保障的电力购买合约作为支持，这个协议需要具有"提货与付款"或者"无论提货与否均需付款"的性质，按照事先严格规定的价格从项目购买一个最低量的发电量，以保证项目可以创造出足够的现金流量来满足项目贷款银行的要求。

（3）项目必须有一个长期的燃料供应协议。从项目贷款银行的角度，如果燃料是进口的，通常会要求有关当局对外汇支付做出相应安排；如果燃料是由项目所在地政府部门或商业机构负责供应或安排的，则通常会要求政府对燃料供应做出具有"供货或付款"性质的承诺。

（4）根据提供电力购买协议和燃料供应协议机构的财务状况和背景，有时项目贷款银行会要求更高一级机构的某种形式的财务担保或者意向性担保。

（5）与项目有关的基础设施的安排，包括土地、与土地相连接的公路、燃料传输及储存系统、水资源供应、电网系统的连接等，一系列与项目开发密切相关的问题及其责任，必须要在项目文件中做出明确的规定。

（6）与项目有关的政府批准，包括有关外汇资金、外汇利润汇出、汇率风险等问题，必须在动工前得到批准和做出相应的安排，否则很难吸引银行加入项目融资的贷款银团行列。有时，在BOT融资期间贷款银团还可能要求对项目现金流量和户外资金的直接控制。

案例2　北京地铁四号线项目融资

1. 项目概况

北京地铁四号线是北京市轨道交通路网中的主干线之一，南起丰台区南四环公益西桥，途经西城区，北至海淀区安河桥北，线路全长28.2km，车站总数24座。四号线工程概算总投资153亿元，于2004年8月正式开工，2009年9月28日通车试运营，目前日均客流量已超过100万人次。

北京地铁四号线是我国城市轨道交通领域的首个PPP项目，该项目由北京基础设施投资有限公司具体实施。北京地铁四号线项目顺应国家投资体制改革方向，在我国城市轨道交通领域首次探索和实施市场化PPP融资模式，有效缓解了当时北京市政府的投资压力，实现了北京市轨道交通行业投资和运营主体的多元化突破，形成同业激励的格局，促进了技术进步和管理水平、服务水平的提升。从实际情况分析，北京地铁四号线应用PPP模式进行投资建设已取得阶段性成功，项目实施效果良好。

2. 融资结构

北京地铁四号线项目建设期为2005～2009年，特许经营期为运营日起30年，项目总投资约153亿元人民币。根据协议，由北京市政府和PPP特许经营公司按照7∶3的比例进行投资。项目全部建设内容划分为A、B两部分：A 部分主要是征地拆迁和车站、洞体及轨道铺设等土建工程，投资额约为 107 亿元，占项目总投资的 70%，由北京地铁四号线投资有限公司代表北京市政府筹资建设并拥有产权，并且通过隶属于北京市政府的北京基础设施投资有限公司作为政府资金的出资方在市场上发行了 20 亿元的地铁建设债券募集资金，弥补了政府投资的不足。B 部分主要是车辆、自动售检票系统、通信、电梯、控制设备、供电设施等机电设备的购置和安装，投资额约为 46 亿元，占项目总投资的 30%，由 PPP 特许经营公司来负责完成。PPP 特许经营公司由三方组成，包括：①香港地铁有限公司。它是香港特区政府控股的上市公司。②北京首都创业集团有限公司。它是直属北京市的大型国有企业。③北京基础设施投资有限公司。它是北京市国资委出资设立的国有独资有限责任公司。PPP 特许经营公司自身投入即注册资本 15 亿元人民币，其中，香港地铁有限公司和北京首都创业集团有限公司各出资 7.35 亿元，各占注册资本的 49%；北京基础设施投资有限公司出资 0.3 亿元，占注册资本的 2%。其余 31 亿元将采用无追索权银行贷款，占 B 部分投资的 2/3。北京地铁四号线建成后，PPP 特许经营公司通过与北京地铁四号线投资有限责任公司签订《资产租赁协议》取得 A 部分资产的使用权。PPP 特许经营公司负责北京地铁四号线的运营管理、全部设施（包括 A 和 B 两部分）的维护和除洞体外的资产更新，以及站内的商业经营，通过地铁票款收入及站内商业经营收入回收投资。特许经营期满后，PPP 特许经营公司将 B 部分项目设施无偿地移交给北京市政府，将 A 部分项目设施归还给北京地铁四号线投资有限责任公司。

北京地铁四号线项目融资结构如图 10-4 所示。

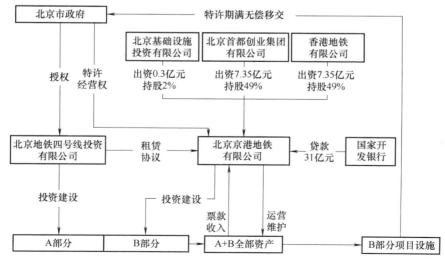

图 10-4 北京地铁四号线项目融资结构

3. 融资结构评析

北京地铁四号线开创了我国轨道交通建设PPP融资模式的先河，缓解了资金压力。

如何筹集建设资金是制约轨道交通发展的首要障碍，而对于地铁这类很少盈利的项目来说，减少政府投入就是成功的关键。根据测算，北京京港地铁有限公司（以下简称京港地铁）负责地铁四号线约30%的投资，引进了建设资金近50亿元，这就意味着政府的投入大大节省。同时，在运营期内，京港地铁还要负责线路、设备设施的所有维修维护和更新改造工作，预计需投入的资金接近100亿元。北京地铁四号线PPP融资项目的运作，确定了项目研究内容、项目结构和核心问题，完成了股权结构、客流风险分担、结算票价体系、建设和运营服务标准等具体操作层面的创新设计，成为PPP融资模式的一个样本。

根据地铁项目准公共产品的经济属性，地铁四号线项目全部投资建设任务划分为公益性与经营性两部分，分别采取不同的投融资方式。公益性部分完全由政府负责投资建设，具体操作上是由北京地铁四号线投资有限责任公司代表政府出资并拥有该部分的资产所有权；建成后该部分资产以使用权出资和租赁两种方式提供给PPP特许经营公司使用。而经营性部分则由PPP特许经营公司投资建设并经营管理，通过科学合理的风险分配、收益调节机制的设计，建立适度市场竞争机制。项目特许期满后，PPP特许经营公司无偿地将此部分项目资产移交政府。这样，通过公益性资产租赁的形式，实现了公益性资产与经营性资产在一个项目上的管理整体性。同时，政府部门通过采取针对性、契约化的监管方式，确保地铁项目的持续性、安全性、公益性。最终，通过地铁项目投资、建设、运营效率的提高，实现政府部门为市民提供的公共产品服务水平提高、企业获得合理收益的双赢。

组建专门机构，代表政府进行投融资。为解决在现有法律法规体系下政府融资手段不足、重大建设项目资本金缺乏的问题，北京市国资委出资依照我国公司法成立了北京基础设施投资有限公司，作为北京市城市基础设施建设和发展的投资融资平台，代表政府投资。该公司是国有独资有限责任公司，属于资本运营和投融资管理型公司。主要经营范围包括：授权范围内国有资产的资本运营和投融资管理；产权（股权）经营；国内外融资、投资；城市基础设施（含轨道交通）的规划与委托建设，已建成基础设施的委托运营、经营管理、租赁、转让、股权出售；地下空间开发等。平台的搭建，不仅提高了政府对重大基础设施项目建设的投融资能力，推动了政府投资的市场化运作，而且形成了一整套可经营性基础设施特许经营的新机制。该公司的成立在地铁四号线项目融资过程中发挥了很大作用,该公司还代表政府直接参股 PPP 特许经营公司,使政府对 PPP 特许经营公司也拥有了一定的决策权和控制权,有利于维护社会公共利益。另外,专门成立北京地铁四号线投资有限公司负责四号线项目公益性部分的投资建设,并代表政府出资和履行业主职责;该公司是由北京基础设施投资有限公司等五家股东依法组建,并由北京基础设施投资有限公司控股的有限责任公司。

案例 3 　池州市主城区污水处理及市政排水设施购买服务 PPP 项目

1. 项目概况

为推动池州市市政公用事业改革与发展,提高市政公用设施运营效率,池州市政府决定采用 PPP 模式实施池州市主城区污水处理及市政排水设施购买服务 PPP 项目。2014 年 12 月 26 日成立项目公司,12 月 29 日签署 PPP 项目合同,2015 年 1 月 1 日正式进入合作期,合作期为 26 年,项目融资结构如图 10-5 所示。

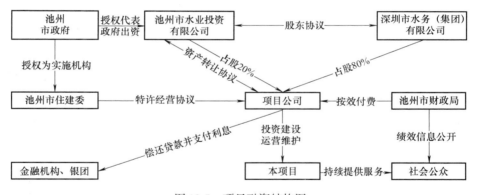

图 10-5　项目融资结构图

本项目采用 "TOT + BOT" 的形式,总投资规模人民币 20.54 亿元,采用政府付费机制(污水处理费 + 排水设施服务费),项目公司负责池州市主城区的污水处理、排水管网建设和维护。

合作范围:已建污水处理厂 2 座、处理能力 10 万 t/d(清溪污水处理厂一期 4 万 t/d,二期 4 万 t/d;城东污水处理厂 2 万 t/d),已建排水管网约740km,已建污水泵站 7 座,合计 10.45 万 t/日污水提升能力,资产转让价格为 712 266 700 元;新建污水处理厂 3 座、处理能力 10 万 t/d(站前区污水处理厂 2 万 t/d,市集中示范区污水处理厂 2 万 t/d,城东污水处理厂二期 6 万t/d),新建排水管网 409km 及配套设施,其他在特许经营期内需建设的污水处理及市政排水项目。新建项目匡算总投资约 13.42 亿元。

在此后项目合作期26年中，池州市政府将委托第三方机构根据考核标准定期检测，按照考核结果，按季度支付、结算购买服务费。期满后，项目公司应将池州市污水处理及排水设施的所有权、使用权无偿、完好、无债务地移交给市政府。同时，市政府每年以支付污水处理服务费和排水设施服务费的方式购买市政公用设施运营维护管理服务。

2. 项目融资结构

投资结构：本项目的项目公司池州市排水有限公司注册资本金为217 166 700元，股权结构为社会资本方深圳市水务（集团）有限公司持股80%，池州市政府指定的出资代表池州市水业投资有限公司持股20%。融资结构：本项目资金结构主要包括股本资金和债务资金。其中债务资金部分的贷款利率可在基准利率下浮，其PPP项目合同中约定对于银行利率下浮收益进行分享。

为节省财务费用、降低提供服务的成本，池州市政府成立了贷款竞标小组，由项目公司、池州市住建委、市财政局、市金融办、池州水业投资公司派相关人员参加，制定贷款竞标方案，组织贷款竞标具体工作。贷款竞标小组采取竞争性谈判的方式来确定为池州排水公司贷款的金融机构。

最终，由国家开发银行股份有限公司（牵头行）、中国农业银行股份有限公司池州分行、中国建设银行股份有限公司池州市分行、中国银行股份有限公司池州分行、中国工商银行股份有限公司池州分行组成的银团中标成为池州排水公司的贷款方。

该项目的融资方式及条件如下：

（1）贷款额度：人民币4.99亿元。

（2）利率：利率为5年以上中国人民银行贷款基准利率下浮10%，利率调整方式为每一利率调整日调整一次，调整后的执行利率为：利率调整日中国人民银行公布的同期同档次人民币贷款基准利率下浮10%。其中，利率调整日指首次提款日的每一周年日。

（3）贷款期限：15年（含2年宽限期）。

（4）担保条件：池州市排水有限公司以本项目特许经营权项下的应收账款为质押，已在中国人民银行做质押登记。

（5）融资交割情况：2015年3月27日，银团放款至池州市排水有限公司。

该项目融资结构具有如下特征：

（1）本项目以项目公司作为融资主体，政府部门并未提供代为还款的承诺或担保。这不同于在传统项目中，政府部门通过承担、担保、承诺等方式成为实质的融资主体。如此便有效地控制了政府债务的增加。

（2）本项目采取的是项目融资方式，银团仅要求项目公司以其合法事由的应收账款（即在特许经营协议项下享有的全部权益和收益）做质押担保，而未要求项目公司或其母公司提供其他资产作为担保，实现了项目融资。

（3）本项目采用贷款招标形式，使本项目获得较低利率的贷款，减轻了项目公司运营过程中资金方面的负担。

案例 4 北京兴延高速公路 PPP 项目

1. 项目概况

北京兴延高速公路 PPP 项目于 2015 年 9 月 2 日确认中标社会资本方（中国铁建股份有限公司、中铁十二局集团有限公司和中铁十四局集团有限公司联合体），2015 年 11 月 11 日成立项目公司北京兴延高速公路有限公司，2015 年 11 月 25 日签署 PPP 项目合同，合作期为 29 年，其中建设期 42 个月（2015～2018 年，项目进度应满足 2018 年 12 月 31 日完成交工验收的整体目标），特许经营期 25 年，项目融资结构如图 10-6 所示。

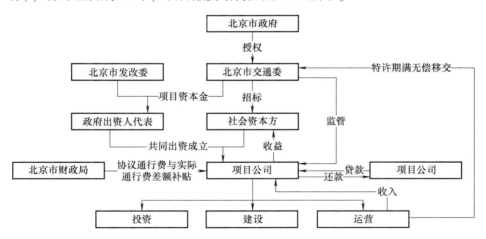

图 10-6 项目融资结构图

本项目位于京藏高速公路以西，南北走向，南起西北六环路土城立交，北至京藏高速营城子立交收费站，道路全长约 42.2km，采用高速公路标准建设。项目的经营范围包括：本项目的投资、建设以及运营；项目沿线规定区域内的广告牌、加油站及附属设施的经营。

本项目总投资规模约 1 309 598 万元人民币，采用 BOT 的运作形式，付费机制为可行性缺口补助机制（使用者付费与政府补贴相结合），即项目公司收入来源为车辆通行费收入、约定通行费补偿和其他业务（项目沿线广告牌、加油站及附属设施的经营权）收入三部分。

社会资本方须按照合同约定筹集本项目建设所要求的资金投入，保证建设资金按时足额到位；参与项目公司的组建，参与完成项目公司章程的制定等，依照国家相关法律法规以及按正常的商业运行模式对项目公司行使股东权利；未经政府方同意，不转让其持有的股权，不对其持有的股权设置任何形式的质押或其他权利负担；按照政府方要求，按时、足额缴纳建设保证金、运营保证金和质量保证金。

2. 项目融资结构

投资结构：项目公司北京兴延高速公路有限公司注册资本金为668 200万元，由中标社会资本方（51%）和政府（49%）共同出资组建，投资结构如表10-7所示。

表10-7　北京兴延高速公路有限公司注册资本金股东认缴信息表

序号	股东名称	政府或社会资本	出资额/万元	股权比例
1	北京市首都公路发展集团有限公司	政府出资人代表	327 400	49%
2	中国铁建投资集团有限公司	社会资本方	339 436.8	50.8%
3	中铁十二局集团有限公司	社会资本方	681.6	0.1%
4	中铁十四局集团有限公司	社会资本方	681.6	0.1%

项目公司北京兴延高速公路有限公司的权利义务如下：

（1）按照相关法律、法规的规定，负责项目的资金筹措、建设实施、运营管理、公路及设备维修、债务偿还、资产管理及移交的全过程，对项目的质量、投资、工期、安全、环境保护等承担全部责任和义务。

（2）按照规定的运营及养护标准，保持充分的服务能力，不间断地提供服务。依法运营管理项目，承担养护维修项目、保持项目良好服务水平的责任。

（3）接受市政府有关部门对项目建设、运营的监督检查，提供有关资料。

（4）在发生紧急情况时，为政府统一调度、临时接管或征用项目设施提供协助。

（5）特许经营期届满时，无偿移交项目资产。

融资结构：本项目投资总计约1 309 598万元人民币。资金结构主要包括项目资本金和债务性融资资金，除项目资本金以外的建设资金为项目负债性资金，项目公司应采取多种渠道合法地筹集。如果项目公司无法在规定的期限内筹集本项目所需的建设资金，社会资本方有义务筹措相应的建设资金。

按照公益型基础设施项目保证企业可以在特许经营期结束后收回成本及

长期存款利息的原则，初步确定保底车流量为可研文件预测车流的 80%。实际车流低于预测车流的 80% 时，补贴额按照预测车流的 80% 计算；实际车流高于预测车流的 80% 且低于预测车流时，补贴额按照实际车流计算。

当实际车流大于可研文件预测车流时，政府与项目公司按照相关比例对超出预测车流部分的通行费收入进行分配，政府分成部分用于抵减当年运营补贴款，超额车流通行费分配比例见表 10-8。

表 10-8　北京兴延高速公路超额车流收入分配比例表

序　　号	$\left(\dfrac{超额车流量}{预测车流量}\times100\%\right)$比例条件	超额收入分配比例 （政府：社会资本方）
1	0% ＜超额流量≤20%	2∶8
2	20% ＜超额流量≤40%	4∶6
3	40% ＜超额流量≤80%	7∶3
4	80% ＜超额流量	10∶0

此外，项目合同中还约定了通行费标准调整机制，有利于分担项目公司运营风险，同时也有利于保证用户能够以合理价格获得合格服务。

该项目融资结构具有如下特征：

（1）本项目采用公开招标且招标条件设置较为充分，对社会资本方的项目经验业绩、企业注册资本金和投融资能力均做了较为细致的要求，中标社会资本方为三家建设资质较强的大型国有施工企业，具备融资、建设和运营能力，为项目运行提供基本能力保证，同时将总投资从原来预期的 143 亿元降低到 130 多亿元。

此外，本项目招标文件中约定政府对特许经营期全过程可行性缺口补贴，拦标价为 1.67 元/（标准车·km），实际中标价 0.88 元/（标准车·km），降幅超 40%，中标保底车流量从标书中的预测车流量的 80% 下降到 75%，进一步降低了政府承担的车流量风险，对大多数采用竞争性磋商的 PPP 项目而言，公开招标有利于实现竞争降低项目总成本，有利于提高项目运行效率并降低政府承担的风险。

（2）本项目设置通行费标准调整机制，搭配保底车流和超额分成，考虑到高速公路属于公益性事业，应该给予社会资本合理回报，同时还要尽量降低政府承担的各种风险，流量保底、动态调价和超额收益分成有利于实现项目收支动态调整，使项目公司收益率稳定在合理水平并保证用户价格合理，同时还能有效实现项目外部性。

（3）本项目的项目公司注册资本金占到总投资额的约 51%，需要项目公司债务性融资的资金占比较一般同类 PPP 项目较少，对于充分利用自有资金、降低融资风险有较大好处。

10.3 项目融资的经验与教训

10.3.1 项目融资成功的关键要素

从项目融资的实践总结来看，项目融资成功的关键要素主要有以下七个方面：

1. 项目的经济可行性

项目成功的最重要因素是项目在财务上和经济上都是可行的，包括项目收费能够被用户或政府接受。在项目初期，政府和发起人都进行了可行性研究，确认了项目的可行性。可行性研究证明，项目在不同方案下的财务方面和经济方面均是可行的。政府在进行可行性研究时对项目进行了认真的规划，增强了项目的吸引力。

（1）政府在选择融资项目时，项目规模要足够大。项目的复杂结构决定了这类项目较高的前期费用，项目无论大小，前期工作量差别并不大。如果项目较小，前期费用占投资的比例将很大（例如，达到 6%～10%），项目在财务可行性方面就会遇到问题。

（2）在竞争性保护和法规调节中取得合理平衡。项目融资需要保护项目的最低现金流入，政府的竞争性保护可以达到这种目的。例如，如果一个 BOT 交通项目建成后，政府修建另一条平行道路，这势必影响 BOT 项目的交通量和收入，从而危及项目的财务可行性。

（3）合理的风险分担。原则上，项目的风险全部由发起人承担，但风险与回报的关系是对应的，如果发起人真正承担了全部风险，那么根据风险定价原理，项目收费将很高，很可能会超出用户和政府的承受能力。为了保证项目的财务可行性，政府可以适当承担一些可以控制的风险。

2. 良好的投资环境

投资环境包括：①法律环境；②金融环境；③政治与经济发展环境。上述三个方面的外部环境对项目融资的影响在第 8 章中已经涉及，这里不再赘述。

3. 发起人的能力

发起人的选择对于项目成败的影响非常重大，适合于进行项目融资的发起人必须尽可能地满足以下要求：

（1）企业规模相对于成本不能太小。一个企业的规模越大和资本越雄厚，进行项目融资成功的可能性就越大。首先，具有雄厚资本的发起人能为项目提供较多的资金，同时对项目后备资金的提供也较有保证。此外，企业规模大，财力雄厚，在信贷机构中拥有良好的信誉，通常为项目融资的能力就较强，融资成本有可能较低。

（2）企业具有较强的实力及项目开发经验。项目实施中一个常见的问题是经验不足，项目经常由经验不足或毫无经验的民营企业经理来管理，因此对新项目的大多数管理人员而言，学习的任务非常艰巨。另外，通常他们要接受来自上级领导的具体要求和指示，这些上级领导常不能深层次地介入项目，且缺乏经验，结果往往导致期望值过高，项目受挫。因此，发起人是否具有项目开发经验，或者是否拥有丰富的管理经验，对于项目的成功与否非常重要。退一步说，即使缺乏项目开发经验，但如果开发者曾有过建设类似项目的经验，那么对于项目的成功也会有很大的帮助。发起人的经验和实力还表现在能够正确、妥善地处理项目实施阶段出现的各种问题，这些问题包括以下几方面：

1）利益冲突问题。几乎在所有大型的项目融资中，利益冲突都不可避免，并且非常激烈。参与项目的各方都认为，它们在给项目公司提供产品或服务以及承担开发成本时应该享受优惠待遇，它们所做的一切应得到更高的回报。因此，发起人应能够在长期的合作过程中，进行耐心和持久的调解，尽力缓解这些矛盾，使项目得以顺利进行。

2）"台风现象"或叫"漩涡效应"。在"一揽子"实施项目过程中，发起人有可能没有全面征求各方面的意见，也可能对各方不同的利益冲突考虑不周，这样很容易导致危机，阻碍项目的实施，甚至导致项目的失败。所以，在项目初始阶段，发起人就应充分考虑各种可能的利害关系，充分做好协调工作；一旦考虑不周，在项目实施中出现问题，亦应有能力利用自己的经验化解矛盾，保证项目的顺利进行。

3）债权人的摇摆现象。在项目的长期开发过程中，项目债权人会表现出动摇现象，有时会在没有任何预兆的情况下，从热情十足变得漠不关心、极度冷淡。即使已经得到了最终批准并签署了承诺书，债权人仍会对有关条款、已认可的贷款条件和全部项目文件持否定态度。这种表现会影响到一个基本可行性项目的"一揽子"计划的实现。面对这种现象，有经验的发起人应拿出足够证明材料，促使债权人重新振作起来，采取热情的合作态度，共同完成项目。

4）项目管理须应对不同管理阶段。项目从确定到开发及执行，各个不同的阶段需要不同的管理技巧和方法，只有富有经验和实力的发起人才能吸引到具有这种综合技术的人才，或者在需要时随时找到相应的专业人才。

5）开发资金缺乏的问题。一个极复杂和漫长的开发期会造成很高的开发和谈判成本，并缺乏股本来源。找到合适的项目开发者和投资者绝非易事，因为这些开发者和投资者要具有将项目有关的知识、技巧和政治上的因素与其开发和投入股本的意愿相结合的能力，所以，尽管一些好项目的投资资金到位，但开发资金还是较缺乏的。这也是摆在发起人面前必须解决的问题。

（3）对风险的管理能力。项目的整个实施过程实际上是一个对风险的管理过程。对如此复杂而种类繁多的风险，发起人应具备较强的风险管理能力，应组织一个经验丰富的风险管理班子，对风险进行有效的控制与通报，应当坚持一贯的管理风格，并在成本、时间、质量管理知识方面做必要的储备。在风险管理工作中，发起人应掌握正确的风险分担原则，即风险承担方应获得相应的回报，以及将风险分配给最有能力承担这种风险的一方。发起人应尽可能地采取多种方法降低风险，如进行细致的场地调查、市场调查，准备备用方案，进行竞争控制，以及取得货币可兑换性担保等。

4. 专业顾问的作用

基础设施建设资金短缺是我国和其他许多国家遇到的共同问题。为了筹集资金，大多数单位都设有专门机构，然而效果很差。例如，有的电管局一年能与300多家国外公司接触，为此而开支的费用不下千万元，但一家都谈不成。出现这种现象的原因是很复杂的，但最重要的原因是缺少专业顾问的协助。

进行融资的项目周期很长，开发过程和合同文件极其复杂。在项目的实施过程中会涉及国际金融、国际贸易、工程、财务、法律、环保、招投标、工程承包等方面的专业知识，任何一个政府部门都不可能有足够的人力完成项目的实施。为实施一个特定项目，政府可以聘请专门从事项目融资业务的企业作为政府的代理来运作项目，专业企业的运作效率和水平远高于政府部门本身。在实施项目过程中充分发挥专业顾问的作用是一种国际惯例。一个专业化和社会化的队伍从事项目的开发，将极大地提高项目实施的效率和成功率，这是一个亟须转变的观念问题。

5. 外汇和通货膨胀问题

外汇的可兑换性和本国货币的通货膨胀是项目实施中必须应对的两大关键问题。如果项目投入的资金是外币，收入的资金是本国货币，这样发起人和贷款人必须在下述几个方面得到满足：

（1）东道国必须提供投入资金的回收本金、利息和利润所需要的外汇。

（2）投资人应该得到政府的汇率风险保护。

在存在外汇管制的国家，解决上述问题的主要方法是得到外汇主管部门的支持或担保。

东道国的通货膨胀对项目的财务可行性影响很大，并将影响到项目公司的还贷能力。因此，项目的收费一般都应随通货膨胀指数进行调整。

6. 采购程序的透明度

项目的招投标程序是一个国家项目融资政策的重要组成部分。如果项目招标程序不公正、无秩序、不透明，投标人将无法预测中标的可能性，那么民营发起人将不会花费时间和金钱去投标。同时，招投标的评标标准必须明确并对投标人有指导意义。

虽然最初的项目都是通过直接谈判授予合同的，但是通过竞争性招标选择发起人的方式在目前更为流行，这种方式可以保护公众利益，增加公众对项目的信心。因此，项目采购程序的公正性和透明性越来越重要。

7. 项目类型

在理论上，项目融资模式可以适用于经济的任何部门，所需要的是在项目期内能得到有保证的收益来源。收益可以来自政府所属的购买者（例如发电厂项目的政府电力管理机构）、商业用户（例如机场项目的航空公司、港口设施项目的船运公司）或个人消费者（例如收费公路上的驾驶员、地铁乘客）。收益的一部分甚至全部可能来自政府的直接支付。例如，政府想建设一条高速公路，就可能同意根据道路交通量按某种方案在一段时间内为高速公路支付费用。

迄今为止的项目融资最有吸引力的领域是在电力部门和收费公路方面。尽管如此，若干其他类型的项目也已实施或正在认真谈判，其中包括港口设施、机场、自由贸易区、桥梁、隧道、地铁系统和水处理厂及供水系统等。

另外，发起人和贷款方对列入政府计划（或规划）的项目更感兴趣，这类项目也较容易实施。世界上有些国家还根据政府规划列出了拟采用项目融资方式开发的基础设施项目清单，并对这些项目做出支持性承诺，这种方式是促成项目融资的积极因素。

10.3.2 典型项目融资的经验与教训

1. 以色列卡梅尔隧道

海发是以色列北部的一个大城市。近年来，随着城市的扩展和行人、车辆的增加，交通阻塞问题严重，从海发的西边到达东边是件困难的事。但这些问题可以通过建设 4.5km 长的公路隧道来解决。该项目预计要投资 1 亿美元，需 3 年时间建成。

以色列政府缺少资金，所以决定实施一项计划，而且希望以色列的第一个 BOT 项目能取得成功。为吸引国外投资，以色列政府邀请永道公司作为该项目的顾问。

虽然一家以色列公司正在率领国际联合体建造上海—南京收费公路，但 BOT 的概念对以色列投资者是陌生的。以色列人在长回收期项目方面经验丰富，然而他们并不喜欢通过计算今后 20 多年内该隧道的交通量而建立投资计划。

外国投资者对这类项目有全面透彻的理解，但只有当外国企业被允许深入参与项目的建设和运营中，它们才愿意投资。因此，应该鼓励国外合作者、银行家和投资者对一个从未涉足此类项目融资的国家产生兴趣。

首先，顾问做了可行性研究，其中包括利用先进的计算方法。估算隧道的交通量，并且与许多潜在的赞助商和投资商进行会谈。随后，顾问就法律法规的调整向以色列政府提出建议，以帮助该项目吸引外商，例如必须通过专线收费公路法规。

顾问还提出了一个完善的投资过程，这将能很快地确定由谁来获得政府的特许权。国际大财团和投资者对该项目显示出相当大的兴趣。以色列与巴勒斯坦和其他周边阿拉伯邻国的关系改善，更进一步提高了投资者的兴趣，13 个国际财团提交了首期投标书，4 个或 5 个财团将被应邀做正式投标书。一旦这些投标书被考虑，政府将与两家公司开始详细谈判。最强有力的竞争者很有可能是那些以色列与外国企业的合资企业。

经验总结：这个项目最主要的经验是使用一个一流的国际性咨询公司作为政府的顾问，吸引国际上的投资者。特别是它鼓励了外国合作者、银行家和投资者对一个从未涉足这类项目融资的国家产生兴趣。因为顾问的经验和工作质量帮助国际投资者确信该项目是有利可图的，确信所有必要的法规都将得到及时批准，投标的过程是明确、公正、完善和快速的。

2. 英国伯明翰北部公路

伯明翰位于英国中部，该地区有许多主要城市，存在着交通堵塞现象。为解决这些问题，英国政府要建一条战略性的环形公路来减缓交通堵塞。该项目是英国第一条主要的私营收费公路，估计投资 8 亿美元，招标过程按时完成，一个国际联合体已经被授予特许权，建设期为 3 年。该项目是永道公司参与的一个项目，但永道并非英国政府唯一的顾问。在许多方面，该项目进行得比较顺利，但也存在不少问题。

第一个问题是政府没有一个明确的目标，一方面想要一个战略性环形公路；另一方面，又想要一个能缓解当地交通问题的普通环形公路。政府就如何评估投标没有提供明确解释，导致无法对投标进行比较。有的标书重视这方面，有的标书则重视其他方面。按常规，政府须为每个新上项目通过一个法规，如果有人反对该项目，他的反对意见仅能在议会中提出，而且只有用法规来解决。然而，有时政府期待将项目控制在有关公路的某些新的总法规的条款之下，议会对政府立法草案的修正使政府部门感到吃惊，而且最后通过的法案很容易使公众反对任何需要购置土地的新公路项目，反对意见的产生将基于路线不好将会带来环境问题等。

之后，政府试着加快选择优胜投标者的速度，但由于所有主要的条款没有确定下来，使政府处于一种弱势，而只能与获胜的联合体进行谈判了。与此同时，几个反对该项目的组织开始在新的立法形式下采取行动，它们请求做出调查来阐述其理由。由于政府还没有获得该项目所需的所有土地，所以反对意见是有可能成立的。如果该调查持续若干年，伴随着新的反对意见的产生，那就存在着危机，若危机真的发生，就不可能完成该项目了。

经验与教训总结：①政府需要有一个明确的概念：需要的是什么？②在邀请投标前政府必须获得该项目所需土地的所有权和其他特许权。③政府不该太快地选定联合体，最好是与两家联合体同时谈判看看哪个能提供更优惠的条件。

3. 伦敦至海峡隧道（高速铁路线）

海峡隧道的工程使在伦敦—巴黎、伦敦—布鲁塞尔以及从这些城市到欧洲其他城市之间铺设一条高速铁路成为可能，4 家国际联合体被选中对此项目进行投标。

利用空中和地面交通，要用 4 个多小时的时间才能从巴黎市中心到达伦敦市中心。但是，乘火车就能快得多，并且要比乘飞机、长途汽车和轮船感觉更加宽敞和舒适。

提供火车服务要通过一种合作经营来完成，这一合作经营的机构由英国、比利时和法国三家铁路公司组成。火车服务方式是否成功将依赖于这三个国家是否都有高速铁路线。巴黎—隧道的线路已完工；布鲁塞尔—法国边界的线路在两年后也将完成；但在英国却没有高速铁路线，这意味着这段线路的高速火车不能畅通无阻，需要一个小时才能从伦敦到达隧道，如果要铺设高速铁路线，这段旅程仅需 30min，并且国际列车的运营能力将会成倍地增加。

正在私有化的英国火车运输公司无力为线路支付 40 亿美元的开支，英国政府也拒绝提供这笔资金，这家公司认为应该通过私人部门来为项目融资。

英国政府已要求对如下两方面进行投标：

（1）购买英国火车运输公司在欧洲之星国际财团中的股份。

（2）建设这条线路。

政府意识到这条铁路项目将会带来很激烈的竞争，因此，政府让国际联合体来为这条线路定价。项目将受环境制约。尽管火车最高速度可达到300km/h，但是噪声非常大，因此，实际时速将是225km/h。另一个有趣的问题是政府已承认新的铁路线将会带来总体的经济利益，原因是其他国家的和国内的火车也可以在上面行驶，这将有助于改善这条线路上火车的服务质量，减少从英国东南部到伦敦的其他火车线路的阻塞现象。其结果是，为了这一经济利益，政府将会付钱给国际联合体。政府已经列出了包括4个投标单位的小名单，政府与其中两家的谈判不久将会开始。

最终，私营财团——伦敦和欧洲大陆铁路公司（LCR）在与欧洲旅客运输公司（运营"欧洲之星"的英国合股人）的竞争中获胜，获得了投资30亿英镑的修建伦敦与海峡隧道之间的高速铁路的协议。英国政府与LCR签订协议，并投资14亿英镑用于新线建设。该项风险将由政府和私人股东分担：政府的风险主要是要由议会通过立法来修建新线，因此产生了额外成本，将由政府承担；LCR的责任是承担运营风险以及新线的设计和建设。

经验与教训总结：①通过项目融资方式为基础设施项目筹集到大笔资金是可能的。如果一个项目符合政府的运输政策，并符合多方面的经济利益，政府愿意在引入私人资本的基础上，对该项目进行一定的投资。②通过联合体竞标是开展大型基础设施项目融资的一种主要方式。即便是私人主体实力较强，也必须与政府合理地分担项目风险。

4. 希腊雅典新机场

雅典机场位于城市住宅区内，不仅太小而且过于繁忙，其问题日益严重。希腊前政府希望建造一个更大的新机场，由于政府没有充裕的财力建造这样一个机场，因而决定采用BOT方式。此外，政府坚信私人投资者将能比政府更快更好地完成项目，因此愿意让私营方按国际惯例经营机场。

机场有三类各不相同的业务，每类都有不同程度的规定：

（1）商业服务：商场、饭店、停车场等，投标人可自行决定从事此竞争性业务的工作类型。

（2）航空服务：燃料添加、提供饮食服务及地面管理部分，既可以是受一定控制的独占经营，也可以是切实可行的竞争性经营。

（3）辅助设施：航运线终点、跑道、滑行道和高速公路部分，完全垄断且必须完全严格规定。政府有优秀的专业顾问，他们帮助政府起草项目所需要的法律和条例。政府与此项目有密切关系，将在项目企业中拥有少量股权。

政府将提供下列支持——土地、40年机场经营权和现金，其回报将按股份获得，也将按一定比例获取土地费用。政府组织了一个很好的招标程序，四位申请人被选中参与投标：政府与其中的两人进行了谈判，选择其中一人。之后，政府便换届了。新的政府对私营企业的支持力度下降，正准备重新进行谈判。

经验与教训总结：①即使有政府的支持和良好的专业顾问，也需要大约两年的时间建立法律框架，获得土地权，进行项目合同的谈判。②竞争性招标将带来良好的结果，但对于投标者而言费用较高，政府需要考虑向未能取得成功的投标者支付费用。③政府换届带来的风险不为投标者所意料，但是确实存在。

复习思考题

（1）从发达国家的项目融资实践中可以总结出哪些经验？

（2）能够采取项目融资方式的项目范围包括哪些？这些项目通常具备什么特点？

（3）从风险管理的角度，对本章英、法海峡隧道工程项目融资案例与中国北京兴延高速公路 PPP 项目融资案例进行评析。

（4）选择一个典型案例，并从中总结启示、经验及教训。

（5）试举例说明跨国项目融资运作中需要考虑的特殊问题。

附　　录

附录 A

市政公用事业特许经营管理办法

（建设部　令第 126 号）

第一条　为了加快推进市政公用事业市场化，规范市政公用事业特许经营活动，加强市场监管，保障社会公共利益和公共安全，促进市政公用事业健康发展，根据国家有关法律、法规，制定本办法。

第二条　本办法所称市政公用事业特许经营，是指政府按照有关法律、法规规定，通过市场竞争机制选择市政公用事业投资者或者经营者，明确其在一定期限和范围内经营某项市政公用事业产品或者提供某项服务的制度。

城市供水、供气、供热、公共交通、污水处理、垃圾处理等行业，依法实施特许经营的，适用本办法。

第三条　实施特许经营的项目由省、自治区、直辖市通过法定形式和程序确定。

第四条　国务院建设主管部门负责全国市政公用事业特许经营活动的指导和监督工作。

省、自治区人民政府建设主管部门，负责本行政区域内的市政公用事业特许经营活动的指导和监督工作。

直辖市、市、县人民政府市政公用事业主管部门依据人民政府的授权（以下简称主管部门），负责本行政区域内的市政公用事业特许经营的具体实施。

第五条　实施市政公用事业特许经营，应当遵循公开、公平、公正和公共利益优先的原则。

第六条　实施市政公用事业特许经营，应当坚持合理布局、有效配置资源的原则，鼓励跨行政区域的市政公用基础设施共享。

跨行政区域的市政公用基础设施特许经营，应当本着有关各方平等协商的原则，共同加强监管。

第七条　参与特许经营权竞标者应当具备以下条件：

（一）依法注册的企业法人；

（二）有相应的注册资本金和设施、设备；

（三）有良好的银行资信、财务状况及相应的偿债能力；

（四）有相应的从业经历和良好的业绩；

（五）有相应数量的技术、财务、经营等关键岗位人员；

（六）有切实可行的经营方案；

（七）地方性法规、规章规定的其他条件。

第八条　主管部门应当依照下列程序选择投资者或者经营者：

（一）提出市政公用事业特许经营项目，报直辖市、市、县人民政府批准后，向社会公开发布招标条件，受理投标；

（二）根据招标条件，对特许经营权的投标人进行资格审查和方案预审，推荐出符合条件的投标候选人；

（三）组织评审委员会依法进行评审，并经过质询和公开答辩，择优选择特许经营权授予对象；

（四）向社会公示中标结果，公示时间不少于20天；

（五）公示期满，对中标者没有异议的，经直辖市、市、县人民政府批准，与中标者（以下简称"获得特许经营权的企业"）签订特许经营协议。

第九条　特许经营协议应当包括以下内容：

（一）特许经营内容、区域、范围及有效期限；

（二）产品和服务标准；

（三）价格和收费的确定方法、标准以及调整程序；

（四）设施的权属与处置；

（五）设施维护和更新改造；

（六）安全管理；

（七）履约担保；

（八）特许经营权的终止和变更；

（九）违约责任；

（十）争议解决方式；

（十一）双方认为应该约定的其他事项。

第十条　主管部门应当履行下列责任：

（一）协助相关部门核算和监控企业成本，提出价格调整意见；

（二）监督获得特许经营权的企业履行法定义务和协议书规定的义务；

（三）对获得特许经营权的企业的经营计划实施情况、产品和服务的质量以及安全生产情况进行监督；

（四）受理公众对获得特许经营权的企业的投诉；

（五）向政府提交年度特许经营监督检查报告；

（六）在危及或者可能危及公共利益、公共安全等紧急情况下，临时接管特许经营项目；

（七）协议约定的其他责任。

第十一条　获得特许经营权的企业应当履行下列责任：

（一）科学合理地制订企业年度生产、供应计划；

（二）按照国家安全生产法规和行业安全生产标准规范，组织企业安全生产；

（三）履行经营协议，为社会提供足量的、符合标准的产品和服务；

（四）接受主管部门对产品和服务质量的监督检查；

（五）按规定的时间将中长期发展规划、年度经营计划、年度报告、董事会决议等报主管部门备案；

（六）加强对生产设施、设备的运行维护和更新改造，确保设施完好；

（七）协议约定的其他责任。

第十二条　特许经营期限应当根据行业特点、规模、经营方式等因素确定，最长不得超过 30 年。

第十三条　获得特许经营权的企业承担政府公益性指令任务造成经济损失的，政府应当给予相应的补偿。

第十四条　在协议有效期限内，若协议的内容确需变更的，协议双方应当在共同协商的基础上签订补充协议。

第十五条　获得特许经营权的企业确需变更名称、地址、法定代表人的，应当提前书面告知主管部门，并经其同意。

第十六条　特许经营期限届满，主管部门应当按照本办法规定的程序组织招标，选择特许经营者。

第十七条　获得特许经营权的企业在协议有效期内单方提出解除协议的，应当提前提出申请，主管部门应当自收到获得特许经营权的企业申请的 3 个月内做出答复。在主管部门同意解除协议前，获得特许经营权的企业必须保证正常的经营与服务。

第十八条　获得特许经营权的企业在特许经营期间有下列行为之一的，主管部门应当依法终止特许经营协议，取消其特许经营权，并可以实施临时接管：

（一）擅自转让、出租特许经营权的；

（二）擅自将所经营的财产进行处置或者抵押的；

（三）因管理不善，发生重大质量、生产安全事故的；

（四）擅自停业、歇业，严重影响到社会公共利益和安全的；

（五）法律、法规禁止的其他行为。

第十九条　特许经营权发生变更或者终止时，主管部门必须采取有效措施保证市政公用产品供应和服务的连续性与稳定性。

第二十条　主管部门应当在特许经营协议签订后30日内，将协议报上一级市政公用事业主管部门备案。

第二十一条　在项目运营的过程中，主管部门应当组织专家对获得特许经营权的企业经营情况进行中期评估。

评估周期一般不得低于两年，特殊情况下可以实施年度评估。

第二十二条　直辖市、市、县人民政府有关部门按照有关法律、法规规定的原则和程序，审定和监管市政公用事业产品和服务价格。

第二十三条　未经直辖市、市、县人民政府批准，获得特许经营权的企业不得擅自停业、歇业。

获得特许经营权的企业擅自停业、歇业的，主管部门应当责令其限期改正，或者依法采取有效措施督促其履行义务。

第二十四条　主管部门实施监督检查，不得妨碍获得特许经营权的企业正常的生产经营活动。

第二十五条　主管部门应当建立特许经营项目的临时接管应急预案。对获得特许经营权的企业取消特许经营权并实施临时接管的，必须按照有关法律、法规的规定进行，并召开听证会。

第二十六条　社会公众对市政公用事业特许经营享有知情权、建议权。直辖市、市、县人民政府应当建立社会公众参与机制，保障公众能够对实施特许经营情况进行监督。

第二十七条　国务院建设主管部门应当加强对直辖市市政公用事业主管部门实施特许经营活动的监督检查，省、自治区人民政府建设主管部门应当加强对市、县人民政府市政公用事业主管部门实施特许经营活动的监督检查，及时纠正实施特许经营中的违法行为。

第二十八条　对以欺骗、贿赂等不正当手段获得特许经营权的企业，主管部门应当取消其特许经营权，并向国务院建设主管部门报告，由国务院建设主管部门通过媒体等形式向社会公开披露。被取消特许经营权的企业在三年内不得参与市政公用事业特许经营竞标。

第二十九条　主管部门或者获得特许经营权的企业违反协议的，由过错方承担违约责任，给对方造成损失的，应当承担赔偿责任。

第三十条　主管部门及其工作人员有下列情形之一的，由对其授权的直辖市、市、县人民政府或者监察机关责令改正，对负主要责任的主管人员和其他直接责任人员依法给予行政处分；构成犯罪的，依法追究刑事责任：

（一）不依法履行监督职责或者监督不力，造成严重后果的；

（二）对不符合法定条件的竞标者授予特许经营权的；

（三）滥用职权、徇私舞弊的。

第三十一条　本办法自 2004 年 5 月 1 日起施行。

附录 B

中国银监会关于印发《项目融资业务指引》的通知

（银监发〔2009〕71 号）

机关各部门，各银监局，各政策性银行、国有商业银行、股份制商业银行，中国邮政储蓄银行：

为加强项目融资业务风险管理，促进项目融资业务健康发展，银监会制定了《项目融资业务指引》，现印发给你们，请遵照执行。

请各银监局将本通知转发至辖内银监分局和银行业金融机构。

二○○九年七月十八日

附件： **项目融资业务指引**

第一条　为促进银行业金融机构项目融资业务健康发展，有效管理项目融资风险，依据《中华人民共和国银行业监督管理法》《中华人民共和国商业银行法》《固定资产贷款管理暂行办法》以及其他有关法律法规，制定本指引。

第二条　中华人民共和国境内经国务院银行业监督管理机构批准设立的银行业金融机构（以下简称贷款人）开展项目融资业务，适用本指引。

第三条　本指引所称项目融资，是指符合以下特征的贷款：

（一）贷款用途通常是用于建造一个或一组大型生产装置、基础设施、房地产项目或其他项目，包括对在建或已建项目的再融资；

（二）借款人通常是为建设、经营该项目或为该项目融资而专门组建的企事业法人，包括主要从事该项目建设、经营或融资的既有企事业法人；

（三）还款资金来源主要依赖该项目产生的销售收入、补贴收入或其他收入，一般不具备其他还款来源。

第四条　贷款人从事项目融资业务，应当具备对所从事项目的风险识别和管理能力，配备业务开展所需要的专业人员，建立完善的操作流程和风险管理机制。

贷款人可以根据需要，委托或者要求借款人委托具备相关资质的独立中介机构为项目提供法律、税务、保险、技术、环保和监理等方面的专业意见或服务。

第五条　贷款人提供项目融资的项目，应当符合国家产业、土地、环保和投资管理等相关政策。

第六条　贷款人从事项目融资业务，应当充分识别和评估融资项目中存在的建设期风险和经营期风险，包括政策风险、筹资风险、完工风险、产品市场风险、超支风险、原材料风险、营运风险、汇率风险、环保风险和其他相关风险。

第七条　贷款人从事项目融资业务，应当以偿债能力分析为核心，重点从项目技术可行性、财务可行性和还款来源可靠性等方面评估项目风险，充分考虑政策变化、市场波动等不确定因素对项目的影响，审慎预测项目的未来收益和现金流。

第八条　贷款人应当按照国家关于固定资产投资项目资本金制度的有关规定，综合考虑项目风险水平和自身风险承受能力等因素，合理确定贷款金额。

第九条　贷款人应当根据项目预测现金流和投资回收期等因素，合理确定贷款期限和还款计划。

第十条　贷款人应当按照中国人民银行关于利率管理的有关规定，根据风险收益匹配原则，综合考虑项目风险、风险缓释措施等因素，合理确定贷款利率。

贷款人可以根据项目融资在不同阶段的风险特征和水平，采用不同的贷款利率。

第十一条　贷款人应当要求将符合抵质押条件的项目资产和/或项目预期收益等权利为贷款设定担保，并可以根据需要，将项目发起人持有的项目公司股权为贷款设定质押担保。

贷款人应当要求成为项目所投保商业保险的第一顺位保险金请求权人，或采取其他措施有效控制保险赔款权益。

第十二条　贷款人应当采取措施有效降低和分散融资项目在建设期和经营期的各类风险。

贷款人应当以要求借款人或者通过借款人要求项目相关方签订总承包合同、投保商业保险、建立完工保证金、提供完工担保和履约保函等方式，最大限度降低建设期风险。

贷款人可以以要求借款人签订长期供销合同、使用金融衍生工具或者发起人提供资金缺口担保等方式，有效分散经营期风险。

第十三条　贷款人可以通过为项目提供财务顾问服务，为项目设计综合金融服务方案，组合运用各种融资工具，拓宽项目资金来源渠道，有效分散风险。

第十四条　贷款人应当按照《固定资产贷款管理暂行办法》的有关规定，恰当设计账户管理、贷款资金支付、借款人承诺、财务指标控制、重大违约事项等项目融资合同条款，促进项目正常建设和运营，有效控制项目融资风险。

第十五条　贷款人应当根据项目的实际进度和资金需求，按照合同约定的条件发放贷款资金。贷款发放前，贷款人应当确认与拟发放贷款同比例的项目资本金足额到位，并与贷款配套使用。

第十六条　贷款人应当按照《固定资产贷款管理暂行办法》关于贷款发放与支付的有关规定，对贷款资金的支付实施管理和控制，必要时可以与借款人在借款合同中约定专门的贷款发放账户。

采用贷款人受托支付方式的，贷款人在必要时可以要求借款人、独立中介机构和承包商等共同检查设备建造或者工程建设进度，并根据出具的、符合合同约定条件的共同签证单进行贷款支付。

第十七条　贷款人应当与借款人约定专门的项目收入账户，要求所有项目收入进入约定账户，并按照事先约定的条件和方式对外支付。

贷款人应当对项目收入账户进行动态监测，当账户资金流动出现异常时，应当及时查明原因并采取相应措施。

第十八条　在贷款存续期间，贷款人应当持续监测项目的建设和经营情况，根据贷款担保、市场环境、宏观经济变动等因素，定期对项目风险进行评价，并建立贷款质量监控制度和风险预警体系。出现可能影响贷款安全情形的，应当及时采取相应措施。

第十九条　多家银行业金融机构参与同一项目融资的，原则上应当采用银团贷款方式。

第二十条　对文化创意、新技术开发等项目发放的符合项目融资特征的贷款，参照本指引执行。

第二十一条　本指引由中国银行业监督管理委员会负责解释。

第二十二条　本指引自发布之日起三个月后施行。

附录 C

国务院关于鼓励和引导民间投资健康发展的若干意见
（国发〔2010〕13 号）

各省、自治区、直辖市人民政府，国务院各部委、各直属机构：

改革开放以来，我国民间投资不断发展壮大，已经成为促进经济发展、调整产业结构、繁荣城乡市场、扩大社会就业的重要力量。在毫不动摇地巩固和发展公有制经济的同时，毫不动摇地鼓励、支持和引导非公有制经济发展，进一步鼓励和引导民间投资，有利于坚持和完善我国社会主义初级阶段基本经济制度，以现代产权制度为基础发展混合所有制经济，推动各种所有制经济平等竞争、共同发展；有利于完善社会主义市场经济体制，充分发挥市场配置资源的基础性作用，建立公平竞争的市场环境；有利于激发经济增长的内生动力，稳固可持续发展的基础，促进经济长期平稳较快发展；有利于扩大社会就业，增加居民收入，拉动国内消费，促进社会和谐稳定。为此，提出以下意见：

一、进一步拓宽民间投资的领域和范围

（一）深入贯彻落实《国务院关于鼓励支持和引导个体私营等非公有制经济发展的若干意见》（国发〔2005〕3号）等一系列政策措施，鼓励和引导民间资本进入法律法规未明确禁止准入的行业和领域。规范设置投资准入门槛，创造公平竞争、平等准入的市场环境。市场准入标准和优惠扶持政策要公开透明，对各类投资主体同等对待，不得单对民间资本设置附加条件。

（二）明确界定政府投资范围。政府投资主要用于关系国家安全、市场不能有效配置资源的经济和社会领域。对于可以实行市场化运作的基础设施、市政工程和其他公共服务领域，应鼓励和支持民间资本进入。

（三）进一步调整国有经济布局和结构。国有资本要把投资重点放在不断加强和巩固关系国民经济命脉的重要行业和关键领域，在一般竞争性领域，要为民间资本营造更广阔的市场空间。

（四）积极推进医疗、教育等社会事业领域改革。将民办社会事业作为社会公共事业发展的重要补充，统筹规划，合理布局，加快培育形成政府投入为主、民间投资为辅的公共服务体系。

二、鼓励和引导民间资本进入基础产业和基础设施领域

（五）鼓励民间资本参与交通运输建设。鼓励民间资本以独资、控股、参股等方式投资建设公路、水运、港口码头、民用机场、通用航空设施等项目。抓紧研究制定铁路体制改革方案，引入市场竞争，推进投资主体多元化，鼓励民间资本参与铁路干线、铁路支线、铁路轮渡以及站场设施的建设，允许民间资本参股建设煤运通道、客运专线、城际轨道交通等项目。探索建立铁路产业投资基金，积极支持铁路企业加快股改上市，拓宽民间资本进入铁路建设领域的渠道和途径。

（六）鼓励民间资本参与水利工程建设。建立收费补偿机制，实行政府补贴，通过业主招标、承包租赁等方式，吸引民间资本投资建设农田水利、

跨流域调水、水资源综合利用、水土保持等水利项目。

（七）鼓励民间资本参与电力建设。鼓励民间资本参与风能、太阳能、地热能、生物质能等新能源产业建设。支持民间资本以独资、控股或参股形式参与水电站、火电站建设，参股建设核电站。进一步放开电力市场，积极推进电价改革，加快推行竞价上网，推行项目业主招标，完善电力监管制度，为民营发电企业平等参与竞争创造良好环境。

（八）鼓励民间资本参与石油天然气建设。支持民间资本进入油气勘探开发领域，与国有石油企业合作开展油气勘探开发。支持民间资本参股建设原油、天然气、成品油的储运和管道输送设施及网络。

（九）鼓励民间资本参与电信建设。鼓励民间资本以参股方式进入基础电信运营市场。支持民间资本开展增值电信业务。加强对电信领域垄断和不正当竞争行为的监管，促进公平竞争，推动资源共享。

（十）鼓励民间资本参与土地整治和矿产资源勘探开发。积极引导民间资本通过招标投标形式参与土地整理、复垦等工程建设，鼓励和引导民间资本投资矿山地质环境恢复治理，坚持矿业权市场全面向民间资本开放。

三、鼓励和引导民间资本进入市政公用事业和政策性住房建设领域

（十一）鼓励民间资本参与市政公用事业建设。支持民间资本进入城市供水、供气、供热、污水和垃圾处理、公共交通、城市园林绿化等领域。鼓励民间资本积极参与市政公用企事业单位的改组改制，具备条件的市政公用事业项目可以采取市场化的经营方式，向民间资本转让产权或经营权。

（十二）进一步深化市政公用事业体制改革。积极引入市场竞争机制，大力推行市政公用事业的投资主体、运营主体招标制度，建立健全市政公用事业特许经营制度。改进和完善政府采购制度，建立规范的政府监管和财政补贴机制，加快推进市政公用产品价格和收费制度改革，为鼓励和引导民间资本进入市政公用事业领域创造良好的制度环境。

（十三）鼓励民间资本参与政策性住房建设。支持和引导民间资本投资建设经济适用住房、公共租赁住房等政策性住房，参与棚户区改造，享受相应的政策性住房建设政策。

四、鼓励和引导民间资本进入社会事业领域

（十四）鼓励民间资本参与发展医疗事业。支持民间资本兴办各类医院、社区卫生服务机构、疗养院、门诊部、诊所、卫生所（室）等医疗机构，参与公立医院转制改组。支持民营医疗机构承担公共卫生服务、基本医疗服务和医疗保险定点服务。切实落实非营利性医疗机构的税收政策。鼓励医疗人才资源向民营医疗机构合理流动，确保民营医疗机构在人才引进、职称评定、

科研课题等方面与公立医院享受平等待遇。从医疗质量、医疗行为、收费标准等方面对各类医疗机构加强监管，促进民营医疗机构健康发展。

（十五）鼓励民间资本参与发展教育和社会培训事业。支持民间资本兴办高等学校、中小学校、幼儿园、职业教育等各类教育和社会培训机构。修改完善《中华人民共和国民办教育促进法实施条例》，落实对民办学校的人才鼓励政策和公共财政资助政策，加快制定和完善促进民办教育发展的金融、产权和社保等政策，研究建立民办学校的退出机制。

（十六）鼓励民间资本参与发展社会福利事业。通过用地保障、信贷支持和政府采购等多种形式，鼓励民间资本投资建设专业化的服务设施，兴办养（托）老服务和残疾人康复、托养服务等各类社会福利机构。

（十七）鼓励民间资本参与发展文化、旅游和体育产业。鼓励民间资本从事广告、印刷、演艺、娱乐、文化创意、文化会展、影视制作、网络文化、动漫游戏、出版物发行、文化产品数字制作与相关服务等活动，建设博物馆、图书馆、文化馆、电影院等文化设施。鼓励民间资本合理开发旅游资源，建设旅游设施，从事各种旅游休闲活动。鼓励民间资本投资生产体育用品，建设各类体育场馆及健身设施，从事体育健身、竞赛表演等活动。

五、鼓励和引导民间资本进入金融服务领域

（十八）允许民间资本兴办金融机构。在加强有效监管、促进规范经营、防范金融风险的前提下，放宽对金融机构的股比限制。支持民间资本以入股方式参与商业银行的增资扩股，参与农村信用社、城市信用社的改制工作。鼓励民间资本发起或参与设立村镇银行、贷款公司、农村资金互助社等金融机构，放宽村镇银行或社区银行中法人银行最低出资比例的限制。落实中小企业贷款税前全额拨备损失准备金政策，简化中小金融机构呆账核销审核程序。适当放宽小额贷款公司单一投资者持股比例限制，对小额贷款公司的涉农业务实行与村镇银行同等的财政补贴政策。支持民间资本发起设立信用担保公司，完善信用担保公司的风险补偿机制和风险分担机制。鼓励民间资本发起设立金融中介服务机构，参与证券、保险等金融机构的改组改制。

六、鼓励和引导民间资本进入商贸流通领域

（十九）鼓励民间资本进入商品批发零售、现代物流领域。支持民营批发、零售企业发展，鼓励民间资本投资连锁经营、电子商务等新型流通业态。引导民间资本投资第三方物流服务领域，为民营物流企业承接传统制造业、商贸业的物流业务外包创造条件，支持中小型民营商贸流通企业协作发展共同配送。加快物流业管理体制改革，鼓励物流基础设施的资源整合和充分利用，促进物流企业网络化经营，搭建便捷高效的融资平台，创造公平、规范的市场竞争环境,推进物流服务的社会化和资源利用的市场化。

七、鼓励和引导民间资本进入国防科技工业领域

(二十) 鼓励民间资本进入国防科技工业投资建设领域。引导和支持民营企业有序参与军工企业的改组改制,鼓励民营企业参与军民两用高技术开发和产业化,允许民营企业按有关规定参与承担军工生产和科研任务。

八、鼓励和引导民间资本重组联合和参与国有企业改革

(二十一) 引导和鼓励民营企业利用产权市场组合民间资本,促进产权合理流动,开展跨地区、跨行业兼并重组。鼓励和支持民间资本在国内合理流动,实现产业有序梯度转移,参与西部大开发、东北地区等老工业基地振兴、中部地区崛起以及新农村建设和扶贫开发。支持有条件的民营企业通过联合重组等方式做大做强,发展成为特色突出、市场竞争力强的集团化公司。

(二十二) 鼓励和引导民营企业通过参股、控股、资产收购等多种形式,参与国有企业的改制重组。合理降低国有控股企业中的国有资本比例。民营企业在参与国有企业改制重组过程中,要认真执行国家有关资产处置、债务处理和社会保障等方面的政策要求,依法妥善安置职工,保证企业职工的正当权益。

九、推动民营企业加强自主创新和转型升级

(二十三) 贯彻落实鼓励企业增加研发投入的税收优惠政策,鼓励民营企业增加研发投入,提高自主创新能力,掌握拥有自主知识产权的核心技术。帮助民营企业建立工程技术研究中心、技术开发中心,增加技术储备,搞好技术人才培训。支持民营企业参与国家重大科技计划项目和技术攻关,不断提高企业技术水平和研发能力。

(二十四) 加快实施促进科技成果转化的鼓励政策,积极发展技术市场,完善科技成果登记制度,方便民营企业转让和购买先进技术。加快分析测试、检验检测、创业孵化、科技评估、科技咨询等科技服务机构的建设和机制创新,为民营企业的自主创新提供服务平台。积极推动信息服务外包、知识产权、技术转移和成果转化等高技术服务领域的市场竞争,支持民营企业开展技术服务活动。

(二十五) 鼓励民营企业加大新产品开发力度,实现产品更新换代。开发新产品发生的研究开发费用可按规定享受加计扣除优惠政策。鼓励民营企业实施品牌发展战略,争创名牌产品,提高产品质量和服务水平。通过加速固定资产折旧等方式鼓励民营企业进行技术改造,淘汰落后产能,加快技术升级。

(二十六) 鼓励和引导民营企业发展战略性新兴产业。广泛应用信息技

术等高新技术改造提升传统产业，大力发展循环经济、绿色经济，投资建设节能减排、节水降耗、生物医药、信息网络、新能源、新材料、环境保护、资源综合利用等具有发展潜力的新兴产业。

十、鼓励和引导民营企业积极参与国际竞争

（二十七）鼓励民营企业"走出去"，积极参与国际竞争。支持民营企业在研发、生产、营销等方面开展国际化经营，开发战略资源，建立国际销售网络。支持民营企业利用自有品牌、自主知识产权和自主营销，开拓国际市场，加快培育跨国企业和国际知名品牌。支持民营企业之间、民营企业与国有企业之间组成联合体，发挥各自优势，共同开展多种形式的境外投资。

（二十八）完善境外投资促进和保障体系。与有关国家建立鼓励和促进民间资本国际流动的政策磋商机制，开展多种形式的对话交流，发展长期稳定、互惠互利的合作关系。通过签订双边民间投资合作协定、利用多边协定体系等，为民营企业"走出去"争取有利的投资、贸易环境和更多优惠政策。健全和完善境外投资鼓励政策，在资金支持、金融保险、外汇管理、质检通关等方面，民营企业与其他企业享受同等待遇。

十一、为民间投资创造良好环境

（二十九）清理和修改不利于民间投资发展的法规政策规定，切实保护民间投资的合法权益，培育和维护平等竞争的投资环境。在制订涉及民间投资的法律、法规和政策时，要听取有关商会和民营企业的意见和建议，充分反映民营企业的合理要求。

（三十）各级人民政府有关部门安排的政府性资金，包括财政预算内投资、专项建设资金、创业投资引导资金以及国际金融组织贷款和外国政府贷款等，要明确规则、统一标准，对包括民间投资在内的各类投资主体同等对待。支持民营企业的产品和服务进入政府采购目录。

（三十一）各类金融机构要在防范风险的基础上，创新和灵活运用多种金融工具，加大对民间投资的融资支持，加强对民间投资的金融服务。各级人民政府及有关监管部门要不断完善民间投资的融资担保制度，健全创业投资机制，发展股权投资基金，继续支持民营企业通过股票、债券市场进行融资。

（三十二）全面清理整合涉及民间投资管理的行政审批事项，简化环节、缩短时限，进一步推动管理内容、标准和程序的公开化、规范化，提高行政服务效率。进一步清理和规范涉企收费，切实减轻民营企业负担。

十二、加强对民间投资的服务、指导和规范管理

（三十三）统计部门要加强对民间投资的统计工作，准确反映民间投资

的进展和分布情况。投资主管部门、行业管理部门及行业协会要切实做好民间投资的监测和分析工作，及时把握民间投资动态，合理引导民间投资。要加强投资信息平台建设，及时向社会公开发布国家产业政策、发展建设规划、市场准入标准、国内外行业动态等信息，引导民间投资者正确判断形势，减少盲目投资。

（三十四）建立健全民间投资服务体系。充分发挥商会、行业协会等自律性组织的作用，积极培育和发展为民间投资提供法律、政策、咨询、财务、金融、技术、管理和市场信息等服务的中介组织。

（三十五）在放宽市场准入的同时，切实加强监管。各级人民政府有关部门要依照有关法律法规要求，切实督促民间投资主体履行投资建设手续，严格遵守国家产业政策和环保、用地、节能以及质量、安全等规定。要建立完善企业信用体系，指导民营企业建立规范的产权、财务、用工等制度，依法经营。民间投资主体要不断提高自身素质和能力，树立诚信意识和责任意识，积极创造条件满足市场准入要求，并主动承担相应的社会责任。

（三十六）营造有利于民间投资健康发展的良好舆论氛围。大力宣传党中央、国务院关于鼓励、支持和引导非公有制经济发展的方针、政策和措施。客观、公正宣传报道民间投资在促进经济发展、调整产业结构、繁荣城乡市场和扩大社会就业等方面的积极作用。积极宣传依法经营、诚实守信、认真履行社会责任、积极参与社会公益事业的民营企业家的先进事迹。

各地区、各部门要把鼓励和引导民间投资健康发展工作摆在更加重要的位置，进一步解放思想，转变观念，深化改革，创新求实，根据本意见要求，抓紧研究制定具体实施办法，尽快将有关政策措施落到实处，努力营造有利于民间投资健康发展的政策环境和舆论氛围，切实促进民间投资持续健康发展，促进投资合理增长、结构优化、效益提高和经济社会又好又快发展。

国务院

二〇一〇年五月七日

附录 D

跨境担保外汇管理规定

第一章 总 则

第一条 为完善跨境担保外汇管理，规范跨境担保项下收支行为，促进跨境担保业务健康有序发展，根据《中华人民共和国物权法》《中华人民共和国担保法》及《中华人民共和国外汇管理条例》等法律法规，特制定本规定。

第二条　本规定所称的跨境担保是指担保人向债权人书面做出的、具有法律约束力、承诺按照担保合同约定履行相关付款义务并可能产生资金跨境收付或资产所有权跨境转移等国际收支交易的担保行为。

第三条　按照担保当事各方的注册地，跨境担保分为内保外贷、外保内贷和其他形式跨境担保。

内保外贷是指担保人注册地在境内、债务人和债权人注册地均在境外的跨境担保。

外保内贷是指担保人注册地在境外、债务人和债权人注册地均在境内的跨境担保。

其他形式跨境担保是指除前述内保外贷和外保内贷以外的其他跨境担保情形。

第四条　国家外汇管理局及其分支局（以下简称外汇局）负责规范跨境担保产生的各类国际收支交易。

第五条　境内机构提供或接受跨境担保，应当遵守国家法律法规和行业主管部门的规定，并按本规定办理相关外汇管理手续。

担保当事各方从事跨境担保业务，应当恪守商业道德，诚实守信。

第六条　外汇局对内保外贷和外保内贷实行登记管理。

境内机构办理内保外贷业务，应按本规定要求办理内保外贷登记；经外汇局登记的内保外贷，发生担保履约的，担保人可自行办理；担保履约后应按本规定要求办理对外债权登记。

境内机构办理外保内贷业务，应符合本规定明确的相关条件；经外汇局登记的外保内贷，债权人可自行办理与担保履约相关的收款；担保履约后境内债务人应按本规定要求办理外债登记手续。

第七条　境内机构提供或接受其他形式跨境担保，应符合相关外汇管理规定。

第二章　内保外贷

第八条　担保人办理内保外贷业务，在遵守国家法律法规、行业主管部门规定及外汇管理规定的前提下，可自行签订内保外贷合同。

第九条　担保人签订内保外贷合同后，应按以下规定办理内保外贷登记。

担保人为银行的，由担保人通过数据接口程序或其他方式向外汇局报送内保外贷业务相关数据。

担保人为非银行金融机构或企业（以下简称非银行机构）的，应在签订担保合同后15个工作日内到所在地外汇局办理内保外贷签约登记手续。担保合同主要条款发生变更的，应当办理内保外贷签约变更登记手续。

外汇局按照真实、合规原则对非银行机构担保人的登记申请进行程序性审核并办理登记手续。

第十条 银行、非银行金融机构作为担保人提供内保外贷，按照行业主管部门规定，应具有相应担保业务经营资格。

第十一条 内保外贷项下资金用途应当符合以下规定：

（一）内保外贷项下资金仅用于债务人正常经营范围内的相关支出，不得用于支持债务人从事正常业务范围以外的相关交易，不得虚构贸易背景进行套利，或进行其他形式的投机性交易。

（二）未经外汇局批准，债务人不得通过向境内进行借贷、股权投资或证券投资等方式将担保项下资金直接或间接调回境内使用。

第十二条 担保人办理内保外贷业务时，应对债务人主体资格、担保项下资金用途、预计的还款资金来源、担保履约的可能性及相关交易背景进行审核，对是否符合境内外相关法律法规进行尽职调查，并以适当方式监督债务人按照其申明的用途使用担保项下资金。

第十三条 内保外贷项下担保人付款责任到期、债务人清偿担保项下债务或发生担保履约后，担保人应办理内保外贷登记注销手续。

第十四条 如发生内保外贷履约，担保人为银行的，可自行办理担保履约项下对外支付。

担保人为非银行机构的，可凭担保登记文件直接到银行办理担保履约项下购汇及对外支付。在境外债务人偿清因担保人履约而对境内担保人承担的债务之前，未经外汇局批准，担保人须暂停签订新的内保外贷合同。

第十五条 内保外贷业务发生担保履约的，成为对外债权人的境内担保人或反担保人应当按规定办理对外债权登记手续。

第十六条 境内个人可作为担保人并参照非银行机构办理内保外贷业务。

第三章 外保内贷

第十七条 境内非金融机构从境内金融机构借用贷款或获得授信额度，在同时满足以下条件的前提下，可以接受境外机构或个人提供的担保，并自行签订外保内贷合同：

（一）债务人为在境内注册经营的非金融机构；

（二）债权人为在境内注册经营的金融机构；

（三）担保标的为金融机构提供的本外币贷款（不包括委托贷款）或有约束力的授信额度；

（四）担保形式符合境内、外法律法规。

未经批准，境内机构不得超出上述范围办理外保内贷业务。

第十八条 境内债务人从事外保内贷业务，由发放贷款或提供授信额度的境内金融机构向外汇局集中报送外保内贷业务相关数据。

第十九条 外保内贷业务发生担保履约的，在境内债务人偿清其对境外担保人的债务之前，未经外汇局批准，境内债务人应暂停签订新的外保内贷合同；已经签订外保内贷合同但尚未提款或尚未全部提款的，未经所在地外汇局批准，境内债务人应暂停办理新的提款。

境内债务人因外保内贷项下担保履约形成的对外负债，其未偿本金余额不得超过其上年度末经审计的净资产数额。

境内债务人向债权人申请办理外保内贷业务时，应真实、完整地向债权人提供其已办理外保内贷业务的债务违约、外债登记及债务清偿情况。

第二十条 外保内贷业务发生境外担保履约的，境内债务人应到所在地外汇局办理短期外债签约登记及相关信息备案手续。外汇局在外债签约登记环节对债务人外保内贷业务的合规性进行事后核查。

第四章 物权担保的外汇管理

第二十一条 外汇局不对担保当事各方设定担保物权的合法性进行审查。担保当事各方应自行确认担保合同内容符合境内外相关法律法规和行业主管部门的规定。

第二十二条 担保人与债权人之间因提供抵押、质押等物权担保而产生的跨境收支和交易事项，已存在限制或程序性外汇管理规定的，应当符合规定。

第二十三条 当担保人与债权人分属境内、境外，或担保物权登记地（或财产所在地、收益来源地）与担保人、债权人的任意一方分属境内、境外时，境内担保人或境内债权人应按下列规定办理相关外汇管理手续：

（一）当担保人、债权人注册地或担保物权登记地（或财产所在地、收益来源地）至少有两项分属境内外时，担保人实现担保物权的方式应当符合相关法律规定。

（二）除另有明确规定外，担保人或债权人申请汇出或收取担保财产处置收益时，可直接向境内银行提出申请；在银行审核担保履约真实性、合规性并留存必要材料后，担保人或债权人可以办理相关购汇、结汇和跨境收支。

（三）相关担保财产所有权在担保人、债权人之间发生转让，按规定需要办理跨境投资外汇登记的，当事人应办理相关登记或变更手续。

第二十四条 担保人为第三方债务人向债权人提供物权担保，构成内保外贷或外保内贷的，应当按照内保外贷或外保内贷相关规定办理担保登记手续，并遵守相关规定。

经外汇局登记的物权担保因任何原因而未合法设立，担保人应到外汇局注销相关登记。

第五章　附　则

第二十五条　境内机构提供或接受除内保外贷和外保内贷以外的其他形式跨境担保，在符合境内外法律法规和本规定的前提下，可自行签订跨境担保合同。除外汇局另有明确规定外，担保人、债务人不需要就其他形式跨境担保到外汇局办理登记或备案。

境内机构办理其他形式跨境担保，可自行办理担保履约。担保项下对外债权债务需要事前审批或核准，或因担保履约发生对外债权债务变动的，应按规定办理相关审批或登记手续。

第二十六条　境内债务人对外支付担保费，可按照服务贸易外汇管理有关规定直接向银行申请办理。

第二十七条　担保人、债务人不得在明知或者应知担保履约义务确定发生的情况下签订跨境担保合同。

第二十八条　担保人、债务人、债权人向境内银行申请办理与跨境担保相关的购付汇或收结汇业务时，境内银行应当对跨境担保交易的背景进行尽职审查，以确定该担保合同符合中国法律法规和本规定。

第二十九条　外汇局对跨境担保合同的核准、登记或备案情况以及本规定明确的其他管理事项与管理要求，不构成跨境担保合同的生效要件。

第三十条　外汇局定期分析内保外贷和外保内贷整体情况，密切关注跨境担保对国际收支的影响。

第三十一条　外汇局对境内机构跨境担保业务进行核查和检查，担保当事各方、境内银行应按照外汇局要求提供相关资料。对未按本规定及相关规定办理跨境担保业务的，外汇局根据《中华人民共和国外汇管理条例》进行处罚。

第三十二条　国家外汇管理局可出于保障国际收支平衡的目的，对跨境担保管理方式适时进行调整。

第三十三条　本规定由国家外汇管理局负责解释。

附录 E

国家发展改革委关于开展政府和社会资本合作的指导意见
（发改投资〔2014〕2724 号）

各省、自治区、直辖市及计划单列市、新疆生产建设兵团发展改革委：

为贯彻落实《国务院关于创新重点领域投融资机制鼓励社会投资的指导意见》（国发〔2014〕60号）有关要求，鼓励和引导社会投资，增强公共产品供给能力，促进调结构、补短板、惠民生，现就开展政府和社会资本合作提出如下指导意见。

一、充分认识政府和社会资本合作的重要意义

政府和社会资本合作（PPP）模式是指政府为增强公共产品和服务供给能力、提高供给效率，通过特许经营、购买服务、股权合作等方式，与社会资本建立的利益共享、风险分担及长期合作关系。开展政府和社会资本合作，有利于创新投融资机制，拓宽社会资本投资渠道，增强经济增长内生动力；有利于推动各类资本相互融合、优势互补，促进投资主体多元化，发展混合所有制经济；有利于理顺政府与市场关系，加快政府职能转变，充分发挥市场配置资源的决定性作用。

二、准确把握政府和社会资本合作的主要原则

（一）转变职能，合理界定政府的职责定位。开展政府和社会资本合作，对转变政府职能、提高管理水平提出了更高要求。政府要牢固树立平等意识及合作观念，集中力量做好政策制定、发展规划、市场监管和指导服务，从公共产品的直接"提供者"转变为社会资本的"合作者"以及PPP项目的"监管者"。

（二）因地制宜，建立合理的投资回报机制。根据各地实际，通过授予特许经营权、核定价费标准、给予财政补贴、明确排他性约定等，稳定社会资本收益预期。加强项目成本监测，既要充分调动社会资本积极性，又要防止不合理让利或利益输送。

（三）合理设计，构建有效的风险分担机制。按照风险收益对等原则，在政府和社会资本间合理分配项目风险。原则上，项目的建设、运营风险由社会资本承担，法律、政策调整风险由政府承担，自然灾害等不可抗力风险由双方共同承担。

（四）诚信守约，保证合作双方的合法权益。在平等协商、依法合规的基础上，按照权责明确、规范高效的原则订立项目合同。合同双方要牢固树立法律意识、契约意识和信用意识，项目合同一经签署必须严格执行，无故违约必须承担相应责任。

（五）完善机制，营造公开透明的政策环境。从项目选择、方案审查、伙伴确定、价格管理、退出机制、绩效评价等方面，完善制度设计，营造良好政策环境，确保项目实施决策科学、程序规范、过程公开、责任明确、稳妥推进。

三、合理确定政府和社会资本合作的项目范围及模式

（一）项目适用范围。PPP 模式主要适用于政府负有提供责任又适宜市场化运作的公共服务、基础设施类项目。燃气、供电、供水、供热、污水及垃圾处理等市政设施，公路、铁路、机场、城市轨道交通等交通设施，医疗、旅游、教育培训、健康养老等公共服务项目，以及水利、资源环境和生态保护等项目均可推行 PPP 模式。各地的新建市政工程以及新型城镇化试点项目应优先考虑采用 PPP 模式建设。

（二）操作模式选择。

1. 经营性项目。对于具有明确的收费基础、并且经营收费能够完全覆盖投资成本的项目，可通过政府授予特许经营权，采用建设—运营—移交（BOT）、建设—拥有—运营—移交（BOOT）等模式推进。要依法放开相关项目的建设、运营市场，积极推动自然垄断行业逐步实行特许经营。

2. 准经营性项目。对于经营收费不足以覆盖投资成本、需政府补贴部分资金或资源的项目，可通过政府授予特许经营权附加部分补贴或直接投资参股等措施，采用建设—运营—移交（BOT）、建设—拥有—运营（BOO）等模式推进。要建立投资、补贴与价格的协同机制，为投资者获得合理回报积极创造条件。

3. 非经营性项目。对于缺乏"使用者付费"基础、主要依靠"政府付费"回收投资成本的项目，可通过政府购买服务，采用建设—拥有—运营（BOO）、委托运营等市场化模式推进。要合理确定购买内容，把有限的资金用在刀刃上，切实提高资金使用效益。

（三）积极开展创新。各地可以根据当地实际及项目特点，积极探索、大胆创新，通过建立合理的"使用者付费"机制等方式，增强吸引社会资本能力，并灵活运用多种 PPP 模式，切实提高项目运作效率。

四、建立健全政府和社会资本合作的工作机制

（一）健全协调机制。按照部门联动、分工明确、协同推进等要求，与有关部门建立协调推进机制，推动规划、投资、价格、土地、金融等部门密切配合、形成合力，保障政府和社会资本合作积极稳妥推进。

（二）明确实施主体。按照地方政府的相关要求，明确相应的行业管理部门、事业单位、行业运营公司或其他相关机构，作为政府授权的项目实施机构，在授权范围内负责 PPP 项目的前期评估论证、实施方案编制、合作伙伴选择、项目合同签订、项目组织实施以及合作期满移交等工作。

（三）建立联审机制。为提高工作效率，可会同相关部门建立 PPP 项目的联审机制，从项目建设的必要性及合规性、PPP 模式的适用性、财政承受

能力以及价格的合理性等方面，对项目实施方案进行可行性评估，确保"物有所值"。审查结果作为项目决策的重要依据。

（四）规范价格管理。按照补偿成本、合理收益、节约资源以及社会可承受的原则，加强投资成本和服务成本监测，加快理顺价格水平。加强价格行为监管，既要防止项目法人随意提价损害公共利益、不合理获利，又要规范政府价格行为，提高政府定价、调价的科学性和透明度。

（五）提升专业能力。加强引导，积极发挥各类专业中介机构在 PPP 项目的资产评估、成本核算、经济补偿、决策论证、合同管理、项目融资等方面的积极作用，提高项目决策的科学性、项目管理的专业性以及项目实施效率。加强 PPP 相关业务培训，培养专业队伍和人才。

五、加强政府和社会资本合作项目的规范管理

（一）项目储备。根据经济社会发展需要，按照项目合理布局、政府投资有效配置等原则，切实做好 PPP 项目的总体规划、综合平衡和储备管理。从准备建设的公共服务、基础设施项目中，及时筛选 PPP 模式的适用项目，按照 PPP 模式进行培育开发。各省区市发展改革委要建立 PPP 项目库，并从 2015 年 1 月起，于每月 5 日前将项目进展情况按月报送国家发展改革委。

（二）项目遴选。会同行业管理部门、项目实施机构，及时从项目储备库或社会资本提出申请的潜在项目中筛选条件成熟的建设项目，编制实施方案并提交联审机制审查，明确经济技术指标、经营服务标准、投资概算构成、投资回报方式、价格确定及调价方式、财政补贴及财政承诺等核心事项。

（三）伙伴选择。实施方案审查通过后，配合行业管理部门、项目实施机构，按照《招标投标法》《政府采购法》等法律法规，通过公开招标、邀请招标、竞争性谈判等多种方式，公平择优选择具有相应管理经验、专业能力、融资实力以及信用状况良好的社会资本作为合作伙伴。

（四）合同管理。项目实施机构和社会资本依法签订项目合同，明确服务标准、价格管理、回报方式、风险分担、信息披露、违约处罚、政府接管以及评估论证等内容。各地可参考《政府和社会资本合作项目通用合同指南》，细化完善合同文本，确保合同内容全面、规范、有效。

（五）绩效评价。项目实施过程中，加强工程质量、运营标准的全程监督，确保公共产品和服务的质量、效率和延续性。鼓励推进第三方评价，对公共产品和服务的数量、质量以及资金使用效率等方面进行综合评价，评价结果向社会公示，作为价费标准、财政补贴以及合作期限等调整的参考依据。项目实施结束后，可对项目的成本效益、公众满意度、可持续性等进行后评价，评价结果作为完善 PPP 模式制度体系的参考依据。

（六）退出机制。政府和社会资本合作过程中，如遇不可抗力或违约事件导致项目提前终止时，项目实施机构要及时做好接管，保障项目设施持续运行，保证公共利益不受侵害。政府和社会资本合作期满后，要按照合同约定的移交形式、移交内容和移交标准，及时组织开展项目验收、资产交割等工作，妥善做好项目移交。依托各类产权、股权交易市场，为社会资本提供多元化、规范化、市场化的退出渠道。

六、强化政府和社会资本合作的政策保障

（一）完善投资回报机制。深化价格管理体制改革，对于涉及中央定价的 PPP 项目，可适当向地方下放价格管理权限。依法依规为准经营性、非经营性项目配置土地、物业、广告等经营资源，为稳定投资回报、吸引社会投资创造条件。

（二）加强政府投资引导。优化政府投资方向，通过投资补助、基金注资、担保补贴、贷款贴息等多种方式，优先支持引入社会资本的项目。合理分配政府投资资金，优先保障配套投入，确保 PPP 项目如期、高效投产运营。

（三）加快项目前期工作。联合有关部门建立并联审批机制，在科学论证、遵守程序的基础上，加快推进规划选址、用地预审、环评审批、审批核准等前期工作。协助项目单位解决前期工作中的问题和困难，协调落实建设条件，加快项目建设进度。

（四）做好综合金融服务。鼓励金融机构提供财务顾问、融资顾问、银团贷款等综合金融服务，全程参与 PPP 项目的策划、融资、建设和运营。鼓励项目公司或合作伙伴通过成立私募基金、引入战略投资者、发行债券等多种方式拓宽融资渠道。

七、扎实有序开展政府和社会资本合作

（一）做好示范推进。各地可选取市场发育程度高、政府负债水平低、社会资本相对充裕的市县，以及具有稳定收益和社会效益的项目，积极推进政府和社会资本合作，并及时总结经验、大力宣传，发挥好示范带动作用。国家发展改革委将选取部分推广效果显著的省区市和重点项目，总结典型案例，组织交流推广。

（二）推进信用建设。按照诚信践诺的要求，加强全社会信用体系建设，保障政府和社会资本合作顺利推进。政府要科学决策，保持政策的连续性和稳定性；依法行政，防止不当干预和地方保护；认真履约，及时兑现各类承诺和合同约定。社会资本要守信自律，提高诚信经营意识。

（三）搭建信息平台。充分利用并切实发挥好信息平台的桥梁纽带作用。

可以利用现代信息技术，搭建信息服务平台，公开 PPP 项目的工作流程、评审标准、项目信息、实施情况、咨询服务等相关信息，保障信息发布准确及时、审批过程公正透明、建设运营全程监管。

（四）加强宣传引导。大力宣传政府和社会资本合作的重大意义，做好政策解读，总结典型案例，回应社会关切，通过舆论引导，培育积极的合作理念，建立规范的合作机制，营造良好的合作氛围，充分发挥政府、市场和社会资本的合力作用。

开展政府和社会资本合作是创新投融资机制的重要举措，各地要高度重视，切实加强组织领导，抓紧制定具体的政策措施和实施办法。各级发展改革部门要按照当地政府的统一部署，认真做好 PPP 项目的统筹规划、综合协调等工作，会同有关部门积极推动政府和社会资本合作顺利实施。

国家发展改革委

2014 年 12 月 2 日

附录 F

财政部关于推广运用政府和社会资本合作模式有关问题的通知

（财金〔2014〕76 号）

各省、自治区、直辖市、计划单列市财政厅（局），新疆生产建设兵团财务局：

为贯彻落实党的十八届三中全会关于"允许社会资本通过特许经营等方式参与城市基础设施投资和运营"精神，拓宽城镇化建设融资渠道，促进政府职能加快转变，完善财政投入及管理方式，尽快形成有利于促进政府和社会资本合作模式（Public-Private Partnership，PPP）发展的制度体系，现就有关问题通知如下：

一、充分认识推广运用政府和社会资本合作模式的重要意义

政府和社会资本合作模式是在基础设施及公共服务领域建立的一种长期合作关系。通常模式是由社会资本承担设计、建设、运营、维护基础设施的大部分工作，并通过"使用者付费"及必要的"政府付费"获得合理投资回报；政府部门负责基础设施及公共服务价格和质量监管，以保证公共利益最大化。当前，我国正在实施新型城镇化发展战略。城镇化是现代化的要求，也是稳增长、促改革、调结构、惠民生的重要抓手。立足国内实践，借鉴国际成功经验，推广运用政府和社会资本合作模式，是国家确定的重大经济改革任务，对于加快新型城镇化建设、提升国家治理能力、构建现代财政制度具有重要意义。

（一）推广运用政府和社会资本合作模式，是促进经济转型升级、支持新型城镇化建设的必然要求。政府通过政府和社会资本合作模式向社会资本开放基础设施和公共服务项目，可以拓宽城镇化建设融资渠道，形成多元化、可持续的资金投入机制，有利于整合社会资源，盘活社会存量资本，激发民间投资活力，拓展企业发展空间，提升经济增长动力，促进经济结构调整和转型升级。

（二）推广运用政府和社会资本合作模式，是加快转变政府职能、提升国家治理能力的一次体制机制变革。规范的政府和社会资本合作模式能够将政府的发展规划、市场监管、公共服务职能，与社会资本的管理效率、技术创新动力有机结合，减少政府对微观事务的过度参与，提高公共服务的效率与质量。政府和社会资本合作模式要求平等参与、公开透明，政府和社会资本按照合同办事，有利于简政放权，更好地实现政府职能转变，弘扬契约文化，体现现代国家治理理念。

（三）推广运用政府和社会资本合作模式，是深化财税体制改革、构建现代财政制度的重要内容。根据财税体制改革要求，现代财政制度的重要内容之一是建立跨年度预算平衡机制、实行中期财政规划管理、编制完整体现政府资产负债状况的综合财务报告等。政府和社会资本合作模式的实质是政府购买服务，要求从以往单一年度的预算收支管理，逐步转向强化中长期财政规划，这与深化财税体制改革的方向和目标高度一致。

二、积极稳妥做好项目示范工作

当前推广运用政府和社会资本合作模式，首先要做好制度设计和政策安排，明确适用于政府和社会资本合作模式的项目类型、采购程序、融资管理、项目监管、绩效评价等事宜。

（一）开展项目示范。地方各级财政部门要向本级政府和相关行业主管部门大力宣传政府和社会资本合作模式的理念和方法，按照政府主导、社会参与、市场运作、平等协商、风险分担、互利共赢的原则，科学评估公共服务需求，探索运用规范的政府和社会资本合作模式新建或改造一批基础设施项目。财政部将统筹考虑项目成熟度、可示范程度等因素，在全国范围内选择一批以"使用者付费"为基础的项目进行示范，在实践的基础上不断总结、提炼、完善制度体系。

（二）确定示范项目范围。适宜采用政府和社会资本合作模式的项目，具有价格调整机制相对灵活、市场化程度相对较高、投资规模相对较大、需求长期稳定等特点。各级财政部门要重点关注城市基础设施及公共服务领域，如城市供水、供暖、供气、污水和垃圾处理、保障性安居工程、地下综合管廊、轨道交通、医疗和养老服务设施等，优先选择收费定价机制透明、有稳定现金流的项目。

（三）加强示范项目指导。财政部将通过建立政府和社会资本合作项目库为地方提供参考案例。对政府和社会资本合作示范项目，财政部将在项目论证、交易结构设计、采购和选择合作伙伴、融资安排、合同管理、运营监管、绩效评价等工作环节，为地方财政部门提供全方位的业务指导和技术支撑。

（四）完善项目支持政策。财政部将积极研究利用现有专项转移支付资金渠道，对示范项目提供资本投入支持。同时，积极引入信誉好、有实力的运营商参与示范项目建设和运营。鼓励和支持金融机构为示范项目提供融资、保险等金融服务。地方各级财政部门可以结合自身财力状况，因地制宜地给予示范项目前期费用补贴、资本补助等多种形式的资金支持。在与社会资本协商确定项目财政支出责任时，地方各级财政部门要对各种形式的资金支持给予统筹，综合考虑项目风险等因素合理确定资金支持方式和力度，切实考虑社会资本合理收益。

三、切实有效履行财政管理职能

政府和社会资本合作项目从明确投入方式、选择合作伙伴、确定运营补贴到提供公共服务，涉及预算管理、政府采购、政府性债务管理以及财政支出绩效评价等财政职能。推广运用政府和社会资本合作模式对财政管理提出了更高要求。地方各级财政部门要提高认识，勇于担当，认真做好相关财政管理工作。

（一）着力提高财政管理能力。政府和社会资本合作项目建设周期长、涉及领域广、复杂程度高，不同行业的技术标准和管理要求差异大，专业性强。地方各级财政部门要根据财税体制改革总体方案要求，按照公开、公平、公正的原则，探索项目采购、预算管理、收费定价调整机制、绩效评价等有效管理方式，规范项目运作，实现中长期可持续发展，提升资金使用效益和公共服务水平。同时，注重体制机制创新，充分发挥市场在资源配置中的决定性作用，按照"风险由最适宜的一方来承担"的原则，合理分配项目风险，项目设计、建设、财务、运营维护等商业风险原则上由社会资本承担，政策、法律和最低需求风险等由政府承担。

（二）认真做好项目评估论证。地方各级财政部门要会同行业主管部门，根据有关政策法规要求，扎实做好项目前期论证工作。除传统的项目评估论证外，还要积极借鉴物有所值（Value for Money，VFM）评价理念和方法，对拟采用政府和社会资本合作模式的项目进行筛选，必要时可委托专业机构进行项目评估论证。评估论证时，要与传统政府采购模式进行比较分析，确保从项目全生命周期看，采用政府和社会资本合作模式后能够提高服务质量和运营效率，或者降低项目成本。项目评估时，要综合考虑公共服务需要、责任风险分担、产出标准、关键绩效指标、支付方式、融资方案和所需要的财政补贴等要素，平衡好项目财务效益和社会效益，确保实现激励相容。

（三）规范选择项目合作伙伴。地方各级财政部门要依托政府采购信息平台，加强政府和社会资本合作项目政府采购环节的规范与监督管理。财政部将围绕实现"物有所值"价值目标，探索创新适合政府和社会资本合作项目采购的政府采购方式。地方各级财政部门要会同行业主管部门，按照《政府采购法》及有关规定，依法选择项目合作伙伴。要综合评估项目合作伙伴的专业资质、技术能力、管理经验和财务实力等因素，择优选择诚实守信、安全可靠的合作伙伴，并按照平等协商原则明确政府和项目公司间的权利与义务。可邀请有意愿的金融机构及早进入项目磋商进程。

（四）细化完善项目合同文本。地方各级财政部门要会同行业主管部门协商订立合同，重点关注项目的功能和绩效要求、付款和调整机制、争议解决程序、退出安排等关键环节，积极探索明确合同条款内容。财政部将在结合国际经验、国内实践的基础上，制定政府和社会资本合作模式操作指南和标准化的政府和社会资本合作模式项目合同文本。在订立具体合同时，地方各级财政部门要会同行业主管部门、专业技术机构，因地制宜地研究完善合同条款，确保合同内容全面、规范、有效。

（五）完善项目财政补贴管理。对项目收入不能覆盖成本和收益、但社会效益较好的政府和社会资本合作项目，地方各级财政部门可给予适当补贴。财政补贴要以项目运营绩效评价结果为依据，综合考虑产品或服务价格、建造成本、运营费用、实际收益率、财政中长期承受能力等因素合理确定。地方各级财政部门要从"补建设"向"补运营"逐步转变，探索建立动态补贴机制，将财政补贴等支出分类纳入同级政府预算，并在中长期财政规划中予以统筹考虑。

（六）健全债务风险管理机制。地方各级财政部门要根据中长期财政规划和项目全生命周期内的财政支出，对政府付费或提供财政补贴等支持的项目进行财政承受能力论证。在明确项目收益与风险分担机制时，要综合考虑政府风险转移意向、支付方式和市场风险管理能力等要素，量力而行，减少政府不必要的财政负担。省级财政部门要建立统一的项目名录管理制度和财政补贴支出统计监测制度，按照政府性债务管理要求，指导下级财政部门合理确定补贴金额，依法严格控制政府或有债务，重点做好融资平台公司项目向政府和社会资本合作项目转型的风险控制工作，切实防范和控制财政风险。

（七）稳步开展项目绩效评价。省级财政部门要督促行业主管部门，加强对项目公共产品或服务质量和价格的监管，建立政府、服务使用者共同参与的综合性评价体系，对项目的绩效目标实现程度、运营管理、资金使用、公共服务质量、公众满意度等进行绩效评价。绩效评价结果应依法对外公开，接受社会监督。同时，要根据评价结果，依据合同约定对价格或补贴等进行调整，激励社会资本通过管理创新、技术创新提高公共服务质量。

四、加强组织和能力建设

（一）推动设立专门机构。省级财政部门要结合部门内部职能调整，积极研究设立专门机构，履行政府和社会资本合作政策制订、项目储备、业务指导、项目评估、信息管理、宣传培训等职责，强化组织保障。

（二）持续开展能力建设。地方各级财政部门要着力加强政府和社会资本合作模式实施能力建设，注重培育专业人才。同时，大力宣传培训政府和社会资本合作的工作理念和方法，增进政府、社会和市场主体共识，形成良好的社会氛围。

（三）强化工作组织领导。地方各级财政部门要进一步明确职责分工和工作目标要求。同时，要与有关部门建立高效、顺畅的工作协调机制，形成工作合力，确保顺利实施。对工作中出现的新情况、新问题，应及时报告财政部。

财政部

2014 年 9 月 23 日

附录 G

财政部关于印发政府和社会资本合作模式操作指南（试行）的通知

（财金〔2014〕113 号）

各省、自治区、直辖市、计划单列市财政厅（局），新疆生产建设兵团财务局：

根据《财政部关于推广运用政府和社会资本合作模式有关问题的通知》（财金〔2014〕76 号），为保证政府和社会资本合作项目实施质量，规范项目识别、准备、采购、执行、移交各环节操作流程，现印发《政府和社会资本合作模式操作指南（试行）》，请遵照执行。

附件：政府和社会资本合作模式操作指南（试行）

财政部

2014 年 11 月 29 日

附件：政府和社会资本合作模式操作指南（试行）

第一章　总　　则

第一条　为科学规范地推广运用政府和社会资本合作模式（Public-Private Partnership，PPP），根据《中华人民共和国预算法》《中华人民共和国政府采购法》《中华人民共和国合同法》《国务院关于加强地方政府性债务管理的意见》（国发〔2014〕43 号）、《国务院关于深化预算管理制度改革的决定》（国发〔2014〕45 号）和《财政部关于推广运用政府和社会资本合作模式有关问题的通知》（财金〔2014〕76 号）等法律、法规、规章和规范性文件，制定本指南。

第二条　本指南所称社会资本是指已建立现代企业制度的境内外企业法人，但不包括本级政府所属融资平台公司及其他控股国有企业。

第三条　本指南适用于规范政府、社会资本和其他参与方开展政府和社会资本合作项目的识别、准备、采购、执行和移交等活动。

第四条　财政部门应本着社会主义市场经济基本原则，以制度创新、合作契约精神，加强与政府相关部门的协调，积极发挥第三方专业机构作用，全面统筹政府和社会资本合作管理工作。

各省、自治区、直辖市、计划单列市和新疆生产建设兵团财政部门应积极设立政府和社会资本合作中心或指定专门机构，履行规划指导、融资支持、识别评估、咨询服务、宣传培训、绩效评价、信息统计、专家库和项目库建设等职责。

第五条　各参与方应按照公平、公正、公开和诚实信用的原则，依法、规范、高效实施政府和社会资本合作项目。

第二章　项目识别

第六条　投资规模较大、需求长期稳定、价格调整机制灵活、市场化程度较高的基础设施及公共服务类项目，适宜采用政府和社会资本合作模式。

政府和社会资本合作项目由政府或社会资本发起，以政府发起为主。

（一）政府发起。

财政部门（政府和社会资本合作中心）应负责向交通、住建、环保、能源、教育、医疗、体育健身和文化设施等行业主管部门征集潜在政府和社会资本合作项目。行业主管部门可从国民经济和社会发展规划及行业专项规划中的新建、改建项目或存量公共资产中遴选潜在项目。

（二）社会资本发起。

社会资本应以项目建议书的方式向财政部门（政府和社会资本合作中心）推荐潜在政府和社会资本合作项目。

第七条　财政部门（政府和社会资本合作中心）会同行业主管部门，对潜在政府和社会资本合作项目进行评估筛选，确定备选项目。财政部门（政府和社会资本合作中心）应根据筛选结果制定项目年度和中期开发计划。

对于列入年度开发计划的项目，项目发起方应按财政部门（政府和社会资本合作中心）的要求提交相关资料。新建、改建项目应提交可行性研究报告、项目产出说明和初步实施方案；存量项目应提交存量公共资产的历史资料、项目产出说明和初步实施方案。

第八条　财政部门（政府和社会资本合作中心）会同行业主管部门，从定性和定量两方面开展物有所值评价工作。定量评价工作由各地根据实际情况开展。

定性评价重点关注项目采用政府和社会资本合作模式与采用政府传统采购模式相比能否增加供给、优化风险分配、提高运营效率、促进创新和公平竞争等。

定量评价主要通过对政府和社会资本合作项目全生命周期内政府支出成本现值与公共部门比较值进行比较，计算项目的物有所值量值，判断政府和社会资本合作模式是否降低项目全生命周期成本。

第九条　为确保财政中长期可持续性，财政部门应根据项目全生命周期内的财政支出、政府债务等因素，对部分政府付费或政府补贴的项目，开展财政承受能力论证，每年政府付费或政府补贴等财政支出不得超出当年财政收入的一定比例。

通过物有所值评价和财政承受能力论证的项目，可进行项目准备。

第三章　项目准备

第十条　县级（含）以上地方人民政府可建立专门协调机制，主要负责项目评审、组织协调和检查督导等工作，实现简化审批流程、提高工作效率的目的。政府或其指定的有关职能部门或事业单位可作为项目实施机构，负责项目准备、采购、监管和移交等工作。

第十一条　项目实施机构应组织编制项目实施方案，依次对以下内容进行介绍：

（一）项目概况。

项目概况主要包括基本情况、经济技术指标和项目公司股权情况等。

基本情况主要明确项目提供的公共产品和服务内容、项目采用政府和社会资本合作模式运作的必要性和可行性，以及项目运作的目标和意义。

经济技术指标主要明确项目区位、占地面积、建设内容或资产范围、投资规模或资产价值、主要产出说明和资金来源等。

项目公司股权情况主要明确是否要设立项目公司以及公司股权结构。

（二）风险分配基本框架。

按照风险分配优化、风险收益对等和风险可控等原则，综合考虑政府风险管理能力、项目回报机制和市场风险管理能力等要素，在政府和社会资本间合理分配项目风险。

原则上，项目设计、建造、财务和运营维护等商业风险由社会资本承担，法律、政策和最低需求等风险由政府承担，不可抗力等风险由政府和社会资本合理共担。

（三）项目运作方式。

项目运作方式主要包括委托运营、管理合同、建设—运营—移交、建设—拥有—运营、转让—运营—移交和改建—运营—移交等。

具体运作方式的选择主要由收费定价机制、项目投资收益水平、风险分配基本框架、融资需求、改扩建需求和期满处置等因素决定。

（四）交易结构。

交易结构主要包括项目投融资结构、回报机制和相关配套安排。

项目投融资结构主要说明项目资本性支出的资金来源、性质和用途，项目资产的形成和转移等。

项目回报机制主要说明社会资本取得投资回报的资金来源，包括使用者付费、可行性缺口补助和政府付费等支付方式。

相关配套安排主要说明由项目以外相关机构提供的土地、水、电、气和道路等配套设施和项目所需的上下游服务。

（五）合同体系。

合同体系主要包括项目合同、股东合同、融资合同、工程承包合同、运营服务合同、原料供应合同、产品采购合同和保险合同等。项目合同是其中最核心的法律文件。

项目边界条件是项目合同的核心内容，主要包括权利义务、交易条件、履约保障和调整衔接等边界。

权利义务边界主要明确项目资产权属、社会资本承担的公共责任、政府支付方式和风险分配结果等。

交易条件边界主要明确项目合同期限、项目回报机制、收费定价调整机制和产出说明等。

履约保障边界主要明确强制保险方案以及由投资竞争保函、建设履约保函、运营维护保函和移交维修保函组成的履约保函体系。

调整衔接边界主要明确应急处置、临时接管和提前终止、合同变更、合同展期、项目新增改扩建需求等应对措施。

（六）监管架构。

监管架构主要包括授权关系和监管方式。授权关系主要是政府对项目实施机构的授权，以及政府直接或通过项目实施机构对社会资本的授权；监管方式主要包括履约管理、行政监管和公众监督等。

（七）采购方式选择。

项目采购应根据《中华人民共和国政府采购法》及相关规章制度执行，采购方式包括公开招标、竞争性谈判、邀请招标、竞争性磋商和单一来源采购。项目实施机构应根据项目采购需求特点，依法选择适当采购方式。

公开招标主要适用于核心边界条件和技术经济参数明确、完整、符合国家法律法规和政府采购政策，且采购中不作更改的项目。

第十二条　财政部门（政府和社会资本合作中心）应对项目实施方案进行物有所值和财政承受能力验证，通过验证的，由项目实施机构报政府审核；未通过验证的，可在实施方案调整后重新验证；经重新验证仍不能通过的，不再采用政府和社会资本合作模式。

第四章　项目采购

第十三条　项目实施机构应根据项目需要准备资格预审文件，发布资格预审公告，邀请社会资本和与其合作的金融机构参与资格预审，验证项目能否获得社会资本响应和实现充分竞争，并将资格预审的评审报告提交财政部门（政府和社会资本合作中心）备案。

项目有3家以上社会资本通过资格预审的，项目实施机构可以继续开展采购文件准备工作；项目通过资格预审的社会资本不足3家的，项目实施机构应在实施方案调整后重新组织资格预审；项目经重新资格预审合格社会资本仍不够3家的，可依法调整实施方案选择的采购方式。

第十四条　资格预审公告应在省级以上人民政府财政部门指定的媒体上发布。资格预审合格的社会资本在签订项目合同前资格发生变化的，应及时通知项目实施机构。

资格预审公告应包括项目授权主体、项目实施机构和项目名称、采购需求、对社会资本的资格要求、是否允许联合体参与采购活动、拟确定参与竞争的合格社会资本的家数和确定方法，以及社会资本提交资格预审申请文件的时间和地点。提交资格预审申请文件的时间自公告发布之日起不得少于15个工作日。

第十五条　项目采购文件应包括采购邀请、竞争者须知（包括密封、签署、盖章要求等）、竞争者应提供的资格、资信及业绩证明文件、采购方式、政府对项目实施机构的授权、实施方案的批复和项目相关审批文件、采购程序、响应文件编制要求、提交响应文件截止时间、开启时间及地点、强制担保的保证金交纳数额和形式、评审方法、评审标准、政府采购政策要求、项目合同草案及其他法律文本等。

采用竞争性谈判或竞争性磋商采购方式的，项目采购文件除上款规定的内容外，还应明确评审小组根据与社会资本谈判情况可能实质性变动的内容，包括采购需求中的技术、服务要求以及合同草案条款。

第十六条　评审小组由项目实施机构代表和评审专家共 5 人以上单数组成，其中评审专家人数不得少于评审小组成员总数的 2/3。评审专家可以由项目实施机构自行选定，但评审专家中应至少包含 1 名财务专家和 1 名法律专家。项目实施机构代表不得以评审专家身份参加项目的评审。

第十七条　项目采用公开招标、邀请招标、竞争性谈判、单一来源采购方式开展采购的，按照政府采购法律法规及有关规定执行。

项目采用竞争性磋商采购方式开展采购的，按照下列基本程序进行：

（一）采购公告发布及报名。

竞争性磋商公告应在省级以上人民政府财政部门指定的媒体上发布。竞争性磋商公告应包括项目实施机构和项目名称、项目结构和核心边界条件、是否允许未进行资格预审的社会资本参与采购活动，以及审查原则、项目产出说明、对社会资本提供的响应文件要求、获取采购文件的时间、地点、方式及采购文件的售价、提交响应文件截止时间、开启时间及地点。提交响应文件的时间自公告发布之日起不得少于 10 日。

（二）资格审查及采购文件发售。

已进行资格预审的，评审小组在评审阶段不再对社会资本资格进行审查。允许进行资格后审的，由评审小组在响应文件评审环节对社会资本进行资格审查。项目实施机构可以视项目的具体情况，组织对符合条件的社会资本的资格条件，进行考察核实。

采购文件售价，应按照弥补采购文件印制成本费用的原则确定，不得以营利为目的，不得以项目采购金额作为确定采购文件售价依据。采购文件的发售期限自开始之日起不得少于 5 个工作日。

（三）采购文件的澄清或修改。

提交首次响应文件截止之日前，项目实施机构可以对已发出的采购文件进行必要的澄清或修改，澄清或修改的内容应作为采购文件的组成部分。澄清或修改的内容可能影响响应文件编制的，项目实施机构应在提交首次响应文件截止时间至少 5 日前，以书面形式通知所有获取采购文件的社会资本；

不足 5 日的，项目实施机构应顺延提交响应文件的截止时间。

（四）响应文件评审。

项目实施机构应按照采购文件规定组织响应文件的接收和开启。

评审小组对响应文件进行两阶段评审：

第一阶段：确定最终采购需求方案。评审小组可以与社会资本进行多轮谈判，谈判过程中可实质性修订采购文件的技术、服务要求以及合同草案条款，但不得修订采购文件中规定的不可谈判核心条件。实质性变动的内容，须经项目实施机构确认，并通知所有参与谈判的社会资本。具体程序按照《政府采购非招标方式管理办法》及有关规定执行。

第二阶段：综合评分。最终采购需求方案确定后，由评审小组对社会资本提交的最终响应文件进行综合评分，编写评审报告并向项目实施机构提交候选社会资本的排序名单。具体程序按照《政府采购货物和服务招标投标管理办法》及有关规定执行。

第十八条　项目实施机构应在资格预审公告、采购公告、采购文件、采购合同中，列明对本国社会资本的优惠措施及幅度、外方社会资本采购我国生产的货物和服务要求等相关政府采购政策，以及对社会资本参与采购活动和履约保证的强制担保要求。社会资本应以支票、汇票、本票或金融机构、担保机构出具的保函等非现金形式缴纳保证金。参加采购活动的保证金的数额不得超过项目预算金额的 2%。履约保证金的数额不得超过政府和社会资本合作项目初始投资总额或资产评估值的 10%。无固定资产投资或投资额不大的服务型合作项目，履约保证金的数额不得超过平均 6 个月的服务收入额。

第十九条　项目实施机构应组织社会资本进行现场考察或召开采购前答疑会，但不得单独或分别组织只有一个社会资本参加的现场考察和答疑会。

第二十条　项目实施机构应成立专门的采购结果确认谈判工作组。按照候选社会资本的排名，依次与候选社会资本及与其合作的金融机构就合同中可变的细节问题进行合同签署前的确认谈判，率先达成一致的即为中选者。确认谈判不得涉及合同中不可谈判的核心条款，不得与排序在前但已终止谈判的社会资本进行再次谈判。

第二十一条　确认谈判完成后，项目实施机构应与中选社会资本签署确认谈判备忘录，并将采购结果和根据采购文件、响应文件、补遗文件和确认谈判备忘录拟定的合同文本进行公示，公示期不得少于 5 个工作日。合同文本应将中选社会资本响应文件中的重要承诺和技术文件等作为附件。合同文本中涉及国家秘密、商业秘密的内容可以不公示。

公示期满无异议的项目合同，应在政府审核同意后，由项目实施机构与中选社会资本签署。

需要为项目设立专门项目公司的，待项目公司成立后，由项目公司与项目实施机构重新签署项目合同，或签署关于承继项目合同的补充合同。

项目实施机构应在项目合同签订之日起 2 个工作日内，将项目合同在省级以上人民政府财政部门指定的媒体上公告，但合同中涉及国家秘密、商业秘密的内容除外。

第二十二条　各级人民政府财政部门应当加强对 PPP 项目采购活动的监督检查，及时处理采购活动中的违法违规行为。

第五章　项 目 执 行

第二十三条　社会资本可依法设立项目公司。政府可指定相关机构依法参股项目公司。项目实施机构和财政部门（政府和社会资本合作中心）应监督社会资本按照采购文件和项目合同约定，按时足额出资设立项目公司。

第二十四条　项目融资由社会资本或项目公司负责。社会资本或项目公司应及时开展融资方案设计、机构接洽、合同签订和融资交割等工作。财政部门（政府和社会资本合作中心）和项目实施机构应做好监督管理工作，防止企业债务向政府转移。

社会资本或项目公司未按照项目合同约定完成融资的，政府可提取履约保函直至终止项目合同；遇系统性金融风险或不可抗力的，政府、社会资本或项目公司可根据项目合同约定协商修订合同中相关融资条款。

当项目出现重大经营或财务风险，威胁或侵害债权人利益时，债权人可依据与政府、社会资本或项目公司签订的直接介入协议或条款，要求社会资本或项目公司改善管理等。在直接介入协议或条款约定期限内，重大风险已解除的，债权人应停止介入。

第二十五条　项目合同中涉及的政府支付义务，财政部门应结合中长期财政规划统筹考虑，纳入同级政府预算，按照预算管理相关规定执行。财政部门（政府和社会资本合作中心）和项目实施机构应建立政府和社会资本合作项目政府支付台账，严格控制政府财政风险。在政府综合财务报告制度建立后，政府和社会资本合作项目中的政府支付义务应纳入政府综合财务报告。

第二十六条　项目实施机构应根据项目合同约定，监督社会资本或项目公司履行合同义务，定期监测项目产出绩效指标，编制季报和年报，并报财政部门（政府和社会资本合作中心）备案。

政府有支付义务的，项目实施机构应根据项目合同约定的产出说明，按照实际绩效直接或通知财政部门向社会资本或项目公司及时足额支付。设置超额收益分享机制的，社会资本或项目公司应根据项目合同约定向政府及时足额支付应享有的超额收益。

项目实际绩效优于约定标准的，项目实施机构应执行项目合同约定的奖励条款，并可将其作为项目期满合同能否展期的依据；未达到约定标准的，项目实施机构应执行项目合同约定的惩处条款或救济措施。

第二十七条　社会资本或项目公司违反项目合同约定，威胁公共产品和服务持续稳定安全供给，或危及国家安全和重大公共利益的，政府有权临时接管项目，直至启动项目提前终止程序。

政府可指定合格机构实施临时接管。临时接管项目所产生的一切费用，将根据项目合同约定，由违约方单独承担或由各责任方分担。社会资本或项目公司应承担的临时接管费用，可以从其应获终止补偿中扣减。

第二十八条　在项目合同执行和管理过程中，项目实施机构应重点关注合同修订、违约责任和争议解决等工作。

（一）合同修订。

按照项目合同约定的条件和程序，项目实施机构和社会资本或项目公司可根据社会经济环境、公共产品和服务的需求量及结构等条件的变化，提出修订项目合同申请，待政府审核同意后执行。

（二）违约责任。

项目实施机构、社会资本或项目公司未履行项目合同约定义务的，应承担相应违约责任，包括停止侵害、消除影响、支付违约金、赔偿损失以及解除项目合同等。

（三）争议解决。

在项目实施过程中，按照项目合同约定，项目实施机构、社会资本或项目公司可就发生争议且无法协商达成一致的事项，依法申请仲裁或提起民事诉讼。

第二十九条　项目实施机构应每3~5年对项目进行中期评估，重点分析项目运行状况和项目合同的合规性、适应性和合理性；及时评估已发现问题的风险，制订应对措施，并报财政部门（政府和社会资本合作中心）备案。

第三十条　政府相关职能部门应根据国家相关法律法规对项目履行行政监管职责，重点关注公共产品和服务质量、价格和收费机制、安全生产、环境保护和劳动者权益等。

社会资本或项目公司对政府职能部门的行政监管处理决定不服的，可依法申请行政复议或提起行政诉讼。

第三十一条　政府、社会资本或项目公司应依法公开披露项目相关信息，保障公众知情权，接受社会监督。

社会资本或项目公司应披露项目产出的数量和质量、项目经营状况等信息。政府应公开不涉及国家秘密、商业秘密的政府和社会资本合作项目合同条款、绩效监测报告、中期评估报告和项目重大变更或终止情况等。

社会公众及项目利益相关方发现项目存在违法、违约情形或公共产品和服务不达标准的，可向政府职能部门提请监督检查。

第六章　项目移交

第三十二条　项目移交时，项目实施机构或政府指定的其他机构代表政府收回项目合同约定的项目资产。

项目合同中应明确约定移交形式、补偿方式、移交内容和移交标准。移交形式包括期满终止移交和提前终止移交；补偿方式包括无偿移交和有偿移交；移交内容包括项目资产、人员、文档和知识产权等；移交标准包括设备完好率和最短可使用年限等指标。

采用有偿移交的，项目合同中应明确约定补偿方案；没有约定或约定不明的，项目实施机构应按照"恢复相同经济地位"原则拟定补偿方案，报政府审核同意后实施。

第三十三条　项目实施机构或政府指定的其他机构应组建项目移交工作组，根据项目合同约定与社会资本或项目公司确认移交情形和补偿方式，制定资产评估和性能测试方案。

项目移交工作组应委托具有相关资质的资产评估机构，按照项目合同约定的评估方式，对移交资产进行资产评估，作为确定补偿金额的依据。

项目移交工作组应严格按照性能测试方案和移交标准对移交资产进行性能测试。性能测试结果不达标的，移交工作组应要求社会资本或项目公司进行恢复性修理、更新重置或提取移交维修保函。

第三十四条　社会资本或项目公司应将满足性能测试要求的项目资产、知识产权和技术法律文件，连同资产清单移交项目实施机构或政府指定的其他机构，办妥法律过户和管理权移交手续。社会资本或项目公司应配合做好项目运营平稳过渡相关工作。

第三十五条　项目移交完成后，财政部门（政府和社会资本合作中心）应组织有关部门对项目产出、成本效益、监管成效、可持续性、政府和社会资本合作模式应用等进行绩效评价，并按相关规定公开评价结果。评价结果作为政府开展政府和社会资本合作管理工作决策参考依据。

第七章　附　则

第三十六条　本操作指南自印发之日起施行，有效期3年。

第三十七条　本操作指南由财政部负责解释。

附录 H

国务院关于创新重点领域投融资机制鼓励社会投资的指导意见

（国发〔2014〕60号）

各省、自治区、直辖市人民政府，国务院各部委、各直属机构：

为推进经济结构战略性调整，加强薄弱环节建设，促进经济持续健康发展，迫切需要在公共服务、资源环境、生态建设、基础设施等重点领域进一步创新投融资机制，充分发挥社会资本特别是民间资本的积极作用。为此，特提出以下意见。

一、总体要求

（一）指导思想。全面贯彻落实党的十八大和十八届三中、四中全会精神，按照党中央、国务院决策部署，使市场在资源配置中起决定性作用和更好发挥政府作用，打破行业垄断和市场壁垒，切实降低准入门槛，建立公平开放透明的市场规则，营造权利平等、机会平等、规则平等的投资环境，进一步鼓励社会投资特别是民间投资，盘活存量、用好增量，调结构、补短板，服务国家生产力布局，促进重点领域建设，增加公共产品有效供给。

（二）基本原则。实行统一市场准入，创造平等投资机会；创新投资运营机制，扩大社会资本投资途径；优化政府投资使用方向和方式，发挥引导带动作用；创新融资方式，拓宽融资渠道；完善价格形成机制，发挥价格杠杆作用。

二、创新生态环保投资运营机制

（三）深化林业管理体制改革。推进国有林区和国有林场管理体制改革，完善森林经营和采伐管理制度，开展森林科学经营。深化集体林权制度改革，稳定林权承包关系，放活林地经营权，鼓励林权依法规范流转。鼓励荒山荒地造林和退耕还林林地林权依法流转。减免林权流转税费，有效降低流转成本。

（四）推进生态建设主体多元化。在严格保护森林资源的前提下，鼓励社会资本积极参与生态建设和保护，支持符合条件的农民合作社、家庭农场（林场）、专业大户、林业企业等新型经营主体投资生态建设项目。对社会资本利用荒山荒地进行植树造林的，在保障生态效益、符合土地用途管制要求的前提下，允许发展林下经济、森林旅游等生态产业。

（五）推动环境污染治理市场化。在电力、钢铁等重点行业以及开发区（工业园区）污染治理等领域，大力推行环境污染第三方治理，通过委托治理服务、托管运营服务等方式，由排污企业付费购买专业环境服务公司的治污减排服务，提高污染治理的产业化、专业化程度。稳妥推进政府向社会购买环境监测服务。建立重点行业第三方治污企业推荐制度。

（六）积极开展排污权、碳排放权交易试点。推进排污权有偿使用和交易试点，建立排污权有偿使用制度，规范排污权交易市场，鼓励社会资本参与污染减排和排污权交易。加快调整主要污染物排污费征收标准，实行差别化排污收费政策。加快在国内试行碳排放权交易制度，探索森林碳汇交易，发展碳排放权交易市场，鼓励和支持社会投资者参与碳配额交易，通过金融市场发现价格的功能，调整不同经济主体利益，有效促进环保和节能减排。

三、鼓励社会资本投资运营农业和水利工程

（七）培育农业、水利工程多元化投资主体。支持农民合作社、家庭农场、专业大户、农业企业等新型经营主体投资建设农田水利和水土保持设施。允许财政补助形成的小型农田水利和水土保持工程资产由农业用水合作组织持有和管护。鼓励社会资本以特许经营、参股控股等多种形式参与具有一定收益的节水供水重大水利工程建设运营。社会资本愿意投入的重大水利工程，要积极鼓励社会资本投资建设。

（八）保障农业、水利工程投资合理收益。社会资本投资建设或运营管理农田水利、水土保持设施和节水供水重大水利工程的，与国有、集体投资项目享有同等政策待遇，可以依法获取供水水费等经营收益；承担公益性任务的，政府可对工程建设投资、维修养护和管护经费等给予适当补助，并落实优惠政策。社会资本投资建设或运营管理农田水利设施、重大水利工程等，可依法继承、转让、转租、抵押其相关权益；征收、征用或占用的，要按照国家有关规定给予补偿或者赔偿。

（九）通过水权制度改革吸引社会资本参与水资源开发利用和保护。加快建立水权制度，培育和规范水权交易市场，积极探索多种形式的水权交易流转方式，允许各地通过水权交易满足新增合理用水需求。鼓励社会资本通过参与节水供水重大水利工程投资建设等方式优先获得新增水资源使用权。

（十）完善水利工程水价形成机制。深入开展农业水价综合改革试点，进一步促进农业节水。水利工程供非农业用水价格按照补偿成本、合理收益、优质优价、公平负担的原则合理制定，并根据供水成本变化及社会承受能力等适时调整，推行两部制水利工程水价和丰枯季节水价。价格调整不到位时，地方政府可根据实际情况安排财政性资金，对运营单位进行合理补偿。

四、推进市政基础设施投资运营市场化

（十一）改革市政基础设施建设运营模式。推动市政基础设施建设运营事业单位向独立核算、自主经营的企业化管理转变。鼓励打破以项目为单位的分散运营模式，实行规模化经营，降低建设和运营成本，提高投资效益。推进市县、乡镇和村级污水收集和处理、垃圾处理项目按行业"打包"投资和运营，鼓励实行城乡供水一体化、厂网一体投资和运营。

（十二）积极推动社会资本参与市政基础设施建设运营。通过特许经营、投资补助、政府购买服务等多种方式，鼓励社会资本投资城镇供水、供热、燃气、污水垃圾处理、建筑垃圾资源化利用和处理、城市综合管廊、公园配套服务、公共交通、停车设施等市政基础设施项目，政府依法选择符合要求的经营者。政府可采用委托经营或转让—经营—转让（TOT）等方式，将已经建成的市政基础设施项目转交给社会资本运营管理。

（十三）加强县城基础设施建设。按照新型城镇化发展的要求，把有条件的县城和重点镇发展为中小城市，支持基础设施建设，增强吸纳农业转移人口的能力。选择若干具有产业基础、特色资源和区位优势的县城和重点镇推行试点，加大对市政基础设施建设运营引入市场机制的政策支持力度。

（十四）完善市政基础设施价格机制。加快改进市政基础设施价格形成、调整和补偿机制，使经营者能够获得合理收益。实行上下游价格调整联动机制，价格调整不到位时，地方政府可根据实际情况安排财政性资金对企业运营进行合理补偿。

五、改革完善交通投融资机制

（十五）加快推进铁路投融资体制改革。用好铁路发展基金平台，吸引社会资本参与，扩大基金规模。充分利用铁路土地综合开发政策，以开发收益支持铁路发展。按照市场化方向，不断完善铁路运价形成机制。向地方政府和社会资本放开城际铁路、市域（郊）铁路、资源开发性铁路和支线铁路的所有权、经营权。按照构建现代企业制度的要求，保障投资者权益，推进蒙西至华中、长春至西巴彦花铁路等引进民间资本的示范项目实施。鼓励按照"多式衔接、立体开发、功能融合、节约集约"的原则，对城市轨道交通站点周边、车辆段上盖进行土地综合开发，吸引社会资本参与城市轨道交通建设。

（十六）完善公路投融资模式。建立完善政府主导、分级负责、多元筹资的公路投融资模式，完善收费公路政策，吸引社会资本投入，多渠道筹措建设和维护资金。逐步建立高速公路与普通公路统筹发展机制，促进普通公路持续健康发展。

（十七）鼓励社会资本参与水运、民航基础设施建设。探索发展"航电结合"等投融资模式，按相关政策给予投资补助，鼓励社会资本投资建设航电枢纽。鼓励社会资本投资建设港口、内河航运设施等。积极吸引社会资本

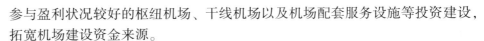

参与盈利状况较好的枢纽机场、干线机场以及机场配套服务设施等投资建设，拓宽机场建设资金来源。

六、鼓励社会资本加强能源设施投资

（十八）鼓励社会资本参与电力建设。在做好生态环境保护、移民安置和确保工程安全的前提下，通过业主招标等方式，鼓励社会资本投资常规水电站和抽水蓄能电站。在确保具备核电控股资质主体承担核安全责任的前提下，引入社会资本参与核电项目投资，鼓励民间资本进入核电设备研制和核电服务领域。鼓励社会资本投资建设风光电、生物质能等清洁能源项目和背压式热电联产机组，进入清洁高效煤电项目建设、燃煤电厂节能减排升级改造领域。

（十九）鼓励社会资本参与电网建设。积极吸引社会资本投资建设跨区输电通道、区域主干电网完善工程和大中城市配电网工程。将海南联网Ⅱ回线路和滇西北送广东特高压直流输电工程等项目作为试点，引入社会资本。鼓励社会资本投资建设分布式电源并网工程、储能装置和电动汽车充换电设施。

（二十）鼓励社会资本参与油气管网、储存设施和煤炭储运建设运营。支持民营企业、地方国有企业等参股建设油气管网主干线、沿海液化天然气（LNG）接收站、地下储气库、城市配气管网和城市储气设施，控股建设油气管网支线、原油和成品油商业储备库。鼓励社会资本参与铁路运煤干线和煤炭储配体系建设。国家规划确定的石化基地炼化一体化项目向社会资本开放。

（二十一）理顺能源价格机制。进一步推进天然气价格改革，2015年实现存量气和增量气价格并轨，逐步放开非居民用天然气气源价格，落实页岩气、煤层气等非常规天然气价格市场化政策。尽快出台天然气管道运输价格政策。按照合理成本加合理利润的原则，适时调整煤层气发电、余热余压发电上网标杆电价。推进天然气分布式能源冷、热、电价格市场化。完善可再生能源发电价格政策，研究建立流域梯级效益补偿机制，适时调整完善燃煤发电机组环保电价政策。

七、推进信息和民用空间基础设施投资主体多元化

（二十二）鼓励电信业进一步向民间资本开放。进一步完善法律法规，尽快修订电信业务分类目录。研究出台具体试点办法，鼓励和引导民间资本投资宽带接入网络建设和业务运营，大力发展宽带用户。推进民营企业开展移动通信转售业务试点工作，促进业务创新发展。

（二十三）吸引民间资本加大信息基础设施投资力度。支持基础电信企

业引入民间战略投资者。推动中国铁塔股份有限公司引入民间资本，实现混合所有制发展。

（二十四）鼓励民间资本参与国家民用空间基础设施建设。完善民用遥感卫星数据政策，加强政府采购服务，鼓励民间资本研制、发射和运营商业遥感卫星，提供市场化、专业化服务。引导民间资本参与卫星导航地面应用系统建设。

八、鼓励社会资本加大社会事业投资力度

（二十五）加快社会事业公立机构分类改革。积极推进养老、文化、旅游、体育等领域符合条件的事业单位，以及公立医院资源丰富地区符合条件的医疗事业单位改制，为社会资本进入创造条件，鼓励社会资本参与公立机构改革。将符合条件的国有单位培训疗养机构转变为养老机构。

（二十六）鼓励社会资本加大社会事业投资力度。通过独资、合资、合作、联营、租赁等途径，采取特许经营、公建民营、民办公助等方式，鼓励社会资本参与教育、医疗、养老、体育健身、文化设施建设。尽快出台鼓励社会力量兴办教育、促进民办教育健康发展的意见。各地在编制城市总体规划、控制性详细规划以及有关专项规划时，要统筹规划、科学布局各类公共服务设施。各级政府逐步扩大教育、医疗、养老、体育健身、文化等政府购买服务范围，各类经营主体平等参与。将符合条件的各类医疗机构纳入医疗保险定点范围。

（二十七）完善落实社会事业建设运营税费优惠政策。进一步完善落实非营利性教育、医疗、养老、体育健身、文化机构税收优惠政策。对非营利性医疗、养老机构建设一律免征有关行政事业性收费，对营利性医疗、养老机构建设一律减半征收有关行政事业性收费。

（二十八）改进社会事业价格管理政策。民办教育、医疗机构用电、用水、用气、用热，执行与公办教育、医疗机构相同的价格政策。养老机构用电、用水、用气、用热，按居民生活类价格执行。除公立医疗、养老机构提供的基本服务按照政府规定的价格政策执行外，其他医疗、养老服务实行经营者自主定价。营利性民办学校收费实行自主定价，非营利性民办学校收费政策由地方政府按照市场化方向根据当地实际情况确定。

九、建立健全政府和社会资本合作（PPP）机制

（二十九）推广政府和社会资本合作（PPP）模式。认真总结经验，加强政策引导，在公共服务、资源环境、生态保护、基础设施等领域，积极推广PPP模式，规范选择项目合作伙伴，引入社会资本，增强公共产品供给能力。政府有关部门要严格按照预算管理有关法律法规，完善财政补贴制度，切实

控制和防范财政风险。健全 PPP 模式的法规体系,保障项目顺利运行。鼓励通过 PPP 方式盘活存量资源,变现资金要用于重点领域建设。

(三十)规范合作关系保障各方利益。政府有关部门要制定管理办法,尽快发布标准合同范本,对 PPP 项目的业主选择、价格管理、回报方式、服务标准、信息披露、违约处罚、政府接管以及评估论证等进行详细规定,规范合作关系。平衡好社会公众与投资者利益关系,既要保障社会公众利益不受损害,又要保障经营者合法权益。

(三十一)健全风险防范和监督机制。政府和投资者应对 PPP 项目可能产生的政策风险、商业风险、环境风险、法律风险等进行充分论证,完善合同设计,健全纠纷解决和风险防范机制。建立独立、透明、可问责、专业化的 PPP 项目监管体系,形成由政府监管部门、投资者、社会公众、专家、媒体等共同参与的监督机制。

(三十二)健全退出机制。政府要与投资者明确 PPP 项目的退出路径,保障项目持续稳定运行。项目合作结束后,政府应组织做好接管工作,妥善处理投资回收、资产处理等事宜。

十、充分发挥政府投资的引导带动作用

(三十三)优化政府投资使用方向。政府投资主要投向公益性和基础性建设。对鼓励社会资本参与的生态环保、农林水利、市政基础设施、社会事业等重点领域,政府投资可根据实际情况给予支持,充分发挥政府投资"四两拨千斤"的引导带动作用。

(三十四)改进政府投资使用方式。在同等条件下,政府投资优先支持引入社会资本的项目,根据不同项目情况,通过投资补助、基金注资、担保补贴、贷款贴息等方式,支持社会资本参与重点领域建设。抓紧制定政府投资支持社会投资项目的管理办法,规范政府投资安排行为。

十一、创新融资方式拓宽融资渠道

(三十五)探索创新信贷服务。支持开展排污权、收费权、集体林权、特许经营权、购买服务协议预期收益、集体土地承包经营权质押贷款等担保创新类贷款业务。探索利用工程供水、供热、发电、污水垃圾处理等预期收益质押贷款,允许利用相关收益作为还款来源。鼓励金融机构对民间资本举办的社会事业提供融资支持。

(三十六)推进农业金融改革。探索采取信用担保和贴息、业务奖励、风险补偿、费用补贴、投资基金以及互助信用、农业保险等方式,增强农民合作社、家庭农场(林场)、专业大户、农林业企业的贷款融资能力和风险抵御能力。

（三十七）充分发挥政策性金融机构的积极作用。在国家批准的业务范围内，加大对公共服务、生态环保、基础设施建设项目的支持力度。努力为生态环保、农林水利、中西部铁路和公路、城市基础设施等重大工程提供长期稳定、低成本的资金支持。

（三十八）鼓励发展支持重点领域建设的投资基金。大力发展股权投资基金和创业投资基金，鼓励民间资本采取私募等方式发起设立主要投资于公共服务、生态环保、基础设施、区域开发、战略性新兴产业、先进制造业等领域的产业投资基金。政府可以使用包括中央预算内投资在内的财政性资金，通过认购基金份额等方式予以支持。

（三十九）支持重点领域建设项目开展股权和债权融资。大力发展债权投资计划、股权投资计划、资产支持计划等融资工具，延长投资期限，引导社保资金、保险资金等用于收益稳定、回收期长的基础设施和基础产业项目。支持重点领域建设项目采用企业债券、项目收益债券、公司债券、中期票据等方式通过债券市场筹措投资资金。推动铁路、公路、机场等交通项目建设企业应收账款证券化。建立规范的地方政府举债融资机制，支持地方政府依法依规发行债券，用于重点领域建设。

创新重点领域投融资机制对稳增长、促改革、调结构、惠民生具有重要作用。各地区、各有关部门要从大局出发，进一步提高认识，加强组织领导，健全工作机制，协调推动重点领域投融资机制创新。各地政府要结合本地实际，抓紧制定具体实施细则，确保各项措施落到实处。国务院各有关部门要严格按照分工，抓紧制定相关配套措施，加快重点领域建设，同时要加强宣传解读，让社会资本了解参与方式、运营方式、盈利模式、投资回报等相关政策，进一步稳定市场预期，充分调动社会投资积极性，切实发挥好投资对经济增长的关键作用。发展改革委要会同有关部门加强对本指导意见落实情况的督促检查，重大问题及时向国务院报告。

国务院

2014 年 11 月 16 日

附录 I

基础设施和公用事业特许经营管理办法
第一章　总　　则

第一条　为鼓励和引导社会资本参与基础设施和公用事业建设运营，提高公共服务质量和效率，保护特许经营者合法权益，保障社会公共利益和公共安全，促进经济社会持续健康发展，制定本办法。

第二条　中华人民共和国境内的能源、交通运输、水利、环境保护、市政工程等基础设施和公用事业领域的特许经营活动，适用本办法。

第三条　本办法所称基础设施和公用事业特许经营，是指政府采用竞争方式依法授权中华人民共和国境内外的法人或者其他组织，通过协议明确权利义务和风险分担，约定其在一定期限和范围内投资建设运营基础设施和公用事业并获得收益，提供公共产品或者公共服务。

第四条　基础设施和公用事业特许经营应当坚持公开、公平、公正，保护各方信赖利益，并遵循以下原则：

（一）发挥社会资本融资、专业、技术和管理优势，提高公共服务质量效率；

（二）转变政府职能，强化政府与社会资本协商合作；

（三）保护社会资本合法权益，保证特许经营持续性和稳定性；

（四）兼顾经营性和公益性平衡，维护公共利益。

第五条　基础设施和公用事业特许经营可以采取以下方式：

（一）在一定期限内，政府授予特许经营者投资新建或改扩建、运营基础设施和公用事业，期限届满移交政府；

（二）在一定期限内，政府授予特许经营者投资新建或改扩建、拥有并运营基础设施和公用事业，期限届满移交政府；

（三）特许经营者投资新建或改扩建基础设施和公用事业并移交政府后，由政府授予其在一定期限内运营；

（四）国家规定的其他方式。

第六条　基础设施和公用事业特许经营期限应当根据行业特点、所提供公共产品或服务需求、项目生命周期、投资回收期等综合因素确定，最长不超过 30 年。对于投资规模大、回报周期长的基础设施和公用事业特许经营项目（以下简称特许经营项目）可以由政府或者其授权部门与特许经营者根据项目实际情况，约定超过前款规定的特许经营期限。

第七条　国务院发展改革、财政、国土、环保、住房城乡建设、交通运输、水利、能源、金融、安全监管等有关部门按照各自职责，负责相关领域基础设施和公用事业特许经营规章、政策制定和监督管理工作。县级以上地方人民政府发展改革、财政、国土、环保、住房城乡建设、交通运输、水利、价格、能源、金融监管等有关部门根据职责分工，负责有关特许经营项目实施和监督管理工作。

第八条　县级以上地方人民政府应当建立各有关部门参加的基础设施和

公用事业特许经营部门协调机制，负责统筹有关政策措施，并组织协调特许经营项目实施和监督管理工作。

<h2 style="text-align:center">第二章　特许经营协议订立</h2>

第九条　县级以上人民政府有关行业主管部门或政府授权部门（以下简称项目提出部门）可以根据经济社会发展需求，以及有关法人和其他组织提出的特许经营项目建议等，提出特许经营项目实施方案。特许经营项目应当符合国民经济和社会发展总体规划、主体功能区规划、区域规划、环境保护规划和安全生产规划等专项规划、土地利用规划、城乡规划、中期财政规划等，并且明确建设运营标准和监管要求。项目提出部门应当保证特许经营项目的完整性和连续性。

第十条　特许经营项目实施方案应当包括以下内容：

（一）项目名称；

（二）项目实施机构；

（三）项目建设规模、投资总额、实施进度，以及提供公共产品或公共服务的标准等基本经济技术指标；

（四）投资回报、价格及其测算；

（五）可行性分析，即降低全生命周期成本和提高公共服务质量效率的分析估算等；

（六）特许经营协议框架草案及特许经营期限；

（七）特许经营者应当具备的条件及选择方式；

（八）政府承诺和保障；

（九）特许经营期限届满后资产处置方式；

（十）应当明确的其他事项。

第十一条　项目提出部门可以委托具有相应能力和经验的第三方机构，开展特许经营可行性评估，完善特许经营项目实施方案。需要政府提供可行性缺口补助或者开展物有所值评估的，由财政部门负责开展相关工作。具体办法由国务院财政部门另行制定。

第十二条　特许经营可行性评估应当主要包括以下内容：

（一）特许经营项目全生命周期成本、技术路线和工程方案的合理性，可能的融资方式、融资规模、资金成本，所提供公共服务的质量效率，建设运营标准和监管要求等；

（二）相关领域市场发育程度，市场主体建设运营能力状况和参与意愿；

（三）用户付费项目公众支付意愿和能力评估。

第十三条　项目提出部门依托本级人民政府根据本办法第八条规定建立

的部门协调机制，会同发展改革、财政、城乡规划、国土、环保、水利等有关部门对特许经营项目实施方案进行审查。经审查认为实施方案可行的，各部门应当根据职责分别出具书面审查意见。项目提出部门综合各部门书面审查意见，报本级人民政府或其授权部门审定特许经营项目实施方案。

第十四条　县级以上人民政府应当授权有关部门或单位作为实施机构负责特许经营项目有关实施工作，并明确具体授权范围。

第十五条　实施机构根据经审定的特许经营项目实施方案，应当通过招标、竞争性谈判等竞争方式选择特许经营者。特许经营项目建设运营标准和监管要求明确、有关领域市场竞争比较充分的，应当通过招标方式选择特许经营者。

第十六条　实施机构应当在招标或谈判文件中载明是否要求成立特许经营项目公司。

第十七条　实施机构应当公平择优选择具有相应管理经验、专业能力、融资实力以及信用状况良好的法人或者其他组织作为特许经营者。鼓励金融机构与参与竞争的法人或其他组织共同制定投融资方案。特许经营者选择应当符合内外资准入等有关法律、行政法规规定。依法选定的特许经营者，应当向社会公示。

第十八条　实施机构应当与依法选定的特许经营者签订特许经营协议。需要成立项目公司的，实施机构应当与依法选定的投资人签订初步协议，约定其在规定期限内注册成立项目公司，并与项目公司签订特许经营协议。

特许经营协议应当主要包括以下内容：

（一）项目名称、内容；

（二）特许经营方式、区域、范围和期限；

（三）项目公司的经营范围、注册资本、股东出资方式、出资比例、股权转让等；

（四）所提供产品或者服务的数量、质量和标准；

（五）设施权属，以及相应的维护和更新改造；

（六）监测评估；

（七）投融资期限和方式；

（八）收益取得方式，价格和收费标准的确定方法以及调整程序；

（九）履约担保；

（十）特许经营期内的风险分担；

（十一）政府承诺和保障；

（十二）应急预案和临时接管预案；

（十三）特许经营期限届满后，项目及资产移交方式、程序和要求等；

（十四）变更、提前终止及补偿；

（十五）违约责任；

（十六）争议解决方式；

（十七）需要明确的其他事项。

第十九条　特许经营协议根据有关法律、行政法规和国家规定，可以约定特许经营者通过向用户收费等方式取得收益。向用户收费不足以覆盖特许经营建设、运营成本及合理收益的，可由政府提供可行性缺口补助，包括政府授予特许经营项目相关的其他开发经营权益。

第二十条　特许经营协议应当明确价格或收费的确定和调整机制。特许经营项目价格或收费应当依据相关法律、行政法规规定和特许经营协议约定予以确定和调整。

第二十一条　政府可以在特许经营协议中就防止不必要的同类竞争性项目建设、必要合理的财政补贴、有关配套公共服务和基础设施的提供等内容做出承诺，但不得承诺固定投资回报和其他法律、行政法规禁止的事项。

第二十二条　特许经营者根据特许经营协议，需要依法办理规划选址、用地和项目核准或审批等手续的，有关部门在进行审核时，应当简化审核内容，优化办理流程，缩短办理时限，对于本部门根据本办法第十三条出具书面审查意见已经明确的事项，不再作重复审查。实施机构应当协助特许经营者办理相关手续。

第二十三条　国家鼓励金融机构为特许经营项目提供财务顾问、融资顾问、银团贷款等金融服务。政策性、开发性金融机构可以给予特许经营项目差异化信贷支持，对符合条件的项目，贷款期限最长可达30年。探索利用特许经营项目预期收益质押贷款，支持利用相关收益作为还款来源。

第二十四条　国家鼓励通过设立产业基金等形式入股提供特许经营项目资本金。鼓励特许经营项目公司进行结构化融资，发行项目收益票据和资产支持票据等。国家鼓励特许经营项目采用成立私募基金，引入战略投资者，发行企业债券、项目收益债券、公司债券、非金融企业债务融资工具等方式拓宽投融资渠道。

第二十五条　县级以上人民政府有关部门可以探索与金融机构设立基础设施和公用事业特许经营引导基金，并通过投资补助、财政补贴、贷款贴息等方式，支持有关特许经营项目建设运营。

第三章　特许经营协议履行

第二十六条　特许经营协议各方当事人应当遵循诚实信用原则，按照约定全面履行义务。除法律、行政法规另有规定外，实施机构和特许经营者任何一方不履行特许经营协议约定义务或者履行义务不符合约定要求的，应当根据协议继续履行、采取补救措施或者赔偿损失。

第二十七条 依法保护特许经营者合法权益。任何单位或者个人不得违反法律、行政法规和本办法规定，干涉特许经营者合法经营活动。

第二十八条 特许经营者应当根据特许经营协议，执行有关特许经营项目投融资安排，确保相应资金或资金来源落实。

第二十九条 特许经营项目涉及新建或改扩建有关基础设施和公用事业的，应当符合城乡规划、土地管理、环境保护、质量管理、安全生产等有关法律、行政法规规定的建设条件和建设标准。

第三十条 特许经营者应当根据有关法律、行政法规、标准规范和特许经营协议，提供优质、持续、高效、安全的公共产品或者公共服务。

第三十一条 特许经营者应当按照技术规范，定期对特许经营项目设施进行检修和保养，保证设施运转正常及经营期限届满后资产按规定进行移交。

第三十二条 特许经营者对涉及国家安全的事项负有保密义务，并应当建立和落实相应保密管理制度。实施机构、有关部门及其工作人员对在特许经营活动和监督管理工作中知悉的特许经营者商业秘密负有保密义务。

第三十三条 实施机构和特许经营者应当对特许经营项目建设、运营、维修、保养过程中有关资料，按照有关规定进行归档保存。

第三十四条 实施机构应当按照特许经营协议严格履行有关义务，为特许经营者建设运营特许经营项目提供便利和支持，提高公共服务水平。行政区划调整、政府换届、部门调整和负责人变更，不得影响特许经营协议履行。

第三十五条 需要政府提供可行性缺口补助的特许经营项目，应当严格按照预算法规定，综合考虑政府财政承受能力和债务风险状况，合理确定财政付费总额和分年度数额，并与政府年度预算和中期财政规划相衔接，确保资金拨付需要。

第三十六条 因法律、行政法规修改，或者政策调整损害特许经营者预期利益，或者根据公共利益需要，要求特许经营者提供协议约定以外的产品或服务的，应当给予特许经营者相应补偿。

第四章 特许经营协议变更和终止

第三十七条 在特许经营协议有效期内，协议内容确需变更的，协议当事人应当在协商一致基础上签订补充协议。如协议可能对特许经营项目的存续债务产生重大影响的，应当事先征求债权人同意。特许经营项目涉及直接融资行为的，应当及时做好相关信息披露。特许经营期限届满后确有必要延长的，按照有关规定经充分评估论证，协商一致并报批准后，可以延长。

第三十八条　在特许经营期限内，因特许经营协议一方严重违约或不可抗力等原因，导致特许经营者无法继续履行协议约定义务，或者出现特许经营协议约定的提前终止协议情形的，在与债权人协商一致后，可以提前终止协议。特许经营协议提前终止的，政府应当收回特许经营项目，并根据实际情况和协议约定给予原特许经营者相应补偿。

第三十九条　特许经营期限届满终止或提前终止的，协议当事人应当按照特许经营协议约定，以及有关法律、行政法规和规定办理有关设施、资料、档案等的性能测试、评估、移交、接管、验收等手续。

第四十条　特许经营期限届满终止或者提前终止，对该基础设施和公用事业继续采用特许经营方式的，实施机构应当根据本办法规定重新选择特许经营者。因特许经营期限届满重新选择特许经营者的，在同等条件下，原特许经营者优先获得特许经营。新的特许经营者选定之前，实施机构和原特许经营者应当制定预案，保障公共产品或公共服务的持续稳定提供。

第五章　监督管理和公共利益保障

第四十一条　县级以上人民政府有关部门应当根据各自职责，对特许经营者执行法律、行政法规、行业标准、产品或服务技术规范，以及其他有关监管要求进行监督管理，并依法加强成本监督审查。县级以上审计机关应当依法对特许经营活动进行审计。

第四十二条　县级以上人民政府及其有关部门应当根据法律、行政法规和国务院决定保留的行政审批项目对特许经营进行监督管理，不得以实施特许经营为名违法增设行政审批项目或审批环节。

第四十三条　实施机构应当根据特许经营协议，定期对特许经营项目建设运营情况进行监测分析，会同有关部门进行绩效评价，并建立根据绩效评价结果、按照特许经营协议约定对价格或财政补贴进行调整的机制，保障所提供公共产品或公共服务的质量和效率。实施机构应当将社会公众意见作为监测分析和绩效评价的重要内容。

第四十四条　社会公众有权对特许经营活动进行监督，向有关监管部门投诉，或者向实施机构和特许经营者提出意见建议。

第四十五条　县级以上人民政府应当将特许经营有关政策措施、特许经营部门协调机制组成以及职责等信息向社会公开。实施机构和特许经营者应当将特许经营项目实施方案、特许经营者选择、特许经营协议及其变更或终止、项目建设运营、所提供公共服务标准、监测分析和绩效评价、经过审计的上年度财务报表等有关信息按规定向社会公开。特许经营者应当公开有关会计数据、财务核算和其他有关财务指标，并依法接受年度财务审计。

第四十六条　特许经营者应当对特许经营协议约定服务区域内所有用户普遍地、无歧视地提供公共产品或公共服务，不得对新增用户实行差别待遇。

第四十七条　实施机构和特许经营者应当制定突发事件应急预案，按规定报有关部门。突发事件发生后，及时启动应急预案，保障公共产品或公共服务的正常提供。

第四十八条　特许经营者因不可抗力等原因确实无法继续履行特许经营协议的，实施机构应当采取措施，保证持续稳定提供公共产品或公共服务。

第六章　争议解决

第四十九条　实施机构和特许经营者就特许经营协议履行发生争议的，应当协商解决。协商达成一致的，应当签订补充协议并遵照执行。

第五十条　实施机构和特许经营者就特许经营协议中的专业技术问题发生争议的，可以共同聘请专家或第三方机构进行调解。调解达成一致的，应当签订补充协议并遵照执行。

第五十一条　特许经营者认为行政机关做出的具体行政行为侵犯其合法权益的，有陈述、申辩的权利，并可以依法提起行政复议或者行政诉讼。

第五十二条　特许经营协议存续期间发生争议，当事各方在争议解决过程中，应当继续履行特许经营协议义务，保证公共产品或公共服务的持续性和稳定性。

第七章　法律责任

第五十三条　特许经营者违反法律、行政法规和国家强制性标准，严重危害公共利益，或者造成重大质量、安全事故或者突发环境事件的，有关部门应当责令限期改正并依法予以行政处罚；拒不改正、情节严重的，可以终止特许经营协议；构成犯罪的，依法追究刑事责任。

第五十四条　以欺骗、贿赂等不正当手段取得特许经营项目的，应当依法收回特许经营项目，向社会公开。

第五十五条　实施机构、有关行政主管部门及其工作人员不履行法定职责、干预特许经营者正常经营活动、徇私舞弊、滥用职权、玩忽职守的，依法给予行政处分；构成犯罪的，依法追究刑事责任。

第五十六条　县级以上人民政府有关部门应当对特许经营者及其从业人员的不良行为建立信用记录，纳入全国统一的信用信息共享交换平台。对严重违法失信行为依法予以曝光，并会同有关部门实施联合惩戒。

第八章　附　则

第五十七条　基础设施和公用事业特许经营涉及国家安全审查的，按照国家有关规定执行。

第五十八条　法律、行政法规对基础设施和公用事业特许经营另有规定的，从其规定。本办法实施之前依法已经订立特许经营协议的，按照协议约定执行。

第五十九条　本办法由国务院发展改革部门会同有关部门负责解释。

第六十条　本办法自 2015 年 6 月 1 日起施行。

附录 J

城市生活垃圾处理特许经营协议示范文本
（建设部　GF-2004-2505）
第一章　总　　则

第一条　为规范城市生活垃圾处理市场，加强城市生活垃圾处理企业管理，保证按照有关法律、法规、标准和规范的要求实施城市垃圾处理，维护垃圾处理企业的合法权益，根据_____和中国_____省（自治区）_____市（县）人民政府授权，由第二条所述双方于_____年_____月_____日在中国_____省（自治区）_____市（县）签署本协议。

第二条　协议一方：中国_____省（自治区）_____市（县）人民政府_____局（委）（下称"特许经营权授予方"），法定地址：_____，法定代表人：_____，职务：_____；协议另一方：_____公司（下称"项目公司"），注册地点：_____，注册号：_____，法定代表人：_____，职务：_____，国籍：_____。

第三条　本垃圾处理特许经营项目是_____，主要处理_____的垃圾，日处理规模_____吨/日（或 吨/年），主要工艺为_____。

第四条　（特许经营权授予方）委托_____于_____年_____月至_____年_____月对_____项目进行了公开招标，经过_____，确定_____为本项目的中标人，组建项目公司。项目公司的组成为_____，_____，和_____。

第五条　（中标人）符合资格预审要求，具有要求的技术实力，提供的技术方案成熟、可靠，技术路线正确、合理，经营方案切实可行。

第六条　_____市人民政府愿意授予项目公司特许经营权，由项目公司按照本协议的条款和条件实施项目，并授权特许经营权授予方与项目公司签署《特许经营协议》，并授权特许经营权授予方与项目公司签署作为本协议附件1的《垃圾供应与结算协议》。

第二章 定义与解释

第七条 名词解释：（对协议中涉及的技术的和商务的特定含义的词汇和语句进行定义或限定，明确协议中使用的字母缩写和单位，包括但不限于以下内容）

中国：指中华人民共和国，仅为本协议之目的，不包括香港特别行政区、澳门特别行政区和台湾地区。

法律：指所有适用的中国法律、行政法规、规章、自治条例、单行条例、地方性法规、司法解释及其他有法律约束力的规范性文件。

垃圾：指特许经营权授予方或由特许经营权授予方指定的其他机构按照《垃圾供应与结算协议》的规定提供给垃圾处理厂（场）处理的垃圾。

项目：指第三条规定的垃圾处理项目。

项目建设：指项目的垃圾处理厂（场）及其相关的设施和设备的设计、采购、施工、安装、完工、测试和调试。

公用设施：指由特许经营权授予方为了项目施工和运营，连接至场区边界并在特许期内负责维护和正常服务的输变电、供水、供气和通信等设施。

日处理量：指根据垃圾供应与结算协议确定的以吨（t）为单位的垃圾日处理量，包括额定日处理量、月核定日处理量、预计核定日处理量、最高日处理量和最低日处理量。

协议：指特许经营权授予方与项目公司之间签订的本特许经营协议，包括附件__1__至附件_____，每一部分都应视为本协议的一部分。

批准：指需从政府部门依法获得的为项目公司或为垃圾处理厂（场）的投资、设计、建设、运营和移交所需的许可、执照、同意、授权、核准或批准，包括附件_____所列举的批准。

仲裁协议：指特许经营权授予方、项目公司和贷款代理人在本协议签订之日签订的仲裁协议，并作为本协议附件15附后。

投标保函：指发起人按照投资竞争人须知要求与本项目建议书同时提交的保证金、担保书或备用信用证。

履约保函：指根据第__八__条要求向特许经营权授予方提供的针对项目建设阶段的保证金、担保书或备用信用证。

维护保函：指根据第__八__条要求向特许经营权授予方提供的针对项目运营和维护阶段的保证金、担保书或备用信用证。

法律变更：指

（a）在_____年_____月_____日之后，任何政府部门对任何法令、法律、条例、法规、通知、通告的实施、颁布、修改或废除；

（b）在＿＿＿＿年＿＿＿＿月＿＿＿＿日之后，任何政府部门对有关任何批准的发出、续延或修改实施、修改或废除了任何实质性的条件，

无论是上述哪一种情况，

（a）导致适用于项目公司的税收、税收优惠或关税发生任何变化；

（b）实施、修改或取消了对垃圾处理厂（场）的投资、建设、运营、维护或移交的要求。

商业运营开始日：指完工证书签发日的同一日，即垃圾处理厂（场）的商业运营开始日。

建设工程开始：指建设承包商按照项目计划在场地进行的工程建设的开始。

项目公司：指以实施本协议为目的，根据中华人民共和国有关法律和法规在中国成立和登记注册的项目公司。

法定地址：＿＿＿＿＿＿＿＿＿＿＿＿＿，法定代表人：＿＿＿＿＿＿，国籍：＿＿＿＿＿＿

及其继承人及经许可的受让人。

特许经营权：指本协议中特许经营权授予方授予项目公司的、在特许经营期限内独家在特许经营区域范围内投资、设计、建设、运营、维护垃圾处理项目并收取费用的权利。

建设合同：指由项目公司和建设承包商之间达成的且由特许经营权授予方及/或其他政府主管部门批准或备案的有关垃圾处理厂（场）设计、建筑安装、工程监理和材料与设备采购的一个或多个协议。

建设承包商：指由项目公司通过招标所聘用且由特许经营权授予方及/或其他政府主管部门批准或备案的根据建设合同和本协议履行建设工程的一个或多个承包商及其各自的继承人和许可受让人。

建设期：指自项目公司进场开工日始至完工日止的垃圾处理厂（场）的建设期间。

协调机构：指根据第＿十＿条规定成立的机构。

违约：指一方不履行其任何项目协议项下的义务，并且不是由于另一方的作为或不作为违反任何项目协议项下的义务，也不是由于不可抗力或另一方承担风险的事件造成的。

生效日：指本协议条款中双方约定的生效日期。

不可抗力：是指在签订本协议时不能合理预见的、不能克服和不能避免的事件或情形。以满足上述条件为前提，不可抗力包括但不限于：

（1）雷电、地震、火山爆发、滑坡、水灾、暴雨、海啸、台风、龙卷风或旱灾；

（2）流行病、瘟疫；

（3）战争行为、入侵、武装冲突或外敌行为、封锁或军事力量的使用、暴乱或恐怖行为；

（4）全国性、地区性、城市性或行业性罢工；

（5）国家政策的变更，如对垃圾处理设施的国有化等；

（6）国家政府部门实行的任何进口限制或配额限制；

（7）由于非特许经营权授予方或其指定或委托的机构造成的运输中断。

移交日期：是指特许经营期届满之日（适用于本协议期满终止）或根据本协议第二十四条规定确定的移交日期（适用于本协议提前终止）。

环境污染：指垃圾处理项目对于地上、地下或周围的空气、土地或水的污染，且该等污染违背或不符合有关环境的适用法律或国际惯例。

融资文件：指依适用法律批准的与项目的融资或再融资相关的贷款协议、票据、契约、担保协议、保函、外汇套期保值协议和其他文件，但不包括

（1）与股权投资者的认股书或股权出资相关的任何文件。

（2）与提供履约保函和维护保函相关的文件。

贷款人：指融资文件中的贷款人。

验收：指第 十四 条所述的确保项目设施达到技术标准、规范和要求及设计标准的测试和审核。

第三章 特许经营权

第八条 特许经营权

本条主要包括以下几方面的内容：

（1）授权范围：

a. 规定特许经营权授予方授予项目公司承担一个特许经营垃圾处理建设或运营项目权利的范围；

b. 为控制项目公司的风险，限制项目公司从事未经特许经营权授予方批准或同意的其他业务的权利；

c. 涉及的所处理垃圾的地域范围和其他授权范围等。

（2）特许期限：即业主政府许可项目公司在该项目建成后运营合同设施的期限，该条款与业主政府及其用户、项目公司的利益都有非常密切的关系，特许经营期限应根据垃圾处理规模、技术路线、经营方式等因素确定，最长不得超过30年。并说明在不可抗力事件、一方违约、重大法律变更时特许期限的调整程序。

（3）转让和抵押

应说明项目公司抵押或转让垃圾处理设施的资产、设施和设备的条件，对于特许经营权的转让和抵押的限制等。其中：1. 项目公司如为本项目融资目的，经特许经营权授予方同意（特许经营权授予方不得不合理地拒绝同意）的情况下，可以在其资产和权利上设置担保权益；2. 项目公司股东在项目稳定运行_____年后应可以转让股权，前提是不影响项目继续稳定运行。

（4）特许期内项目公司的主要责任和特许经营权下项目公司应支付的费用，如项目的前期开发费（如征地拆迁，勘察、设计等）、各种保函（或其他方式的担保）。

第九条　声明、保证和前提条件

主要是申明双方的法律地位、经济情况和对于项目的许可、评审、听证、公示、批准等情况及承担项目资格和能力、项目成立的基本条件等。

第十条　特许经营权的监管

（1）特许经营权授予方应明确对于垃圾处理特许经营过程的行业监督管理机构、监管内容和方式，并明确不合格情况下的处理措施。

（2）应当包括对于运行过程处理标准的监管、环境标准的监管、财务状况的监管和安全卫生的监管。

（3）明确协调机构的组建时间、人员组成、任务和责任。

第四章　新建项目建设

第十一条　土地使用权

主要包括土地使用权的获得过程中双方责权利，场地使用限制、使用权的改变和抵押、土地使用费等，土地使用期限及其延长。

第十二条　设计

包括设计要求、设计审批过程、设计变更程序等。

第十三条　建设

主要包括建设过程中特许经营权授予方和项目公司各自的责任、建设工程的质量保证和质量控制的责任和措施等，也包括了设备及材料采购和建设承包商的选择、项目计划及进度安排和保证措施、工期延误和不合格工程拒收等。

运营期的分期建设或扩建参照本章执行。

第十四条　验收和完工

（1）规定验收时间、依据的法规和标准。

（2）明确参加验收的人员组成。

（3）明确项目公司验收计划的通知的时间和通知方式。

（4）明确工程验收结果的认可方式，初步完工证书的颁发和试运营的进行，以及最后完工的审核和证书的颁发。

（5）明确验收失败后的重新验收或审核的方式和程序。

（6）特许经营权授予方对提前完工情况下项目的实施安排。

（7）明确特许经营权授予方检验和接收工程或设施及发出初步完工证书或完工证书并不解除项目公司承担项目设计或建设方面任何缺陷或延误的责任。

第十五条　完工延误和放弃

（1）明确由于不可抗力造成的完工延误情况下，双方责任的免除及进度日期的顺延。

（2）明确在特许经营权授予方导致的完工延误情况下，及进度日期的顺延。

（3）明确在不是由于特许经营权授予方的违约，或不是由于不可抗力造成的延误情况下，项目公司的责任。

（4）明确最后完工延误的违约金，以及这种违约金的最高限额。

（5）明确在由于项目公司违约造成建设工程已被项目公司放弃或视为放弃情况下，项目公司的责任或违约金。

（6）明确项目公司被视为放弃的条件。

（7）明确特许经营权授予方解除全部或尚未支取的履约保函（或其他方式的担保）项下的金额的时间或条件。

（8）如对项目建设工期要求特别高，可以考虑加入介入建设条款，即如项目建设工期或质量严重不符合要求时，特许经营权授予方选择自行或指定第三方建设项目的条件。

第五章　项目的运营与维护

第十六条　运营与维护

（1）明确在整个特许期内项目公司负责垃圾处理设施的管理、运营、安全和维护的任务和责任。

（2）在整个特许期内运营维护期间，特许经营权授予方的责任和义务。

（3）明确监管机构对于运营安全和技术要求监督和检查要求。

（4）检验与维护手册：明确项目公司的垃圾处理设施的检验与维护手册的要求。

（5）监督管理手册：明确特许经营权授予方对于项目公司运营和维护工作的监督管理权限、程序、措施和惩处手段。

（6）明确运营与维护保函（或其他担保）数额、补足要求和有效期等。

（7）明确项目公司违反其维护垃圾处理设施的义务情况下的处理措施。

（8）明确项目或其任何部分违反应适用的中国的安全标准和法规情况下的处理措施。

（9）明确项目公司运营垃圾处理设施应达到附件2技术规范规定的处置标准、产品标准、环境标准。

（10）明确特许经营权授予方及其代表在不影响正常作业情况下进入垃圾处理设施，以监察垃圾处理设施的运营和维护的权利和条件。

（11）明确项目公司应提供的定期报告：包括运营报告、财务报告、环境监测报告等。

（12）明确如项目运营和维护严重不符合要求时，特许经营权授予方选择自行或指定第三方运营和维护的权利。

（13）明确运营期间需要扩建等建设项目时的程序与条件。

第十七条　垃圾的供应与运输

明确特许经营权授予方在整个特许期内根据附件1的条款，调配并向项目公司供应垃圾，项目公司应接收其运营垃圾处理设施所需的符合附件1条款要求的全部垃圾。项目公司不得接收附件1或其补充修订协议之外的垃圾。

第十八条　垃圾处理服务和垃圾处理费

特许经营权授予方应在整个特许期内根据附件1的有关条款供应垃圾，并向项目公司支付垃圾处理费，或明确收费方式和金额并办理完整的收费文件；协助相关部门核算和监控项目公司成本，提出价格调整意见。

第十九条　项目的融资和财务管理

（1）明确在特许期内，项目公司负责筹集垃圾处理设施建设、运营和维护所需的所有资金的义务。

（2）明确项目公司在特许期内项目公司股东在项目投资的股本金数额及比例要求。

（3）在使用外资情况下，规定项目公司所有需要以外汇进行有关本项目的结算的银行账户使用方法。

（4）在使用外资情况下，特许经营权授予方应明确项目公司、建设承包商和运营维护承包商在中国境内开立、使用外汇账户，向境外账户汇出资金等事宜。

（5）在使用外资情况下，应规定项目公司在特许期内将项目的人民币收入兑换成外汇，以支付项目外汇支出、外币贷款还本付息和支付外国股东股本金的利润等事宜。

（6）在使用外资情况下，项目公司（或股东）将其利润汇出境外的条件。

（7）对于项目公司财务报表的要求。

第六章 项目的移交

第二十条 特许期结束后的移交

（1）明确特许期结束后，项目公司向特许经营权授予方移交的有形、无形资产内容及完好程度。

（2）明确最后恢复性大修的时间、范围和要求，以及移交验收程序。

（3）明确移交的备品备件的内容和程序。

（4）填埋场情况下，对于项目公司进行封场及后处理的要求。

（5）明确移交日期垃圾处理设施的状况要求、缺陷责任期内项目公司的责任和责任的限制、以及对于未能修复缺陷或损害的赔偿、对于移交维护保险的要求等。

（6）明确在移交时，项目公司所有承包商和供应商提供的尚未期满的担保及保证、所有保险单、暂保单和保险单批单等转让给特许经营权授予方或其指定机构的方式。

（7）关于项目公司运营和维护垃圾处理设施的所有文件、图纸、技术和技术诀窍，及所有无形资产的移交和授让方式。

（8）明确特许期结束后原项目公司雇员的处置。

（9）明确对于项目公司签订的、于移交日期仍有效的运营维护合同、设备合同、供货合同和所有其他合同的处置。

（10）明确项目公司移走的物品的范围和方式。

（11）明确项目公司应承担移交日期前垃圾处理设施的全部或部分损失或损坏的风险，除非损失或损坏是由特许经营权授予方的违约所致。

（12）明确所进行移交和转让及其批准所需的费用和支出方式。

（13）明确移交机构组成及移交程序。

（14）明确本协议移交后的效力。

（15）明确特许经营权授予方对于运营与维护保函（或其他担保）的余额解除的时间或条件。

（16）明确如果特许经营权授予方将再次授予特许经营权，项目公司是否有优先权及其条件。

第七章 双方的一般义务

第二十一条 特许经营权授予方的一般义务

（1）明确特许经营权授予方应始终遵守并促使遵守任何中华人民共和国

及政府部门颁布的所有有关法律、法规和法令。

（2）明确在重要的法律变更情况下协议的执行和补偿。

（3）明确可能的税收优惠。

（4）明确对项目公司为垃圾处理设施的投资、设计、建设、运营和移交所需的审查、许可、执照、同意、授权或批准。

（5）明确需要获得和保持批准，包括特许经营权授予方协助获得的批准和将由特许经营权授予方给予的批准的责任。

（6）明确特许经营权授予方对于项目公司、建设承包商及运营维护承包商或其各自的授权代表的物品和设备进出口所需的批准清单及责任。

（7）明确特许经营权授予方对于为项目公司、建设承包商、运营维护承包商的外籍人员及向项目公司提供为垃圾处理设施服务的必要人员取得就业许可的责任。

（8）明确特许经营权授予方提供的公用设施条件。

（9）明确特许经营权授予方在垃圾处理设施的建设、运营和维护过程中，对项目公司的经营计划实施情况、产品和服务的质量以及安全生产情况进行监督，并向政府提交年度监督检查报告。监督检查工作不得妨碍项目公司的正常生产经营活动。

（10）在项目的建设及运营期间，根据双方商定，特许经营权授予方将联系有关部门向项目公司提供公共安全保障。

（11）明确限制特许经营权授予方不当提取项目公司提交的投标保函、履约保函和运营与维护保函或其他方式的担保。

（12）明确特许经营权授予方是垃圾供应与运输协议项下的首要义务人，并享有相应的所有权利和应承担其各自协议项下的所有义务。

（13）明确特许经营权授予方任何违反垃圾供应与运输协议项下的义务应为特许经营权授予方本协议项下的违约。

（14）明确特许经营权授予方对项目公司在特许经营期间有不当行为时的终止协议或取消特许经营权的情况。

（15）明确协议上报备案要求，以及受理调查公众对项目公司擅自停业、歇业的，应令其限期改正，督促其履行义务。

（16）项目公司承担政府公益性指令任务造成经济损失的，政府相应的补偿责任。

第二十二条　项目公司的一般义务

（1）明确对于项目公司所有权的变更及股份转让的限制，及变更名称、地址、法定代表人时应提前书面告之特许经营权授予方并经其同意。

（2）明确对于项目公司履行本协议项下的义务应遵守的法律、法规和法令的要求。

（3）明确重要的法律变更情况下的要求和垃圾处理价格调整的规定。

（4）接受主管部门对产品、安全、服务、质量的监督检查。

（5）按规定的时间将项目公司中长期发展规划、年度经营计划、年度报告、董事会决议等报特许经营权授予方备案。

（6）明确项目公司应遵守和执行的有关环保标准和要求，以及项目公司在建设、运营和维护垃圾处理设施时对于避免或尽量减少对设施、建筑物和居民区的妨害的责任。

（7）明确项目公司应保证生产设施、设备运营维护和更新改造所必须的投入，并确保设施完好。未经政府批准，项目公司不得擅自停业、歇业。

（8）项目公司对于考古、地质及历史文物的保护的要求。

（9）明确是否优先使用中国的服务、货物及优先条件，对于招标过程中对于是否优先使用中国的承包商或中国的服务及货物等的要求，以及本垃圾处理设施中使用中国的服务和货物的程度对于将来其他的特许经营权项目招商时对于本项目公司地位的影响。

（10）对于项目公司使用中国的劳动力的要求，明确应遵守的相关劳动和工会法律和尊重法规赋予的工人的各项权利。明确应遵守的健康和安全法规和标准规范。

（11）明确项目公司与本项目有关的文件、协议与本协议的一致性。

（12）明确项目公司应按照中华人民共和国及其政府部门颁布的法律和法规缴纳所有税金、关税及收费。

（13）明确在特许期内，项目公司应购买和保持的保险单；明确对于项目公司应责成其承保人或代理人向特许经营权授予方提供保险证明书的要求；对于项目公司向特许经营权授予方提供承保人的报告副本或项目公司从任何承保人处收到的其他报告副本等的要求。

（14）明确项目公司对承包商和其雇员及代理人的责任，应明确项目公司对于其雇用承包商的责任及与承包商签订的任何合同应包括使项目公司履行本协议必要的本协议项下的条款。

（15）明确项目公司融资文件的条款要求。

（16）项目公司对其财产和本协议项下的任何所有权或其他权利和权益进行质押、抵押、不动产抵押或其他担保物权给贷款人以外的任何人的限制。

（17）明确项目公司在协议有效期内单方提出解除协议的提前申请时限，及在特许经营权授予方同意解除协议前，项目公司履行正常经营的义务。

第二十三条　特许经营权授予方和项目公司的共同义务和权利

（1）明确对于不可抗力引起的中止履行的规定

a. 明确对于项目公司声称的不可抗力而中止履行本协议或作为其不履行本协议项下义务的理由的限制条件；

b. 明确对于特许经营权授予方声称不可抗力而中止履行其本协议项下的义务或作为其不履行协议项下义务的理由的限制条件；

c. 明确对于不可抗力声称的程序；

d. 明确不可抗力造成影响情况下的费用补偿条件或时间表修改要求；

e. 在商业运营开始日之后，不可抗力事件期间的支付条件和方式；

f. 明确不可抗力造成的终止的程序要求；

g. 对于在受到不可抗力影响情况下，双方减少损失和协商的责任和要求；

h. 如果不可抗力造成建设工程或垃圾处理设施的实质性损坏情况下，设施修复的责任。

（2）明确在危及或者可能危及公众利益、公众安全的紧急情况下，特许经营权授予方临时接管特许经营项目的条件和程序。

（3）明确由特许经营权授予方向项目公司提供的文件的权属和限制、由项目公司向特许经营权授予方提供的文件权属和限制以及双方遵守对于文件的有关规定。

（4）明确特许期结束后双方的保密规定。

（5）明确双方相互合作以实现本协议的目的义务。

（6）明确特许经营权授予方和项目公司反对以欺骗、贿赂等不正当手段获得特许经营权的陈述、保证、约定、法律责任并声明。

第八章　违约的补救

第二十四条　终止

（1）明确项目公司违约事件下，特许经营权授予方有权立即发出终止意向通知。

（2）明确特许经营权授予方违约事件下，项目公司有权立即发出终止意向通知。

（3）明确终止意向通知的形式和程序以及发出终止通知的条件、程序。

（4）明确贷款人限制终止的条件、贷款人的介入权和条件、贷款人的介入承诺的内容要求、程序、有效期及其限制等、介入期结束条件和贷款人选择一个替代本协议项下项目公司的替代公司的条件和程序。

（5）明确由特许经营权授予方或其指定机构经营垃圾处理设施的权利和条件以及在项目公司违约事件发生之后且特许经营权授予方发出终止意向通

知之后，特许经营权授予方在任何时候终止协议的权利。

（6）明确如果垃圾供应与运输协议终止、垃圾供应与运输协议项下项目公司违约事件、在垃圾供应与运输协议项下出现不可抗力导致的协议终止等对于本协议的影响。

（7）明确本协议终止后双方在本协议项下的进一步的义务，或对其它条款的影响。

（8）终止后的补偿。

a. 明确项目公司违约事件下项目中止时，项目公司的赔偿方式和垃圾处理设施的处置。

b. 明确如果在生效日期后项目公司因特许经营权授予方违约事件终止本协议，特许经营权授予方对于项目公司的补偿方式。

c. 因法律变更导致的终止情况下特许经营权授予方对于项目公司的补偿方式。

（9）明确由于不可抗力造成垃圾处理设施破坏，致使本协议终止情况下，项目公司得到垃圾处理设施保险的保单项下的付款的权利，以及该保险赔款的支付顺序。

（10）明确一方终止本协议的权利并不排除该方采取本协议规定的或法律规定的其他可用的补救措施。

第二十五条　本协议违约的赔偿

（1）明确以本协议的其他规定为条件，每一方应有权获得因违约方未遵守本协议的全部或部分而使其遭受的损失、支出和费用的赔偿，该项赔偿由违约方支付。

（2）明确各方未能履行义务情况下的免责条件。

（3）明确由于另一方违约而遭受损失或受损失威胁的一方应采取合理行动减轻或最大程度地减少另一方违约引起的损失的责任。

（4）如果损失部分是由于受侵害方的作为或不作为造成的，或是由该方承担风险的事件造成的，赔偿的数额应按照这些因素对损失发生的影响程度而扣减。

（5）明确各方对于由于本协议引起的、在本协议下或与本协议有关的任何索赔为对方的任何间接、特殊、附带、后果性或惩罚性损害赔偿的责任。

（6）本条中的任何规定不应阻止任一方采取本协议规定的或有法可依的任何其他补救措施。

第二十六条　责任与保障

（1）明确每一方对于其在履行本协议中的违约所产生的死亡、人身伤害和财产损害或损失，从而产生的基于此之上的责任、损害、损失、费用和任何形式的请求权，对另一方进行赔偿、提供辩护的权利。

（2）明确项目公司是否对于保障、赔偿特许经营权授予方免于承担由于项目的建设、运营和维护造成的环境污染所产生的所有债务、损害、损失、费用和索赔等的规定。

（3）明确上述规定的各方由于在本协议期满或终止之前发生的任何作为、不作为、行动、事情或事件产生的义务在本协议期满或终止后的继续有效性。

（4）明确提出索赔和抗辩程序。

第九章　协议的转让和合同的批准

第二十七条　协议的转让

（1）明确对于特许经营权授予方授让或转让其本协议项下全部或部分的权利或义务的条件和限制。

（2）明确项目公司转让其本协议项下全部或部分的权利或义务的条件和限制。

第二十八条　合同的批准

明确项目公司需要特许经营权授予方批准或备案的合同，并列于附件10。并明确上述合同批准或备案的程序。同时，特许经营权授予方对合同的批准并不免除项目公司在本协议项下的任何义务或责任。

第十章　争议的解决

第二十九条　解释规则

（1）明确本协议包括的文件内容。

（2）明确本协议构成双方对项目的完全的理解，并且取代双方以前所有的有关项目的书面和口头声明、协议或安排。

（3）明确本协议任何修改、补充或变更的形式和程序。

（4）明确如果本协议任何部分被任何有管辖权的仲裁庭或法院宣布为无效，协议其他部分的有效性。

（5）明确特许期内本协议及附件1相对于其他协议的优先顺序。

（6）明确执行本协议需要的一些解释。

第三十条　争议的解决

（1）明确对于产生争议时，组织协调机构友好解决的方式和程序。

（2）明确在不能通过协调机构友好解决情况下，通过专家组的调解时，专家组的组成、调解程序和费用等。

（3）明确若双方未能通过协调机构友好解决或通过专家组的调解解决争

议、分歧或索赔，或如果对专家组的决议提出异议时，进行仲裁解决的机构。

（4）根据仲裁协议（附件15），明确双方将协议或附件项下的同一实质性问题发生的争议，提交仲裁的解决程序合并等事宜。

（5）明确通过司法解决争议、分歧或索赔的可能性。

（6）明确双方应在争议解决期间继续履行其本协议项下的所有义务。

（7）明确本条规定的争议解决条款在本协议终止后继续有效。

（注：争议解决方式只能选择仲裁机构和法院中的一种）

第十一章 其 他

第三十一条 其他条款

（1）明确双方在本协议项下各自独立的责任、义务及债务。

（2）明确本协议项下的通知应采取的方式和文字。

（3）明确一些对于协议条款不视为弃权的行为。

（4）明确特许经营权授予方对于任何司法管辖权下对其自己或其财产或收益所具有的诉讼、执行、扣押或其他法律程序的主权豁免，同意不请求主权豁免并特此不可撤销地放弃上述主权豁免。

（5）明确本协议适用中华人民共和国法律并根据中华人民共和国法律解释。

（6）明确项目公司根据本协议及其附件的要求申请获得的各种执照、许可和审批，均应向特许经营权授予方提交复印件备案。

（7）规定协议文本的文字和数量。

第十二章 附 件

附件1 垃圾供应与结算协议

附件2 技术规范与要求

附件3 项目公司建设和运营范围

附件4 特许经营权授予方提供的设施与服务

附件5 建设、运营和维护的质量保证和质量控制计划

附件6 技术方案

附件7 融资方案

附件8 项目公司的初始股东名单

附件9 所需的执照、许可及批准

附件10 需预先批准的合同清单

附件11 保险

附件12 终止补偿金额

附件13 项目公司法律顾问的法律意见书格式

附件 14　特许经营权授予方法律顾问的法律意见书格式

附件 15　仲裁协议

附件 16　履约保函格式

附件 17　运营与维护保函格式

附件 18　供电购电协议（在利用垃圾发电的情况下）

本协议由愿受其法律效力约束的双方经正式授权的代表在其签字下注明之日签署本协议，以昭信守。

特许经营权授予方：　　　　　　　　　项目公司：

［公章］　　　　　　　　　　　　　　　［公章］

法定代表人（签字）：　　　　　　　　　法定代表人（签字）：

姓名：　　　　　　　　　　　　　　　　姓名：

职务：　　　　　　　　　　　　　　　　职务：

日期：　　　　　　　　　　　　　　　　日期：

附录 K　项目融资术语中英对照表

保函　Guarantee letter

不可抗力　Force Majeure

保付代理　Factoring

财务代理人　Fiscal Agent

保证金　Margi

参加协议　Participation Agreement

本票　Promissory Notes

产品支付　Production Payment

备用信用证　Standby Letter of Credit

长期债券　Long Bond

避免双重征税协议　Double Tax Treaty

成本效益原则　Cost-profit Principle

标准普尔公司　Standardand Poor's

承诺费　Commitment Fee（S&P）

承销费用　Underwriting Fee

表外负债　Off-balance Sheet Liabilities

承销佣金　Underwriting Commission

抽成租赁　Share Lease

出口信贷　Export Credit

出口信贷保险费　Export Credit Insurance Premium

出口信贷担保部　Export Credit Guarantee Department（ECGD）

出口信贷机构　Export Credit Agency（ECA）

次级债务　Junior Debt

存款协议　Deposit Facility Agreement

代理机构　Correspondent

代理人　Nominee

代理行费　Agent Fee

兑付日　Put Date

代管账户、海外账户　Escrow Account

贷款人责任　Lender Liability

359

贷款条件　Conditionality　　　　　单利　Simple Interest

到期日　Due date/Maturity date　　等值年率　Annual Equivalent

抵押担保凭证　Guaranteed Mortgage Certificate

抵押品　Collateral　　　　　　　　抵押转让　Collateral Assignment

东道国政府　Host Country

多边投资担保机构　Multi-side Investment Guarantee Association

发行计划书　Prospectus　　　　　　发行价格　Issue Price

发行日　Issue Date　　　　　　　　非项目贷款　Non-project Loan

非商业风险担保　Non-business Risk guarantee

非盈利基金　Non-profit Fund　　　　费用报表　Statement of Expense

分期偿付贷款　Installment Loan　　　分期偿还　Amortization

分期缴款债券　Partly-paid Bonds　　风险分散　Risk Dispersion

风险收益均衡　Risk-profit Balance　 风险投资　Venture Capital

风险租赁　Venture Lease　　　　　　浮动利率票据　Floating-rate Note

浮动债权　Floating Charge　　　　　福费廷　Forfeiting

付息日　Coupon Date　　　　　　　付现费用　Out-of-Pocket Expense

负债比率　Debt Rating　　　　　　　附属贷款　Subordinated Loan

复利　Compound Interest　　　　　　杠杆租赁　Leverage Lease

工程项目　Engineering Project

工程项目融资　Engineering Project Financing

公司融资　Company Financing　　　　共同牵头经理人　Joint Lead Manager

股份有限公司　Joint-stock Company　股利　Dividend

股票公开发行　Going Public　　　　　股权、股本金　Equity

股权资本　Equity Capital　　　　　　固定利率债券　Fixed-rate Bonds

国际初级市场协会　International Primary Markets Association（IPMA）

国际货币基金组织　International Monetary Fund（IMF）

国际金融公司　International Financing Corporation

国际金融市场　International Financial Market

国际性贷款　International Loans

国际银团贷款　International Bank Group loan

国际证券市场协会　International Securities Association（ISMA）

国家风险　Country Risks　　　　　　国家豁免权　Sovereign Immunity

合同　Contract　　　　　　　　　　合同协商　Contract Consultation

合营项目　Consortium Projec

回租租赁　Sale and Lease Back Lease

混合信贷　Mixed Credit

或供或付合同　Supply-or-Pay greement

机构发展基金　Institution Development Fund

基础设施　Infrastructure　　　基准债券　Benchmark Bond

交叉违约　Cross Default　　　交钥匙合同　Turnkey Contract

间接融资　Indirect Financing

建设—经营—移交　Build-Operate-Transfer

结构调整贷款　Structure Adjustment Loan

结构式参与融资租赁　Structured Participation Lease

金融中介结构　Financial Intermediary

进出口银行　Export-Import Bank　　经纪人　Broker

经营租赁　Operate Lease

君子协定　Arrangement on Guidelines for Officially Supported Export Credit

可融资性　Bankable　　　　　可提前赎回债券　Callable Bond

可行性研究　Feasibility Study　　可展期债券　Retractable Bond

可转换优先股　Convertible Preferred Stock

可转换债券　Convertible Bond

宽限期　Extending Term，Grace Period　捆绑式融资租赁　Bundle Lease

联邦国民抵押贷款协会　Federal National Mortgage Association（FNMA）

联邦融资银行　Federal Financing Bank　联合贷款　Club Loan

联合融资机制　Joint-financing Mechanism

留置金　Retention　　　　　　履约保函　Performance Bonds

买方信贷　Buyer's Credit

伦敦银行同业拆放利率　London Interbank Offered Rate

卖方信贷　Supplier's Credit　　没收　Expropriation

每股盈余　Earnings per Share（EPS）　名义利率　Nominal Interest Rate

内部融资　Internal Financing　　内部收益率　Internal Rate of Return

欧洲货币单位　European Currency Unit（ECU）

欧洲货币机构　European Monetary Institute（EMI）

欧洲货币联盟　European Monetary Union（EMU）

欧洲货币体系　European Monetary System（EMS）

欧洲投资银行　European Investment Bank（EIB）

欧洲信用额度　Euro Line　　　平价债券　Par Bond

普通股　Common Stock，Ordinary Share　　普通股权认购证　Equity Warrant

牵头经理人　Lead Manager　　　　　　　　清算　Liquidation

融通资金　Facility　　　　　　　　　　　　融资风险　Fund Risks

融资租赁　Financing Lease

商业参考利率　Commercial Interest Rate of References（CIRR）

商业信用　Business Credit　　　　　　　　商业银行　Commercial Bank

上市股票　Listed Stock　　　　　　　　　　收费合同　Tolling Agreement

时效性原则　Time and Effective Principle

实际利率　Real Rate of Interest　　　　　　使用合同　Through Put Agreement

手续费　Facility Fee　　　　　　　　　　　首次公开　Fax Initial Public Offering

受托人　Fiduciary　　　　　　　　　　　　双边贷款融资　Bilateral Facility

私人资本　Private Capital　　　　　　　　　索赔　Claims

套利　Arbitrage

特设机构　Special Purpose Vehicle(SPV)

特许经营权协议　Concession Agreement　　贴现率　Discount Rate

投标保函　Bid Bond　　　　　　　　　　　投资回报　Investment Repayment

投资级别　Investment Grade　　　　　　　投资信托公司　Investment Trust

投资银行　Investment Bank　　　　　　　　托收银行　Collecting Bank

外国资本　Foreign Capital　　　　　　　　完工保证　Completion Guarantee

完全追索权　Full Recourse　　　　　　　　违约　Default

违约赔偿费　Damages for Defaults　　　　　违约事件　Event of Default

委托书　Mandate　　　　　　　　　　　　无追索权融资　Non-recourse Finance

现金流量　Cashflow　　　　　　　　　　　现金流量表　Cashflow Statements

项目参与者　Project Stakeholders　　　　　项目产品购买者　Off Taker

项目产品销售协议　Offtake Agreement　　　项目发起人　Project Sponsor

项目评估　Appraisal of Project　　　　　　项目融资　Project Finance

项目融资租赁　Project Lease　　　　　　　项目谈判　Project Negotiation

项目提出　Project Formulation　　　　　　项目信用限额　Project Credit Line

项目周期　Project Cycle

项目准备贷款　Project Preparation Facility

消极保证条款　Negative Pledge　　　　　　辛迪加贷款　Syndicated Loan

信贷风险　Credit Risks　　　　　　　　　　信托存款　Fiduciary Deposit

信托公司　Trust Company

信用安排限额　Lines of Credit Arrangement

信用额度　Line of Credit　　　　　信用评级　Credit Rating

信用评级机构　Rating Agencies　　　信用增级　Credit Enhancement

信誉度　Creditworthiness

亚洲开发银行　Asian Development Bank（ADB）

延期付款　Deferred Payment　　　　养老基金　Pension Fund

一般抵押品　General Collateral

一般用途信用限额　General Purpose Credit Line

一揽子贷款　Package Loan　　　　　一揽子信用　Shopping Basket Credit

移交—经营—移交　Transfer-Operate-Transfer（TOT）

银行汇票　Bank Bill

银行业管理协会　Bank Administration Institute

佣金　Commission　　　　　　　　永久债券　Perpetual Bond

约定　Covenant　　　　　　　　　　优惠利率　Primerate

优先股　Preferred Stock　　　　　　有限追索权　Limited recourse

预付　Prepayment

预付款保函　Advance Payment Guarantee

远期购买　Forward Purchase　　　　再投资风险　Reinvestment Risk

债权人协会　Creditors Committee　　债券　Bond

债券评级　Bond Rating

债券认购协议　Subscription Agreement　展期贷款　Extended Loan

折价发行债券　Original Issue Discount Bonds

折价证券　Discount Securities　　　　折旧　Depreciation

证券承销商　Securities Underwriter

证券交易所　Stock Exchange

证券交易委员会　Securities and Exchange Commission

政府贷款　Government Loan　　　　政府债券　Government Bonds

直接融资　Direct Financing　　　　　直接租赁　Direct Lease

职业金融家　Professional Financier　　指数债券　Index-linked Bond

中国工商银行　Industrial and Commercial Bank of China

主权风险　Sovereign Risks　　　　　转换股份　Conversion Stock

转让　Assignment　　　　　　　　　转租赁　Sub-lease

资本成本　Capital Cost　　　　　　　资本风险　Capital Risk

资本流动性　Capital Liquidity　　　　资本市场　Capital Market

资本需求　Capital Demand　　　　　资本增值　Capital Appreciation

资本资产定价模型　Capital Asset Pricing Model（CAPM）

资产管理　Asset Management　　　　资产评估　Asset Assessment

资产权利转让　Assignment

资产证券化　Asset-Backed Securitization（ABS）

资产组合优化　Portfolio Optimization　　资金筹措　Fundraising

资金供应　Fund Supply　　　　　　资金配置　Fund Disposition

资金缺额补充协议　Cash Deficiency Agreement

资金支付要求　Cashcall　　　　　　综合性租赁　Synthetic Leases

参 考 文 献

［1］ 陈雨露 . 国际融资实务 ［M］. 北京：北京经济学院出版社，1995.

［2］ 江前良 . 国际 BOT 方式理论与实务 ［M］. 北京：中国对外经济贸易出版社，1996.

［3］ 张极井 . 项目融资 ［M］. 北京：中信出版社，1997.

［4］ CLIFFORD CHANCE 法律公司 . 项目融资 ［M］. 龚辉宏，译 . 北京：华夏出版社，1997.

［5］ 王豫川 . 金融租赁导论 ［M］. 北京：中国财政经济出版社，1997.

［6］ 卢家仪，卢有杰，等 . 项目融资 ［M］. 北京：清华大学出版社，1998.

［7］ 孙黎，刘丰元，陈益斌 . 国际项目融资 ［M］. 北京：北京大学出版社，1999.

［8］ 王超 . 融资与投资管理 ［M］. 北京：中国对外经济贸易出版社，1999.

［9］ 陈有安，王学军，尉维斌，等 . 项目融资与风险管理 ［M］. 北京：中国计划出版社，2000.

［10］ 高顿，赫炬 . 项目融资指导与借鉴 ［M］. 北京：中国计划出版社，2000.

［11］ 王昕 . 中国直接融资方式的发展 ［M］. 北京：中国计划出版社，2000.

［12］ 蒋先玲 . 项目融资 ［M］. 北京：中国金融出版社，2001.

［13］ 陈万江，郭丹 . 现代企业融资方式与技巧 ［M］. 成都：西南财经大学出版社，2001.

［14］ 李曜 . 资产证券化：基本理论与案例分析 ［M］. 上海：上海财经大学出版社，2001.

［15］ 王立国 . 工程项目融资 ［M］. 北京：人民邮电出版社，2002.

［16］ 刘省平 . BOT 项目融资理论与实务 ［M］. 西安：西安交通大学出版社，2002.

［17］ 刘少波 . 证券投资学 ［M］. 广州：暨南大学出版社，2002.

［18］ 窦金美 . 国际投资 ［M］. 北京：机械工业出版社，2002.

［19］ 谢德 . 融资：实务与案例 ［M］. 北京：九州出版社，2002.

［20］ 马秀岩，卢洪升 . 项目融资 ［M］. 大连：东北财经大学出版社，2002.

［21］ 白思俊 . 现代项目管理 . 上册 ［M］. 北京：机械工业出版社，2003.

［22］ 蒋先玲 . 项目融资法律与实务 ［M］. 北京：对外经济贸易大学出版社，2004.

［23］ 徐莉 . 项目融资 ［M］. 武汉：武汉大学出版社，2006.

［24］ 亚洲开发银行 . 公私合作（PPP）手册 . 2008. https：//www. adb. org/zh/documents/
public-private-partnership-ppp-handbook

［25］ 财政部政府和社会资本合作中心 . PPP 示范项目案例选编（第一辑）［M］. 北京：
经济科学出版社，2016.

［26］ 李瑞跃 . 国际项目融资法律研究 ［D］. 北京：中国政法大学，2004.

［27］ 苗纪江 . 城市基础设施资产证券化融资研究 ［D］. 上海：同济大学，2005.

［28］ 杨卫华 . 基于风险分担的高速公路 BOT 项目特许定价研究 ［D］. 大连：大连理工大学，2007.

［29］ 高峰 . BOT 项目融资的管理控制研究 ［D］. 北京：清华大学，2004.

［30］ 徐东 . 我国基础设施资产证券化合约经济分析 ［D］. 上海：同济大学，2006.

［31］ 戴亮 . 我国基础设施项目融资结构决策研究 ［D］. 天津：天津大学，2006.

［32］江辉．高速公路建设项目资产证券化融资研究［D］．杭州：浙江大学，2007．

［33］冯燕．PPP 项目融资风险识别及量化研究［D］．重庆：重庆大学，2007．

［34］何雨聪．政府公共项目融资（PPP）及运行机制研究［D］．重庆：重庆大学，2007．

［35］吴庆禹．中国国际项目融资中的政府担保问题研究［D］．大连：大连海事大学，2007．

［36］王双红．国际项目融资浮动担保法律问题研究［D］．大连：大连海事大学，2008．

［37］王立国．项目融资及信用保证结构［J］．财经问题研究，1999（4）：60-62．

［38］郭少明，张捷飞．关于我国应用项目融资的思考［J］．河北经贸大学学报，2000，21（2）：24-28．

［39］王立国．我国项目融资中存在的问题及对策研究［J］．经济问题，2000（5）：45-47．

［40］王立国．项目投资资金来源选择的策略［J］．经济问题，2001（7）：59-63．

［41］何伯森．西部大开发与项目融资［J］．中国软科学，2001（7）：100-103．

［42］杨乔松．我国发展项目融资的法律障碍［J］．国际经济合作，2002（10）：61-63．

［43］周鸿卫．国际项目融资实践与我国项目融资运作问题探讨［J］．国际经济合作，2002（5）：28-30．

［44］姜炳麟，牛大勇．利用民营资本进行项目融资的研究［J］．经济师，2002（12）：29-30．

［45］凌平．交通基础建设项目融资模式和策略的探析：广深高速公路融资经验的启示［J］．交通财会，2004（2）：52-54．

［46］沈富荣．我国项目融资中特许经营权合同的法律结构及其完善［J］．上海金融，2004（3）：46-48．

［47］王灏．PPP 的定义和分类研究［J］．都市快轨交通，2004，05：23-27．

［48］李明哲．评英国 PFI 改革的新成果 PF2［J］．技术经济，2013，32（11）：76-80．

［49］Michel Kerf，R David Gray，Timothy Irwin. Concessions for infrastructure：A guide to their design and award［R］．Washington，D. C：the World Bank，1998．

［50］Grahame Allen. The private finance initiative（PFI）［R］．U. K：Economic Policy and Statistics Section，House of Commons Library，2001．

［51］Ye S D，Tiong R L K. The effect of concession period design on completion risk management of BOT projects［J］．Construction Management and Economics，2003，21（5）：471-482．

［52］Li Bing，AAkintoye，P J Edwards，C Hardcastle. The allocation of risk in PPP/ PFI construction projects in the UK［J］．International Journal of Project Management，2005，23（1）：25-35．

［53］Alain Fayard. Analysis of Highway Concession in Europe［C］．Conference on Highways：cost and regulation in Europe，University Of Bergamo，Italy，2005．

［54］Leeanne Sharp，Fred Tinsley. PPP Policies Throughout Australia：A Comparative Analysis of Public Private Partnerships［M］．Australia：Melboure University Private Press，2005．

［55］World Bank I，PPIAF. Public-Private Partnerships：Reference Guide Version 1. 0［J］．World Bank Publications，2012．

［56］World Bank I，PPIAF. Public-Private Partnerships：Reference Guide Version 2. 0［J］．World Bank Publications，2014．